한나 아렌트

사유의 전선들

한나 아렌트

사유의 전선들

기억과 이야기,
의식적 파리아의 정치

지은이　정창조

1판 1쇄 발행　2018년 11월 28일
펴낸곳　두번째테제
펴낸이　장원
등록　2017년 3월 2일 제2017-000034호
주소　(13290) 경기도 성남시 수정구 수정북로 92, 태평동락커뮤니티 1005호
전화　070-7671-7392
팩스　0303-3441-7392
전자우편　secondthesis@gmail.com
페이스북　facebook.com/thesis2
블로그　secondthesis.blog.me

ISBN 979-11-960960-6-9 03100

이 도서의 국립중앙도서관 출판예정도서목록(CIP)은
서지정보유통지원시스템 홈페이지(http://seoji.nl.go.kr)와
국가자료공동목록시스템(http://www.nl.go.kr/kolisnte)에서
이용하실 수 있습니다.(CIP제어번호: CIP2018037618)

* 이 도서는 2018년 경기도 우수 출판콘텐츠 제작지원 사업 선정작입니다.

한나 아렌트

사유의 전선들

기억과 이야기,

의식적 파리아의 정치

정창조 지음

들어가며:
한나 아렌트, 어떻게 읽을 것인가

1 ———

이 책은 2017년 '노들장애학궁리소', 2018년 '우리실험자들'에서 열린 '한나 아렌트 철학 강좌'의 강의록을 묶어 수정 및 보완한 것입니다. 저는 원래 이 강좌를 통해 아렌트의 텍스트들을 한 문장 한 문장씩 최대한 꼼꼼히 읽어 보는 시간을 마련해 보고자 했습니다. 아렌트 철학이 한국 사회에서 광범위하게 논의 및 활용되고 있음에도 불구하고, 아렌트의 텍스트들에 대한 상세한 해설을 담아 놓은 작업은 아직 많이 부족하다고 생각하고 있었기 때문입니다. 그리고 이름이 꽤 알려진 인문학, 사회과학 연구자들조차도 아렌트의 텍스트를 매우 일면적으로만 이해한 채 그를 칭송하거나 비판하는 경우를 자주 목격해 왔기 때문입니다. 이러한 조건이 아렌트 철학에 대한 시민들의 편견과 오해를 확산시키는 데 주요한 기반이 되고 있다는 점은 더 말할 필요도 없겠지요.

특히 아렌트 철학에 대한 오해에 토대를 둔 담론들은 지난 2016~2017년 박근혜 퇴진 촛불집회 이후, 폭발적으로 생산 및 유포되었습니다. 어떤 이는 촛불집회가 아렌트적 혁명 공간의 실현이라 이야기했고, 또 어떤 이는 아렌트에게서 진정한 민주주의를 배워야 한다고 이야기했습니다. 이명박, 박근혜 정권은 아렌트 철학에 의거해 생각해 볼 때, 전체주의적인 체제였다는 주장들도 심심찮게 등장했고, 국정농단에 연루된 이들에게는 죄다 '악의 평범성'의 대명사 아돌프 아이히만의 얼굴이 덧씌워지기도 했지요. 그리고 아이히만이 '자신이 행하고 있는 것에 대해 사유하지 않았다'는 것이 문제였다는 아렌트의 발언만을 부각서켜, 마치 사유가 오늘날 이 세계에서 벌어지는 모든 악에 대한 만능의 해결책인 것마냥 목소리를 높이는 이들도 있었습니다. 아렌트가 전위당 이론에 대한 비판적 입장을 견지하는 한편으로 인민들이 자발적으로 구성한 비폭력적 정치 영역을 강조했다는 점에 착안하여, 아렌트의 텍스트를 소위 '운동권'에 대한 비판으로 활용하는 이들도 종종 있었고요.

그러나 이러한 류의 해석들은 사실 대부분이 아렌트 철학의 일면만을 바라보고, 그것을 도식화시켜 현 사태를 해석하는 데 적용하고 있는 것이기도 합니다. 가령 아렌트는 혁명적 상황에서 '단 하나의 목적을 향한 거대한 의지' 속에 모두가 함몰되어 '사소한 것'으로 취급되고 있는 사안들이 다수로부터 배제되는 것을 매우 비판적으로 바라보았습니다. 그것은 정치의 근본 조건인 다원성/복수성plurality을 송두리째 위협하는 것일 수 있기 때문이지요. 그런데 촛불집회는 어떠했나요? 물론 아렌트가 추구한 '의견의 정치'가 일정 부분 이 공간에서 실현된 것, 그리고 이 공간이 시민들에게 공적인 경험을 할 수 있는 기회를 열어 준 것은 사실입니다. 그러나 '박근혜 퇴진'이라는 거대한 구호를 전면에 내건 이 광장에서는 노동자, 농민, 빈민 등의 목소리는 물론이고, 그 안에서 벌어진 성폭력이나 소수자 비하 표현들을 비판하는 목소리들조차 너무나도 쉽게 배제되곤 했습니다. 심지어 혹자들은 이 '사소한' 목소리들을 '프로불편러'의 꼬장쯤으로 치부하고선 "해일 밀려오는데 조개나 줍고 있냐!"며 일갈하기도 했지요.

또 아렌트는 혁명이 구질서의 '파괴'이자 새로운 정치 질서를 창립해 나가는 '시작'임을 역설했는데, 촛불집회에 참여한 많은 대중들은 단지 '정상국가'로의 복귀만을 그 집회의 최우선 목표로 두곤 했습니다. 물론 아렌트 역시 근대 혁명들이 원래 '과거로의 복귀'(특히 로마 공화정이라는 정상 질서로의 복귀)라는 의미를 가지고 있었다는 점을 지적한 바 있긴 합니다. 그러나 혁명 과정에서 타도의 대상이 되는 기존의 사회 구조나 정치체가 거의 그대로 재생산되거나 그 시작-사건의 경험을 새로이 권위화하는 과정이 없다면, 그 혁명은 이내 그것을 추동했던 힘을 잃어버리고 말 것입니다. 아렌트는 이러한 차원에서 혁명이 난관에 처했을 때, 그것이 무너뜨리고자 했던 과거의 모습으로 복귀하고자 하는 시도들을 매우 비판적으로 바라보았지요. 그러나 신자유주의 질서에 대한 국민의 반발과 직접 정치에 대한 열망이 외면적으로나마 폭발한 촛불에서는 오히려 '정상 작동'하는 자유주의 질서 및 대의제에 대한 환상이 더 강화되었을 뿐, 새로운 사회와 새로운 정치체에 대한 상상은 별다른 권리를 갖지 못했습니다.

심지어 촛불의 힘으로 들어선 문재인 정부는 촛불 시민들을 분노케 한 재벌 적폐 세력과의 동맹을 공개적으로 과시하고 있으며, 이전 정권들이 추진하던 온갖 규제 완화 정책들을 계승하고 있기까지 하지요. 촛불 정부가 자신들의 정책 기조로 전면에 내걸고 있는 ('임금 주도 성장'을 변용한) '소득 주도 성장', 즉 다분히 자유주의적인 정책조차도 그것을 사회주의적인 것으로 규정하는 적폐 세력과의 타협 속에서 전혀 힘을 발휘하지 못하고 있습니다. 인권과 민주주의의 진전도 대개는 형식적인 차원에서 그치는 경우가 많다는 사실은 이미 많은 이들이 직접적으로 체감하고 있는 현실이기도 하고요. 그럼에도 불구하고 아렌트가 언제나 기억으로 남기길 원했던 '어두운 시대에 예외적인 정치적 행위로써 저항해 온 자들', 그리고 '새로운 정치체의 시작을 요구한 이들'은 역설적이게도 촛불집회에 참여한 대중들의 승리감 속에서 '적폐의 또 다른 축'으로 외면당하기도 했으며, 실은 지금까지도 그러하고 있습니다.

이뿐만이 아닙니다. 아렌트는 전체주의를 역사 속에서 그 유래를 찾아볼 수 없는 매우 독특한 운동이라 보았으며, 이 탓에 전체주의 이후 등장한 억압 정권들을 기존의 전체주의 체제와 쉽게 등치시킬 수는 없다고 생각했어요. 그럼에도 불구하고 아렌트가 기술한 전체주의의 몇몇 특징들은 단순하게 도식화된 채로 곧바로 이명박, 박근혜 정부의 전체주의적 성격을 증명하는 도구로 활용되곤 했습니다. 국정농단 세력을 아이히만과 등치시키면서 이 시대의 모든 악은 개인의 정신 활동 중 하나인 사유를 통해 극복될 수 있다고 생각하는 것 역시 조금 문제가 있습니다. 이러한 생각은 국정농단 세력이 처한 조건과 20세기 중반의 전체주의적 조건 사이의 차이를 무화시킬 뿐만 아니라, 아렌트가 마치 모든 악의 출현을 개인의 내면적 차원의 문제로 치환했던 것처럼 여기게끔 만들 수 있기 때문입니다.

물론 아렌트는 사유를 인간에게 매우 중요한 정신 활동이라고 보았습니다. 그것은 내면의 대화를 통하여 세계에 대한 자신의 의견을 정립하고, 이로써 정치적·윤리적 실천의 가능성을 열어 주는 정신 활동이거든요. 그러나 분명히 말하건대, 그는 결코 사유를 모든 악에 대한 만병통치약으로 보지 않았습니다. 전체주의적 악이나 억압 정권들에서 등장하는 악들이 전부 악의 평범성의 다양한 버전들일 뿐이고, 그 원인은 구성원 개개인의 '사유하지 않음'일 뿐이라는 주장은 아렌트를 매우 편파적으로 이해한 것에 불과한 것입니다. 왜냐하면 아렌트는 어쨌거나 사유가 한 인간의 내면에서만 이루어지는 것인지라, 세계에서 현실적인 것으로 힘을 발휘하지는 못한다고 생각했고, 아이히만이 사유를 제대로 할 수 없게끔 만들어 낸 사회의 구조적 조건에 대한 비판에도 심혈을 기울였거든요. 단적으로 억압적 체제 내지 전체주의 체제 내에서 구성원들이 사유를 하더라도 그가 살아가는 실제적 조건이 과거와 별 다를 바 없이 남아 있다면 과연 악은 방지될 수 있을까요?

이러한 류의 담론들이 가지는 문제점들을 하나하나 고민해 나가다 보니, 문득 오늘날의 시민들이 아렌트에 관심을 갖는 것은 그의 철학을 제대로 이해하기 위해서라기보다는 오히려 그것으로부터 오늘날의 사태를 읽어 낼 수 있는 눈을 키우기 위해서일 수도 있겠다는 생각이 들었습니다. 아렌트의 텍스트를 꼼꼼하고 정확하게 읽어 내는 것은 그의 철학을 전문적으로 연구하는 이들에게나 필요한 것이지, 일반 시민들에게는 그러한 태도가 그렇게 중요한 것이 아닐 수도 있겠다는 생각도 하게 되었고요.

그래서 저는 이 강의의 목표를 전면적으로 수정했습니다. 물론 그렇다고 해서 이 강의가 아렌트의 텍스트에 대한 정밀한 독해를 전적으로 포기한 것은 아닙니다. 저는 이 강의에서 우선 아렌트에 대한 독서 대중들의 도식화된 이해와 오독이 어떠한 문제를 가지고 있는지를 지적하고, 아렌트가 한 말들의 본지가 무엇이었는지에 대한 설명을 최대한 상세히 제시할 것이기 때문입니다. 다만 저는 여기서 논의를 그치지 않고, 그것이 오늘날 의미를 갖는다면 어떠한 차원에서 의미를 가질 수 있을지를, 즉 우리가 오늘날 아렌트의 사유를 어떻게 우리 사유의 재료로 '비판적으로' 활용할 수 있을지를 함께 다루어 보고자 했습니다. 물론 아렌트는 어떤 철학자의 사유나 이론이 미래의 현실을 다 설명해 준다고는 결코 생각하지 않았기 때문에, 저 역시 그의 사유를 오늘날의 사건과 등치시켜 섣불리 판단하는 태도만큼은 최대한 피하려 했습니다. 그리고 그의 텍스트가 다루는 상황과 오늘의 상황을 연결시킨다 하더라도, 어디까지나 그러한 비교에서 현재적 교훈을 이끌어 내는 것 이상으로는 나아가지 않으려 했습니다.

물론 아무리 조심한다 하더라도 이러한 시도가 적지 않은 문제들을 발생시킬 수 있다는 점만큼은 분명합니다. 더군다나 저는 이 강의에서 의도적으로 제 좌파적인 정치적 성향에 입각하여 아렌트의 텍스트와 대화를 나누어 보기도 할 것이기 때문에, 이 위험성은 더 커질 수도 있습니다. 그럼에도 불구하고 제가 굳이 이러한 시도를 하는 것은 서구 및 일본 등지에서는 이미 아렌트가 일부 진보 세력 내지 좌파 세력(특히 신좌파들)에게서 비판 거리로건, 참조 거리로건, 대안으로건 상당히 광범위하게 활용되고 있는 데 비해, 한국에서는 주로 그의 리버럴적인 측면 내지 보수적인 측면만 부각되고 있는 것이 다소 아쉬웠기 때문입니다. 제가 보기에 아렌트를 진보, 좌파적인 시각에서 읽어 내는 것은 아렌트의 한계를 더 명확히 드러낼 수 있을뿐더러 진보, 좌파들에게도 중요한 정치철학적 문제의식을 던져 줄 수 있기 때문에 한번쯤은 꼭 해 볼 만한 시도입니다.

다만 분명히 말하건대 저는 이 책에서 아렌트 철학의 세부적인 '내용'을 오늘날 있는 그대로 우리가 실천해야 한다고 주장하지는 않을 것입니다. 그것이 진보 및 좌파의 대안이라고도 절대 주장하지 않을 것이고요. 우리는 아렌트주의자가 될 필요가 없으며, 저 역시 아렌트주의자가 아닙니다. 다만 저는 그가 던져 놓은 정치철학적 '물음'들 만큼은 오늘날의 정치 현실을 고민하는 여러분들이 언제고 부딪히지 않을 수 없는 것들이라 생각하며, 이에 그 물음들에 대해 여러분들과 함께 대화를 나누어 보고자 할 뿐입니다. 과거의 텍스트가 제시한 정치 영역에 대한 근본적인 '물음'들이 당대에 벌어지는 사태를 고민해 보고자 하는 우리의 사유를 끊임없이 자극해 준다면, 그 텍스트를 현재와의 관계 속에서 읽어 내는 작업은 아렌트 입장에서 볼 때에도 그리 위험한 태도만은 아닐 것입니다. 그러한 태도는 과거의 텍스트를 '사유 지침서'나 '행동 지침서' 쯤으로 승격시키지 않으면서도, 그것을 단순히 '죽어 있는 것'으로만 마주하지 않게 만들어 줄 것이기 때문입니다. 또 그런 경우에만 이미 죽어 버린 과거 텍스트의 저자는 현재를 살아가는 독자의 '대화 상대자'로서 생생하게 눈앞에 출현해 올 수 있을 것이기 때문입니다.

저는 아렌트의 유령도 여러분의 대화 상대자가 될 수 있기를, 그래서 살아생전 친구들로부터 '우정의 천재'라는 찬사를 받곤 했던 아렌트가 여러분에게도 좋은 친구가 될 수 있기를 바랍니다. 비록 꽤나 까탈스럽고 고집스러우며 집요한 친구, 때로는 너무 순진하거나 몽상적인 친구일지라도 말이지요.

2 ————

이 책은 다양한 주제를 다루고 있지만, 그 주제들은 대체로 기억과 이야기storytelling, narrative가 인간 실존 및 정치 영역에서 가지는 의미의 문제와 긴밀하게 연관되어 있습니다. 아렌트는 공식적인, 주류적인 역사 이해들이 '파편화'되고, '사소한 것'으로 파묻혀 있는 사건들의 의미, 역사적 패자들의 존재는 물론이고 어떤 사건의 행위자들 각자의 '누구임'조차 제대로 드러내 주지 못한다고 보았습니다. 이로 인해 역사의 연속적 흐름을 깨고 출현한 사건들의 진귀한 의미 역시, 우리의 세계에서 그 존재감을 전혀 발휘하지 못한 채 망각되어 가는 경우가 많지요. 따라서 그는 역사 법칙적, 실증주의적 역사 서술들로부터 은폐된 것들을 망각으로부터 구원하고, 그것들이 갖는 의미를 재발견하여 독자/청자들에게 드러내 보여 주는 이야기의 힘에 주목합니다. 아렌트 본인 역시 자신의 작업 곳곳에서 이야기하기의 서술 방식을 채택하고 있으며, 이로써 망각의 위협에 처해 있던 행위 및 사건들의 의미를 우리들에게 '이야기꾼'으로서 드러내 보여 주고 있습니다.

아울러 아렌트가 '의식적 파리아pariah', 즉 스스로가 사회적으로 버림받은 자임을 의식적으로 받아들이고 주류 사회와 싸워 나가는 자로서의 위치성으로부터 자신의 정치철학적 여정을 시작한 만큼, 저 역시 이 강의에서 이러한 아렌트의 문제의식을 최대한 놓치지 않으려 했습니다. 적지 않은 이들이 아렌트가 시민-정치 내지 엘리트 정치에 너무나도 깊이 빠져 있었다고 해석하기도 하는데, 사실 저는 아렌트 정치철학의 근본적인 문제의식을 생각해 볼 때, 이러한 해석에는 다소 문제가 있다고 생각합니다. 물론 저도 이러한 해석들이 전혀 근거가 없는 것은 아니라는 점은 알고 있습니다. 아렌트의 철학 전체를 파리아로서의 유대인에 관한 문제의식의 발로로 환원해서는 안 된다고 생각하고 있기도 하고요. 그러나 아렌트의 텍스트들에 담겨 있는 파리아로서의 실존 및 비非-시민 정치의 가능성을 읽어 내지 못한다면, 우리는 아렌트 철학의 일면만을 보는 것일 뿐입니다. 즉 아렌트를 매우 보수적인 차원에서만 참조할 수 있는 철학자로 생각하게 되어 버릴 수도 있다는 것이지요.

제가 이러한 문제의식 속에서 아렌트를 읽어 내고자 했던 이유는 우선 기억과 이야기, 그리고 의식적 파리아로서의 위치성이 아렌트 철학을 이해하는 데 매우 중요한 한 부분임에도 불구하고, 국내에서는 아직 그 내용들이 많이 소개되지 않았기 때문입니다. 그리고 더 중요하게는 아렌트 철학이 이야기를 매개로 그 전통을 형성해 나가고 있는 투쟁 공간들 및 '소수자로서의 행위자들'의 정치 공간과 전적으로 무관한 철학처럼 많은 이들에게서 읽히고 있는 게 참 안타까웠기 때문입니다. 그러나 제가 보기에 아렌트의 철학은 억압받는 정체성을 가진 자들이 '이야기'를 통하여 자기 자신과 타자들, 자신이 처한 세계적 조건을 이해하고, 새로운 세계를 만들어 나가는 행위의 전통을 구성하는 데 중요하게 활용될 수 있어 보입니다. 또한 정체성 정치의 한계에 대한 최근의 비판들을 아렌트 철학이 온전히 피해 갈 수 없는 것도 사실이지만, 동시에 그에 대한 보완의 가능성들 역시 아렌트 철학에는 일부 담겨져 있다고 생각합니다.

3 ———

이 책은 다음과 같이 구성되어 있습니다. 우선 제1강에서 저는 아렌트 본인의 '삶에 대한 이야기'를 여러분들과 나누어 보고자 합니다. 순수 철학도였던 아렌트가 정치철학에 투신하게 된 것은 그가 겪어 낸 삶의 경험들과 밀접하게 맞물려 있습니다. 독일의 동화된 유대인 가문에서 태어나 성장한 그는 '유대인'이었던 탓에 국적을 박탈당하게 됩니다. 그렇게 비-시민 무국적자 생활을 18년간 겪으면서, 그는 '사회에서 버림받은 자', 즉 파리아의 실존 조건 및 정체성에 관해서, 그리고 파리아가 주류 사회에 대해서 어떠한 삶의 태도를 취해야 하는지에 관해서 진지하게 고민을 하게 됩니다. 이는 이후 그가 수행하는 심오하고도 방대한 정치철학적 사유의 출발점이 된다는 점에서 특히나 주목할 만하지요. 아울러 이 이야기를 통하여 저는 오늘날의 소수자 투쟁 및 정체성 정치에 대하여 여러분들과 더 면밀히 논의를 나누어 보고자 합니다.

제2강에서는 아렌트의 '이야기론'에 대해서 다룹니다. 아렌트에 따르면 인간은 사멸적이며, 그들이 수행하는 행위는 현상 공간에 나타나자마자 사라져 버립니다. 그런데 그중 가치 있는 것들을 어떻게 계속 인간 의미망의 세계 속에 보존할 수 있을까요? 아렌트가 본인의 철학 속에서 시종일관 대결하고자 한 합법칙적 역사관은 모든 행위와 사건들을 하나의 필연적 운동 과정으로 환원시켜 버리곤 합니다. 그리고 그 과정에서 행위자의 독특한 '누구임'과 사건 자체가 독립적으로 가질 수 있는 '진귀함'은 사라져 버릴 수 있지요. 이는 사회 곳곳에서 파리아들이 만들어 온 저항 공간들 내지 역사적 패배자들의 위대한 행위, 즉 거대한 역사적 맥락에서는 '사소한 것들' 내지는 '망각되어도 무방한 것들'로 치부되곤 하는 것들을 가치 절하하고, 심지어 망각의 위협 속에 빠뜨릴 수 있습니다. 하지만 아렌트에 따르면 탁월한 이야기꾼은 주류적인 역사 서술 방식이 가져다주는 공식적 시각이나 역사 법칙적 사고가 반영된 인과성을 파괴하고, 그 대신 이 작은 파편들이 갖는 진귀한 의미를 이 세계에 드러냅니다. 그리고 이는 죽은 자들, 패배자들을 지금 여기의 공적 공간에 다시 불러내는 작업이기도 하지요. 이런 이유로 이야기는 억압받는 자들이 스스로의 정체성을 이해하고 계승해 나가면서 나름의 안정된 정치 공간, 즉 전통을 가진 '기억의 공동체'를 형성하는 데에도 중요한 역할을 할 수 있는 것이고요.

제3강에서는 아렌트의 인권론에 대해서 살펴볼 것입니다. 아렌트는 긴 무국적자 파리아의 경험 속에서 자연권 이념의 허구성을 절실히 깨달았으며, 이 깨달음을 토대로 자연권 담론들의 허약성을 차근차근 폭로해 나갑니다. 그리고 기존의 인권론을 넘어서 파리아들이 인간답게 살 수 있는 새로운 가능성을 모색해 나가고자 하지요. 참고로 서구 사회에서는 난민, 이주노동자 관련 문제가 대두되고, 또 그 흐름 속에서 극우 세력이 선전을 거듭하면서 아렌트의 인권론이 다시 인기를 얻고 있다고 합니다. 특히 트럼프 당선 이후 미국에서는 『전체주의의 기원』이 불티나게 팔리고 있다고 하더군요. 사실 아렌트는 인권 관련 논의들을 어떻게 사유해 나갈 것인지에 대한 중요한 문제의식을 제공해 줍니다만, 결코 그 문제에 대한 구체적 대안을 제시해 주지는 않습니다. 이 탓에 아렌트의 인권론은 그것에 주목한 많은 현대 정치철학자들, 예컨대 발리바르, 하버마스, 스피박, 버틀러, 랑시에르, 벤하비브 등에게서도 하나의 정답으로 계승되기보다는 오히려 매우 논쟁적으로 다루어지고 있습니다.

제4강은 아렌트의 전체주의 운동에 대한 해석을 다룹니다. 앞서 언급한 대로 혹자들은 아렌트의 전체주의론을 활용하여 수많은 억압적 체제들을 '전체주의 체제'로 규정해 왔습니다. 그러나 사실 아렌트의 입장에서 볼 때 전체주의는 매우 독특한 역사적 경험이기에 함부로 다른 정부 형태를 가진 체제들에 대한 규정으로 사용될 수 없습니다. 전체주의는 그가 볼 때 기존의 전통적 판단 틀을 모조리 무너뜨린 '근본악radical evil'의 운동이었으니까요. 아울러 저는 전체주의 운동의 특성을 기술하는 것만큼이나 중요한 것이 전체주의 운동이 승리를 거둘 수 있는 조건들을 탐색하는 것이라 생각했기 때문에, 이 문제 역시도 이 강의에서 다루어 보고자 했습니다. 이는 대중 사회의 정치적 위험성, 특히 음모론 및 허위 사실들에 대다수의 사람들이 엄청난 신뢰를 보내게 되는 조건에 대한 아렌트의 비판적 해석과 긴밀히 결부되어 있습니다.

제5강에서 다루는 '악의 진부성/평범성' 개념은 현대 사회에서 새로이 탄생한 온갖 윤리학적 문제들을 다시 생각해 볼 수 있는 기회를 마련해 줍니다. 애초에 전체주의가 이전에 없던 종류의 악을 탄생시켰다고 생각하고 있었던 아렌트는 아이히만 전범 재판을 취재하면서, 이 새로운 종류의 악에 대한 자신의 생각을 더 구체적으로 정리하기 시작합니다. 악마도 아니었고, 악한 동기도, 범죄 동기도 없었던 성실한 공무원이 나치의 유대인 강제 수용과 절멸의 한 과정에 참여하게 되었다는 사실이 그를 지적으로 자극했던 것입니다. 그는 이로써 전체주의 경험 이후의 윤리학이, 그리고 '직업인들'로 채워진 현대 사회의 윤리학이 전통적인 선악론을 넘어서야 한다고 주장하는 데까지 나아갑니다.

다만 이 개념은 '오늘날 악하다고 여겨지는 이들' 모두를 설명해 주는 개념이 절대로 될 수 없습니다. 또한 이 개념은 악을 실현하는 데 복무한 개개인에게도 책임이 있긴 하지만, '그 책임이 전적으로 개인에게 있다'는 주장을 내놓기 위해 고안된 것도 아닙니다. 오히려 이 개념을 세계를 사유하지 않는 '진부한' 삶에 대한 비판으로, 자신의 개성을 포기하고 그 구조에 순응하며 살아가는 개개인에 대한 비판이면서 동시에 타자들과 함께 공유하고 있는 '세계의 현실성'을 소멸시키는 구조에 대한 비판으로도 읽어야 할 것입니다. 그렇다면 아렌트는 우리들에게 이 세계에서 어떻게 살아갈 것을 제안하고자 했던 것일까요? 아렌트 입장에서 보자면 체제에 복무하는 공무원들의 '성실한 삶'은 물론이고, 소크라테스 같은 '철학자로서의 정치 행위자'의 삶도 온전한 대안이 될 수는 없습니다. 이에 대한 논의는 5강을 통해 더 자세히 검토해 보시기 바랍니다.

제6강은 아렌트가 인간의 '활동적 삶Vita Activa'에 대해 어떻게 생각했는지에 대해 다룹니다. 아렌트는 활동적 삶을 노동, 작업, 행위로 구분하며, 근대 사회가 이것 중 노동의 활동에만 지나치게 주목하여 다른 활동들의 본 의미를 제대로 바라보지 못하게 만들었다고 비판합니다. 이러한 아렌트의 설명은 애초부터 마르크스주의와의 대결 속에서 구성된 것이기에, 아렌트의 인간론은 자주 좌파들에게서 반동적인 설명으로 취급되기도 합니다. 제가 보기에도 아렌트의 활동적 삶에 대한 설명은 마르크스의 노동 개념을 분명 오독하고 있으며, 지나치게 노동의 가치를 폄훼하는 것처럼 충분히 읽힐 수도 있습니다. 그러나 아렌트의 인간론은 근본적으로 마르크스의 노동 및 실천 개념에서부터 출발하고 있고, 또 그것을 나름대로 넘어서 보기 위한 치열한 사유의 결과물이기도 합니다. '예술 활동 및 이야기 작업', 그리고 '정치적 활동'이 인간 실존에서 갖는 의미를 부각시킴으로써 말이지요. 저는 이에 대한 논의를 통하여, 아렌트의 인간론을 정말로 반동적인 것으로 취급해 버릴 수 있는지에 대해 의문을 제기하며, 오히려 아렌트의 철학이 오늘날 노동운동을 포함한 저항적 운동들에도 꽤 중요한 문제의식을 던져 줄 수 있음을 밝혀 보고자 합니다.

제7강은 아렌트의 '세계 소외' 및 '지구 소외' 개념을 검토합니다. 이러한 검토는 아렌트가 근대 과학의 성격을 어떻게 규정하고 있고, 그것이 인간이 현실 세계를 파악하는 방식에 어떠한 영향을 끼쳤다고 보았는지에 대한 논의와 맞닿아 있습니다. 그리고 이는 아렌트가 왜 근대 자본주의 사회를 비판적으로 바라보았는지에 대한 논의로도 연결되지요. 아렌트의 철학은 혹자들에게서 단순히 자유주의 이데올로기에 불과한 것으로 해석되기도 합니다만, 사실 아렌트는 자유주의의 근본 조건에 대해서 언제나 비판적 태도를 견지하고 있었습니다. 아렌트에 따르면, 자유주의는 인간이 정치적 자유를 실현할 가능성을 도리어 축소시키며, 인간들이 함께 살아가고 있는 관계망으로서의 세계로부터 그들을 소외시킵니다. 이로써 현대인들은 타자들의 사이-안in-between에서만 가질 수 있는 현실적인 감각을 상실하게 되지요. 이러한 상실이 인간의 정치적 실존 가능성을 가로막고, 공적 영역의 소멸로 연결된다는 사실은 더 말할 것도 없습니다. 그렇다면 현대 자본주의 사회에서 인간은 어떻게 다시 세계와 만날 수 있을까요? 제7강에서 우리는 이 질문에 대한 대답을 함께 찾아나서 볼 것입니다.

4 ———

강의를 준비하는 내내, 어떤 유령들이 끊임없이 눈앞으로 출몰해 왔습니다. 숱한 열사들과 행위자들, 망각의 위협에 지속적으로 시달리고 있는 진귀한 사건들, 거대한 정보 더미에 떠밀려 이리저리 찢겨진 채 파묻혀 가는 오래된 역사의 파편들, 그리고 마르크스. 제 역량이 부족하여 그것들을 온전히 감당해 낼 수는 없었지만, 그 유령들과 아렌트의 텍스트들을 대면시키기 위해 최대한 노력했습니다. 여러분들이 이 강의를 통하여 아렌트와 그 유령들 간의 만남을 조금이라도 음미해 볼 수 있다면, 저는 그것만으로도 충분히 만족할 것입니다.

이 강의를 처음 제안한 노들장애학궁리소의 고병권, 김도현, 박정수 선생님, 그리고 궁리소에서 함께 공부를 하고 있는 규호 선생님과 유미에게 이 기회를 빌려 감사 인사를 전하고 싶습니다. 제 부족한 강의에 끝까지 열심히 참여해 주신 노들장애학궁리소와 우리실험자들의 동학 여러분들과, 강의에 직접 참석하지는 않으셨지만 먼 부산에서 제 강의록을 매주 읽어 주신 서영섭 신부님께도요. 아울러 예측 불가능한 행위들로 제 사유를 끊임없이 자극해 주는 박경석 노들야학 '고장' 선생님과 제가 대부분의 일상을 함께 보내는 노들장애인야학, 전국장애인차별철폐연대 활동가들을 포함한 대항로의 동지 여러분들, 그리고 그들의 삶을 기록한 고 박종필 감독님께도 감사를 전하고 싶습니다. 덧붙여 곁에서 제 작업을 독려해 준 영춘 형, 기훈 형, 미성 누나와 제 지지부진한 연구의 길을 계속 용인 및 지지해 주는 가족들, 나의 동학이자 벗인 김성준, 김윤재, 장원, 정해국, 황재민 및 사회 변혁을 위해 치열하게 싸우고 계신 동지 여러분들, 제게 철학함의 즐거움을 알게 해 준 윤성우, 박치완, 홍성민 선생님을 비롯한 외국어대학교의 몇몇 선생님들께 이 책을 선물하고 싶습니다. 마지막으로 제 가장 소중한 대화 상대자, 일상과 사유의 동반자이자 정치적 신념과 실천의 동반자이기도 한 「비마이너」 강혜민 편집장님께는 이 책이 출판되는 바로 그 날, 곧바로 성대한 데이트를 신청하는 바입니다.

약어

BPF *Between Past and Future*, Penguin, 2007.
HC *The Human Condition*, University of Chicago Press, 1998.
JW *The Jewish Writings*, Random House Inc, 2007.
LM *The Life of the Mind*, Harvest Books, 1989.
MDT *Men in Dark Times*, Harvest Books, 1970.
OR *On Revolution*, Penguin, 2005.
OT *The Origins of Totalitarianism*, Harcourt, 1976.
PP *The Promise of Politics*, Random House Inc, 2009.

일러두기

1 이 책에 인용된 한나 아렌트의 주요 저작들은 위에 정리해 둔 영어 약어로 표기했다.
나머지 저작들은 번역본 서지사항을 표기해 두었다.

2 외국 인명, 지명 표기는 국립국어원의 외래어 표기법과 용례를 따랐다.
다만 국내에서 이미 굳어진 인명과 지명의 경우 통용되는 표기로 옮겼다.
의미 전달을 위해 필요한 경우 원어나 한자를 병기했다.

3 주석은 모두 각주로 처리했으며, 단행본에는 겹낫표(『 』)를, 잡지 및 논문과 기사 등에는 홑낫표(「 」)를, 저자가 강조를 위해서 표시한 부분은 대괄호([ ])를 이용해 표기했다.

① 한나 아렌트의 삶을 '이야기하기', 그리고 의식적 파리아Pariah의 정치

누군가의 삶에 대해 이야기한다는 것

저는 오늘 한나 아렌트의 삶에 대해 '이야기'할 것입니다. 특히 동화된 유대인 가정에서 성장한 한 지식인이 사회에서 버림받은 자, 즉 파리아pariah가 되면서 어떠한 삶의 태도를 견지하게 되었는지에 대해서 말이지요. 그런데 이 이야기를 본격적으로 시작하기도 전에 한 질문이 저를 곤경에 빠뜨립니다. '한 인간의 삶을 이 짧은 이야기 안에 온전히 담아낼 수 있을까?' 한 사람의 삶을 이야기하기 위해서는 그 삶을 구성하는 이의 개성을, 그의 일상과 행위를, 그를 둘러싼 세계와 그 세계에서 벌어지는 사건들을 직접적이건 간접적이건 마주하고서 첨삭해야 합니다. 그런데 무엇이 이야기될 만한 것입니까? 무엇이 이야기될 필요가 없는 것일까요? 저는 우선 그것을 결정해야 합니다. 즉 그 삶의 다양한 부분들을 "상상 속에서 되풀이해 본 후,"[1] 버릴 건 버리고 취할 것들은 취해 와서 살아남은 파편들을 나의 의도에 맞게 인위적인 인과관계 속에다가 배치해 내야만 합니다. 이는 한 사람의 '누구임'을 드러내겠다는 명목 하에 '서로 다른 사건들'과 '서로 다른 행위들'에 일관성, 연속성을 부여하는 작업이며, 그것들을 단일한 의미를 갖는 줄거리 속에 묶어 내는 작업이기도 합니다.

그런데 이는 이야기가 한 사람의 삶을 온전히 반영할 수 없다는 것을 말해 주는 것은 아닐까요? 저는 이야기를 하는 동안 이야기되는 자의 삶을 있는 그대로 다시 살아 낼 수도, 그 전체를 있는 그대로 다 이야기할 수도 없으며, 그저 그 삶의 부분들을 선별적으로 재배치하거나 제 식대로 모방해 낼 수 있을 뿐이니 말이에요. 그래서 어떤 이는 '이야기를 통하여 삶을 드러낸다'는 것은 엄밀한

1) MDT, p.97.

의미에서 보자면 불가능한 것이라 말할지도 모르겠습니다. 삶을 이야기하더라도 그것은 결국 이야기꾼 자신이 본인의 의도에 따라 만들어 낸 허구의 산물이거나, 원본을 그다지 닮지 않은 하찮은 모방의 산물일 뿐이라고 말하면서요.

그러나 사실 이러한 류의 문제 제기는 '이야기되는 것'보다 더 근원적인 '진정한 삶' 자체가 현존한다는 것을 가정하는 것일 수 있습니다. '실재를 모방한 것'에 불과한 이야기로부터 독립적으로 존재하는 무언가가, 그것도 이야기보다도 더 진정한 무언가가 있다고 말이에요. 실제로 삶 자체가 가져다주는 무게나 생생함을 과연 언어로 담아낼 수 있기는 한 것입니까? 언어는 삶 그 자체에 강렬함을 안겨다 준다고 '착각'되는 감정이나 기억조차도 왜곡시키고 퇴색시키는 도구에 불과한 건 아닌가요? 그렇다면 우리에게 어떤 삶을 이야기로 구성하고 그것을 세계로 드러낼 권리가 과연 있기는 한 것일까요? 설령 그 권리가 인정된다고 하더라도, 그 권리는 과연 어느 선까지 허용되어야만 하는 것일까요?

제가 이 지점에서 말할 수 있는 분명한 한 가지는 유한한 존재로 태어난 저에게는 모방된 것보다 더 '진정한 삶'이 정말로 있는지, 그러한 것이 있다면 그 정체는 무엇인지, 내가 그것을 어떻게 인식할 수 있는지에 대해서 어설프게나마 대답할 능력조차 없다는 사실입니다. 그리고 이러한 난해한 문제가 해결되지 않더라도, 우리는 어떤 삶들을 이야기해 왔고 이야기하고 있으며 이야기할 것이라는 사실입니다. 그렇게 될 때에만이 삶들은 비로소 사람들의 사이-안in-between, 즉 세계 속에 출현하여 우리들에게 의미를 던져 줄 수 있습니다. 그러한 의미들로 채워지지 않은 인간 세계란 저로서는 도무지 상상조차 할 수 없기 때문입니다. 줄리아 크리스테바는 이러한 차원에서 아렌트의 시각을 빌려 다음과 같이 말합니다. "삶은 그 자체로, 그 자체에 대해서 '가치'를 갖지 않는다. […] 만약 삶이

[이야기를 통한] 의미와 행위에 대한 탐색을 중단한다면, 삶은 삶 그 자체를 성취할 수 없다."[2] 그래서 아렌트 역시 누군가의 "나타남이란 지극히 분명하지만 그것을 언어화하려고 하면 스리슬쩍 달아나 버린다"[3]고 생각했으면서도, 이야기를 통해 누군가의 삶을 언어화 내지 사물화reification하는 것의 중요성을 계속 강조했던 것일 테지요. 그에 따르면 만약 어떤 삶이 언어화되지 않는다면, 그것은 이 세계에 실재하지는 않지만 이야기로는 남아 보존되고 있는 유니콘이나 엘프보다 현실성이 떨어지게 될 것입니다. 즉 유니콘과 엘프는 사람들 사이에서 계속 이야기될 테지만, 그것들의 삶은 세계에서 그 존재 자체가 위협받을 테니까요.

심지어 강렬한 체험을 거쳐 내면적으로 각인되어 있는 감정이나 기억이라 할지라도, 만약 그것들이 세계의 안정된 사물로서 외화外化되어 유지되지 않는다면 곧 생명력을 잃을 것입니다. "행위들은 다른 사물들이나 자연 대상들과 달리, 오직 그 행위를 수행한 이들에 대한 이야기 안에서만이, 그 행위들을 이해하고 해석하고 상기시키는 이들의 이야기 안에서만이 살아 있는 것[4]"이니까요. 따라서 우리가 어떤 삶을 이해하고, 거기에서 어떤 의미를 발견하여 타자들과 공유하려 한다면, 우리는 그것을 이야기로, 최소한 기억과 이야기를 유발하는 어떤 안정된 사물로 '구체화'해서 세계에 드러내고 보존해야 합니다. 전기, 구술사, 에세이, 시, 사진, 그림, 영상, 동상 등 실재를 모방한 어떤 매개체들로

2) Julia Kristeva, *Hannah Arendt: Life is a Narrative,* translated by Frank Collins, University of Toronto Press, 2001, p.9. 대괄호는 필자가 첨부한 것임.
3) 나카마사 마사키, 『한나 아렌트 인간의 조건을 읽는 시간』, 김경원 옮김, 2017, Arte, p.347.
4) Seyla Benhabib, 'Hannah Arendt and The Redemptive Power of Narrative', *Social Research,* Vol. 57, No.1 (Spring, 1990), p.187

말이지요.

물론 이야기는 객관적 사실을 온전히 반영하는 것이 아닐 수도 있습니다. 거기에는 '확실한' 정보가 담겨져 있지 않은 경우도 많으며, 그것의 구성은 자주 '엄밀한 인과성'의 원칙을 위반하기도 하지요. 이미 기억 속에서도 희미해진 흔적들이 흩어진 파편마냥 마구 나열되는 경우도 다반사입니다. 그것도 때로는 '통속적인' 시간 순서에 전혀 맞지 않게 말이에요. 그러나 스스로를 자기 자신의 삶의 주체라고 여기는 인간 개개인조차도 자기의 행위들과 자기가 겪은 사건들이 '이야기될 수 있는 가능성'이 보장되지 않고서는 스스로의 정체성/동일성identity을 이해하기가 힘들 수밖에 없습니다. 이야기로 나의 다양한 행위와 다양한 사건들이 하나의 의미 안에 묶이지 못한다면, 이 세계 속에서 분명히 일관된 존재자로 살아가고 있는 안정된 '나'조차 성립될 수 없을 테니까요. 따라서 우리는 스스로가 누구인지를 이해하려 할 때조차 우선은 자기 삶의 다양한 국면들을 나름의 일관된 줄거리가 있는 이야기의 방식으로 재구성해 음미해 보아야만 합니다.

혹은 아렌트가 강조하듯, 타인이 구성한 나에 대한 이야기 속에서 내 삶의 의미가 비로소 온전히 드러나는 경우도 많아요. 나는 마치 무대에 올라 있는 배우처럼 삶을 살아가며, 그렇기에 내가 연기를 하고 있는 무대 전체를 바라볼 수 없습니다. 즉 내가 나의 삶을 전체적으로 조망하기가 힘들다는 것입니다. 그러나 내 삶에 대한 관찰자는 내가 행위하고 있는 무대 전체를 관찰할 수 있어요. 나의 파편화되고 흐릿해진, 심지어 왜곡된 기억들을 일관된 이야기로 만들어 주며, 그것을 동시대의 타인들, 심지어 후손들에게까지 잘 전달해 주는 것 역시 이러한 차원에서 나 자신이 아니라 오히려 탁월한 이야기꾼일 수 있습니다. 따라서 아렌트는 행위가 이야기를 낳는 것은 사실이지만, 행위자는 나의 삶과 행위를 전체적으로 관찰한 이야기꾼에 의해 말해진 이야기를 들으면서 "자신의 과거를 다시 감내해 낼 때만이", 본인의 "개별 행위들을 비로소 의미 있는 전체, 즉 하나의 사건으로[5)]" 이해해 낼 수 있다고 봅니다. 즉 "타인들, 말하자면 그 사람이 죽은 이후에도 살아남아 [그 사람의 삶의 시작과 끝까지의] 전체 이야기[6)]를 볼 수 있는 사람들에 의해 얘기되는 이야기"만이 내게 나의 삶을 이해시켜 주고, 심지어 타인들 사이에서 내 삶을 완성시켜 주는 것입니다.

한편으로 타인의 삶에 대한 나의 이야기하기/이야기 듣기가 자기 자신의 삶을 이해하는 매개가 되는 경우도 자주 있습니다. 아렌트가 자기 삶을 이해하기 위해 라헬 파른하겐의 삶과 로자 룩셈부르크, 아이작 디네센[7)]등의 삶을 이야기한 것처럼, 『전태일 평전』을 읽은 21세기 한국의 비정규직 노동자가 그 이야기를 통하여 자신의 삶 전체를 다시 이해하게 되기도 하는 것처럼 말이에요. 즉 자신이 '누구인지'를 이해하기 위해서는 어쨌거나 자신이나 타인의 삶에 대한 이야기라는 매개가, 적어도 어떤 삶을 이야기로 이해할 수 있는 가능성이 전제되어야만 하는 것입니다. 이러한 차원에서 자기 이해란 마냥 자립적이기만 한 것이 아니라, 타인들, 이야기, 예술 작품 등의 어떤 매개적 타자들에 의존하고 있는 활동이라고 할 수 있지요.

저는 우리가 함께 나눌 아렌트의 삶에 대한 이야기 역시

5) MDT, p. 20.
6) 사이먼 스위프트, 『스토리텔링 한나 아렌트』, 이부순 옮김, 앨피, 2011, p. 55.
7) 아이작 디네센의 본명은 카렌 블릭센Karen Blixen으로 「아웃 오브 아프리카」의 원작자로 유명합니다. 그는 덴마크 출신 여성이었지만, 독자들이 성별을 쉽게 알 수 없게끔 필명을 사용했습니다. 디네센은 작가가 되려고 하기보다는 언제나 이야기꾼으로서 활동하고 싶어 했고, 그의 소설들은 자신이 실제로 겪은 것들에 대해서 이야기하는 형식을 취하고 있습니다. 아렌트는 1959년 디네센이 미국을 방문하여 강연을 했을 때, 그 자리에 참석하여 그가 「아웃 오브 아프리카」의 내용을 이야기를 풀어내는 것을 듣고 매우 감명을 받았다고 합니다.

여러분들이 자신의 삶을 이해하는 데 매개적인 역할을 할 수 있기를 바랍니다. 특히 억압받고 차별받는 자의 삶 혹은 주류 사회에 순응하는 삶이나 거기에 저항하는 삶에 대해서 다시금 이해를 해 보는 데 말입니다. 물론 아렌트는 '무국적자 유대인'이라는 당대의 버림받은 정체성을 중심으로 자신을 이해하며, 따라서 그에게서 파리아의 초상은 주로 유대인들로 설명됩니다. 그러나 누군가 말한 것처럼 아렌트의 파리아에 대한 논의는 "유대인성보다는 이념형 인간 유형으로서의 파브뉴와 파리아에 대해 훨씬 더 통찰력[8)]"을 주기 때문에, 저는 그의 유대인에 대한 논의를 우리 시대의 파리아들, 여러분 자신들의 삶의 문제로도 충분히 확장시켜 볼 수 있을 것이라 생각합니다.

동화 유대인 가문 출신의 철학 유망주와 그의 첫사랑[9)]

한나(그의 부모 및 친척들과 헷갈리지 않도록 이번 강의에서만큼은 한나 아렌트를 친근하게 '한나'라고도 칭해 보도록 하지요.)는 1906년 독일 하노버에서 태어납니다. 하지만 한나는 하노버에서 오랫동안 살지는 않았어요. 그는 칸트의 도시, 쾨니히스베르크에 뿌리를 내린 동화 유대인 가문 출신이었고, 이 도시에서 대부분의 어린 시절을 보냅니다.

한나의 할아버지 막스 아렌트는 유대인이면서도

8) 리차드 번스타인, 『한나 아렌트와 유대인 문제』, 김선욱 옮김, 아모르문디, 2009, p.59.
9) 한나 아렌트의 삶은 엘리자베스 영 브루엘Elisabeth Young-Bruehl이 쓴 유명한 전기 작품인 『한나 아렌트: 세계 사랑을 위하여』 *Hannah Arendt: For Love of the World*(Yale University Press, 2004)에 너무나도 잘 이야기되어 있습니다. 저 역시 이 강의에서 아렌트의 삶을 이야기하기 위해 이 책을 대부분 참조했습니다.

독일인으로서의 정체성을 매우 중시한 사람이었습니다. 그는 자신이 유대인 가문 출신임을 전혀 중요하다고 생각하지 않았어요. 당대 쾨니히스베르크의 부유한 유대인들은 일반적으로 자신들은 굳이 세례를 받지 않더라도 애초에 그저 '독일인일 뿐'이라고 생각했고, 막스는 이러한 동화된 유대인 사회의 지도자 중 한 명이었습니다. 물론 쾨니히스베르크에는 가난한 동유럽계 유대인들도 살고 있었습니다. 이들은 부유한 유대인들과 사정이 조금 달랐습니다. 그들은 법적으로는 이미 독일인으로 받아들여지고 있기는 했지만, 부유한 유대인들과 동떨어진 동네에 모여 살았을 뿐만 아니라 사회적으로도 적지 않은 차별을 받고 있었지요.

한나의 아버지 파울은 아렌트 집안의 풍족한 조건 속에서 좋은 교육을 받고 엔지니어가 되었습니다. 그는 철학, 문학 애호가이자 문헌 수집가이기도 했는데, 덕분에 그의 서재에는 온갖 고전들이 가득 채워져 있었다고 해요. 어머니인 마르타 역시 쾨니히스베르크에서 차 유통업으로 경제적 성공을 거둔 러시아에서 독일로 이주한 부유한 유대인 가문 출신이었습니다. 마르타는 파리에서 프랑스어와 음악을 공부하기도 했고, 교육학에 엄청난 관심을 가지고 있기도 했습니다. 한나는 훗날 마르타가 딱히 이론적인 사람은 아니었다고 평가하긴 했습니다만, 그녀의 교육학에 대한 열정은 훗날 한나에 대한 상세한 육아일기의 서술로 이어지기도 했습니다. 파울과 마르타는 이렇게 지적이고 문화적인 욕망을 충분히 충족할 수 있는 조건 속에서 성장했으며, 이 과정에서 어린 시절부터 사회주의에 빠져듭니다. 특히 마르타는 스파르타쿠스단 봉기 때에는 로자 룩셈부르크에 열광했습니다. 부유하고 지적인, 그러면서도 사회주의에 빠져든 이들의 자식…… 어찌 보면 한나는 당대의 인문학적 엘리트로 성장하기에는 최적의 조건 속에 있었다고도 볼 수 있습니다.

물론 어린 시절의 한나에게도 고난이 없지는 않았습니다. 그러나 큰 재앙들은 그의 삶을 가까스로 비껴가곤 하지요. 그중에서 지금까지 알려진 몇 가지 사건만을 이야기해 보겠습니다. 우선 아버지 파울의 매독 재발과 그로 인한 정신장애 증세, 그리고 이른 죽음이 있었습니다. 이는 여덟 살의 한나에게 아주 큰 슬픔을 안겨 줬을 테지요. 그러나 당시 한나는 이 죽음을 비교적 의연하게 받아들인 것으로 알려져 있습니다. 장례식에서 엄마를 도리어 위로할 정도로요.

한나는 동네 친구들과 학교 선생이 반유대주의적 발언을 하는 것을 듣기도 합니다. 한나에게는 이 경험이 자신이 남들과 다름을, 즉 유대인임을 깨닫게 된 최초의 순간이었다고 해요. 그러나 마르타는 본인도 유대인 문제에 큰 관심이 없었음에도 한나에게 언제나 반유대주의적 발언들에 대해서만큼은 단호히 대처할 것을 당부하곤 했습니다. 그리고 이 탓에 한나는 이러한 경험을 마주하고서도 비교적 잘 대처해 낼 수 있었습니다. 물론 동네 친구들의 발언에는 좀 곤란해 하기는 했던 것 같지만, 학교 선생이 상대적으로 가난한 동유럽계 유대인 학생들에게 반유대주의적인 발언을 했을 때에는 곧바로 가방을 싸고 일어나 집으로 돌아오기도 했다고 하네요.

얼마 후 제1차 세계대전이라는 커다란 고난이 두 모녀에게 닥쳐옵니다만, 한나는 이 역시 잘 극복할 수 있었어요. 쾨니히스베르크에서는 많은 전투가 벌어지지 않았을뿐더러, 한나의 외가인 콘 가문의 축적된 부 덕분에 마르타와 한나는 비교적 안정적으로 삶을 꾸려 나갈 수 있었습니다. 1차 세계대전이 발발하자마자 잠시 피난을 가 있기도 했지만, 흔히 떠올리는 험난한 피난길을 겪은 것은 아니에요. 물론 콘 가문이 전쟁 말미에 파산을 하는 바람에 마르타와 한나 역시 빈곤의 위협에 시달리게 되기는 합니다. 그러나 이조차도 마르타의 재혼으로 금방 벗어날 수 있게 되지요. 마르타의 새 남편 베어발트는 철물 회사를 운영하는 꽤나 부유한 사업가였으니까요.

물론 한나의 자유분방하면서도 지나치게 고집스럽고 반항적인 성격과 종잡기 힘든 행동들 탓에 마르타와 새아빠, 의붓자매들은 상당히 힘들어 했던 것 같습니다. 이들은 툭 하면 사고를 치는 한나와 자주 싸우기도 했대요. 먹는 걸로 스트레스를 풀곤 했던 한나는 파티를 위해 마련해 둔 샌드위치를 파티 전에 혼자 다 먹어 버리기도 했고, '이른 아침에 수업을 받는 게 말도 안 된다'며 학교를 안 간 채로 엄마한테 조치를 취해 달라고 하기도 했어요. 그리고 열다섯 살 때는 마음에 안 드는 학교 선생에 대한 학생들의 반란(?)을 선동하다가 퇴학을 당하기도 합니다. 사건 사고가 이리도 끊이지 않았으니 주변 사람들이 참 피곤할 만도 했겠지요. 마르타는 한나가 사고를 칠 때마다 참 열성적으로 그것을 수습해 주곤 했지만, "아이가 잘못 자랐다"고 육아일기에 적어 놓기도 했다고 합니다.

이러한 비교적 안온한 조건 속에서 한나는 좀처럼 유대인 문제나 정치적인 문제에 관심을 기울이지 않습니다. 심지어 로자 룩셈부르크의 추종자였던 마르타가 한나에게 자주 룩셈부르크의 사상에 대해서 말해 주었고, 또 1919년 스파르타쿠스단 봉기 때는 그를 거리로 데리고 나가기도 했는데도 말이지요. 당시 거리에서 "넌 관심을 가져야 해! 이건 역사적인 사건이야!"라고 마르타가 말했다는데, 한나는 당시만큼은 이를 귓등으로만 들은 것 같습니다. 훗날 한나의 제국주의론 및 혁명론이 로자 룩셈부르크의 사상을 적극 참조했다는 사실을 생각해 본다면, 이는 참 재미난 일이지요.

오히려 한나는 어린 시절부터 순수 철학 영역과 신학, 독일 문학에 깊이 심취해 있었어요. 열세 살에 칸트의 『순수이성비판』과 야스퍼스의 『세계관의 심리학』을 읽었고, 열다섯 살에 대학생들과 희랍어로 그리스 고전들을 읽는 세미나에 참석했다고 하니, 어렸을 때부터 참 엄청나긴 했던 것 같아요. 퇴학을 당한 청소년 한나는 마르타의 노력으로 잠시 동안 베를린 대학교에서 청강을 하기도 하는데, 이때에도 그는 참 탁월한 모습을 보여 주었다고 합니다.

순수 철학에 대한 아렌트의 열정은 집안이 경제적으로 몰락한 이후에도 막을 수 없었습니다. 참고로 베어발트의 철물 회사는 1차 세계대전 후 기존의 거래처를 잃어버려서 경영에 차질을 빚다가, 1923년 인플레이션의 여파로 문을 닫게 되지요. 한나는 더 이상 경제적으로 안정된 삶을 유지할 수 없게 되었습니다. 그럼에도 불구하고 그는 함께 희랍어 강독 세미나를 진행하던 선배가 다니던 마르부르크에 가서 철학 공부를 하기로 결심합니다.

이때까지만 해도 한나는 유대인 문제를 포함한 정치 문제들에 별로 관심이 없었습니다. 심지어 그에게 그것들은 시시한 문제로까지 여겨졌다고 해요. 조금은 이해가 가는 게 그는 대학 생활을 시작하자마자 순수 철학 분야에서 널리 이름을 날리고 있던 괴물들을 마주해야 했어요. 그에게는 아마 철학을 더 돋보이게 만들어 주는 인물들이었겠지요. 하이데거, 불트만, 후설, 야스퍼스……. 누군가와 깊은 사랑에 빠지면, 종종 주변의 모든 것들이 하찮게 여겨지기도 하지요. 그것이 엄청나게 중요한 의미를 갖는 것임에도 불구하고요. 한나는 당시 자신이 철학과 첫사랑에 빠졌다고 이야기하며, 실제로 그는 인문학 외에 다른 것들에 큰 관심을 기울이지 않습니다.

그리고 이는 사실 한나에게서 당시 '육화된 철학'으로 여겨졌던 하이데거와의 사랑이기도 했어요. 당시 마르부르크 대학의 교수였던 하이데거는 어려운 이론들도 학생들에게 쉽게 잘 풀어 설명해 주는 데 탁월한 능력을 가지고 있었기에 학생들 사이에서 '마법사'로 통용되었습니다. 그는 압도적으로 똑똑했을 뿐만 아니라, 키는 작았지만 잘 생기고 운동도 잘했다고 하네요. 특히 스키를 프로 수준으로 잘 탔다고 합니다. 덕분에 마르부르크에는 그의 추종자들이 줄을 이었고, 그를 만나기 위해 굳이 마르부르크에까지 와서 수업을 듣는 학생들도 상당히 많았다고 합니다. 한나도 그의 매력에 푹 빠져든 학생 중 하나였음은 물론이고요.

일설에 따르면, 그러던 어느 날 하이데거가 한나를 자기 연구실로 불러냈답니다. 그리고 이때부터 둘의 사랑이 본격적으로 싹트기 시작했어요. 하이데거는 당시 철학사에 남을 대작인 『존재와 시간』을 쓰고 있었습니다. 많은 이들이 하이데거가 이 대작의 저술에 대한 부담 속에서 자신의 사유를 가장 잘 이해하던 학생인 한나에게 상당 부분 의존하게 된 것이라 추측합니다. 열여덟 살이었던 한나가 상당히 예쁘게 생겼고, 게다가 지적이기까지 했으니 하이데거가 매력을 느끼고 꼬신 것에 불과하다고 단순하게 말하는 사람들도 있지만요. 진실이야 뭔지 저도 잘 모르겠습니다만, 한나와 하이데거가 서로 상당히 많은 시나 편지를 주고받았고, 또 몰래 자주 만났던 것은 사실인 것 같습니다. 물론 이 관계는 마르부르크의 유명한 스캔들이 되었고, 하이데거 아내에게까지 이 소식이 전해지지요. 하이데거는 훗날 이 시기를 "자기 인생에서 가장 자극적이고 파란만장한 시기"라 말하기도 했는데, 이는 참 여러모로 생각해 볼 말입니다.

그러나 한나는 이 관계로부터 상당히 큰 상처를 받았습니다. 하이데거는 그의 저작에서도 잘 드러나 있듯이 공중公衆들의 세계 내지 일상의 세계로부터 거리를 둔 고독한 철학자적 삶의 태도를 매우 중시한 사람이었지요. 문제는 그러한 태도가 사랑의 관계에서조차 그대로 적용되었다는 것입니다. 그러한 연인의 태도는 당연히 한나에게 큰 외로움을 안겨다 줄 수밖에 없었겠지요. 좀 단순하게 생각해 보자면 하이데거는 이 관계가 자신의 교수로서의 입지를 위협할 수도 있겠다고 생각해서, 때때로 한나에게 깊이 의존하면서도 그와 일정 부분 거리감을 유지하려고 했을 것 같습니다. 하이데거의 아내가 이 때 이후로 평생 한나를 혐오했던 걸 생각해 본다면, 당시 이미 두 아이의 아버지였던 하이데거가 집안에서도 상당히 난처한 입장에 처해 있었을 것이라고도 충분히 예상해 볼 수 있습니다. 이유야 정확히 뭔지 모르겠습니다만, 당시 한나가 쓴 시들은 그의 아픈 마음을 잘 대변해 주고 있습니다. 한나가 훗날 남성들과의 사랑에 계속 실패했던 낭만주의기의 베를린 살롱 운영자이자 유대인 여성이었던 라헬 파른하겐의 삶에 심취하게 된 것도 이와 무관하지 않아 보이고요. 심지어 한나는 훗날 교수 자격 시험 논문으로 라헬 파른하겐의 전기를 쓰기도 하는데, 이 책의 어떤 부분은 좀 과하다 싶을 정도로 실연의 고통에 대한 언어들로 채워져 있습니다.

1926년, 한나는 마르부르크를 떠나 프라이부르크 대학에서 한 학기 동안 후설에게 지도를 받습니다. 어떤 이들은 이마저도 상처를 받은 한나가 하이데거로부터 벗어나기 위해 행한 발버둥으로 보더군요. 어쨌든 그 이후 한나는 하이데거가 있는 마르부르크로 되돌아가지 않습니다. 물론 하이데거는 한나가 그와 헤어지려는 노력을 거듭하고 있던 와중에도 꽤나 자주 그를 만나려고 시도합니다. 참 웃기지요? 그런데 답답하게도 한나는 이 제안을 매몰차게 끊어 버리질 못해요. 그는 하이데거로부터 만나자는 편지를 받으면, 자기 일정들을 다 취소하고서라도 하이데거를 만나러 가곤 했습니다.

그럼에도 어쨌든 한나는 더 이상 하이데거에게 직접적인 교육을 받길 원하지 않았던 듯 합니다. 오히려 그는 야스퍼스가 있던 하이델베르크로 향했습니다. 물론 하이데거가 친히 야스퍼스에게 소개장을 써 주긴 했지만요. 야스퍼스는 당시 하이데거의 지적 라이벌이자, 새로운 독일 철학 운동을 함께 추진해 나가던 친구이기도 했어요. 참고로 야스퍼스는 당시에 하이데거와 한나가 서로 연인 관계였다는 것을 몰랐습니다. 먼 훗날 한나가 그 사실을 야스퍼스에게 고백하기 전까지는 말이에요. 심지어 한나는 제2차 세계대전 후에도 '나치 부역자'로서의 전력을 가지고 있는 하이데거를 업무 탓에 몇 번 만나기도 했는데, 이 때 야스퍼스는 한나에게 더 이상 하이데거를 만나 주지 말라고 충고했다고도 하네요. 하긴 야스퍼스의 아내는 유대인이었고, 그 탓에 이 부부는 어느 식사 자리에서 열렬한 나치 지지자였던 하이데거의 아내에게 모욕적인 언사를 들은 적도 있는 것으로 알려져 있습니다.

하이데거가 남긴 텍스트들의 위대함이야 둘째 치고, 저는 개인적으로 '인간' 하이데거의 면모를 그다지 좋아하지 않기 때문에 여기서는 더 이상 한나와 하이데거 사이의 관계에 대한 이야기를 삼가도록 하겠습니다. 하이데거와의 관계가 한나의 삶과 철학에 큰 족적을 남긴 것만큼은 분명하고, 남들 연애 이야기야 솔직히 매우 흥미를 자극하곤 하지만, 사실 이는 오해와 억측의 온상이기도 하니까요(몇 년 전 한국어로도 번역된 엘르비에타 에팅거의 책 『한나 아렌트와 마틴 하이데거』는 이러한 점에서 아렌트의 삶에 대해 연구하려는 이들에게만큼은 별로 추천하고 싶지 않습니다. 많은 연구자들이 그 책을 연애소설적 허구로 가득 차 있다고 비판하지요).

다행히 야스퍼스는 한나에게 참 좋은 스승이었던 것 같습니다. 나중에 야스퍼스와 한나는 각별한 친구가 됩니다. 한나는 미국에 살 때에도 야스퍼스와 엄청난 분량의 편지를 주고받았고, 그의 철학에 대한 논문도 몇 편 쓴 바 있으며, 제2차 세계대전이 끝난 이후에는 거의 매년 그를 만나러 유럽으로 돌아옵니다. 야스퍼스는 세계의 의미를 중시하면서도 고독한 본래적 삶의 태도를 중시했던 하이데거와 달리, 타자들과 대화를 나누는 삶을 매우 중요하게 생각했을 뿐만 아니라, 막스 베버와 친구였던 만큼 사회적이고 정치적인 문제들에 대해서도 아예 관심이 없지 않았습니다. 한나는 아직 정치적인 문제들에 큰 관심을 가지고 있지는 않았지만, 야스퍼스와의 관계 속에서 자신의 정치철학적 토대를 무의식적으로나마 준비하고 있었습니다.

무국적자 생활과 어두운 시대의 친구들

한나의 어린 시절과 대학 생활은 그가 스스로의 유대인성에 대해서 깊게 생각할 계기를 딱히 마련해 주지 않았습니다. 그는 부유한 가문 출신으로서 그간 유대인으로서 큰 차별을 경험하지도 못했을 뿐더러, 오히려 전도유망한 철학도로서 독일 엘리트들에게 널리 인정받고 있었으니까요. 데리다가 어디에선가 비판한 것처럼, 한나는 심지어 언제나 자신의 고향을 '독일어'이자, '독일 철학', '독일 문학 전통'이라고 생각했습니다. 물론 그렇다고 해서 그가 독일 민족주의자였던 것은 아니었어요. 그는 그때에도 자신의 할아버지 막스와 달리 독일이라는 '국가의 구성원으로서의 정체성'을 결코 자랑스럽게 여기고 있지 않았고, 주류 사회의 '좋은 구성원'이 되기 위해 딱히 큰 노력을 기울이지도 않았습니다. 한나는 그저 자신의 역사와 정체성에 비교적 무감한 '독일 철학, 독일 인문학의 추종자'일 뿐이었던 것입니다.

그러나 한나는 이내 자신의 정체성 문제, 그리고 독일의 정치 문제들에 골몰하게 됩니다. 대공황과 나치의 급부상이라는 역사적 상황이 그를 그러한 길로 인도한 것이지요. 게다가 야스퍼스의 지도 하에 아우구스티누스의 사랑 개념을 주제로 학위 논문을 쓴 한나는 1929년 한 마르크스주의 잡지 후원 주점에서 마르부르크에서 같이 공부를 하던 귄터 슈테른(귄터 안더스Gunther Anders라는 필명으로 더 잘 알려져 있는 학자이지요.)이라는 유대인 철학자를 다시 만나 곧 결혼을 하게 되는데, 그의 주변에는 유난히 공산주의자들과 시오니스트들이 많았어요. 또 그는 이 시기에 독일 시오니스트 연합Zionist Federation of Germany의 저명한 활동가였던 쿠르드 블루멘펠트Kurt Blumenfeld를 '정치 멘토'로 여기면서 그와 깊은 친분을 쌓아 나가고 있었고, 대학 시절부터 친구였던 시오니스트 한스 요나스Hans Jonas와도 계속 긴밀한 관계를 맺고 있기도 했지요.

이러한 차원에서 한나가 이 시기에 비로소 마르크스와 레닌, 트로츠키의 저작들을 읽기 시작했다는 것은 꽤나 상징적입니다. 그리고 슈테른과 결혼하기 얼마 전, 훗날 네오콘의 대부가 되는 레오 스트라우스가 한나랑 사귀어 보려고 접근을 한 적이 있다는데, 한나는 그가 정치 문제에 대해서 보수적인 입장을 내비치는 것을 보고 차 버렸다고 합니다. 그러고 보면 한나는 이미 이 시기에 일정 부분 '의식화(?)'되어 있었던 것 같기도 해요. 여담이지만 둘은 훗날 미국의 시카고 대학에서 다시 만나게 되는데, 한나는 이때에도 공개 세미나에서 스트라우스의 보수적인 정치적 입장을 맹비난하기도 했다고 합니다.

시대적 조건도 변해 가고 있었습니다. 제1차 세계대전 이후 찾아온 전쟁 후유증, 인플레이션 등으로 바이마르공화국의 상황은 상당히 악화되었어요. 물론 1920년대 중반기 독일은 전쟁 배상액의 부담에서 상당 부분 벗어나 있었고, 급속도로 문화와 공업이 발전하면서 잠시의 안정기가 있기도 했습니다. 이 시기는 '황금의 20년대'로 불리기까지 할 정도로, 전쟁의 후유증에서 벗어난 듯한 착각을 일부 독일인들에게 안겨다 주었지요. 물론 이 시기는 부르주아들, 제1차 세계대전의 전쟁 영웅들, 고위 관료들이 국정을 주도하던 시기로 그 안에는 숱한 억압과 재앙의 씨앗들이 내재해 있기는 했습니다. 그러나 그 불안한 안정기조차도 대공황의 여파로 이내 끝나 버리고 맙니다. 바이마르공화국이 안고 있던 불안 요소들이 일거에 폭발하기 시작한 것입니다.

더 이상 '쓸모가 없어진 사람들', 즉 실업자들이 독일 곳곳 거리에 넘쳐났고, 대중들은 더 이상 기성 정치 권력을 신뢰하지 않게 됩니다. 그리고 이러한 상황 속에서 이 위기를 타개할 세력으로 반유대주의를 기치에 내걸고 있었던 히틀러와 나치의 인기가 급속도로 올라가기 시작하지요.

한나는 이에 대해 매우 큰 위기감을 느낄 수밖에 없었습니다. 게다가 자기 주변 독일 지식인들 중 상당수도 여전히 아예 정치에 관심이 없거나, 아니면 '부르주아적 위선과 진부함'을 혐오한다는 명목하에 나치 운동에 빠져들기 시작했으니 그의 마음이 오죽 답답했을까요. 한나 입장에서는 관심을 안 가지려 해 봐야 도무지 안 가질 수가 없었을 겁니다. 심지어 당시 나치 운동에 빠져든 이들 중에는 훗날 나치 치하에서 프라이부르크 대학 총장까지 역임하고, 반유대주의적 조치들을 대학 내에서 친히 수행했던 한나의 옛 연인 하이데거도 포함되어 있었습니다. 하이데거는 총장이 된 후 자신의 스승인 후설과 일부 제자들을 유대인이라는 이유로 대학 문턱에도 들어오지 못하게 한 것으로 유명하지요.

대중과 일부 지식인들의 이러한 열광적인 지지 속에서 히틀러는 대선에 출마해 두 번째로 많은 득표를 했으며, 나치당은 총선에서 제1당으로 거듭나게 되었고, 1933년 초 히틀러는 마침내 수상의 자리에까지 오르게 되지요. 그렇게 그 시작부터 혁명을 배신했다고 좌파들에게서 비판받곤 하던 바이마르공화국은 온갖 불안 요소들 속에서도 그 명맥을 간신히 유지해 오다가 이제 드디어 종말을 맞이할 채비를 합니다.

한나의 결혼 생활 역시 이러한 시대적 흐름에 큰 영향을 받게 됩니다. 나치 비밀경찰이 1933년 2월 제국의회 방화 사건 즈음에 브레히트로부터 공산주의자들의 주소록을 압수했는데, 거기에 슈테른의 이름이 포함되어 있었던 거예요. 슈테른은 브레히트의 친구였으며, 그와 함께 공산주의자 모임에 참석하고 있었습니다. 나치 입장에서 볼 때, 당시 상황 속에서 자신들에 대적할 만한 세력은 대공황의 여파로 역시 인민들의 지지를 적지 않게 받고 있던 독일 공산주의자들밖에 없었고, 이에 제국의회 방화 사건을 공산주의자 탄압에 적극 활용하고 있었습니다. 슈테른은 이러한 상황이 가져다줄 위험을 직감하고 곧바로 파리로 도피했어요.

그런데 한나는 이 때 고심 끝에 결국 파리로 떠나지 않기로 결심합니다. 그는 이 시기에 자신이 현 사태에 대하여 책임감을 가질 필요가 있음을 깨달았고, 독일에 남아서 자신이 할 수 있는 일이 무엇일까를 고민하고자 했던 것입니다. 그는 드디어 자신의 의지와 상관없이 자신에게 주어진 정체성의 문제가 자신의 실존에서 얼마나 중요한 역할을 하는 것인지를 절실히 체감하게 되었으며, 따라서 이 문제를 회피하지 않고 스스로 떠맡기로 결단한 것입니다.

한나가 이러한 고민 속에서 택한 것은 시오니즘 활동에 뛰어드는 것이었습니다. 한나가 원했던 것은 '억압받는 자로서의' 정치적 활동, 즉 '반유대주의 득세 시기에 유대인으로서 정치적으로 활동하는 것'이었는데, 당대에 유대인으로서 정치적으로 조직화된 집단은 시오니스트들밖에 없었거든요. 한나가 속한 조직은 시오니스트들과 반-나치 활동을 하던 공산주의자들을 외국으로 도피시키고 있었는데, 그가 활동 초반 맡은 역할은 자신의 집을 이 도피의 거점으로 삼아 운영하는 것이었어요. 아울러 한나에게는 또 다른 중요한 임무가 있었습니다. 그것은 독일 사회에서 발생하고 있는 반유대주의적 공문들이나 선전물들을 프로이센 주립 도서관에서 수집하는 것이었지요. 이는 제18차 국제 시오니즘 회의에서 폭로될 자료로, 이 자료의 목적 중 하나는 주류 사회로의

'동화assimilation'를 통해 유대인 문제를 해결하려는 시도에 대해 시오니즘 활동가들이 가진 환상을 깨는 것이었습니다. 물론 이 시기 한나가 수행한 활동은 모두 불법이었지요. 한나에게 이를 지시한 것은 당시 독일 시오니스트 연합의 대표를 맡고 있던 블루멘펠트였는데, 이는 한나가 활동을 시작한지 얼마 안 되어서 아직 블랙리스트에 오르지 않았기 때문이었던 것으로 알려져 있습니다.

그러나 블루멘펠트의 예상은 빗나갔습니다. 한나는 얼마 후 갑자기 엄마와 점심을 먹다가 체포되었어요. 물론 엄마 마르타도 이후에 조사를 받기 위해 경찰서로 끌려갔지요. 그런데 마르타가 이때 경찰에게 한 말이 참 멋집니다. 한편으로는 너무 순진한 걸로 보일 수도 있겠습니다만 말이지요. "나는 딸이 뭘 했는지 몰라요. 다만 딸이 뭘 하든 걔는 그것을 행할 만큼 올바른 애고 나 역시 똑같이 행했을 겁니다."

마르타와 한나는 그래도 운이 좋았어요. 자택에서 증거물이 발견되지도 않았고, 수사 담당관도 형사 사건을 맡다가 정치과로 온 지 얼마 안 된 초짜 형사였거든요. 게다가 그 형사는 꽤나 착하기도 했던 것 같습니다. 워낙에 심한 담배 골초였던지라 슈테른과도 몇 번 갈등을 겪던 한나가 "담배를 피우게 해 주지 않으면 대답을 못 한다"라고 얘기하자, 그는 담배도 몰래 반입시켜서 피게 해 줬다고 합니다. 커피 중독자이기도 했던 한나는 유치장에서 준 커피가 맛이 없다고 불평을 하기도 했는데, 그는 또 그 와중에 한나에게 좋은 커피를 갖다 주기도 했고요. 사실 이런 형사가 더 고단수일 수도 있겠습니다만, 이 형사는 정말로 좀 착했나 봐요. 그는 한나의 거짓 증언들을 대강 넘겨 준 데다가 굳이 변호사를 안 불러도 풀려나게 해 줄 거라고 약속까지 했답니다. 그렇잖아도 상황이 안 좋아져 유대인들은 돈도 많이 없을 텐데, 굳이 변호사를 선임하는 데까지 돈을 쓰지 말라고 하면서요. 한나는 순진하게도 이 말을 믿었고, 시오니스트 단체에서 변호사를 보내 준다고 했는데도 거절했어요. 그리고 다행히도 한나는 정말로 금방 풀려납니다.

풀려나자마자 곧바로 한나는 망명을 준비합니다. 그는 독일 공산주의자들과 시오니스트들의 일반적인 망명 루트를 따라 독일 동남부를 거쳐 프라하로 도망을 가요. 그리고 또 제네바를 거쳐서 드디어 슈테른이 이미 피신해 있던 파리에 도착합니다. 그러나 한나는 독일 국경을 넘어서자마자 난민 신세가 되었습니다. 그리고 1937년에는 나치에 의해 국적이 박탈당하면서 무국적자로 전락하게 되지요. 파리에서 그가 경험한 난민, 무국적자로서의 삶은 결코 녹록치 않았습니다. 우선 프랑스의 극우파 '악시옹 프랑세즈action Française'는 "그들은 우리 빵을 먹는다!", "그들은 우리의 일자리를 빼앗는다!"는 구호하에 자국 내로 도피해 온 난민들을 혐오하는 운동을 진행해 나가고 있었습니다. 그러나 이러한 선동 및 대중들의 우려와 달리 사실 난민들은 일자리를 구하기조차 힘들었어요. 그들은 '국민'의 자격을 박탈당했기 때문에 안정된 신변을 보장받을 수도 없었고, 체류를 합법적으로 허가받기도 힘들었습니다. 그런데 무슨 제대로 된 일자리를 구할 수 있었겠어요.

그래도 한나는 그 힘든 생활 속에서도 나름 파리 생활에 만족하고 있었던 것 같아요. 19세기의 전통이 살아 숨 쉬는 문화의 수도 파리는 정말로 아름다웠고, 지적으로도 탁월한 도시라 여겨졌던 거죠. 게다가 한나는 무엇보다도 이곳에서 수많은 소중한 우정들을 쌓게 됩니다. 그는 파리에서 슈테른과 재회했을 뿐만 아니라, 무엇보다 슈테른의 친척이자 브레히트의 친구였던 발터 벤야민과도 깊은 우정을 나누게 되었어요. 그리고 한나는 파리에서 그 유명한 코제브의 헤겔 강의를 듣기도 했습니다. 참고로 이 강의에는 사르트르, 코이레 등 당대 젊은 프랑스 지식인들 중 상당수가 참석하기도 했지요.

그런데 슈테른과 한나는 점점 관계가 소원해집니다. 그들은 명분상으로만 부부 관계를 유지했을 뿐, 사실 예전과 같은 관계를 다시 회복하지는 못했어요. 그리고 어느 날 또 다시 한나에게는 운명 같은 사랑이 찾아옵니다. 한나는 벤야민의 집에서 유대인 및 공산주의자 난민들과 자주 모임을 가졌는데, 어느 날 갑자기 부르주아처럼 옷을 차려입은 '하인리히 라르손'이라는 사람이 찾아옵니다. 나중에 알고 보니 그 이름은 가명이었고, 부르주아 차림새 역시 위장에 불과했습니다. 그의 본명은 하인리히 블뤼허Heinrich Blücher로 그는 돈 한 푼 없는 가난한 골수 공산주의자 난민이었어요. 그것도 경력이 꽤 화려한 사람이었지요. 가난한 프롤레타리아 집에서 태어나 홀어머니 밑에서 자란 그는 열아홉 살에 스파르타쿠스단 봉기의 주요 멤버로 활동했습니다.

스파르타쿠스단 봉기가 실패로 끝나자, 그는 로자 룩셈부르크, 칼 리프크네히트 이후 독일공산당 지도자 중 한 명인 하인리히 브란들러의 측근으로 활동하기도 했습니다. 블뤼허는 그 스스로가 당의 지도자급에 오르지는 못했지만, 혁명을 위한 음모 계획을 꾸미고 사람들을 막후에서 조직하는 것을 좋아하는 꽤 유능한 활동가였던 것 같아요. 가난했던지라 정통 제도권 교육을 받지는 못했지만 대학 곳곳을 돌아다니면서 청강을 하고 다녀서 이론적으로도 꽤 무장이 잘 된 사람이기도 했고요. 참고로 벤야민 역시 그의 마르크스주의와 현실 정세에 대한 판단에 매우 큰 영향을 받기도 했던 것으로 잘 알려져 있습니다.

그는 매사에 워낙 비판적이고 완고해서 논쟁에서 논적들의 기분을 상하게 하는 데에도 상당한 재주가 있었던 것 같은데, 이는 이후 한나가 평생을 즐기게 되는 둘 간의 대화(이게 실제로 한나에게는 사유의 모델로 활용된 것 같기도 하고, 또 이 탓에 그의 연구자들에게서 많이 미화되곤 하는데, 혹자들은 이 대화가 실은 상당히 격렬했었다고 말합니다.)의 좋은 토대가 되기도 했지요. 어쨌든 둘은 곧 서로에게 관심을 가지게 되었고, 결국에는 연인 관계로 발전합니다.

둘은 자기가 속한 조직에 완전히 순응하지 않는 태도에서도 비슷했습니다. 독일공산당 지지자 상당수는 공화국 시기부터 쭉 스탈린 소비에트의 지시에 충실했는데, 블뤼허는 독일공산당에 내려지는 모스크바 지령에 내내 반발해 왔습니다. 그 지령이 독일 현실과 전혀 맞지 않는다고 판단한 것이지요. 그리고 결정적으로 그는 독일-소련 불가침 조약, 즉 나치와 소련의 화해를 독일공산당이 소비에트 입장에 따라 찬동한 것에 대해 매우 분노했습니다. 그는 심지어 이를 '배신'이라고 공개적으로 명명했으며 공산당 반대파 활동까지 전개하지요.

한나 역시 시오니스트 단체의 활동가이기는 했지만, 시오니즘 운동 진영에 상당히 불만이 많았습니다. 그는 유대인 청소년들을 팔레스타인 지방의 키부츠kibbutz[10]로 보내는 활동의 실무자였으며, 훗날에는 유대인으로 구성된 나치 저항군 창설 운동에도 참여했으나, 팔레스타인에 유대인만이 주도하는 하나의 국민국가를 건설하려는 시도들에 대해서만큼은 시종일관 강력하게 반대했어요. 그러한 시도는 또 다른 억압받는 민족을 만들어 낼 수 있다고 생각했던 거지요. 그러나 이러한 한나 아렌트의 입장은 당대의 수많은 시오니스트들의 입장과 대립되는 것이었습니다.

10) 키부츠는 시오니즘과 사회주의를 이념적으로 결합해 만든 소규모의 농업 공동체입니다. 요즘은 그 형태가 많이 변화하긴 했지만 이 공동체는 원래 사유재산 및 화폐를 거부하고 공동 생산, 공동 소유를 추구했습니다. 아렌트는 훗날 한 인터뷰에서 파리 생활 당시에 자신이 키부츠로 유대인 청소년들을 보내는 활동을 했던 것에 대해시 큰 자부심을 가지고 있었음을 언급한 바 있습니다.

한편으로 한나는 유대인들이 억압을 피해 도달한 사회에서 그곳에 '동화'됨으로써 해방을 얻어 내려 하는 시도들에 대해서도 매우 비판적인 시각을 견지하고 있었습니다. "독일에서는 독일인인 척하더니, 체코에서는 체코인인 척하고, 프랑스에서는 프랑스인인 척하는 유대인들[11]"이 한나의 눈에는 상당히 같잖게 보였던 것 같아요. 재밌게도 상당수의 유대인 사회 지도자들조차 이러한 모습을 보였으며, 이러한 태도로부터 쌓은 주류 사회와의 인맥으로, 심지어 반유대주의적인 국가와의 협상으로 유대인 사회를 이끌어 나가려 했습니다. 한나 아렌트보다 한 세대 전 인물이긴 하지만, 시오니즘의 선구자 중 한 명인 테오도어 헤르츨Theodor Herzl 조차 이렇게 말한 적이 있지요. "우리의 가장 충실한 친구가 될 사람들은 반유대주의자들이며, 우리의 동맹국이 될 국가들은 반유대주의 국가들이다."[12] 하지만 한나는 어디까지나 유대인들이 주류 사회로부터 이방인으로 남아 있을 뿐이라는 사실을 잘 알고 있었어요. 그들은 어떤 국가의 영토에 머물고 있을지언정, 어디까지나 '국외자'일 뿐이며, 언제든지 반역자나 범죄자의 '혐의'를 받을 수 있는 타자일 뿐이라는 것입니다.

실제로 제2차 세계대전이 발발하고 프랑스와 독일 간의 상황이 악화되자, 독일계 유대인들과 공산주의자 난민들은 그들이 나치로부터 쫓겨 왔다는 사실과 전혀 상관없이 프랑스 정부에 의해 첩자 혐의를 받고 수용소에 갇혀야만 했습니다. 이는 그들이 프랑스 사회 어디에도 속하지 못한 자들, 즉 이방인이었기 때문에 혐의를 받을 수밖에 없었다는 것을 잘 보여 줍니다. 블뤼허, 벤야민을 포함한 독일 출신 남성 난민들(벤야민은 블뤼허와 같은 수용소에 갇히는데,

11) JW, p. 273
12) 리차드 번스타인, 위의 책, p. 61.

상당히 어리버리해서 블뤼허가 많이 챙겨 줘야만 했다고 하네요.)은 물론이고, 한나를 포함한 많은 유대인 난민 여성들 역시 독일 출신이라는 이유로 수용소에 감금되었습니다.

그러나 한나는 비교적 운이 좋았습니다. 수용소에 생각보다 오래 갇혀 있진 않았거든요. 독일이 프랑스로부터 승리를 거두고, 잠시 국정에 혼란이 발생하자 그가 갇혔 있던 귀르Gur 수용소의 경비도 느슨해졌고, 한나는 이 때를 놓치지 않고서 석방 증서를 위조하여 수용소로부터 탈출할 수 있었던 거예요. 참고로 친-나치 비시 정부가 구성된 이후, 귀르 수용소의 유대인 여성들은 대부분 나치의 강제수용소로 이송되었다고 합니다. 사실 이들은 무국적자로서 딱히 갈 곳이 없었기 때문에 수용소를 그냥 떠나지 않았다고 하는데 참 안타까운 일이지요.

수용소 탈출 후, 홀로 긴 초원을 걸어 몽토방Montauban으로 향하던 한나는 이곳에서 역시 수용소에 있다가 풀려난 블뤼허와 우연히 재회하게 되었습니다. 그리고 그들은 프랑스 남부를 떠돌며 내내 미국으로의 탈출을 준비하다가 리스본으로 가서 겨우 뉴욕으로 떠날 수 있었어요. 반면 언제나 불운했으며, 끝까지 불운했던 이 부부의 '베스트 프렌드' 벤야민은 결국 탈출에 실패하게 됩니다. 그리고 출국길이 완전히 막혀 버렸다는 소식을 듣자 그는 결국 자살을 택하게 되지요. 한나는 미국으로 가는 서류를 마련하기 위해 종종 마르세유에 들렀고, 그곳에 갈 때마다 벤야민을 만났는데, 벤야민은 어느 날 한나에게 이미 미국으로 도피해 있던 철학자 아도르노에게 전해 줄 「역사 개념에 대하여」 원고를 맡겨 두었습니다. 그리고 그것이 한나에게 주는, 아니 후손들에게 주는 벤야민의 마지막 유산이 되었습니다. 한나는 리스본에서 미국으로 떠나는 배를 타기 전 이 텍스트를 블뤼허 및 다른 난민 친구들과 열심히 읽고 격렬한 토론을 나누었다고 해요. 그리고 실제로 「역사 개념에 대하여」의 흔적은 한나 아렌트의 철학 곳곳에 조용히 스며들어 있지요. 비록 그것이 벤야민의 것과 동일한 형태는 아닐지라도 말입니다.

의식적 파리아 되기: 비非-시민들의 저항에 관하여

한나는 1941년 미국에 도착한 후 참 바쁘게 살았습니다. 블뤼허가 유럽에 대한 향수와 특유의 게으름 탓에 미국 정착 후에도 (집에 누워 칸트의 『순수이성비판』만 읽었을 뿐) 한동안 영어를 성실히 배우지 않은 데 반해, 한나는 미국에 도착하자마자 영어 공부를 참 열심히 했다고 합니다. 물론 그의 영어 실력은 빨리 늘지를 않습니다. 희랍어, 라틴어에 어릴 때부터 능통했고, 프랑스어도 곧잘 했음에도 불구하고 영어는 그에게 비교적 잘 맞지 않았나 봐요. 한나가 미국 생활에 익숙해지고, 영어로 주저들을 몇 개씩이나 써 낸 이후에도 그의 영어 실력에 대해서는 여전히 문제가 제기되곤 했었죠. 어쨌거나 그는 이 시기에 출판사에서 일하며 독일계 유대인 문화 재건에 관련된 일을 하기도 했고, 곳곳에서 유대인 문제나 유대인 문화에 관한 강연을 하고 다니기도 했어요. 이러한 작업은 그에게 매우 중요한 것이었는데, 왜냐하면 나치는 과거 독일계 유대인 지성들이 남겨 놓은 유산들을 역사 속에서 지워 버리기에 여념이 없었기 때문입니다.

한나의 이러한 바쁜 활동에도 불구하고, 이 시기의 아렌트 가족은 경제적으로 매우 힘들었습니다. 그래도 이 부부는 금슬이 매우 좋긴 했던 것 같아요. 블뤼허는 한나를 '우리 골초'라는 애칭으로 부르며 사랑했고, 한나 역시 당시 함께 살던 엄마 마르타가 블뤼허의 게으름을 구박하며 돈 벌어 오라고 잔소리를 할 때마다 대신 변명을 해 주었다고 해요. 이 부부가 생의 낙으로 여겼던 '대화'는 이 시기에도 끊이질 않았고, 이는 30여 년 후에 블뤼허가 먼저 세상을 떠날 때까지 지속됩니다.

이 시기 한나는 시오니스트 진영과도 여전히 관계를 유지하고 있었습니다. 그리고 이 시기 그는 유대인을 비롯한 억압받는 비-시민들이 어떻게 해방을 쟁취할 수 있을 것인지의 문제에도 특별히 많은 관심을 기울이고 있었습니다. 앞서 언급했다시피 그는 독일 출신 유대인 난민이 한 사회의 주류에 동화됨으로써, 즉 단순히 프랑스 시민이 되고 미국 시민이 됨으로써 안정된 일상을 꾸릴 수 있다고 믿는 낙관주의에 대해서 매우 비판적이었어요.[13] 자신의 가족과 친구들이 유럽에서 어떤 고통을 받고 있는지, 그리고 자신이 '난민'으로서 어떤 고난을 겪어 왔는지를 망각하고서 단순히 주류 사회에 들어가 '자기 개인'만의 지위를 보장받으면 된다는 식의 태도는 억압받는 자들의 진정한 해방을 가져올 수 없다고 믿었던 것입니다. 그러한 태도는 그가 몸담고 있는 주류 사회에 대한 순응적 태도일 뿐이며, 비-시민으로서의 자신의 위치를 현실적으로도 제대로 이해하지 못하고 있는 것이기도 하지요.

한나는 이러한 그들의 태도가 19세기 유럽의 주류 사회에 동화된 유대인들의 태도와 비슷하다고 보기도 했습니다. 가장 큰 문제는 동화된 유대인들이 주류 사회가 부정하는 정체성을 함께 부정할 때에만이 비로소 주류 사회로 받아들여질 수 있었다는 점입니다. 쉽게 말해서 한 유대인이 반유대주의가 창궐하고 있는 사회에 개인적으로 동화되어 해방되기 위해서는 반유대주의를 받아들여야만 합니다. 그는 유대인성을 주류 사회 구성원들과 마찬가지로 받아들이지 않음으로써만이 그 사회에 받아들여질

13) JW. p. 273.

수 있었기 때문입니다. 실제로 19세기 유럽의 국민국가들은 '유대인 해방'을 한낱 유대인 개개인이 주류 민족으로 동화되는 것으로 파악했고, 따라서 이 동화는 유대인성의 소거를 전제로 하고 있었습니다. 그래서 많은 유대인들이 자기 자신의 해방을 명목으로 공식적으로 유대교를 버리고 기독교 세례를 받을 수밖에 없었습니다. 그들은 집 안에서는 여전히 유대인처럼 살아가고 있으면서도 사회에 나가서는 유대인이 아닌 척해야만 했던 것입니다. 19세기의 유대인 해방은 이러한 차원에서 한낱 "유대인성으로부터의 해방"[14]이기도 했던 것이지요.

요컨대 19세기 유럽의 역사에서 유대인들은 자신이 더 이상 유대인이기를 '개인적으로' 그침으로써만이 비로소 '인간' 내지 '시민'이 될 수 있었던 거예요. 그러나 아렌트에 따르면 이러한 유대인들의 태도는 신분 상승을 위해 자기의 존재에 대하여 스스로와 타자들에게 비열한 거짓말을 내놓는 것에 불과합니다. 즉 이는 유대인 개개인이 한 사회에서 조금 더 낳은 지위를 얻기 위해, 안정된 생존을 보장받기 위해 택하는 길이며, 실제로 일부분 그러한 결과를 가져오기도 했지만, 어떤 차원에서 보자면 '유대인의 자살', 즉 '사회적 조건에 순응하여 유대인성의 죽음을 택하는 것'이기도 하지요.

한나는 이 문제가 제대로 해결되지 않은 이유 중 하나로 유대인들의 정치 문제에 대한 회피적 태도 내지 정치에 대한 무지를 꼽았습니다. 유대인들은 유럽 근대 국가들의 '동화 정책'을 통해 자신들이 '정치적 해방'을 얻었다고 생각하곤 했지만, 이는 한나의 시각에서 볼 때 착각에 불과한 것이었어요. 그것은 엄밀히 말해 보자면 유대인'들'의 정치적 해방이 아니라, 유대인 '개개인'의

14) 리차드 번스타인, 위의 책, p.41.

'법적 해방'에 불과한 것이었으니까요. 생각해 보세요. 법적으로는 시민임을 인정받더라도, 그 시민이 자기 스스로가 누구인지를 소거하거나 숨겨야지만 그러한 권리를 보장받을 수 있다면, 그것을 과연 '정치적 해방'이라 볼 수 있는지에 대해서 말이지요. 게다가 한나의 시각에서 "동화는 정치적 현실을 흐릿하게 만드는 사회적 현상이기도 합니다. 그것은 유대인들을 괴롭혔던 부정의한 일들에 대한 정치적 응답의 요구"[15]를 숨기기도 하니까요.

더 심각한 문제가 아직 남아 있습니다. 유대인 개개인이 이렇게 동화를 통한 해방을 추구하더라도, 그는 그 사회에서 여전히 '유대인'으로, 즉 국외자로 남아 있을 것이라는 점입니다. 국가는 물론이고, 주류 사회의 기존 구성원들도 그에 대한 그러한 시선을 좀처럼 거두지 않겠지요. 주류 사회와 국가로부터 '귀찮은 이', 심지어 '좋은 우리 사회를 오염시키는 이'로 취급당하곤 하는 난민, 무국적자라면 더더욱 그러한 시선에 시달리게 될 가능성이 크고요. 그리고 상황이 악화된다면, 그는 언제든지 다시 비-시민으로서의 억압과 차별을 겪어 내야 할 것입니다. 어떤 불미스러운 사건이 터지면, 그들은 곧바로 그에 대한 혐의를 뒤집어쓰게 될 것이기 때문이지요.

한나는 많은 유대인들이 이러한 상황조차도 개인적 불운으로 치부해 버리곤 했다는 점을 지적합니다. 그런데 이는 단순히 개인적인 문제가 아니지요. 즉 이는 '유대인' 및 '난민'에 대한 억압과 차별을 만들어 내는 정치적, 사회적 조건에 문제가 있는 것이지 단순히 한 인간의 불운에서 그치는 문제가 아니라는 것입니다. 그러나 대다수의 유대인들은 이를 깨닫지 못했던 것 같습니다. 따라서 그들은 대체로 자신의 주류로서의 지위를 보장받기 위하여

15) 리차드 번스타인, 위의 책, p.53.

분투할 뿐이었지요. 그들에게 어떤 사회에서 유대인 정체성 자체의 해방을 정치적으로 쟁취하는 것은 전혀 관심 사안이 되지 못했습니다. 그 와중에도 국가적으로 특권을 누리던 유대인들은 기껏해야 유대인 민중의 지도자로 군림하려 하거나, 아니면 가난한 유대인 민중들과 아예 관계를 맺지 않으려 했을 뿐이고요.

한나가 보기에 이러한 '비열하며' '순응적인', 그러면서도 '반민중적인' 태도는 '어떤' 유대인들에게서 전통처럼 쭉 이어져 왔어요. 궁정 유대인들에서부터 주류 사회에 편입되기만을 꿈꾸던 19세기의 해방 유대인들, 개인적인 삶의 안정과 성공만을 꿈꾸었던 20세기의 유대인 난민들, 심지어 자신의 유대인으로서의 정체성, 즉 '매력적인 이방인'으로서의 정체성을 어필하여 상류사회에서 인기를 끌려고 하던 유대계 지식인들에 이르기까지 말이에요. 한나는 독일에서 이미 블루멘펠트의 소개로 시오니스트 베르나르 라자르Bernard Lazare의 저작들을 읽은 바 있는데, 라자르는 이러한 태도를 보이는 유대인들을 '파브뉴parvenu', 즉 자신의 존재 자체를 부정하고 주류 사회에 동화되려고만 애쓰는 사람이라 묘사하며 비판합니다.

그러나 라자르에 따르면 유대인 전통에서는 이러한 유대인들만 있었던 것이 아닙니다. 주류 역사에서 언제나 배제되어 왔으며, 어느 국민으로도 전적으로 받아들여지지도 못했던 유대인들도 있었다는 거지요. 심지어 대다수 파브뉴 유대인들조차 자신들과 전혀 다른 부류의 인간들로 파악한 그런 유대인들이 말입니다. 여기에는 반유대주의에 시달리는 유대인들에서부터 주류 사회에 대한 전적인 동화를 선택하지 않은 지식인 유대인들이 포함되며, 더 넓게는 20세기 나치에 의해 갇히고 죽어간 유대인들과 난민 무국적자 유대인들도 포함됩니다. 이 유대인들은 분명히 한 국가의 영토 내에서 살아가고 있었을지라도 한낱 '국외자들'에 불과했습니다.

그리고 라자르는 이러한 이들을 '파브뉴'와 구분하여 '파리아pariah', 즉 굳이 한국말로 번역해 보자면 '사회에서 버림받은 자들'이라 불렀습니다.

분명 파리아들은 주류 사회와 동화에 성공한, 심지어 특권을 획득한 파브뉴들의 삶과 비교해 볼 때 매우 비참해 보일 수 있습니다. 그러나 한나의 시각에서 파리아들은 파브뉴가 갖추지 못한 나름의 장점을 가지고 있기도 합니다. "파브뉴는 허위인 실존의 삶을 살도록 운명 지워졌고, 자신을 위해 준비되지 않은 세계의 모든 대상을 가면이라는 허위의 현실로만 손에 넣을 수"[16] 있을 뿐이지만, 파리아는 억압적 현실 그 자체와 맞부딪치며 살아가고 있는지라 "진실된 현실들에 대해 더 많은 감정을 보존할 수 있을 뿐 아니라, 어떤 상황에서는 파브뉴보다 더 많은 현실성을 소유"[17]할 수 있거든요. 물론 파리아들 중 대부분은 스스로의 불행을 '개인적으로' 극복하고 파브뉴가 되기 위해 자신의 유대인성을 감추려고 분투하곤 했습니다. 그러나 한편으로 그들 중 일부는 자신의 버림받은 자로서의 지위를 있는 그대로 받아들이고, 주류 사회로부터 한 발자국 떨어져서 그 사회를 사유 및 조롱하거나, 더 나아가서는 그 정체성 자체를 해방시키기 위해 투쟁하기도 했지요. 한나는 이를 유대인 파리아들의 '숨겨진 전통'이라 부르며, 주류 역사 서술에서 배제된 이 숨겨진 전통을 이야기를 통하여 밝은 세계로 드러내 보여 주려 합니다.

그는 이러한 태도를 보인 파리아의 초상 중 네 가지를 우리들에게 소개해 주는데, 첫 번째는 슐레밀Schlemiel[18]로서의

16) 한나 아렌트, 『라헬 파른하겐』, 김희정 옮김, 텍스트, 2013, p.278.
17) 같은 책, p.278.
18) '슐레밀'이란 폰 샤미소의 소설 『페터 슐레밀의 기이한 이야기』에 등장하는 주인공이지요. 그는 악마에게 그림자를 팔아 부를 얻었지만, 그림자가 없어서 사람들로부터 배척받는 불운한

하인리히 하이네이고, 두 번째는 베르나르 라자르에게서 나타나는 주류 사회에 대한 반역자로서의 '의식적 파리아'이며, 세 번째는 찰리 채플린에게서 나타나는 '혐의를 받는 자the suspect'[19]이고, 네 번째는 '선의를 가진 보통 사람'[20]이 겪는 사건과 그가 그 사건에 대응해 가는 방식을 묘사하면서 사회 구조의 부조리함을 폭로하는 프란츠 카프카입니다. 그리고 한나는 정치적인 차원에서는 이 중에서도 특히나 '의식적 파리아'의 태도가 중요하다고 보았어요. 즉 자신의 억압받는 정체성을 있는 그대로 긍정하고 있으며, 그 정체성을 의식적으로 드러낸 채로 세계로 나아가서 주류 사회에 저항하는 삶의 태도를 말입니다. 한편으로 그는 이러한 입장 속에서 자기의 내면, 자기의 정신세계로만 빠져드는 고독한 파리아 지식인의 태도를 시종일관 비판합니다. 그런데 기존의 정치 세계는 파리아의 정체성 자체를 마주해 본 적도 없고, 주류 사회는 심지어 그 정체성을

사람입니다. 악마는 다시 그에게 그림자를 줄테니 영혼을 팔라고 제안하는데, 슐레밀은 이를 거절하고 우연히 얻은 마법 구두를 얻어 세계 곳곳을 자유롭게 여행하고 다니며 자연을 탐구하지요. 하이네는 주류 사회와 관계를 맺고 살아가던 이였으나 그림자가 없어 사람들에게 배척받는 '슐레밀'처럼 자신이 사회적으로 배제되어 있다는 사실을 스스로 받아들이기도 합니다. 그는 자신의 영혼, 즉 자신의 정체성을 주류 사회에서 정상적 인간의 지위를 얻고 해방되기 위해 전적으로 팔아 버리지는 않아요. 그는 사회에 전적으로 동화되거나 자신의 주류 사회와의 인맥을 특권적으로 누릴 생각을 하지 않고 오히려 사회와 불화하여 시적 예술에 천착하며, 이로써 쾌활하게 자유를 만끽하는 '천진난만한' 자연인이 되고자 하지요. JW, p.279 참조.

19) 혐의를 받는 자는 주류 사회의 '좋은 질서'를 유지해 나가는 이들에 의해 계속 의심받고 괴롭힘을 당하는 사람입니다. 아렌트 당대의 유대인 난민들처럼 말이지요. 그러나 그는 주류 사회와 거기에 동화되려 하는 다른 혐의자들을 자신의 재치와 유머를 통해 조롱하지요.

20) "(이름 전체가 아니라 K라는 이니셜만으로 표현되는) 카프카의 '보통 사람'은 하찮은 사람과 중요한 사람으로 이루어진 사회에서 잊힌 사람이다. [···] 그의 활동의 원동력은 선한 의지인데, 이것은 그와 부합하지 않는 사회의 원동력인 기능성과 대조되기 때문이다. [···] 그의 선한 의지는 가장 평범한 욕구를 명백하게 좌절시키고 인간의 가장 선한 의도를 파괴하는 사회의 숨겨진 구조들을 순진하게 폭로한다. 출세를 바라지 않는 선한 의지를 가진 인간이 간단히 사라지는 사회의 잘못된 구조를 폭로한다." 한나 아렌트, 『이해의 에세이』, 홍원표 외 옮김, 텍스트, 2012, p.156.

배제 및 차별해 왔기 때문에, 그가 세계로 나아간다는 것은 사실 그 자체로 일종의 반역일 수 있습니다. '새로이 세계로 온 자'는 그렇게 기존 정치 세계의 흐름에 균열을 내고, 이로써 세계를 더 '정치적'으로 만들어 냅니다.

다음과 같이 정식화된 한나의 원칙은 그가 의식적 파리아가 어떤 태도를 취해야 한다고 생각했는지를 간명하게 보여 줍니다. "만약 누군가가 유대인이라는 이유로 공격받는다면, 그는 스스로를 유대인으로서 보호해야 합니다. 독일인으로서가 아니라, 세계시민으로서가 아니라, 인간 권리의 옹호자로서가 아니라."[21] 개념적으로만 따져 봤을 때, '유대인'은 얼핏 보면 당연히 그보다 더 큰 범주인 '인간', '세계시민'에 포함되는 것처럼 보이기에 이 말은 이상해 보일 수 있습니다. 그러나 '인간'과 '유대인'이라는 두 용어는 현실 속에서 단순한 포함 관계에 놓여 있지 않습니다. 오늘날에도 그러하듯 '인간'이란 '정상인들'을, 더 정확히는 '주류 사회 구성원들'을 대변할지언정, 좀처럼 파리아들을 대변하지는 않기 때문입니다. 즉 현실 속에서 '인간'이라는 개념은 '유대인'을 포함한 파리아들의 정체성 자체를 배제해 버리곤 합니다. 19세기 유럽 국가들의 유대인에 대한 동화의 논리처럼, 20세기 난민들이나 이주자들에 대한 국민국가들의 단순한 동화의 논리처럼요(이 논리는 오늘날까지도 종종 다른 방식으로 출현하고 있습니다. 일례로 2016년 흑인에 대한 경찰 총격 사건들에 항의하는 시위에서 나온 '흑인의 생명은 소중하다'라는 슬로건을 '모든 이[즉 인간]의 생명은 소중하다'는 그럴싸한 논리로 무력화시키려 했던 미국의 일부 보수 성향의 백인들을 생각해 봅시다).

그리고 결정적으로 파리아들이 '인간', '세계시민', '특정 국민'

21) Hannah Arendt, *Essays in Understanding: 1930-1954,* Schocken Books, 1994, p.12.

으로서 정치 세계에 들어가야 한다고 주장하는 것은 곧 그들이 '소수자이기 때문에 당했던 억압과 차별'이라는 문제의 본질을 흐리는 것이기도 합니다. 인류, 국민, 세계시민의 논리에 의거한 소수자 문제에 대한 해결책들은 '그동안 그들이 차별받아 왔던 것들'에 대한 목소리를 정치 세계에서 지워 버리는 것일 수도 있다는 것이지요. 따라서 아렌트에 따르면 파리아는 우선 자신에게 비의지적으로 주어진 '유대인'로서의 정체성을 긍정해야 합니다. 그것이 아무리 사회에서 부정적으로 여겨지는 것이라 할지라도 말입니다. 쉽게 말해서 그는 자신이 '버림받은 자'라는 사실 그 자체를 받아들여야 합니다. 그것은 그에게 주어진 '운명'과도 같기에, 부정하려고 해 봐야 부정할 수 없는 것이기 때문입니다.

오해가 있을까봐 덧붙이는데 여기서 한나가 말하는 '운명'이란 어떠한 인위적인 역사적 필연성을 전제로 한 표현이 아닙니다. 이는 오늘날 많은 정체성 정치의 신봉자들이 그러하듯 생물학적 특성 등의 어떤 집단의 고유한 속성을 몰역사적으로 표현한 것도 아니지요. 오히려 이는 자신의 삶의 과정에서 자신의 의지와 상관없이 주어진 것을, 그리고 벗어나려고 해 봐야 도무지 벗어날 수 없는 자신의 현실적 조건을 있는 그대로 표현한 것일 뿐입니다. 즉 한나에게 운명을 긍정한다는 것은 곧 '자신이 억압받고 있다는 현실'을 그 자체로 수용한다는 뜻일 뿐인 것이지요.[22] 다시 말해 그는 "내게 벌어지는 일들은 [그 일들에 대한] 상상력의 반복을 통해 운명이 된다"[23]고 말할 뿐, 즉 이야기하기 활동을 통해 자신이

22) 한나는 블뤼허와 결혼을 한 이후에도 '한나 아렌트'라는 이름을 유지하고자 했습니다. 즉 '한나 블뤼허'가 아니라, '한나 아렌트'라는 이름을 계속 고수하고자 한 거예요. 이는 일각의 오해와 달리 페미니스트로서 그렇게 한 것이 아닙니다. 오히려 아렌트는 자신이 유대인임을 의식적으로 받아들이고자 했기 때문에 이 '유대인 이름'을 유지하고자 했습니다.

23) MDT, p.105. 대괄호는 필자가 첨부한 것임.

내던져진 현실적 조건을 있는 그대로 이해하고 받아들이자고 말할 뿐입니다.

따라서 한 인간의 운명은, 그리고 그의 정체성은 언제든지 그 형태가 변화할 수 있습니다. 물론 그가 유대인이라는 사실은 변하기 힘들지라도 유대인을 억압하는 현실적 조건이 변하고, 이야기를 통해 삶을 이해하는 방식이 바뀌면 그의 운명과 정체성도 다른 형태로 나타나게 될 것이기 때문이지요. 이러한 차원에서 만약 한나는 자신이 유대인이라는 정체성 때문이 아니라 다른 정체성을 이유로 억압받고 있다면, 그 정체성을 더 강렬하게 떠안고자 했을 것입니다.[24] 게다가 한나가 제시하는 의식적 파리아의 초상은 그 운명을 단순히 받아들이고서 거기에 체념하는 데 머무르지 않습니다. 의식적 파리아는 그 현실을 극복하기 위하여, 즉 '유대인이라는 정체성 자체의 해방'을 위하여 싸워 나가는 자이기 때문입니다.

한나는 이러한 의식적 파리아의 행위만이 그에게 비로소 진정한 해방의 '가능성'을 열어 주는 길이라고 보았습니다. 물론 이는 어디까지나 '가능성'입니다. 그러한 약자들의 시도는 매우 자주 패배로 귀착되어 버리기 때문입니다. 하지만 이 패배를 두려워해서 파리아가 '새로운 정체성'을 가진 대화 상대자로서가 아니라 주류 사회 구성원의 정체성을 가진 자의 복제판으로서 세계로 나아간다면, 그것은 과연 정치적으로 얼마나 큰 의미를 가질 수 있을까요? 조금 쉬운 이해를 위해서 우리 식대로 표현해 보지요.

24) 한나는 본인이 여성 억압을 거의 경험하지 못하고 있다고 느꼈던 것 같고, 사실 오늘날의 페미니즘의 입장에서 보자면 상당히 낡은 젠더관을 가지고 있기도 했습니다. 그러나 만약 그가 '여성 유대인'이기 때문에 억압을 당했다고 가정해 보자면, 그는 여성 유대인 난민의 억압이 교차하는 바로 그 지점에서 싸울 것을 촉구했을 것으로 보입니다. 왜냐하면 그는 언제나 '억압받는 정체성'을 그 자체로 의식적으로 떠맡을 것을 요구했기 때문입니다.

장애인이나 성소수자의 정체성을 '운명'으로 부여받아 차별받고 있는 자가 '장애인', '성소수자'의 얼굴로가 아니라, 비장애인과 이성애자 중심으로 이미지가 규정되어 있는 '인간', '한국인'의 얼굴로 국회의원이 된다면, 그것은 국회에서 새로운 혁신의 불씨로 작용할 수 있습니까?

그런데 어떤 시각에서 보자면, 이러한 한나의 입장은 억압받는 자가 자신에게 쏟아지는 억압의 짐을 자발적으로 떠안고, 그것을 스스로 극복해 나갈 것을 촉구하는 것처럼 보일 수도 있습니다. 이 얼마나 얄궂은 주장입니까? 한번 생각해 봅시다. 억압받는 자가 억압을 만들어 낸 것도 아니고, 특별히 어떤 것을 잘못해서 그 억압 상태에 빠진 것도 아닙니다. 그런데 왜 그가 그러한 억압을 스스로 없애 나갈 책임을 떠안아야만 합니까? 게다가 억압받는 자의 정체성은 억압하는 자들 내지는 억압의 구조가 규정하는 경우가 대다수이지요. 예컨대 히틀러와 나치가 규정한 '유대인'의 정체성처럼 말이지요. 그렇다면 사실 진정한 저항이란 그들에 의해 만들어진 억압적 규정 자체를 거부하는 것이 아닐까요?

물론 자신에게 부과된 정체성 탓에 억압을 받는 것은 억압받는 자 본인의 잘못이 아니며, 한나 역시 그렇게 생각했습니다. 예컨대 유대인들이 받는 주류 사회 국민들로부터의 차별과 억압은 그들 본인의 잘못이 아니라는 것입니다. 그것은 기본적으로 정치적, 사회적인 문제이지요. 그럼에도 불구하고 한나는 억압받는 자들을 단순히 "죄 없는 희생양으로서 보는 것"[25]에 대해서만큼은 매우 비판적이었습니다. 왜냐하면 이들에게는 특정한 집단적 정체성이 비의지적으로 부과되어 있지만, 이들은 자신에게 주어진 세계에 대해서는 물론이고, 자기 자신의 정체성에 대해서도 정치적 책임을

25) 리차드 번스타인, 위의 책, p. 71.

지지 않을 수가 없기 때문입니다. 즉 그들은 단순히 수동적으로 세계의 부조리를 겪어 내기만 하는 존재자들이 아니며, 언제든 주류 사회의 정상적 흐름에 파문을 일으킬 수 있는 가능성이 있는 자들이자, 자신의 있는 그대로의 존재를 세계에서 인정받기 위해서는 반드시 그렇게 해야만 하는 자들입니다. 단순히 희생자로 머물러 있다는 것은 자신에게 주어진 조건에 대한 책임을 방기하는 것이며, 따라서 스스로가 가진 새로운 사건을 시작할 가능성을 포기하는 것이기도 합니다.

한나의 시각에서 과거와 현재 유대인들의 비참한 처지는 유대인들이 그러한 행위를 수행하지 않은 데에도 책임이 없지는 않았습니다. 한나에게 큰 영향을 끼친 실존주의적 톤으로 말해 보자면, 세계에 내던져진 인간은 언제나 그 스스로의 존재를 떠맡아야 합니다. '존재함'은 그 자체로 사실 무언가에 대한 책임일 수 있는 탓입니다. 즉 인간은 그냥 있는 것이 아니라 '어떻게 존재해야 하는가'라는 물음에 대한 응답의 과정 속에서 존재합니다. 따라서 자기 탓이 아닌 것처럼 보이는 것도 자신의 다른 가능성을 실현하기 위해서는 사실상 자기 탓처럼 떠안아야 하는 것이 인간 삶이 가진 독특한 특성이지요. 따라서 한나의 입장에서 유대인들은 "그들의 정치적 책임을 깨달아야 합니다. 그들이 책임 있는 정치적 행위자가 되기 위해서는 수동적인 피해자의 전통을 단절하고 그에 도전해야 합니다."[26)]

26) MDT, p. 72.

한나는 이 시기에 자신이 이후 진행할 정치철학적 토대가 되는 사유들을 아직 온전히 갖추고 있지는 못했습니다만, 인간에게 주어진 정치적 가능성은 이미 잘 알고 있었지요. 그리고 그 덕에 그는 파리아들이 스스로가 사회에서 처해 있는 위치성을 자각하고, 자신에게 부과된 억압적 요소들을 거부하는 행위에 나설 것을 촉구할 수 있었습니다. 한편으로 그는 이 저항 행위가 한 의식적인 개인의 힘만으로는 결코 성취될 수 없다는 사실을 잘 알고 있기도 했습니다. 그는 이러한 행위가 복수의 유대인 파리아 민중들의 권력을 통해서만이 성취될 수 있다고 생각했던 것입니다. 인간은 타자들 사이에서만이, 타자들과 함께만이 새로운 것을 결단하고 행위할 수 있으며, 따라서 억압받는 자가 해방을 성취하고 기존의 정치를 새로이 재구성하려면 그 역시 타자들과 함께 그러한 태도를 취해야 한다는 것을 그는 이미 어느 정도 자각하고 있었던 것입니다.

그러나 한나는 이러한 파리아들 간의 연대가 형제애적, 인류애적 따스함이나 동정, 사랑을 통해서 구성되는 것에 대해서는 분명히 반대 입장을 표합니다. 물론 그도 따스함이 인간의 삶에서, 특히 고통받고 있는 자들의 삶에서 매우 중요한 역할을 한다는 것을 잘 알고 있었습니다. 때때로 그것은 너무나도 자연스러워 보이기도 하지요. 그러나 그러한 따스함만으로 파리아들의 투쟁 연대가 구성된다면, 거기에서는 파리아들 자신의 개성이, 서로 다른 파리아들의 정체성이 드러날 수 없겠지요. 이 공동체에서는 모두가 차이를 드러내며 분투하는 것이 아니라, 서로가 서로에게 공감하고 아픔을 나누며 하나가 되는 것만이 중요할 테니까요. 한나가 보기에 그러한 관계는 사적인 친밀감에서 그칠 뿐, 정치적 우정의 관계를 구성할 수는 없습니다. 더 나아가 파리아가 주류 사회 인간들에게 자기 존재의 독특함을 드러내지 못한 채, 자신의 불쌍한 처지를 '같은 인간'으로서 동정해 줄 것만을 요구한다면, 그것은 결코 파리아의 해방과 자유[27]를 실현하는 길이 될 수 없을 것입니다. 거기에는 아름다움이 넘치지만 평등은 없습니다. 그는 주류 사회 구성원들보다 못난 형제, 따라서 보듬어 줘야 할 형제가 될 수는 있을지언정, 주류 사회에 균열을 내고 정치적 사건을 일으키는 '새로이 세계로 온 자'로 여겨질 수 없게 될 것이기 때문입니다.

파브뉴 가문 출신으로 자신의 유대인으로서의 정체성 문제에도 별 관심이 없던 한나는 이제 시오니스트 진영 내에서도 꽤나 급진적인 노선을 따르게 됩니다. 이 당시 그의 적은 단순히 자신들의 정체성을 억압하는 주류 사회에만 한정될 수 없었어요. 외부 투쟁도 중요하지만, 내부 투쟁 역시 그에게는 매우 중요했습니다. 왜냐하면 유대인들이 '유대인으로서 정치적으로 조직화'되는 것을 자신의 지도자로서의 기득권을 유지하기 위해 끊임없이 방해하던 이들도 있었거든요. 이들은 파리아 유대인 민중의 투쟁을 원하지 않았고, 단지 자선의 힘을 통하여 그들의 지도자로 스스로가 계속 남아 있기를 원했습니다.

결국 아렌트는 자신의 파리아로서의 의식적인 자각 속에서 정치철학의 길에 본격적으로 뛰어들게 되었다고 볼 수 있습니다.

27) 아렌트에게 해방이란 '~로부터 벗어남'의 의미를 가지고 있으며, '자유'란 정치적인 차원에서 타인들에게 자신을 능동적으로 드러낼 수 있는 '조건'의 의미를 갖습니다. 즉 해방이란 먹고 사는 문제, 즉 경제적인 문제의 해결 내지는 특정한 억압 내지 자기를 구속하는 필연성으로부터의 '벗어남'의 의미로 쓰이는 데 반해, 자유란 필연성으로부터 벗어나 있는 '해방'을 전제로 하여 타인들과 함께, 타인들 사이에서 행위할 수 있는 조건의 의미로 쓰이는 것이지요. 이 자유는 의지의 자유와도 다릅니다. 왜냐하면 아렌트에게 자유는 단순히 '마음대로 할 수 있는 것'이 아니기 때문입니다. 꽤 어려운 이야기인데요, 쉽게 예를 보자면 전제 군주는 '마음대로 할 수 있는 사람'이지만, 타인들에게 명령을 내릴 뿐, 평등한 타인들에게 자신을 드러낼 수 없기 때문에 결코 자유롭지 않습니다.

우리가 뒤의 강의에서 더 자세히 살펴보겠지만, 비-시민 상태에 놓인 자들의 자유를 향한 사유와 투쟁은 훗날 발표되는 아렌트의 텍스트들 곳곳에 스며들어 있기도 하지요. 이러한 차원에서 생각해 본다면, 아렌트를 단순히 자유주의적 '시민-정치의 수호자'나 '엘리트주의자'로만 평가하는 것은 사실 일정 부분 무리가 따르는 해석일 수 있습니다. 게다가 저는 만약 여러분들이 파리아로서의 삶을 다시금 이해하고, 더 나아가 그 삶을 옥죄는 조건들을 타개하길 원한다면, 아렌트가 제시한 이러한 의식적 파리아의 초상과의 대화를 통해서 꽤 가치 있는 사유들을 재생산할 수도 있을 것이라 생각합니다.

물론 우리가 아렌트의 파리아론을 있는 그대로 받아들일 필요는 없지요. 특히 저는 마르크스주의적인 차원에서 아렌트의 주장들을 비판적으로 검토해 보는 것은 이 시대 운동판에 매우 중요한 의미를 가질 수 있을 것이라 생각합니다. 아렌트는 당대 교조적 마르크스주의자들의 계급환원주의, 경제환원주의에 반대하면서, 각기 다른 정체성들이 자신의 얼굴을 걸고서 정치 영역에 들어서야 함을 주장했지만, 그러한 태도는 한편으로 지나치게 사회 경제적 투쟁, 계급투쟁이 파리아 정체성을 가진 자들의 해방에서 갖는 중요성을 축소시키는 결과를 가져올 수도 있거든요(물론 아렌트가 사회적인 문제의 해결이 정치적인 문제 이전에 선결되어야 한다고 주장한 적도 간혹 있기도 합니다).

과거의 정체성 정치 운동들에 대한 비판적 지양 과정에서 출현했으며, 지속적으로 발전 중인 '세련된' 형태의 교차성 담론들이 보기에도 아렌트의 정체성 정치에 대한 이론은 아직 구시대에 머물러 있는 것처럼 보일 수 있습니다. 물론 '세련된 것'이 언제나 더 적절한 것은 아니며, 구시대적 해결책이 더 실천적으로 타당한 경우도 자주 있긴 합니다만, 이 세련된 담론들의 입장에서 아렌트의 소수자 운동에 대한 입장을 어떻게 비판할 수 있을지를 생각해 보는 것은 매우 유용할 것처럼 보입니다.

다만 정체성 정치와 관련하여 아렌트의 파리아론에 대해 발생할 수 있는 오해를 하나만은 풀고서 강의를 마쳐야 하겠습니다. 아렌트가 제시한 "만약 누군가가 유대인이라는 이유로 공격받는다면, 그는 스스로를 독일인으로서가 아니라, 세계시민으로서가 아니라, 인권의 옹호자로서가 아니라, 유대인으로서 보호해야 합니다"라는 원칙은 얼핏 보면 마치 극단적인 정체성 정치 및 극단적인 당사자주의를 옹호하는 것처럼 보일 수도 있는 탓입니다. 이 주장 속에서 인간의 보편적 해방 기획은 전적으로 소거된 것처럼 보일 수도 있고요. 심지어 제가 앞서 말씀드린 것처럼 아렌트는 이야기를 통한 자기 이해와 파리아들의 새로운 전통 형성을 중시하기 때문에, 혹자들은 아렌트가 어떤 전형화된 내러티브를 정체성 정치나 극단적인 당사자주의의 이데올로기로 활용할 것을 제안한다고 생각할지도 모릅니다.

그러나 이러한 생각은 아렌트가 추구하고자 한 바와 거리가 멉니다. 아렌트는 오늘날 교조화된 정체성 정치 내지는 극단적인 당사자주의를 표방하는 이들 중 일부처럼 어떤 이야기를 마주한 청자나 독자들이 스스로의 '세계 내 유일한' 역사나 개성을 망각한 채로 '집단 정체성' 내지 '일반 범주'의 '전형화된 내러티브'를 있는 그대로 반복해야 한다고는 전혀 생각하지 않았기 때문입니다. 그는 오히려 한 인간의 '누구임'을 어떤 집단의 '전형화된 고정된 범주'로 환원하는 데 매우 비판적이었어요. 그러한 방식의 인물 규정은 "정체성/동일성을 고정적으로 그려 내려고 하는데, 그렇게 한다면 […] 신체적인 요인이나 사회적 지위, 심리적 경향 같은 것밖에 남지"[28] 않기 때문입니다. 즉 여성, 남성, 장애인, 성소수자 등 집단 정체성을 구성하는 고정된 특정 집단적 정의밖에 남지 않는다는 것이지요. 이는 그가 '무엇인가'만을, 다시 말해 어떤 고정된 속성을 가지고 있고, 어떤 범주에 속해 있는지만을 설명해 줄 뿐입니다. 그러나 인간은 '그것은 무엇인가'에 대한 대답으로 설명 가능한 다른 사물들과 달리, 특정한 역사적 조건 속에서, 같은 세계를 공유하는 타인들 사이에서 자신의 개성을 드러내고 사건을 겪어 내는 '누군가'로서도 세계에 나타납니다.

이러한 차원에서 아렌트는 좋은 이야기란 오히려 "이야기하고자 하는 것들을 정의하는 실수를 저지르지 않고서 의미를 드러"[29]내 준다고, 즉 한 인간의 '누구임'을 나타내 준다고 생각했습니다. 좋은 이야기는 어떠한 정해진 개념이나 도식화된 분류 틀, 즉 '무엇'에 대한 묘사에 지나치게 의존하지 않은 채로, 어떤 삶을 세계에 '나타나는 대로' 만나 볼 기회를 제공하는 것입니다. 물론 아렌트 본인도 언어가 '누구'에 대한 묘사를 '무엇'에 대한 묘사로 너무나도 쉽게 바꿔 내곤 한다는 점을 잘 알고 있긴 했습니다. 즉 '무엇'에 대한 묘사를 이야기에서 전적으로 사용하지 않는 것은 불가능한 것이긴 하다는 것이지요. 그러나 한 사람의 정체성이 아무리 상세한 '무엇들'로 표현된다고 하더라도, 그것들만 가지고서 우리는 그가 '누구인지'를 도무지 알 수가 없습니다. 심지어 억압받는 여러 정체성의 범주들을 복수로 나열하는 것조차도 그의 '누구임'을 온전히 드러내 줄 수는 없습니다. 그것은 어떤 '무엇임'에 또 다른 '무엇임들'이 교차하는 것만을 나타내 줄 뿐이기 때문입니다.

예를 들어 누군가가 "로자 룩셈부르크는 '생물학적 여성'이며,

28) 나카마사 마사키, 위의 책, p.348.
29) MDT, p.105.

'장애인'이고, '유대인'이며, '폴란드 출신 외국인'이야. 따라서 그는 독일에서 많은 차별을 당해 왔고, 이러한 차별 덕에 급진적인 혁명가가 될 수 있었어"라고 말했다고 해봅시다. 그러나 '생물학적 여성', '장애인', '유대인', '외국인'이라는 그에게 부여된 어떤 운명들이 룩셈부르크를 둘러싼 역사적 조건 및 세계 내에서 유일했던 그의 삶과 맞물려, 그리고 그가 타자들 사이에서 어떠한 행위를 세계로 드러내 왔는지와 맞물려 독특한 내러티브의 생산으로 연결되지 못한다면, 이것들은 로자 룩셈부르크의 '누구임'을 전혀 담아낸 것이 될 수 없습니다. 그가 단순히 교차하는 억압적 정체성들을 복수로 부여받아 가지고 있었기 때문에 혁명에 투신했다는 귀결은 지나칠 정도로 몰역사적인 조야한 내러티브인 데다가, 로자 룩셈부르크라는 인간은 실제로 '생물학적 여성성'의 전형, '장애인'의 전형, '유대인', '외국인'의 전형, 심지어는 '공산주의 혁명가'의 '전형'과 전적으로 일치하지도 않았기 때문이죠. 사실 이 무엇임의 범주들을 소거한 채로 그의 삶을 이야기한다는 것은 불가능할 테지만, 그는 분명히 이 범주들의 고정된 특징들을 자신의 삶과 자기 자신을 타인들에게 드러내는 행위 과정에서 종종 벗어났던 거예요(그리고 실제로 아렌트가 룩셈부르크에 대해 적어 놓은 이야기는 이 탓인지 룩셈부르크에 대한 기존의 고정화된 범주들에 따른 묘사들에 대한 반발들로 채워져 있습니다).

아렌트는 이러한 차원에서 억지로 어떤 고정된 집단 정체성에 자신의 삶을 완전히 끼워 맞추려 하는 태도에 대해서도 상당히 비판적이었습니다. 특히 정체성 정치가 힘을 획득해 온 방식 중 하나인 피해자의 '전형 내러티브'에 자신의 삶과 개별적 경험들을 끼워 맞춰 나가려는 태도 혹은 자신의 삶이 그 전형 내러티브 그 자체였음을 역설하며 이로써 자신이 '가장 억압받는 자'의 최전선에 있음을 입증하려는 태도는 아렌트에게서 결코 정치적인 태도로 용인될 수 없었을 것입니다. 어떤 이야기를 통해 자신의 삶과 정체성을 이해하는 것과, 이야기에서 그려진 자의 삶과 자신의 삶을 일치시키는 것은 전혀 다른 것이니까요. 혹자들은 자신의 피해자성과 고통의 크기를 일반화된 내러티브에 일치시키는 태도를 통해 공적 영역에서 자신의 발언권을 강화하려고까지 하지만, 이는 아렌트 입장에서 볼 때 전혀 정치적인 태도가 아닙니다. 그것은 오히려 정치적으로 상당히 위험한 태도로 여겨질 것입니다. 왜냐하면 그러한 시도는 정치 세계에 안정된, 공통적 기반을 마련해 주는 '사실'에 대한 위협일 뿐만 아니라, 세계에 참여하는 이의 한 개성의 소멸을 인위적으로 만들어 내는 것, 즉 아렌트가 정치의 근본 조건이라고 본 세계의 다원성plurality을 위협하는 것이고, 무엇보다도 모든 논쟁을 철저히 사적인 것인 고통의 압도적인 힘으로 소거해 버릴 수도 있기 때문입니다.

그리고 이 파리아들의 해방 운동은 아무리 급진적인 형태라 할지라도 결코 다른 파리아들에 대한 배척을 추구하지 않습니다. 유대인 파리아들의 해방이 다른 민족의 억압으로 이어지는 것을 아렌트가 시종일관 비판한 것도 이와 무관하지 않지요. 아렌트가 말하는 파리아들 간의 연대는 오히려 동일한 정체성을 부여받은 이들과의 연대에만 국한되어 있는 것이 아니라, 다른 정체성을 가진 파리아들과의 연대도 포함하기 때문입니다. 그는 이 연대를 통하여 당대 최대의 적, 즉 파시즘과 전체주의에 대해서 민중적 저항을 해 나갈 것을 촉구했으며, 기존 국민국가 형태를 넘어선 새로운 정치체를 형성할 수 있는 기반도 바로 이러한 연대 투쟁으로부터 마련해 볼 수 있다고 생각했던 것입니다. 물론 자신이 받고 있는 억압에 우선적으로 집중하는 방식의 투쟁은 결국 억압받는 자들이 다양한 억압을 양산하는 구조에 대한 총체적, 근본적 비판으로 나아가지 못하고 단지 파편화된 정체성 정치의 형태에 계속 머물러 있을 수 있기 때문에, 이러한 아렌트의 논의는 현실적인 실천의 차원에서 일정 부분 한계를 가질 수도 있겠지만 말입니다.

어쨌거나 아렌트는 다른 정체성을 부여받은 타자들과도 단순히 서로가 서로의 아픔에 공감하는 관계가 되는 것을 넘어서서, 정치적인 우정을 나누는 관계가 되기를 바라고 있었습니다. 즉 의식적 파리아들은 함께 하나의 공동 세계를 건설하거나, 주류 세계로 반역자로서 함께 들어가서, 서로가 서로를 드러내고, 그 과정에서 때로는 격렬하게 갈등을 겪고 논쟁하는 관계를 구성해야만 한다는 것이지요. 자신과 다른 시좌/관점perspective을 가지고 있으며, 자신에게 계속 그 차이를 부각시켜 주는 다른 정체성을 가진 이들이 없다면, 그러한 조건은 아렌트에게서 결코 정치적으로 자유로운 상태로 여겨질 수 없을 테니까요. 이러한 차원에서 아렌트에게서 '인민들이 함께 행위하는 힘'으로 해석되는 '권력'은 한 인민 집단이 논적이 될 만한 다른 인민 집단을 완전히 소멸시킬 때가 아니라, 그들과 정치 세계에서 계속 경합을 벌일 때 더 강화됩니다.

이 자리에는 다양한 정체성을, 다양한 '누구임'을 가진 분들이 참석했습니다. 자신의 의지와 상관없이 파리아의 운명을 부여받은 분들까지 포함해서요. 그리고 우리는 무수한 파리아들이 주류 사회 속에서, 대의제 정치 공간은 물론이고 대중 정치의 광장 속에서도, 버림받고 차별받는 장면을 자주 목격합니다. 난민, 장애인, 이주 노동자, 비정규직 노동자, 해고 노동자, 빈민, 성소수자, 여성, 홈리스, 철거민 등 다양한 종류의 국외자들……. 그러나 또 그 '무엇'의 범주로만은 환원되지 않는 '누구'들……. 여러분들의 삶은 어떠했습니까? 그리고 여러분은 앞으로 어떻게 살아갈 것인가요? 이제 그 이야기를 우리 세계에 남길 차례입니다.

① Q + A

<u>오늘날 태극기 집회에 나오시는 어르신들 중 상당수도 '파리아'라고 할 수 있지 않을까요? 그분들 중에서도 사회로부터 버림받은 정체성, 즉 '노인'으로서 감내하고 있는 고통과 상실감이 참 큰 분들이 많잖아요. 후세대들은 잘 알지도 못하는 과거의 영광에 사로잡혀 있을 뿐, 사실 갈 곳도 없고 자신을 인정해 주는 곳도 마련 받지 못한 분들이 많고요. 아렌트라면 이러한 분들에 대해 어떻게 생각했을까요?</u>

일단 '파리아'는 그 범주가 결코 엄밀하게 정해진 개념일 수 없다는 점부터 말씀 드리고 싶습니다. 이러한 차원에서 '파리아'는 사회과학적으로 볼 때에는 그다지 정당한 개념이 아닌 것처럼 보일 수도 있지요. 단적으로 아렌트가 '파리아', '파브뉴' 개념을 활용하기 시작한 거의 첫 번째 글이라 할 수 있는 『라헬 파른하겐』의 주인공 라헬 파른하겐은, 상류사회에 들어가려고 노력하며, 해방 유대인이기도 한 파브뉴이면서도 파리아적 태도를 가지고 있는 유대인 여성입니다. 이번 강의에서 말한 것처럼, 어떤 파리아들은 파브뉴가 되기를 원하지만, 어떤 파리아들은 전혀 다른 전통을 구성하고 살아가기도 하지요. 그렇기 때문에 파리아 개념은 그 개념을 어떻게 사용하느냐에 따라서 비교적 유동적으로 그 범주가 정해질 수 있을 것입니다. 아렌트가 당대의 조건에 맞추어 주로 그 개념을 유대인 무국적자들을 지칭하는 데 쓰기는 했지만,

오늘날 우리는 다양한 방식으로 그 개념을 충분히 확장할 수 있을 것이라고도 생각하고요.

그리고 그렇다면 한국 사회의 노인들 중 상당수 역시 일종의 파리아로 생각해 볼 수도 있을 것 같습니다. 말씀하신 바로 그 이유 때문에 말이지요. 태극기 집회에 참여하는 어르신들도 상당히 많은 부분에서 파리아스러운 면모를 내보이고 있는 것도 사실이고요. 따라서 저는 그분들 개개인의 삶을 이야기로 만들어 이해해 보는 것은 매우 중요한 작업이라 생각합니다. 아렌트가 '괴물'로 여겨지던 아이히만을 이야기를 통해 그 고정된 편견이 반영된 범주로부터 빼내 왔던 것처럼 말이지요. 다만 '사회적으로 버림받은 자들' 내지 '사회적으로 쓸모없어진 자들'이 세계에서 제 자리를 찾지 못한 채, 자신들을 대변해 준다고 허위적으로 가정된 특정 이데올로기나 영웅들에 푹 빠져들어 버리게 된다면, 그것은 아렌트에게서 분명히 위험한 조짐으로 평가받을 것입니다.

물론 지금과 결코 동일한 현상은 아닐 테지만, 제1차 세계대전 전후 유럽의 조건을 잠시 떠올려 봅시다. 전쟁 이전부터 부르주아 사회에서 별로 쓸모가 없는 이들로 여겨져 분노로 차 있던 이들에서부터, 사실상 전쟁의 피해자라 할 수 있으며 전쟁 후에도 딱히 안정된 조건에서 살아갈 수 없었던 퇴역 군인들, 그리고 대공황으로 실업자들이 된 이들 중 상당수는 나치 운동이나 파시스트 운동에 매우 열광했습니다. 이들은 이러한 자신들의 분노를 바탕으로 자신들의 처지를 이렇게 만드는 데 결정적인 역할을 했다고 가정되는 좌파나 유대인 등에게 열성적으로 테러를 가하기도 했지요. 아렌트는 이러한 이들을 '폭민mob'이라 부르며, 이들을 '의식적 파리아들'과는 범주가 다른 이들로 봅니다.

지금 한국에서 태극기 집회에 참여하시는 분들은 어떠한가요? 그분들은 사회에서 어떤 위치에 놓여 있고, 그들의 열정적인 행동을 추동하는 분노의 정체는 무엇인가요? 이에 대한 답을 찾기 위해서는 아마도 그다지 탁월한 이야기꾼이 아닌 저의 대답을 기대하기보다는, 최현숙 선생님께서 구술사의 형식으로 기록한 『할배의 탄생』이라는 '이야기'를 읽어 보는 것이 더 나을 것 같습니다. 다만 개인적으로 태극기 부대가 대한문 앞 쌍용자동차 해고 노동자 농성장에서 사회적 재앙의 모든 원인을 해고 노동자들 혹은 성소수자들에게 지우려고 한 것은 참 흥미로웠습니다.

아렌트의 '유대인이 유대인으로서 공격받는다면 유대인으로서 싸워라'는 말이 대강은 이해가 되는데, 그의 철학과 조금은 모순적으로 보여요. 왜냐하면 아렌트는 인간의 보편성으로부터 벗어나길 촉구하는데, 유대인으로서 싸우라는 말은 결국 '유대인'이라는 또 다른 보편성에 빠져드는 것처럼 보이거든요. 이 모순에 대해 어떻게 이해를 해야 하는 것일까요?

제가 여기서 분명히 말씀 드리고 싶은 것은 아렌트가 말하는 '유대인'은 결코 명확한 자연적, 사회적 속성을 갖는 고정된 '추상적 실체'가 아니라는 점입니다. 그것은 오히려 당대 사회적 조건의 맥락 속에서 현실적으로 주류 사회로부터 버림받은 정체성이라는 성격이 더 강해요. '유대인성'이 무엇인지 형이상학적으로 정의하는 것은 힘든 일, 심지어 매우 위험한 일이고 아렌트에게서는 딱히 관심의 대상도 아니었습니다. 다만 그가 주목한 것은 주류 사회에서 유대인으로 분류된다는 이유만으로 나치나 파시스트, 심지어 애국적인 프랑스 국민들에게 차별을 받는 것이나, 심지어 이 사람들이 그저 나라 밖으로 쫓아내야 할 귀찮은 존재인지라 국민의 의무 형식으로 부과되는 억압을 받을 자격조차 갖추지 못했다는(이에 대해서는 3강에서 더 자세히 살펴보도록 하지요.) 너무나도 명백한 '현실'이었을 뿐입니다.

아렌트는 이 현실을 스스로 떠맡으라고 한 것일 뿐이며, 이와 함께 '유대인'으로 분류되어 온 이들의 은폐된 전통들을 파헤쳐 보려고 했던 것일 뿐입니다. 물론 아렌트에게서 한 인간의 정체성은 하나의 범주로 환원되지도 않으며, 그것은 이야기를 통해 끊임없이 다시 이해되어야만 하지요. 그는 다만 현재 자신이 유대인이라는 이유로 억압을 당하고 있기 때문에 그 사실로부터 도피하지 않고, 그 사실을 떠안은 채로 정치세계에 뛰어들어야 한다고 본 것입니다. 게다가 아렌트가 '유대인 일반'을 사랑하라거나, '유대인성'이 다른 정체성의 속성들보다 위대하다거나 주장하는 것은 또 아니라는 점을 덧붙여 둡니다. 그는 본인이 '유대인이다!'라고 말하지만, 동시에 '나는 유대인을 사랑하지 않는다!'고도 말하기도 하지요.

<u>아렌트는 소수자 운동에 분명 어떤 메시지들을 던져 주고 있는 것처럼 보입니다. 그럼에도 소수자 운동 진영이 그의 철학을 활용할 때 주의해야 할 점이 있다면 어떤 것이 있을까요?</u>

저는 주류 사회에 동화됨으로써, 해방된 지위를 얻어 낼 수 있다고 믿는 소수자 운동들을 별로 좋아하지 않습니다. 설령 그들이 해방된다고 하더라도, 여전히 자신의 소수자로서의 정체성을 유지하고 있어야 한다고 생각하고요. 그것은 인위적으로 지울 수 있는 것이 아닐뿐더러, 정치 세계에서 계속 일종의 견제 장치이자 새로운 관점들의 자극제로 작동할 수 있거든요. 한편으로 그들의 얼굴에 희생자, 불쌍한 이의 가면만을 덧씌워 따뜻하게 보듬을 것만을 주장하는 단체들을 보면 간혹 화가 나기도 합니다. 예컨대

지난 몇 년간 한국 사회를 강타한 다문화주의 운동들은 어떠했나요? 그 존재 자체가 문제인 장애인 수용시설에서 따뜻한 후원과 아름다운 봉사의 미덕을 실천할 것만을 강조해 온 이들은요? 난민이 발생하는 구조적 조건에 대한 변혁 요구 없이, 그 구조를 유지하면서 난민들의 불쌍한 처지만을 강조하는 자선 단체들은요? 아렌트의 의식적 파리아론은 그러한 시도들이 갖는 문제점들을 잘 지적해 주고 있다고 생각합니다. 아울러 제가 강의 말미에 말한 것처럼, 아렌트의 '공격받는 정체성 그 자체를 전면에 내걸고 저항하라'는 말은 오늘날의 극단적 형태의 정체성 정치와 결코 맥이 닿아 있는 주장이 아님을 반드시 기억해 주면 좋겠습니다. 아렌트의 철학은 일정 부분 정체성 정치, 당사자주의 운동을 정당화하는 논리들을 제공해 주고 있는 것처럼 보이지만, 동시에 이번 강의에서 다룬 것처럼 정체성 정치 및 당사자주의를 비판할 만한 측면들도 함께 가지고 있거든요.

아렌트는 결코 어떤 정답이나 지침을 주는 철학자가 아닙니다. 아렌트가 당대의 조건에 맞게 '유대인으로서 어떻게 저항해 나갈 것인지'의 방향성을 나름 제시해 준 것은 사실입니다만, 이는 그가 나치 시기 시오니스트 활동가로서 취했던 태도였을 뿐, 오늘날의 소수자 운동에서는 그가 제시한 길과 또 다른 길을 찾아 나서야 할 때가 많지요. 게다가 최근 정체성 정치는 자본주의적 문제들이나 계급 문제들에 제대로 저항할 수 있는 수단이 되지 못하고 있으며, 그것들을 도리어 은폐한다고 많은 비판을 받고 있습니다. 아렌트의 의식적 파리아론도 이와 관련하여 곳곳에서 상당히 보완되어야 한다고 생각합니다.

분명히 말하건대, 아렌트와 다른 시대를 살아가는 우리가 아렌트의 삶과 생각을 그대로 걸어 나가야 할 길이라 생각해서는 안 된다고 생각합니다.

저는 단지 아렌트가 우리가 걸어 나가는 길에서 잠깐씩 등장해 서로 딴지를 걸어 주는 친구가 되기를 바랄 뿐입니다.

2 기억과 이야기의 정치학

역사에서 지워진 자들에 관하여

베르톨트 브레히트가 난민 시절 쓴 시 「후손들에게」(1938)에 담긴 몇몇 표현들과 함께 이번 강의를 시작해 볼까 합니다. 한국에서도 이 시는 꽤 유명하지요. 특히 어두운 시대를 온 몸으로 겪으며 싸워 낸/싸워 내고 있는 자들에게 이 시는 아직까지도 적지 않게 인용되고 있는 듯 보입니다.

> "참으로, 나는 어두운 시대를 살고 있구나. […]
>
> 너희들, 우리가 잠겨 버린 밀물 속에서
> 떠오르게 될 너희는 생각하라
> 우리의 약함을 이야기할 때
> 너희가 지나지 않은 이 어두운 시대를.
> 그러나 우리는 걸어왔다.
> 신발보다 자주 나라를 바꿔 가며
> 계급의 전쟁을 뚫고, 불의만 있고
> 분개가 없을 때는 절망하면서. […]
>
> 그러나 너희는, 사람이 사람에게
> 도움이 되는 날이 이르면,
> 우리를 기억하라,
> 관대한 마음으로."

모어인 독일어를 매우 사랑했던 데다가, 문학 작품 및 철학적 개념들의 '번역 불가능성의 가능성'을 자신의 텍스트 곳곳에서 암시해 놓기도 한 아렌트는 여러분들이 이 시를 독일어가 아닌 다른 언어로 읽을 수밖에 없다는 사실을 내심 아쉬워했을 것입니다. 자신이 좋아하는 것을 타인들과 온전히 공유하고 싶은데, 그러지 못할 수밖에 없는 상황이란 대개 그러한 감정을 불러일으키니 말입니다. 그러나 한국어로라도 이 시를 읽고 감상에 젖어 본 적이 있는 이라면, 이 시를 매개로 아렌트와 충분히 아픔을 공유해 볼 수 있을 법도 합니다. 왜냐하면 아렌트가 말했듯 '어두운 시대'는 나치 시기 독일만을 지칭하는 것이 아니라 언제 어디에서나 도래할 수 있기 때문이며, 그러한 시대 속에서 "무질서와 굶주림", "정치적 행위의 불가능성"을 겪어 낸 파리아들 사이에는 모종의 동포애가 자연스레 발생하곤 하기 때문입니다. 물론 아렌트는 '자연스럽게' 발생하는 그러한 공감과 형제애를 넘어서 여러분들과 정치적 우정을 나누는 데까지 나아가고 싶어 했겠지만요.

긴 무국적자 생활을 마친 아렌트가 어두운 시대를 살아간 자들의 삶과 사유를 하나하나 이야기의 형식으로 남겼던 것 역시 어쩌면 그들과 이러한 형식의 우정을 지속해 나가려는 시도였는지도 모릅니다. 그리고 만약 그렇다면 이 작업은 어둠 속에서도 예외적으로 번뜩이는 한 줄기 빛을 남긴 이들의 유령을 지금 여기의 공적 공간으로 불러내는 것이라고도 볼 수 있지요. 혹자는 그래서 이렇게 말하기도 합니다. "아렌트의 이야기들은 어두운 시대에 파괴된 공적 영역을 대체하려 한다. […] 이야기는 사람들에게 어떠한 방식으로건 그들에게 닫혀 있던 드러냄의 공적 공간을 제공해 준다."[1] 그렇게 자신의 시대에도, 후손들의 시대에도 감추어져 있던 그들의 '누구임'은, 그리고 정치적 대화로 온전히 이어지지 못한 '그들 내면에서 이루어진 대화'들은 아렌트를 비롯한 이야기꾼들의

1) A. Herzog, 'Illuminating inheritance: Benjamin's influence on Arendt's political storytelling', *Philosophy & Social Criticism*, 2000, p.9.

작업을 통하여 비로소 우리 앞에 생생하게 출현하게 됩니다. '어두운 시대'라는 표현을 아렌트에게 빌려준 브레히트는 물론이고, 레싱Gotthold Ephraim Lessing, 로자 룩셈부르크, 야스퍼스, 발터 벤야민, 헤르만 블로흐에 이르기까지…….

아렌트는 이 이야기들 중 몇 개를 묶어 1968년 『어두운 시대의 사람들』이라는 책을 출판하는데, 이 저작에는 우리가 앞서 살펴본 브레히트 시의 마지막 외침, 즉 "관대한 마음으로 우리를 기억하라"는 요구에 대한 아렌트의 응답이 담겨져 있습니다.

> "그렇다, 정말로, 그렇게 하자. 관대한 마음으로 그를 기억하자. […]"[2)]

그러나 그 이유도 온전히 파악되지 않은 채, 다짐에서 그치는 약속은 참 연약합니다. 그것은 언제든지 잊힐 수 있고, 심지어는 세계에서 이내 완전히 소멸되어 버릴 수도 있습니다. 따라서 우리는 더 정확히 물어야 합니다. 왜 우리는 브레히트를 비롯한 '우리', 즉 어두운 시대를 살아간 이들을 기억해야 하는 것일까요? 그리고 우리는 그들을 어떤 위치에서, 어떠한 방식으로 기억할 것인가요? 기억이 정치 영역에서 갖는 중요성을 그리도 강조했던 아렌트이건만, 그는 아쉽게도 이 질문들에 직접적인 대답을 거의 내놓지 않습니다. '아렌트에게는 체계적인 방법론이 없다'는 비판이 계속 등장해 온 것도 아렌트가 내비쳐 온 이러한 태도와 무관하지 않지요. 아렌트는 스스로 근대 이후 '올바른 지식에 도달하기 위해 따라야 할 과정' 내지 인식의 절차로 여겨져 온 '방법method'을 우연과 예측 불가능성으로 가득 찬 인간사 영역에 적용해서는 안 된다고 생각했을 뿐 아니라,

2) MDT, p.225.

자신의 사상에는 그러한 방법론적 체계가 없다는 것을 자랑처럼 말하고 다니기도 했습니다. 그러나 많은 이들이 아렌트가 본인의 작업들을 통해서 이 질문에 대한 답을, 본인의 '방법론 아닌 방법론'을 이미 보여 주었다고 말하기도 합니다. 이번 강의에서 우리가 함께 탐색해 나가 볼 것은 바로 이 아렌트 특유의 기억의 방법론입니다.

한편 저는 이 논의가 단순히 새로운 '역사 방법론'의 틀을 발견하는 데 국한되어 있기만을 바라지 않습니다. 아렌트의 방법 아닌 방법은 파리아들의 삶과 정치를 다시 고민해 보게끔 만들어 주기 때문입니다. 그것은 여전히 어두운 시대를 살아가고 있는 이들의 삶과 투쟁을 왜 기억으로 남겨야 하고, 어떻게 기억으로 남길 것인가에 대한 하나의 단서를 제공해 줍니다. 심지어 그 방법은 아렌트가 주목했던 이야기의 소재들을 뛰어넘어서까지 우리가 나아갈 수 있게끔 도와주기도 하지요.

이 새로운 가능성을 발견하는 것은 제가 보기에 지금 이 시대에 매우 중요합니다. '좋은 사회'의 '시민들'이 모두 '드디어 밝은 시대가 왔다', '광명이 도래했다' 외치는 이 시대에도 비-시민 파리아들은 여전히 어둠 속에서 자신을 감추고 있는 경우가 다반사이기 때문입니다. 소위 '촛불혁명'에서조차 역사의 주역으로 서지 못하고, '혁명(?)' 이후에도 여전히 세계에서 사라질 것만을 강요받고 있는 자들, 예컨대 난민들, 해고 노동자들, 농민들, 빈민들, 장애인들, 철거민들, 노인들과 같이 말입니다. 이 사회는 그들에게 좀처럼 세계를 열어 주지 않으며, 따라서 그들의 얼굴은 대체로 밝디 밝은 민주주의의 광장 속에서도 감추어져 있습니다. 이는 그들이 이야기될 수 있는 가능성이, 그리고 이로써 세계에서 그들 자신의 삶이 완성될 수 있는 가능성이 가로막혀 버리는 것과 같은 결과를 낳습니다.

심지어 과거의 인간사를 기록하는 과학임을 자부하는 역사 서술들조차도 대개는 이들을 기억하려 하지 않아요(물론 간혹 예외도 있습니다). 스스로가 실증적 과학임을 자부하거나, 역사적 필연성을 꿰뚫고 있다고 자부하는 역사 서술들은 어쩌면 정말로 벤야민의 말처럼 결국 '승자에 대한 공감' 속에서만 구성되고 있는지도 모르겠습니다. 그리고 그러한 역사 속에서 패배자들이 들어설 자리는 어디에도 없습니다. 그들의 비루한 삶은, 심지어 그들이 일으킨 사건들은 그저 작고 사소한 것, 즉 감추어져도 무방한 것으로 취급되어 너무나도 쉽게 어둠의 영역에 파묻혀 버리기 때문입니다.

적어도 누군가에게는 지금이 여전히 이렇게 어두운 시대임이 명백함에도, 아렌트에 따르면 "그 어두운 시대는 결코 모두에게 보여지지 않으며, 그것을 지각하는 것이 쉬운 것도 아닙니다. 파국이 모든 것을, 모든 이를 덮쳐 오는 바로 그 순간에 이르기까지, 어두운 시대는 […] 유쾌하지 않은 현실을 잘 변명해 내는, [사람들이] 우려하고 있는 것들을 잘 정당화하는 거의 모든 공적official 대표자들의 매우 효과적인 빈말과 허튼소리에 의해 감추어지기 때문입니다."[3] 우리가 아렌트의 기억과 이야기 방법론을 아렌트가 주목했던 이들을 넘어서, 즉 더 다양한 파리아들을 이야기의 소재로 삼아서 계속 진행시켜 나가야 하는 이유도 바로 여기에 있습니다. 그리고 이는 아렌트 및 그의 이야기론에 결정적인 영향을 미친 벤야민의 의도와도 다소 맞닿아 있지요.

벤야민은 사소한 것으로 치부되어 기존의 주류적 역사 서술에서 배제된 억압받는 자들의 역사의 파편들을 현재에 드러내 보임으로써, 연속적인 승리의 과정만을 정당화하는 주류적인 역사 서술 방법에 저항하고자 했습니다. 다시 말해 그는 패배한 자들의 모든 자취를 제거하기 위하여 승리자의 신화가 보존하는

3) MDT, p. viii.

환상을 깨뜨려 버리고자 했던 것입니다. 정치적 노선이 벤야민과 동일하지 않았으며, 단적으로 계급투쟁이라는 단어를 벤야민과 달리 선호하지도 않기는 했지만, 아렌트 역시 벤야민과 마찬가지로 어둠 속에서 살아가는 역사적 패자들의 삶, 그리고 그들의 '은폐되어 버린 전통'과 그들에 의해 만들어진 '기억해야 하는 사건들'을 밝은 공적 세계에 드러내어 후손들에게 남기고자 했습니다. 그러한 작업이 과거 파리아들의 경험과 시좌/관점을 이 시대에 드러냄으로써 지금의 정치 세계를 더 다원적으로 구성해 줄 것이라 믿으면서 말이에요.

다만 아렌트에 따르면 이러한 작업이 특히나 경계해야 할 것은 제1차 세계대전 이후, 전적으로 새로운 시대의 도래를 꿈꾸며 억압받는 자들의 역사에 주목한 많은 지식인들이 취했던 태도입니다. 그들 중 상당수는 기존의 공식적 역사 서술을 승자들의 역사로서 왜곡된 것으로 생각하고 있었기 때문에, 그동안 부르주아 사회에서 배제되어 온 나치 폭민들에 의해 역사가 전적으로 새로 쓰이는 것조차 용납하고자 했습니다. 그러한 역사가 사실을 위조한 것임을 알았음에도 그것을 새 시대를 향한 한 과정이라 믿으며 함께 열광했던 것입니다. 이러한 방식의 역사 서술, 그리고 그것에 열광하는 것은 아렌트의 입장에서 도무지 용납할 수 없는 것이었지요. 그것은 역사 서술의 기본 원칙인 진실을 배반하는 짓이니까 말이에요.

따라서 아렌트는 역사에서 잊혀진 자들을 기억하면서도, 나치의 폭민들과 일시적으로나마 동맹을 맺은 지식인들 내지 억압받는 자들만을 중심으로 새 전통을 형성하고자 했던 지식인들이 빠진 함정을 피하기 위하여 더 오래된 과거로 눈을 돌립니다. 즉 벤야민이 헤로도토스에 주목한 것처럼, 그는 호메로스적인 공평무사함impartiality의 태도에 주목하기 시작합니다. 단적으로 호메로스는 자기 민족에 대한 관심, 즉 트로이 전쟁의 승리자였던 그리스인들의 행위만을 위대하게 그려 낸 것이 아니라, 패배한 트로이인들의 행위에 대해서도 마찬가지로 위대하게 묘사하지요. 트로이인들을 사랑하거나 마냥 칭송하지 않은 채로, 그들의 패배가 실은 어떤 목적을 향해 가는 역사 과정의 일부였음을 강조하지 않은 채로 말입니다.

활동적 삶의 시간, 그리고 이야기와 전통

먼저 이야기가 인간 실존에서 갖는 의미 및 그것의 정치적 효과에 대해 논의해 볼까요. 아렌트는 인간의 행위란 모두 무상한 것, 즉 세계에 출현하자마자 사라져 버리는 일시적인 것으로 보았습니다. 그런데 이야기는 그렇게 사라져 버릴 행위를, 감추어져 버릴 누구임을 안정적으로 세계에 남겨 주는 역할을 합니다. 연극에서 한 장면이 상연되는 순간, 그 장면은 곧바로 사라져 버리지만, 그것에 대한 관객들 및 평론가들의 비평이 그 장면의 생명력을 연장시켜 주는 것처럼 말입니다.

물론 인간이 자신의 짧은 생명을 넘어 계속 존재하는 방식에는 이야기와도 같은 어떤 매개를 통하여 타인들의 기억에 의존하는 방식만이 있는 것은 아닙니다. 아렌트에 따르면 고대 그리스인들이 신성한 우주적 삶이라 여겼던 '조에zoe', 굳이 오늘날의 용어로 말하자면 인간의 생물학적 종으로서의 생명은 어떤 의미에서는 자연의 순환 속에서 영속할 수 있습니다. 생존하기 위해 자연을 재료 삼아 노동하여 무언가를 생산하고, 그 생산의 결과물을 소비하고, 자연으로 다시 되돌아가고……. 자손을 낳고, 자손 역시 그러한 자연 속에서의 삶을 또다시 반복하고, 반복하고……. 즉 자연 과정의 일부로서, 하나의 '종'으로서 '생명 자체'가 끊임없이 순환되는 삶.

그러나 아렌트는 이러한 삶에 대한 설명만으로는 인간의 삶을 온전히 설명해 낼 수 없다고 생각했습니다. 인간은 이 세계에 태어났다가 죽음을 맞이하게 될, 즉 시작과 끝이 있는 한 개별자이기도 하기 때문이지요. 그는 세계에서 유일한 자신의 개성을 드러낼 수 있고, 자연의 순환 주기나 종적 특성만으로는 설명할 수 없는 자기 자신만의 독특한 삶을 구성해 나가기도 합니다. 아렌트가 주목했듯, 그리스인들은 이러한 삶이 인위적인 인간 공동체 영역에서만 보장될 수 있다고 생각했어요. 그리고 공적인 영역, 즉 폴리스의 광장은 그러한 삶의 방식을 보장하는 최적의 장소일 수밖에 없었지요. 이곳에서는 행위자가 타인들 사이에서 자유롭게 자신의 의견을 내놓고, 이로써 타인들에게 독특한 개성을 드러내는 것이 가능했으니까요. 아테네 민주주의의 전성기 때, 이 공간의 자유를 향유할 수 있는 자들만이 '시민', 즉 '인간다운 인간'으로 여겨지게 된 것도 무리는 아닙니다. 이 삶은 고대 그리스에서 '조에'와 대비되는 의미로 '비오스bios'라 불렸으며, 심지어 조에에만 얽매여 있는 자들은 동물과 같은 이들로 여겨지기도 했어요.

문제는 앞서 언급한 것처럼, 비오스를 살아가는 인간 개인은 사멸적인 존재이며, 심지어 그 개인이 수행하는 행위들, 그가 겪어 내는 사건들은 그것이 세계에 나타나는 바로 그 순간 사라져 버린다는 점입니다. 이러한 차원에서 생각해 본다면 인간의 행위는 참으로 연약한 것이고, 삶 또한 참 허무하고 무상한 것이기도 하지요. 그러나 인간들은 이러한 '사라져 버리는 것들'을 가만히 내버려 두질 않습니다. 그들은 타인들과 행위, 사건들을 기억하길 바라고, 때로는 타자들이 나를, 나의 행적을 기억해 주길 바라기도 합니다. 이는 때로 불멸성immortality[4]을 향한 욕망으로 이어지기도 하지요. 흔히 불멸성은 신과 반신半神인 영웅에게만 부여되는 것이라 여겨지곤 하는데, 아렌트에 따르면 사실 영웅이란 트로이 전쟁에 참여한 자유인을 일컫는 말이었어요. 따라서 위대한 행위를 수행할 용기를 지닌 이들은 자기 자신을 타인들에게 드러낼 공간이 마련된다면, 언제든지 이 불멸성을 노려 볼 수 있습니다.

이러한 차원에서 아렌트는 아테네의 유명한 정치가였던 페리클레스가 펠로폰네소스 전쟁 후 내놓은 전사자 추도 연설에 주목합니다. 그는 이 연설을 통해 '폴리스'는 시민들이 기억에 기억을 거듭하면서 도시와 자유를 지키기 위해 영웅들을 불멸하는 이들로 만들어 내는 공간이라고 말하며, 심지어 이런 공간이 있다면 이야기꾼의 수고조차 필요 없을 것이라 말하기까지 합니다. 즉 폴리스라는 정치체는 그 자체로 시민들의 행위를, 그리고 그 행위 주체의 '개성'을 불멸하게 만드는 공간이라는 거예요.

물론 혹자들은 이 연설에 대한 아렌트의 주목, 더 나아가서는 그리스 시민들이 욕망하던 불멸성에 대한 아렌트의 주목을 아렌트가 가진 고대 그리스에 대한 지나친 향수로만 해석해 내곤 합니다. 그러나 제가 보기에 이 욕망은 비단 고대 그리스 시민들에게만 해당되는 것은 아닙니다. 예전에 어떤 집회에서 장애인 수용시설인 꽃동네 출신의 장애인 활동가가 장애인 수용시설 폐지를 주장하며 곁들인 말이 갑자기 떠오르는군요. "옛말에 호랑이는 죽어서 가죽을 남기고, 사람은 죽어서 이름을 남긴다고 했습니다. 이게 무슨 뜻일까요? 사람은 누군가를 만나고 그로써 그들로부터 자신의 삶이

4) 이는 철학자들이 추구하는 영원성eternality과는 다른 성격을 갖습니다. 영원성이란 기독교적 신이나 플라톤의 이데아처럼 우리의 현실 세계를 넘어서서 불변하는 것으로 존재하는 것을 의미하지만, 불멸성이란 반-영구적인 우리의 세계가 지속되는 한에서만 존재할 수 있음을 의미하기 때문입니다.

기억되어야 한단 말입니다. 밥만 먹여 준다고, 잠만 재워 준다고 다가 아닙니다. 그런데 수용시설에 사는 사람들은 다른 사람들과 관계조차 제대로 맺을 수 없습니다. 과연 그들이 이름을 남길 수 있겠습니까?"

그러나 문제는 자신의 "이름을 남길 수 있는" 정치체가 마련되어 있더라도, 자신의 이름을 남기고자 하는 누군가는 자신의 행위가 어떤 작품이나 사물로 언어화, 구체화reification되지 않는다면 언제든 망각의 위협에 처해질 수 있다는 점입니다. 다행히도 그의 삶은 타인들에 의해 이야기의 양식으로 재구성될 가능성, 즉 '서사성'을 애초에 담지하고 있긴 하지만요. 아렌트는 이 지점에서 바로 이야기꾼의 작업이 필요하게 된다고 강조합니다. "발생했던 모든 사건은 그 이야기를 말하고 그것의 의미를 전달하게 될 사람들의 정신 속에서 완성"되는 것이며, "행위에 이어 이렇게 사유를 통해 완성되지 않는다면, 즉 기억에 의해 명확한 표현을 얻지 못한다면 들려줄 수 있는 이야깃거리는 하나도 남지 않게"[5] 될 것이라는 아렌트의 말 역시 우리는 이러한 맥락에서 이해해야 하겠지요.

실제로 이야기 없이 누군가의 행적들과 그가 겪어 낸 사건들이, 심지어 그의 꿈들이 우리에게 기억될 수 있겠습니까? 위대한 행위를 했음에도, 그것이 기억할 만한 가치가 있음에도 사람들에게 기억되지 못하는 무명 열사들은 왜 여전히 망각 속에 파묻혀 있는 것일까요? 그 죽음만이 단순명료한 숫자로 기록되곤 하는 국가와 자본의 피해자들의 삶을 어둠 속에서 캐내어 기억하고자 하는 이들은 왜 그것을 굳이 이야기로 표현하려고 하는 것일까요? 어쩌면 이는 아렌트가 소크라테스를 인용하여 말했듯, 우리가 이미 "음미되지 않는 삶은 결국 무가치한 것"이 될 수밖에 없음을 알고

5) BPF, p.6. 한나 아렌트, 『과거와 미래 사이』, 서유경 옮김, 푸른숲, 2005, p.13.

있기 때문은 아닐까요? 삶이란 '의미가 있게 되기 위해서', '타인들 사이에게 언제든지 다시 출현하기 위해서', 타인들, 적어도 타자화된 관찰자로서의 자신에게서 반드시 회고적으로 이야기되어 '세계적으로 완성'되어야만 한다는 것을 말이지요.

물론 어떤 이야기든지 간에 그것은 언제나 미완된 완성일 것입니다. 왜냐하면 아렌트의 주장처럼, 이야기는 청자들에게 이야기의 대상이 되는 행위자의 누구임을, 그리고 어떤 사건의 의미를 일종의 기호sign처럼 던져 줄 뿐이기 때문입니다. 기호는 청자, 독자들에게 어떠한 공통된 의미를 던져 주면서도 동시에 그들이 자신이 처한 위치에 따라서 그것을 다르게 해석할 여지를 남겨두지요. 그리스인들이 호메로스가 이야기로 남긴 아킬레우스의 위대함에 대해서 동일하게 받아들이면서도, 그의 위대함을 각기 다른 방식으로 모방하려 했듯이, 그리고 한국의 노동운동가들이 조영래 변호사가 이야기로 남긴 전태일의 삶과 그의 위대한 행위를 자신들의 출발점으로 삼으면서도 각기 다른 방식으로 그것을 계승하려 하듯이 말입니다.

탁월하게 이야기된 삶은 그렇게 소진되지 않은 채 끊임없이 다양한 방식으로 모방될 것이며, 끊임없이 다른 방식으로 완성될 것입니다. 그리고 그러한 이야기들이 모여 직조되는 그물망, 즉 이야기들의 연쇄가 바로 그 정치체의 전통을 형성할 것입니다. 그 전통은 단지 과거를 비추는 데 그치는 것이라 할 수도 없습니다. 그것은 마치 유서처럼 우리에게 주어져, 우리가 현재를 어떻게 고민해야 하는지, 그리고 앞으로 어디를 향해 나아갈 것인지에 대하여 조언을 제공하거나, 심지어 일종의 권위가 되어 명령을 강제하곤 하기 때문이지요. 그리고 우리는 이미 운동 진영이 구성한 각종 열사 추모 공간에서 그 유서가 갖는 힘을 여러 번 경험해 보지 않았습니까. 유난히 열사들이 많은 이 한국땅에서라면 더더욱 말이지요. 이런 차원에서 본다면, 벤야민의 입을 빌려 뢰비가 말했듯, "과거는 현재, 지금 여기의 혁명적 성찰과 실천에 봉사"[6]합니다. 만약 그러한 것들을 전통으로 계승하는 정치체가 소규모로나마 남아 있다면, 적어도 그 사건들의 번뜩이는 순간을 잡아 내 그 유서의 정신을 전통으로 후손들에게 전해 줄 수 있는 탁월한 이야기꾼이 있다면 말이지요.

왜 하필 이야기인가: 파편화된 역사 서술

혹자들은 이 지점에서 굳이 이야기의 방식이 아니더라도, 사라져 버린 행위자들과 그들이 수행한 행위를, 그들이 만들거나 겪어 낸 사건들을 충분히 후세에 남겨 전통으로 형성해 낼 수 있다고 생각할지도 모릅니다. 물론 오늘날에는 역사 서술 방식도 아렌트 당대보다 많이 확장되었기 때문에 이러한 생각은 충분히 정당한 것일 수 있습니다. 그러나 한 인간의 행위들, 개별 사건들을 역사 전체의 과정 안에서 어떤 결과를 낳기 위한 '계기'로만 환원시켜 버리는 방식의 역사 서술만큼은 아렌트 입장에서 볼 때 결코 이 역할을 해 낼 수 없을 것입니다. 이러한 역사 서술은 역사적 필연성 내지 보편사의 법칙적 과정을 증명하고 밝히기 위하여, '예외적인' '독특한' 행위와 사건의 '개별적 의미' 그 자체에는 주목하지 않기 때문입니다.

부언하자면 어떤 행위나 사건이 역사의 필연적 과정에 환원된 채로 해석되어 버리게 되면, 그것들 자체가 가진 진귀함은 전혀 담보될 수 없습니다. 기존 역사의 흐름을 단절시켰기 때문에 의미가

6) 미카엘 뢰비, 『발터 벤야민: 화재경보』, 양창렬 옮김, 난장, 2017, p.79.

있는 것들조차도 그러할 경우에는 필연적인 역사 과정의 당연한 일부로서 '과학적으로 설명 가능한 것'이 될 뿐이기 때문이지요. 근대 과학이 '신비했던 것'을 지성으로 설명 가능한 것들로 바꿔 내며 진보해 왔듯이, '진귀한' 인간의 행위와 사건들도 역사과학의 등장 속에서 그러한 운명을 겪게 되는 것입니다. 그리고 이로써 각각의 독특한 개별 행위와 개별 사건들이 그 자체로 우리에게 의미를 던져 줄 수 있는 가능성도 가로막혀 버리게 됩니다. 왜냐하면 이러한 시각 속에서 개별 사건들은 '역사가 가진 보편성', '전체 역사가 나아가는 방향'의 의미를 드러내는 수단 외에는 아무것도 아니기 때문입니다. 그것들은 이제 거대한 역사의 보편 법칙에 전적으로 귀속된, 작고 사소한 여러 '당연한' 과정 중 하나로 전락해 버릴 뿐입니다.

한편으로 이 거대한 역사적 보편 법칙이나 방향을 상정하지 않더라도, 인간의 행동 패턴을 경험적으로 데이터화된 역사 자료들을 통하여 실증적으로 탐구할 수 있다는 입장 역시 개별 행위나 사건의 독립적 의미를 밝혀 줄 수 없습니다. 아렌트에 따르면 인간사는 예측 불가능하고 우연적인 성격을 가지고 있으며, 진귀한 행위 및 사건이란 바로 그러한 인간사의 특성 탓에 출현합니다. 만약 인간의 행동 전체에, 사건의 진행 전체에 어떤 고정된 패턴이 설정된다면, 그것은 결코 개별 행위들과 사건들이 갖는 예외적 특성을 보존해 줄 수 없을 것입니다.

이해를 돕기 위해 하나의 짧은 이야기를 구성해 보겠습니다. 옛날 옛적에 빈곤에 시달리며 살아가던 농민들이 있었습니다. 그런데 어느 날 동료 중 한 명이 억울하게 양반에게 맞아 죽게 되었지요. 양반들의 착취 덕에 내내 빈곤에 시달리던 농민들의 분노는 일거에 폭발합니다. 즉 농민 봉기가 시작됩니다. 그들은 단순히 양반들을 죽이고, 관청을 점거하는 데서 그친 것이 아니라, 자신들의 새로운 정치체를 구성해 나가는 데 골몰하기도 했어요.

그런데 그 정치체를 통해 농민들은 자신들이 양반들에게 복속되어 살아갈 필요가 없음을, 자신들이 자기 공동체의 운명을 동지들과 함께 책임져 나가는 사람이 될 수 있음을 깨닫습니다. 그리고 그들에게 합류하는 농민들의 수는 점점 많아집니다. 신성한 권위를 가지고서 너무나도 당연한 것처럼 이어져 오던 한 체제의 연속성이 위협을 받게 된 거예요. 그러나 그들은 이내 양반들로부터의 반격을 마주해야만 했습니다. 위기감을 느낀 양반들은 심지어 제국주의적 야욕을 가진 주변 강대국들의 군대에 도움을 청하기도 하지요. 결국 농민들은 얼마 못 가 비참하게 패배를 당하고 맙니다. 그리고 그 봉기에 참여한 한 농민은 마지막 전투 전에 다음과 같은 유서를 남겨 두었습니다. "나를, 지금 이 순간의 나를 영원히 잊지 말아 주게. 그리고 바라네. 그대들 소중한 추억의 서재에 간직하여 주게."[7)]

이 사건이 탁월한 이야기꾼을 만나 청자, 독자들에게 전해진다면, 청자, 독자들은 이 '유일무이한' 사건 하나만을 마주하고서도 충분히 의미를 이끌어 내고서, 그 사건을 자신들이 계승해야 할 전통의 한 사례로 여길 수도 있습니다. 그 사건에 참여한 농민 개인의 유서, 그리고 심지어 그의 삶 전체는 계속 우리들의 공적 공간에 남아 지금의 세계를 반성할 것을 촉구할 수 있으며, 우리 자신의 정체성을 이해하는 매개가 될 수도 있습니다. 그 농민의 유령을 지금 여기의 공적 공간에 불러내어, 그의 위치에 서서 그 사태를 이해해 보고, 이로써 그의 '누구임'을 추모하는 동시에 그와 뜨겁게 논쟁하는 것도 불가능한 것은 아니지요. 도대체 왜 그러한 사건이 벌어질 수밖에 없었는지를 과거의 흐름과 함께 '필연적으로' 설명해 내지는 못할지라도, 그리고 그 사건은 '필연적으로' 어떠한 결과를 낳을 것인지를 정확하게 알지 못하더라도 말입니다. 그것이

7) 조영래, 『전태일 평전』, 돌베개, 2001, p.308.

보편사의 과정에서 어떠한 계기인지, 어떠한 단계인지를 모른다고 할지라도 그것의 독립적 의미만큼은 독자/청자들에게 그 자체로 완결된 것으로 주어질 수 있기 때문입니다. 이러한 차원에서 아렌트는 다음과 같이 말합니다. "이미 벌어진 모든 것은 그것의 개별적인 범위 내부에서 그것이 가진 일반적 의미를 함유하고 있으며 그 의미를 드러내 보인다. 그것은 특별한 의미를 가지기 위하여 발전하고 있으며, 모든 것을 포괄하는 과정을 필요로 하지 않는다."[8]

그러나 어떤 이가 이러한 방식의 사건 해석은 역사의 보편적 의미를 드러내 보여 주지 않는다고 비판하며, '이 농민들의 봉기 사건은 인류의 보편적인 자유의 실현 과정을 향한 한 계기였고, 그들의 패배 역시 계급 해방을 향한 전 역사 과정의 한 단계일 뿐이다!'라고 말했다고 해 봅시다. 이 주장은 이 개별 사건을 찬양하는 듯 보이지만, 실은 역사 법칙과 위대한 보편사를 찬양하는 것일 뿐입니다. 왜냐하면 이러한 입장에서는 그 단일한 사건이 유일하게 가지는 '독립적으로 완성된 의미'를 보존하지 못하기 때문입니다. 그것이 역사로 남기고자 하는 것은 단지 농민 봉기라는 한 계기를 포함하는 전 역사의 보편적 과정일 뿐이지요. 다시 말해 농민 봉기의 패배는 그저 미래에 도래할 억압받는 자들 '일반'의 필연적 승리를 위한 패배일 뿐입니다. 이러한 시각 속에서 그 사건은 과거, 미래와 맞물려 '필연적으로' 출현한 사건, 심지어 더 심할 경우 당대 사람들이 역사 법칙을 알고 있었다면 '예측 가능한' 사건이었기에 딱히 진귀한 사건일 수도 없습니다. 1층 위에는 2층이 있다는 사실, 그리고 한층 더 올라가면 당연히 3층이 나온다는 사실이 대개는 전혀 신비스런 것으로 여겨지지 않는 것처럼 말이지요.

8) BPF, p. 64.

그러한 방식의 보편적 의미 해석이 저자의 의도와 상관없이 결국 현재 세계를 장악하고 있는 세력, 즉 승자의 존재를 정당화하는 데 기여하게 된다는 사실에도 우리는 주목해야 합니다. 왜냐하면 과거에 그 사건들이 벌어진 필연적 결과가 바로 당대 승자들의 모습(예컨대 농민 봉기의 경우 양반이나 제국주의 세력)이고, 이 승자들의 모습 역시 자유를 실현해 나가는 역사의 한 과정이기에 충분히 인정되어야만 하기 때문이지요. 20세기 초의 진화론적 마르크스주의자들, 즉 독일의 사회민주주의자들 및 제2인터내셔널이 "과거에 부르주아지가 거둔 승리를 역사의 법칙, 생산력을 발전시켜야 할 필연성, 사회적 해방을 위한 조건의 미성숙으로 정당화"[9]했던 것처럼 말입니다. 이러한 방식의 생각이 극단화되면, 역사 서술은 도리어 적대하고자 하는 세력의 지배 이데올로기조차 정당화하는 도구에 불과한 것으로 전락하게 될 수도 있습니다. 제국주의의 출현, 그리고 나치즘과 파시즘의 출현마저 정당화하는 방식으로, 심지어는 그것을 열렬히 찬양하고 동참하는 방식으로 말입니다.

한편으로 실증주의적 역사 해석의 태도가 전제하는 과학성 역시 이 농민 봉기 사건이 그 자체로 갖는 온전한 '의미'를 드러내 보여 줄 수는 없습니다. 그러한 시각 속에서 이 봉기는 '위대한 사건', '진귀한 사건'으로 읽혀서도 안 되며, '위대함' 내지 '진귀함'이라는 비과학적 의미들을 지워 낸 채로, 심지어 그 사건에 참여한 이들의 '누구임'이나 그들이 놓인 시좌/관점을 넘어서서, 냉정하게 읽혀야 하는 사건일 뿐이기 때문입니다.

좀 단순화해 보자면 농민들이 왜 봉기를 일으켰는지는 그 이전의 경제적 상황에 대한 각종 데이터들을 통해 입증될 것이며,

9) 미카엘 뢰비, 위의 책, p.84.

그들의 패배 역시 그 봉기에 참여한 이들의 숫자와 무기 수준, 양반들이 동원한 군대의 전투력 사이의 엄밀한 수치상의 비교를 통해 입증될 것입니다. 아울러 양반들이 제국주의 세력을 동원할 수밖에 없었던 국제 정세 역시 제국주의 국가들의 수치화된 경제적 조건 및 데이터화된 정치적 상황 등으로 설명될 수 있겠지요.

그러나 이 데이터와 숫자들이 정말로 이 농민들의 봉기와 패배를 온전히 증명해 준다고 할 수 있을까요? 그것들이 산출하는 '확실성'이 정말로 그 봉기에 참여한 이들의 경험 및 관점과 그 경험 및 관점이 반영된 이야기들보다 이 봉기 사건의 의미를 더 잘 드러내 보여 줄 수 있긴 한 것입니까?

따라서 아렌트 입장에서 탁월한 이야기꾼은 자신이 독자, 청자들에게 들려주고자 하는 어떤 사건을 결코 어떤 역사 과정의 법칙이나, 입증 가능한 데이터 계산식 안에 집어넣어 분석하지 않습니다. 그의 시각에서 "역사는 예측 가능한 과정인 강제력이나 이념들에 대한 것이 아니라 사건들에 대한 이야기"[10]일 뿐이기 때문이며, 완벽한 객관적 중립성을 유지하며 모종의 법칙을 발견하려는 태도보다도 그 사건에 참여한 이의 시좌/관점이 반영된 이야기가 더 그 사건의 진실을 잘 드러내 보여 주기 때문이지요. 설령 그것이 그 사건에 앞서 벌어진 사건들과 그 사건 이후에 벌어진 사건들 사이의 인과성을 온전히 증명해 주지는 못할지라도 말입니다.

그런데 만약 역사가 이러한 이야기의 방식으로 기술된다면, 역사는 모두 파편화되는 것처럼 보일 수도 있습니다. 아렌트 식의 이야기 방식은 법칙이나 과정 바깥으로 튀어나온 진귀한 단편들을 '독립적으로' 다룰 것을 요구하기 때문에, 이는 너무나도 당연한

10) HC, p. 252.

귀결입니다. 따라서 혹자들이 이러한 이야기꾼의 태도를 두고서, '그럼 모든 사건들이 그저 시대적 흐름과 상관없이 단독적으로 출현했다는 거냐?'는 반론도 충분히 제기해 볼 수 있지요. 그러나 아렌트가 사건들을 기술할 때 그 사건들 간의 인과성 자체를 전적으로 부정한 것은 결코 아닙니다. "벌어진 어떤 사건에서 인과성이나 맥락을 배제할 수는 없다"[11]는 사실을 그 역시 인정하고 있었습니다. 그는 다만 그것을 어떤 과학적 법칙이나 숭고한 역사 과정의 방향 따위의 이름으로 묶어 내는 것에 반대했을 뿐입니다.

그는 오히려 이러한 방식으로 이해된 역사의 연속성을 파괴하고서, 파편들을 새로운 방식으로 직조해 내고자 합니다. 파편들 각각이 독립적으로 갖는 위상을 드러내고, 그와 동시에 그 파편들이 어떻게 한 형태로 결정화crystallization되었는지를 서로 '필연적인 관계'나 '법칙적인 관계'로서가 아니라, 현재 밝혀 내고자 하는 특정한 의미에 맞추어 새로이 배열하는 것이지요. 여기서 우리는 아렌트가 필연성을 암시하는 '결정determination'이라는 표현을 쓰지 않고, '결정화crystallization'라는 표현을 썼다는 점에 주목할 필요가 있습니다. 결정화는 본래 화학 용어이지요. 이 용어는 보통 액화 물질이나 비결정 상태의 물질이 결정체를 형성하는 것을 의미합니다. 최초의 물질이 어떻게 다른 물질과 조합되고, 어떤 상황 속에서 결정체를 형성하느냐에 따라, 그 물질은 다르게 결정화합니다. "탄소가 크리스털이 될 수도 있고 다이아몬드로 될 수도 있고 석탄으로 될 수도 있는 것처럼"[12] 말입니다.

아렌트 식의 '파편들의 직조'가 어떠한 방식으로 이루어지는 것인지를 조금 더 상세히 이해하기 위해 앞선 농민 봉기의 예를

11) BPF, p.64
12) 김선욱, 「한나 아렌트의 '이해' 개념을 이해하기」, 『철학연구』 132호, 2014, p.11.

다시 가져와 보겠습니다. 우선 아렌트의 시각에 따르면 이 농민 봉기 이전의 어떤 한 조건, 예컨대 농민들이 처해 있던 경제적 조건은 농민 봉기가 발발한 '필연적인 원인'이 아닙니다. 그에게서 농민 봉기는 단지 당대의 다양한 사건들과 조건들의 복잡한 관계 속에서 '결정화'된 여러 가능성들 중 하나일 뿐이기 때문입니다. 그런데 법칙적 역사 해석을 추구하는 어떤 역사가는 농민 봉기 사건 이전의 어떤 '주요한' 한 요소만을 부각시켜 그것만을 역사의 법칙적 연속성 안에 포함시킵니다. 그리고 그 외 나머지 사건들 및 조건들은 사소한 것으로 취급되어 역사의 연속성 안에 포함되지 못한 채로 이내 파편화되어 버리지요. 그 파편들은 역사에서 배제되었기 때문에, 이내 망각의 위협에 처해질 수밖에 없고요.

그런데 역사가로서의 이야기꾼은 농민 봉기 사건 이전에 벌어졌던 망각되어 가는 파편들을 다시 이 시대로 끄집어내 옵니다. 그리고 그렇게 된다면 농민 봉기 사건의 의미도 이제는 변화하게 될 것입니다. 왜냐하면 농민 봉기 사건은 이제 그간 망각되어 온 파편들과의 관계 속에서 새로이 말해져야 할 것이기 때문입니다. 농민 봉기 사건은 심지어 그 사건 이후에 벌어진 사건들과의 관계 속에서도 그 의미가 변형됩니다. 농민 봉기 패배 후 그 봉기에 참여한 생존자들이 함께 산 깊은 곳에 들어가 화전을 일구고 살았는지, 아니면 그냥 뿔뿔이 흩어졌는지에 따라, 그리고 제국주의자들이 그 나라를 장악했는지 그러할 수 없었는지, 양반들의 권위가 무너졌는지 안 무너졌는지에 따라 그 농민 봉기 사건의 의미는 변화할 수 있다는 것입니다. 심지어 이 사건은 그것과 전혀 다른 시공간에서 벌어진 파편들과의 관계 속에서도 그 의미가 변화할 수 있지요. 먼 나라에서 다른 농민들이 해방구를 건설한 사건, 21세기에 벌어진 민중총궐기에서 한 농민이 진압대에게 죽임을 당한 사건 등이 이 농민 봉기 사건과 함께 읽히게 된다면 이 사건은 또 다른 방식의 의미를 내보일 수 있게 되는 것입니다.

이러한 맥락에서 한 사건의 의미는 결코 고정되어 있는 것이 아닙니다. 즉 한 사건은 분명히 종결되었고 이 시대에 재-출현할 수 없는 것이기도 하지만, 은폐된 것들에 다시금 생명력을 부여하는 이야기꾼에 의해서 종결되지 않은 채로 새로이 전개될 수 있습니다. 그 사건은 그것의 발발 이전에 벌어졌으나 좀처럼 주목받지 못했던 사건들의 발굴 과정에서, 그리고 그 사건 발발 이후에 끊임없이 새로이 '결정화'되고 있는 다양한 현상들과의 관계 속에서, 끊임없이 그 의미가 재구성될 수 있는 탓입니다. 과거는 그렇게 후대 이야기꾼의 해석 속에서 새로이 재출현하고, 오늘날에도 다시 자신을 바라보아 줄 동료들을 획득하게 됩니다.

그러나 아렌트는 이 파편화된 사건들 간의 엄밀한 인과 관계를 결코 드러내지 않습니다. 심지어 독자로서 우리는 너무나도 잦은 공간 이동을 경험해야 하며, 너무나도 지엽적으로 보이는 파편들이 갑자기 매우 중요한 것으로 튀어 오르는 탓에 적잖이 당혹스러움을 느낄 수도 있습니다. 요컨대 그의 서술에는 어떤 사건이 발생한 '필연적 이유'에 대한 '설명'도 없고, 어떤 행위에 대한 심리학적 '정보'도 거의 없습니다. 아렌트는 결코 행위의 출현이나 사건의 출현, 그것들이 갖는 연속성을 과학적으로 '증명'하지 않는 것입니다.

분명히 이러한 서술 방식은 기존의 역사 서술들에 익숙한 독자들을 혼란에 빠뜨릴 가능성이 있습니다. 그러나 이러한 서술은 역사에서 사소한 것으로 취급받아 온 파편들 자체가 갖는 독립적 의미를 더 뚜렷하게 독자들에게 드러내 보여 준다는 장점이 있지요. 아울러 이는 기존의 방식에 따라 구성된 역사의 연속성을 해체하고 역사를 새로이 읽어 낼 수 있게끔 도와주기도 합니다. 그렇게 사소한 것으로 은폐되어 있던 것들이, 오늘날 더 이상 의미를 상실한 것들이 아렌트 식의 새로운 배열 및 직조를 통해 지금 이 세계에 제 모습을 온전히 드러내기 시작합니다. 심지어 감추어져 있던 과거 사건들의 의미가 새로운 사건 및 해석자들과의 관계 속에서 새로이 재구성되어 후대에 혁명적인 자유의 가능성을 낳기도 하고요.

지금 우리는 '기억할 만한 것'에 대한 역사 서술 방법을 중점적으로 다루고 있고, 아렌트가 '파괴되어야 할 것'으로 본 것, 즉 전체주의를 기억하는 방법에 대해서는 거의 다루지 않을 것이긴 합니다만, 『전체주의의 기원』은 그러한 서술 방식이 반영된 대표적인 저작이라고 할 수 있습니다. 많은 분들이 오해하지만, 사실 1부 반유대주의, 2부 제국주의, 3부 전체주의로 이루어진 이 책에서 아렌트는 1부와 2부인 반유대주의와 제국주의가 전체주의의 '기원origin'이라고 주장하지 않습니다.[13] 쉽게 말해 아렌트가 반유대주의와 제국주의를 거쳐서 반드시 전체주의가 등장한다는 하나의 법칙을 제시하고자 이 책을 쓴 것이 아니라는 말입니다.[14]

단지 아렌트는 반유대주의, 제국주의 및 그것들을 결정화하는 데 작동한 단편적 사건들, 심지어는 그 시대 개인들의 행위들에서 독립적인 의미를 이끌어 내고자 할 뿐이며, 그 파편화된 현상들이 유럽적 조건에서 전체주의라는 현상으로 결정화되었음을 '증명 없이' 보여 줄 뿐입니다. 그것도 당대의 패배자들, 희생자들의 시좌/관점을 적극 반영해서 말입니다. 예컨대 아렌트는 절멸 수용소에 갇힌

13) '전체주의의 기원', 더 정확히는 '전체주의의 기원들'은 출판사가 제안한 제목으로 아렌트는 사실 이 책의 제목을 그다지 마음에 들어 하지 않았어요. 왜냐하면 그는 전체주의의 기원을 설명하고 이를 입증하려 하지 않았으며, 단지 전체주의로 결정화된 요소들을 배열하고자 했을 뿐이기 때문입니다.

14) 이러한 점에서 나치 집권 이전의 상황과 오늘날 서구에서 극우 성향 정당들이 선전하게 된 상황이 동일한 원인을 갖는다는 방식의 해석은 그 당시와 오늘날의 도식적인 유사함에만 집중하는 것일 뿐, 그 명확한 차이를 보지 못하고 있는 것이지요. 오늘날의 이 사태들은 과거 전체주의 및 파시즘의 등장 이전의 사태들과 다르게 결정화된 것이며, 또 다른 방식으로 결정화될 것이기 때문입니다.

자들의 경험을 있는 그대로 반영하여 절멸 수용소를 '지옥hell'이라 묘사하는데요, 이는 객관적 역사 서술에서 보통은 피하는 은유적 표현입니다. 그러나 이 수용소를 객관적 데이터가 아니라, '지옥'이라 묘사할 때, 실은 이 수용소의 진실이 더 명확히 드러나지 않습니까?

구원과 파괴

아렌트가 이렇게 파편화된 역사 서술을 중시했던 것은 당대의 상황과도 긴밀히 연관되어 있습니다. 아렌트는 기억으로 남길 만한 진귀한 과거의 사건들이 당대에 제대로 계승되지 못하고 있다고 생각했습니다.

아렌트가 『혁명론』에서 주목했듯, 각종 혁명들에서 발생한 평의회의 정신, 즉 코뮌, 소비에트의 정신은 그 정신을 계승한다고 자처하는 정치체들에서조차 제대로 계승되지 않았습니다. 역사는 프랑스의 혁명들을 기술하고, 러시아 혁명들을 기술할지언정, '사소하기 그지없는' 혁명 참가자들의 자유의 경험을 기술하지는 않습니다. 1919년 독일 혁명 과정에서 결성된 평의회, 즉 레테Räte 역시 단지 연대기 속에 기계적으로만 기재되어 있을 뿐입니다. 미국 혁명 참가자들에게서 가장 중요한 것 중 하나로 여겨졌던 공적 행복의 경험은 사적 행복의 상징이 되어 버린 나라에 대한 역사 서술에서 얼마나 생명력을 가지고 있나요? 나치 및 파시즘에 저항하기 위하여 결성되었다가 예기치 않게 공적 자유를 경험했던 레지스탕스의 경험들은, 각종 파리아들이 구성한 자유의 공간들은 어떻고요? 아렌트는 이 '보물들'이 당대에 처해 있던 상황을 다음과 같이 묘사합니다.

> 보물은 마치 신기루처럼 아주 다양한 상황에서 예기치 않게 돌연 등장했다가, 또 다른 알 수 없는 상황에서 다시 사라진다. 실제로 그 보물이 실재가 아니라 신기루라고, 우리가 여기서 대하고 있는 것은 물질로 이루어진 것이 아닌 그저 허깨비 같은 것이라고 믿을 만한 이유는 충분히 많다.[15]

물론 이 보물을 완전히 상실하지 않은 정치체들도 종종 있습니다(아렌트가 20세기에 모든 전통이 붕괴되었다고 생각했음에도 불구하고 말입니다). 특히 주류 사회에 저항하는 이들의 정치체들 같은 경우, 과거 패배자들의 진귀한 경험이 남긴 유산들을 현재 투쟁의 맥락 속에서 착실히 계승해 나가곤 하지요. 비록 그 전통의 연속성이 끊겼을지라도 그것들은 저항하는 이들에게 파편적 형태로나마 '번뜩이듯' 출몰하여 새로운 전통을 형성해 내기도 합니다.

그러나 대개의 경우, 보물들은 '주류 전통'이 구성하는 역사의 연속성에 포함되지 못한 채 이리저리 찢겨져 가고 있습니다. 그 보물들은 기억되더라도 기껏해야 역사 과정에서 발생한 잠시의 일탈, 다시 말해 금방 주류적 질서로 되돌아오게 될 잠깐의 궤도 이탈쯤으로 여겨질 뿐입니다. 아니라면 주류적으로 계승되는 전통의 계승자들, 즉 승리자들의 개선 행렬을 위한 밑거름쯤으로 여겨질 뿐이고요. 이 사회를 장악한 '진리의 기둥', 승자들의 전통이 만들어 내는 권위는 이렇게 "과거를 연대기적으로, 체계적으로 긍정적인 것과 부정적인 것, 정통과 이단으로 분리하여 정돈"[16]해 내며, 긍정적인 것과 정통만으로 자신들의 역사적 연속성을 구성해 내려

15) BPF, p.4.『과거와 미래 사이』, p.11.
16) MDT, pp.198~199.

합니다. 부정적인 것, 이단적인 것은 그 연속성의 과정에서 배제되어 버릴 뿐이고요. 앞서도 언급했듯이 과거의 진귀한 경험들의 패배를 조장하여 파편화하고 망각시킨 것은 이러한 차원에서 볼 때에 주류 전통, 공식적 역사 서술인 것이지요.

따라서 만약 이야기꾼이 진귀한 패배의 경험들을 드러내길 원한다면, 그는 우선 현재의 전통에 기대어 혹은 기존의 안정된 방법론에 얽매여 안락하게 과거 사태를 바라보는 태도를 중단해야 합니다. 긍정적인 것과 부정적인 것, 정통과 이단, 즉 역사에서 기록으로 남겨야만 하는 중요한 것과 굳이 기록으로 남길 필요가 없다고 여겨지는 사소한 것을 구별하여, 긍정적인 것이나 정통만으로 역사적 연속성을 구성하곤 하는 현재의 기준을 붕괴시키지 않는다면, 진귀한 자유의 경험들은 계속 어둠 속에 갇혀 있을 것이기 때문입니다. 즉 주류 전통이 파편화해 놓았기에, 그리고 (아렌트의 표현대로라면) 우리의 눈이 그러한 "어둠에 길들여져 있기 때문에" 안정적인 형태로가 아니라 가끔 번뜩이듯 출몰할 수밖에 없는 과거의 유령들은 현재의 주류적인 역사 해석의 연속성을 제물로 삼을 때에만이 비로소 우리 앞에 '지속적인 것'으로 남아 있을 수 있습니다. 이러한 차원에서 패배한 유령을 구원하기 위해서 우선 요구되는 작업은 주류 전통을 파괴하는 작업이라고 할 수 있는 것이지요.

아렌트는 "비체계적일 뿐만 아니라, 혼돈에 가까운"[17)] 벤야민의 수집가적 초상에서 이러한 태도의 전형을 발견합니다. 벤야민은 돈도 별로 없으면서 자신이 읽지도 않을 장서를 긁어모았고, 과도할 정도로 인용문을 모아 보존해 두려 한 것으로 잘 알려져 있지요. 그러나 그는 그것들을 '비체계적으로' 모을 뿐입니다. 즉 그의

17) MDT, p.199.

수집품들은 큰 것과 작은 것, 중요한 것과 중요하지 않은 것으로 분류되지 않습니다. 그는 그것을 분류하는 기준을 무화시키며, 그렇게 과거가 남긴 모든 것들을 평준화합니다. 그리고 그는 이 중에서 역사의 연속성을 끊어 낼 만한 번뜩이는 사건들, 그러나 현재의 주류적인 시각 속에서는 사소한 것으로 여겨져서 도무지 그 역사적 연속성이 발견되지 않는 파편들을 이 세대에 다시 '인용'해 옵니다. 이 인용이란 그 자체로 전통이 만들어 놓은 맥락과 사건들의 분류 기준을 파괴하는 작업이며, 따라서 주류적인 역사 서술이 만들어 놓은 연속성에 반하는 태도이기도 하지요.

아렌트에 따르면 마침 20세기라는 역사적 조건은 벤야민과 같은 작업을 수행하기에 참 좋은 조건이기도 했지요. 왜냐하면 양차 세계대전과 파시즘, 전체주의의 등장으로 인하여 20세기는 과거와 현재를 읽어 내는 기존의 모든 전통을 붕괴시켰거든요. 온갖 재앙들과 종말론적 이미지들의 출현 속에서 진보적 역사관의 전통에 대해서조차 의심이 확장될 수밖에 없었고요. 전통이나 신뢰를 받을 만한 역사관이 남아 있다면, 과거의 사건들은 정해진 방향으로 해석되고 현재와 미래를 위해 활용될 것입니다. 마치 유서가 유산의 향방을 결정해 주는 것처럼 말이지요. 그러나 붕괴된 전통, 신뢰를 잃은 전통은 이 유산을 후손들이 어떻게 받아들이고 사용할 것인지를 더 이상 말해 주지 않습니다. 20세기 중반의 인간들에게 유산은 이제 '유서 없이' 남겨진 것입니다.

물론 아렌트가 말했듯, 이러한 전통 내지 세계관의 붕괴는 어두운 시대의 도래를 동반합니다. 아무리 억압적인 형태일지라도, 아무리 기만적인 형태일지라도, 사람들이 믿고 의지할 권위, 즉 한 시대 나름의 '진리의 기둥'의 소멸은 필시 사람들로 하여금 혼란을 겪게 만들거든요. 심지어 이러한 조건은 전통의 붕괴 속에서 공식 역사를 부정하고자 한 제1차 세계대전 이후 상당수의 독일 지식인들이 그러한 것처럼, 허위로 가득 찬 나치의 새로운 역사 신화에 열광하게끔 만들어 낼 수도 있습니다.

그러나 그러한 상황은 한편으로 수집가 내지 이야기꾼이 전통을 파괴할 과업의 부담을 덜어 주기도 합니다. 그는 이제 전통에 속박받지 않은 채로 자유로운 사유의 이동을 통하여 부단히 과거를 살펴보고, 거기에서 진귀한 보물들을 집어들어서 현재로 인용해 오기만 하면 되니까요. 즉 그에게 유서 없이 유산으로 주어진 과거의 파편들은 그로 하여금 그 유산들을 마음껏 사용할 수 있게 만들어 줍니다. 그를 속박하던 모든 것들은 이제 사라졌습니다.

이야기꾼의 시간: 과거와 미래 사이의 틈새

그러나 이 인용은 사실 말처럼 쉬운 것이 아닙니다. 그러한 작업을 수행하고자 하는 이야기꾼은 마치 벤야민이 그린 '역사의 천사'와 비슷한 상황에 처해 있기 때문이지요.

> "파울 클레가 그린 「새로운 천사」라는 그림이 있다. […] 역사의 천사는 필시 이런 모습을 하고 있을 것임에 틀림없다. 그 천사의 얼굴은 과거를 향하고 있다. 우리에게 일련의 사건들이 모습을 드러내는 바로 그곳에서 그 천사는 잔해 위에 또 잔해를 쉼 없이 쌓아 올리고 또 이 잔해를 자기 발 앞에 던지는 단 하나의 파국만을 본다. 천사는 머물고 싶어 하고 죽은 자들을 깨우고 또 산산이 부서진 것을 모아서 다시 결합하고 싶어 한다. 그러나 낙원에서 불어오는 폭풍이 자신의 날개를 꼼짝달싹 못하게 할 정도로 세차게 불어오기 때문에 천사는 날개를 접을 수도 없다. 이 폭풍은, 천사가 등을 돌리고 있는 미래 쪽을 향해 저항할 수

없이 천사를 떠밀고 있으며, 반면 천사의 앞에 쌓이는 잔해의 더미는 하늘까지 치솟고 있다. 우리가 진보라고 일컫는 것은 바로 이런 폭풍을 두고 하는 말이다."[18]

과거는 현재의 이야기꾼 앞에다가 끊임없이 패배한 자들의 잔해 더미들을 쌓아 올리고 있습니다만, 시간은 좀처럼 그에게 과거의 파편들을 긁어모을 여유를 용납하지 않습니다. 파편들은 주류 전통의 연속성 속에 포함되지 못하고, 도리어 그 연속성에 의해 파편화되어 널리 흩뿌려져 있는 터라 그렇잖아도 모아 내기가 영 쉽지가 않지요. 상황이 진보하는 시간은 그가 과거로 돌아가 그것들을 결합하기를 허락하기는커녕, 현재에 머무르며 그것들을 관찰하는 것조차 방해합니다. 아렌트가 말했듯, 시간은 계속해서 파도처럼 그를 미래로 휩쓸어 가는 것입니다.

따라서 그는 잔해 더미들을 바라보면서, 심지어 그것을 발로 딛고서 계속 미래로 뒷걸음질쳐 나가야 합니다. 운이 좋게 과거로 돌아가려는 길을 발견했다 하더라도, 그는 역시나 다시 미래로 밀려 나갈 수밖에 없습니다. 왜냐하면 과거에 대한 기억이란 나를 미래에 대한 기대나 희망 등으로 곧바로 인도하기 때문이지요(벤야민의 역사의 천사가 '낙원'이라는 과거의 이상향에서부터 미래를 향한 폭풍이 불어닥치는 것을 겪어 내야 하듯 말입니다). 요컨대 과거로 향하려는 시도들은 끊임없이 나를 미래를 향해 밀어냅니다.

그러나 한편으로 이야기꾼 입장에서는 과거를 그냥 내버려 두고서 미래로 나아갈 수도 없겠지요. 시간의 흐름을 되돌려 이제는 잔해 더미가 되어 버린 것들로 돌아가려 하지 않는다면, 그는 (이대로

18) 발터 벤야민, 「역사 개념에 대하여」, 미카엘 뢰비, 『발터 벤야민: 화재경보』, 양창렬 옮김, 난장, 2017, pp.120~121. 재인용.

가만히 놔둔다면 곧 도달할지도 모르는) 이 세계의 궁극적 파국을 향해 저항 한번 제대로 못해 보고 휩쓸려 갈 것이기 때문입니다. 아울러 그가 갖는 미래에 대한 희망이란 결코 '무無'에서 출발할 수 없으며 과거의 유산 속에서 그 근거를 찾아내야 하기에, 그는 미래를 향하면서도 어떻게 해도 과거와의 관계를 끊어 낼 수 없습니다. 요컨대 그는 미래가 과거로 자신을 밀어내고 있는 상황에 직면해 있기도 한 것입니다. 아렌트의 말에 따르면 이야기꾼은 이러한 차원에서 "그를 희망과 함께 앞으로 밀쳐 대는 과거의 무거운 짐에 대한 평생의 투쟁, 그리고 그가 유일하게 확신할 수 있는 실재에 대한 향수, 기억과 함께 그를 '과거의 적막'으로 되돌아가게끔 하는 미래의 공포에 대한 평생의 투쟁"[19] 과정에 놓여 있는 것이지요.[20]

만약 이야기꾼이 없었더라면, 과거와 미래는 이야기꾼을 서로의 반대편으로 밀어내려 하지 않을 것입니다. 즉 그것들은 이야기꾼의 현재에서 서로 충돌하지 않고서 단지 과거에서부터 현재를 거쳐 미래로 직선으로 쭉 흘러갔을 것입니다. 그러나 이야기꾼은 이 평온한 직선적 시간의 흐름에 균열을 일으킬 수밖에 없습니다. 그가 이 직선적 흐름을 거슬러 '이제는 없는 것'인 과거의 파편들을 구원하고, 이로써 '아직 없는 것'인 미래에 영향을 미치려 하는 자인 한에서는 말이지요. 따라서 그는 과거와 미래가 부딪치는 틈새를 비집고 들어가서 거기에 머무르려 합니다. 파국이 밀어닥칠지 모르는 미래를 막아서기 위해서는 그 방법밖에 없으니까요. 즉 역사의 연속성에 의해 파편화된 과거의 보물들을 기억하고, 이를

19) LM, p.205.
20) 사실 이러한 아렌트의 모델은 후기 저작들에서 '사유하는 자'의 '현재 시간'으로 설명됩니다. 사유와는 범주가 다른 정신 활동인 '의지'는 미래와 관계된 정신 활동이며, '판단'은 과거와 관계된 정신 활동으로 설명되지요. 그러나 여기서 우리는 이 구분을 엄밀히 수행하지는 않을 것입니다.

이 시대에 인용해 와서 새로운 행위를 자극하기 위해서는 말입니다. 이런 역할을 수행하려는 이가 처해 있는 처지를 그려 보면 다음과 같을 것입니다.[21]

무한대 ----------------➤ 전선 ⮜---------------- 무한대
과거 현재 미래

이러한 위치에 머물고자 하는 이에게 시간은 너무나도 강력한 적입니다. 과거와 미래는 둘 다 기억과 기대 사이에 머물고 있는 나를 강하게 몰아붙이기 때문에 사유하는 나 자신의 현재를 평온히 유지하기란 상당히 힘들기 때문입니다. 만약 그가 이 전선戰線에 계속 머물러 있다면, 그는 극도의 피로에 허덕이게 될 것입니다.

그렇다면 이야기꾼이 이 과거와 미래가 충돌하는 현재라는 전쟁터에서도, 즉 그가 시간과 벌이는 전쟁 속에서도 자신의 사유를 안정적으로 지속해 나가고 이로써 과거를 기억하여 보존하기 위해서는 어떻게 해야 할까요? 닥쳐오는 미래의 폭풍을 벗어날 수 없고, 과거의 파편 더미가 안겨다 주는 무거운 짐을 벗어날 수도 없는 역사의 천사는 어떻게 잠시나마 현재에 머물며 과거의 죽은 것들에 머무를 수 있을까요?

아렌트가 볼 때, 그동안 많은 철학자들은 이 과거와 미래의 충돌 지점에서 이 시간성 자체를 초월하여 자신의 사유 활동을 지속하려고 해 왔습니다. 즉 극렬하게 변화하면서 나를 옥죄 오는 현실 세계의 시간 영역을 넘어서, 영원불변하는 진리를 관조하며 나 자신의 현존을 평온하게 유지하려고 해 왔습니다. 그들은 과거와 미래가 충돌하는 전쟁터에서 "자신이 서 있을 만한 충분한 공간을

21) LM I, p.206.

확보하지 못하고, 아무런 도움 없이 스스로의 힘으로 '자신'만의 삶을 시작하려고 할 때마다 전선 너머, 그 위에 존재하는 영역에 대한 몽상에 빠졌던 것입니다. 파르메니데스에서부터 헤겔에 이르기까지 서구 형이상학이 꿈꿔 왔던, 사유의 적절한 영역으로서의 무시간적, 무공간적, 초감각적 영역에 대한 유서 깊은 염원"도 "바로 이러한 몽상"[22]을 향해 있지요.

반면 이야기꾼은 과거 및 미래와 벌이는 전쟁으로부터 잠시 벗어나 현재에 머무르고자 하는 자이지만, 그렇다고 해서 이 몽상의 영역으로, 무시간적 영역으로 도피하려 하지 않습니다. 그가 그려 내려 하는 것은 철학자들이 추구하는 '영원한 진리'가 아니라, 어디까지나 세계에서 '불멸할 만한 것', '청자/독자들에게서 진귀하게 여겨질 만한 것'이기 때문이지요. 즉 그는 '시간을 넘어선 세계'가 아니라, 비오스적[23] 시간 과정에 속한 '이 세계'의 사건들을 판단하고 그려 내는 자입니다. 인간 세계가 지속되는 한 상대적으로 영구성을 가지고 남아 있을 수 있지만, 만약 인간의 시간성을 담지하고 있는 세계가 사라진다면 더 이상 존재할 수 없는 것들을 말이지요. 물론 그의 사유는 종착점이 정해지지 않은 채로 끝없이 이어질 수 있습니다. 내면의 대화가 꼬리에 꼬리를 물고 끝없이 진행될 수 있듯이 말입니다. 그러나 그럼에도 불구하고, 그의 사유의 출발점은 어디까지나 이 세계, 즉 세속적 시간으로서의 과거와 미래가 충돌하는 현재라는 지점입니다. 그렇다면 그는 계속 과거와 미래의 충돌 지점에서 양자와 전투를 벌이는 비극적 상황 속에 끊임없이 처해 있어야 할까요?

이 피곤함을 본인 스스로도 벗어나길 원했던 아렌트는 '이

22) 『과거와 미래 사이』, p. 20.
23) 본서 84쪽 설명 참조.

세계의 사건에 대해' 사유하는 자 내지는 이야기꾼이 사유 및 자신의 저술 작업을 수행할 수 있는 자리를 마련해 줄 만한 시간성을 다음과 같이 그렸습니다.[24)]

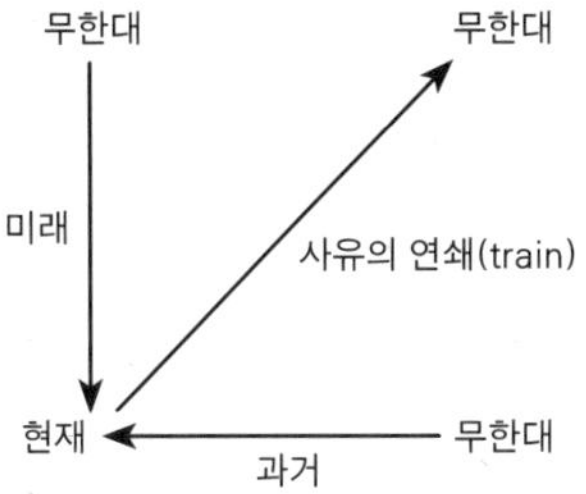

이 그림에 대해 조금 더 자세히 설명하겠습니다. 우선 아렌트는 과거, 즉 자신 앞에 쌓여 가는 사건들의 연쇄는 그것이 어디에서부터 출발한 것인지를 알 수 없다고 보았습니다. 그리고 미래 역시 어디에서부터 닥쳐오는 것인지를 우리는 알 수 없지요. 미래에 대한 인간의 기대, 희망, 공포는 어디로 튈 줄 모르고, 예측 불가능한 인간사의 특성상 어떠한 미래가 찾아올 것인지도 한정되어 있지 않기 때문입니다. 다만 과거와 미래라는 이 두 흐름은 '현재'라는 종착점에서 충돌하며, 이 충돌 속에서만이 우리는 '이제는 없는 것'인 과거와 '아직 없는 것'인 미래가 현재 나의 정신 활동 속에 존재한다는 것을 알 수 있습니다. 즉 과거와 미래는 오직 사유하는 자의 '현재'에서만 존재할 수 있는 것이지요.

사유하는 인간은 이렇게 그가 사유를 하는 덕분에 존재하게 된 과거와 미래의 충돌 지점에서 출발합니다만, 우리가 앞서 말한 것처럼 과거나 미래 중 한 방향을 선택하여 나아갈 수는 없습니다. 과거의 방향으로 되돌아가는 것은 미래로 나아가는 시간 도정

24) LM I, p. 208.

속에 있는 인간에게 불가능한 것이며, 과거는 이미 파국을 맞이한 것이기에 결코 그럴 수 없기 때문입니다. 한편 미래의 방향만을 향해 나아간다는 것은 과거에 대한 기억을 포기하는 것인데, 과거를 기억하고 사유하려는 인간은 절대 그러기를 바라지 않기 때문입니다. 따라서 그는 자기 앞에 쌓여만 가는 과거 사건들의 더미들과 끊임없이 닥쳐오는 미래 사건들의 틈새인 현재에 머물며 과거와 미래의 의미를 거리를 두고 바라보기 위하여 과거, 미래의 방향과 전혀 다른 방향, 즉 대각선의 방향으로 나아갑니다. 즉 과거와 미래가 충돌하는 전쟁터로부터 잠시 이탈하여 그 충돌 지점에서 존재하고 있는 기억의 파편들을 구원하고, 이로써 미래를 대비하고자 하는 것입니다.

이러한 사유는 그 종착점이 어디에 도달하게 될 것인지를 알 수 없는 것, 즉 어떤 결과물을 낳을 것인지를 알 수 없는 것인지라 무한한 성격을 갖습니다만, 어디까지나 과거와 미래의 충돌 지점에 그 출발점을 두고 있기에 철학자들이 머물고자 하는 초시간적 영역과는 다릅니다. 그는 비오스의 시간성을 넘어서려 합니다만, 영원성을 추구하는 철학자들과 달리 이 세계의 시간성과 분명히 관계를 맺고 있는 것이지요. 즉 그의 출발점은 어디까지나 이 세계의 과거와 이 세계의 미래가 충돌하는 현재인 것입니다. 다만 그는 그 영역에 안정되게 머물면서 과거의 파편들을 발굴하고, 더 나아가서는 그것들의 불멸을 준비할 뿐입니다. 그가 이 과정을 거친 후, 어떤 이야기 작업을 수행할 것인지의 가능성 역시 무한합니다. 왜냐하면 이야기꾼에게 세계는 이야기되기만을 기다리는, 이야기꾼의 사유와 상상 활동 속에서 반복되어 구체화될 것들로 가득하기 때문이지요.

아렌트는 아마도 벤야민이 묘사한 '역사의 천사'도 이 대각선 속에서만 자신에게 닥쳐오는 폭풍을 극복하고, 자신이 보존하고자 하는 파편 더미들을 모아 성기게나마 결합할 수 있을 것이라 생각했을 것입니다. 과거-현재-미래로 이어지는 직선적 시간의 과정에만 이 천사가 머물러 있다면, 결코 그는 자신의 욕망을 충족할 수 없을 것이기 때문입니다. 천사는 벤야민 본인이 내내 전통적인-통속적인 직선적 시간관을 벗어나고자 했던 것처럼, 과거와 미래가 충돌하는 지점으로부터 비껴 날아올라야 합니다. 그럴 때에만이 그는 아렌트가 주목한 벤야민의 또 다른 초상, 즉 일상적인 세속적 시간에 함몰되어 바쁘게 출근하는 사람들을 거슬러 곳곳으로 목적 없이 걸음을 옮기다가 "과거의 참된 모습"에서 시선을 멈추곤 하는 산책자flâneur로 머물 수 있을 것입니다. 다시 말해 산책자가 머무르고자 하는 번뜩이듯 사라지는 파편화된 "과거의 참된 모습"들은 먼 과거로부터 불어오는 미래를 향한 폭풍을 잠시 비껴 서서 멈출 때에만이 손에 잡을 수 있는 것이지요.

그래서 아렌트도 다분히 벤야민적인 어투로 다음과 같이 말했던 것일 테고요. "이 대각선을 구성하는 사유의 연쇄 과정을 따라갈 때, 기억과 기대는 그것들이 역사적이고 전기적인 시간의 파멸로부터 마주하는 모든 것들을 구원한다."[25]

진주와 산호를 캐어 오는 잠수부처럼

아무리 그러한 대각선에서 사유의 연쇄 도정에 있다 할지라도, 이야기꾼이 과거의 파편들을 과거의 모습 '있는 그대로' 드러내는 것은 여전히 불가능할 것입니다. 앞서 말한 대로 과거의 파편들은 이미 돌이킬 수 없는 '단일한' 파국을 맞이했고, 이미 계승의 연속성을

25) LM I, p. 210.

잃은 그것들을 이 시대에 다시 그대로 동일한 맥락에서 복구하는 것 역시 불가능하니까요. 역사의 천사가 과거의 파편들을 긁어모아 결합하고 싶어 하지만 그럴 수 없듯이 말입니다. 아울러 과거는 우리가 위에서 본 것처럼, 어쨌거나 현재의 나의 정신 활동을 통해서만 존재할 뿐입니다. 그것은 절대로 이 세계에 다시 도래하지 않습니다.

그럼 도대체 어떻게 과거의 파편들을 후손들에게 남겨 주라는 것일까요? 아렌트는 벤야민이 과거를 기억하는 태도를 다음의 인용문을 통해 압축해 둡니다. 그리고 이는 한편으로 아렌트 자신이 역사를 서술하며 가지고 있던 태도이기도 했지요.

> 그대의 아버지는 다섯 길 바닷속에.
> 그의 뼈는 산호가 되고/그의 눈은 진주가 되었다.
> 그의 몸은 하나도 색이 바래지 않고/바닷속에서 변화를 겪어 값지고 신기한 물건이 되었다.[26)]

이는 원래 셰익스피어의 『템페스트』 1막 2장에 실려 있는 문구입니다. 그런데 이 진주와 산호는 어떻게 우리에게 나타날 수 있습니까? 그것은 바로 '잠수부'가 이 산호와 진주를 수면 위로 가지고 올라올 때입니다. 그런데 잠수부는 바닥을 다 퍼내고서, 그 주변 전체를 발굴하여 당대의 맥락을 온전히 밝혀 내는 자가 아닙니다. 그는 과거를 과거 모습 그대로 온전히 복원하고자 하지 않습니다. 잠수부가 바다 바깥으로 꺼내오는 것 역시 '뼈'가 아니며 '눈'이 아닙니다. 즉 그것은 과거의 모습 그대로 남아 있는 것이 아닙니다. 그가 가져오는 것은 단지 바닷속에서 "역사의 변화를 겪어

26) 셰익스피어, 『템페스트』, 이경식 옮김, 문학동네, 2009, p. 34.

내고서" 오늘날 진귀한 가치를 갖는 것으로 변화한 것, '산호'이자 '진주'일 뿐입니다.

잠수부는 파괴된 것들에 대해서조차도 같은 태도를 취합니다. 파괴된 것은 파괴된 모습 그대로 새로운 가치를 갖는 것이기 때문이지요. 파괴된 채로 남아 있는 유적들이 복원된 것보다 그것을 바라보는 자들에게 더 강한 인상을 심어 줄 수 있는 것처럼, 그리고 그 파멸의 흔적들이 때로는 그 유적의 가치를 더 드높이는 것처럼 말입니다.[27] 이러한 차원에서 한 사태의 '쇠퇴'는 단순히 망가지거나 못나진 것이 아니라, 그러한 모습으로 결정화된 과정에 대한 지난한 탐색을 통해 더 진귀한 것으로 만들어질 수 있는 재료이기도 한 것입니다. 요컨대 "낡은 것은 과거에 대한 이 파편적 회복 속에서 새로운 것으로 만들어지고, 회복되는 것은 전통이 아니라, 현재적 과거입니다."[28]

아렌트의 이야기꾼은 바로 이 잠수부를 닮았습니다. 이야기꾼은 주류 전통 탓에 어두운 곳에 파묻혀 있던 파편들이 역사의 변화를 겪어 내고서 진귀한 의미를 갖는 것으로 변한 모습을 우리들의 세계에 그대로 드러내 보여 주기 때문입니다. 그는 그렇게 은폐된 과거의 파편들을 본래 맥락 그대로 복구하려고 시도하지 않으면서도, 그것들을 기존 역사 서술의 당연한 맥락에서 벗어나

27) 이를 벤야민의 다음과 같은 말과 비교해 봅시다. "토르소: 우리가 살았던 과거는 기껏해야 운반 중에 모든 사지가 잘려 나간 아름다운 형상에 비유할 수 있을 뿐이다. 그 형상은 이제 우리가 우리의 미래의 상을 조각해 내야 할 소중한 덩어리 이외의 아무 것도 아닌 것이다." 발터 벤야민, 『일방통행로, 사유 이미지』, 김영옥, 윤미애, 최성만 옮김, 길, 2017, p.117.
"하이델베르크성: 잔해들이 하늘 위로 솟아 있는 폐허들은 창밖이나 머리맡에서 그 위를 지나는 구름들에 시선이 닿는 맑은 날이면 때때로 아름다움이 배가 되어 보인다. 파괴는 그 파괴가 하늘에서 펼쳐 보이는 무상한 연극을 통해 잔해들의 영원성을 강화시키고 있는 것이다." 같은 책, p.126.
28) Jerome Kohn, 'Thinking/Acting', *Social Research* 57(1), 1990, p.132.

재배열합니다. 그렇다고 해서 그가 그 파편들을 중심으로 주류 역사 서술에서 만들어진 법칙과 다른 새로운 필연 법칙을 만들어 내는 것은 물론 아니지요. 쉽게 말해 그는 '역사의 패배자들이 종국에는 승리한다!', '지금까지의 패배의 역사가 실은 미래의 승리자의 역사다!'라는 이념에 맞추어 새로운 역사적 필연성을 구성해 내지 않습니다. 즉 그는 역사의 침전층 덕에 진흙탕 속에 파묻혀 있던 파편들이 지금까지 중요한 것으로 여겨져 왔던 것들보다 역사 과정에서 더 중요한 계기이며, 그렇기에 그 계기를 중심으로 보편사도 다시 재구성되어야 한다고 생각하지 않습니다.

그는 시간의 연속성, 연대기적 순서에 구애받지 않고서 독자/청자들이 그 사건에 대한 의미를 이해하고, 현재 그들이 놓인 상황을 더 잘 이해하게끔 그 파편들을 기존 역사 서술과 다르게 재배열할 뿐입니다. 즉 결정화된 현재의 모습에 도달하기까지의 파편화된 요소들을 '필연적인 맥락'에서가 아니라, 역사 속에서 우연히 서로 관계를 맺게 된 단편적인 것들로서, 다른 방식으로 결정화될 수도 있었다는 사실을 가정한 채로 묘사할 뿐이지요.

문제는 이러한 서술이 기존 승리자의 승리를 정당화해 온 역사와 전통을 붕괴시킨다는 명목하에, 은폐되어 있다가 되살아난 파편들을 도리어 너무 중요한 것으로 과장할 수도 있다는 점입니다. 그 과정에서 시체의 눈과 뼈는 실은 여전히 눈과 뼈로 남아 있는 것임에도 우리에게 산호와 진주로 변모하는 왜곡이 벌어질 수 있지요. 그러나 오해가 있을까봐 덧붙이는데 아렌트의 이야기는 과장을 추구하는 듯 보이지만 분명 미화는 하지 않습니다. 즉 그가 추구하는 이야기 방식은 자의적 해석을 통하여 파리아들의 미적 가치를 열정적으로 산출해 내거나, 파리아에 대한 열정적인 사랑과 경외심을 마구 드러내는 요샛말로 오글거리는 방식이 아닙니다. 단적으로 아렌트는 자주 유대인 파리아 개인의 삶 혹은 유대인 파리아들에 대해 이야기를 했지만, 자신은 결코 그들을 사랑하지 않는다고 고백합니다. 그것은 호메로스적 공평무사함에서 어긋나는 태도일 테니까요. 그러나 이 패배자들, 즉 기존 역사 속에서 은폐된 파편들이 과장이 되지 않고서는 그 진귀함이 좀처럼 드러나지 않는 것도 또한 사실이지요. 실제로 비루하고 작기만 한 것이 더 크게 확장되어 표현되지 않는다면, 과연 우리의 눈에 보이기나 할까요? 좀 쉽게 예를 들어 보자면, 당장 비장애인들을 중심으로 구성되어 온 한국 현대사 속에서 장애인들의 관점에서 바라본 그들 자신의 삶과 당대의 역사가 그것에 대한 과도한 집중 없이 우리 세계에 드러날 수 있습니까? 민주화, 경제 성장, 민족 해방 등과 같은 우리 역사를 이끌어 온 '중요하고 거대한 것들'의 화려함 속에서 그 사소하고 비루한 파리아들이 겪어 온 삶과 사건들이 과연 그 '위대한 연속성' 안에 포함될 수 있을까요?

그러나 파리아들의 관점/시좌에서 바라본 당대의 시대는 그들의 동료 시민들에게, 후손들에게 그 자체로 충분히 가치를 가질 수 있습니다. 그러한 것들은 과거와 현재를 때로는 더 '현실적으로' 드러내고, 승자의 연속성에 맞추어 유지되어 오던 이 시대의 흐름을 파리아의 예외적인 행위로 충분히 끊어 낼 수 있다는 사실을 후대에 전승해 줄 수 있기 때문입니다. 이러한 차원에서 아렌트의 이야기가 사용하는 "과장은 그것 없이는 은폐되거나 명확하게 드러나지 않았을 사물과 현상들을 확대"[29)]하여 보게 만들어 줍니다. 아울러 그러한 과장은 보이지 않던 것들, 그렇기에 세계에서 현실성이 없었던 것들이 가진 현실성을 복구해 주며, 이로써 역사에 대한 새로운 해석의 가능성을 열어 줍니다.

29) 박혁, 「정치 이론과 방법: 한나 아렌트 정치 이론의 방법적 토대에 관한 고찰」, 『21세기 정치학 회보』 제22집 3호, 2012, p.54

물론 혹자들에게서 이러한 서술은 객관성을 전혀 담지하지 못하고 있는 것처럼 보일 수도 있습니다. 실제로 아렌트가 특정 개인들, 특히 파리아들의 관점 및 경험들과 전적으로 거리를 두고서 한 사태를 바라보고자 하는 태도, 특히 근대적 의미에서의 객관성을 대놓고 피하고자 하기도 했고요. 오히려 그는 자신의 저술에서 의도적으로 패자나 희생자의 입장에서, 그리고 어두운 시대를 살아갔던 유령의 관점에서, '그들이 스스로에 대해 말하고 싶은 대로', 더 정확히는 '그들이 지금의 우리에게 스스로에 대해 말해야만 하는' 방식대로 이야기를 구성해 내곤 합니다.

그러나 그렇다고 해서 아렌트의 이야기가 마냥 자의적이기만 한 것은 아닙니다. 이야기꾼에게서도 나름의 객관성의 기준은 분명히 있기 때문입니다. 즉 그에게서 객관성이란 모든 사건을 '그 사건으로부터 멀리 떨어져 있는' 냉정한 관찰자의 위치에서 바라볼 수 있는 태도가 아니라, "결코 소진되지 않는 논쟁 속에서 자신들의 관점과 의견을 다른 동료들과 교환하는 것을 통해 형성되는 것"[30]입니다. 따라서 탁월한 이야기꾼은 이야기를 구성해 나가는 과정에서 상상력을 통하여 자기 내면에서 타인들과 지난한 대화를 나눕니다. 즉 타인들의 관점에서, 그것도 최대한 다양한 관점에서 자신이 패배자의 입장에서 던져 주고자 하는 이야기의 의미가 그들에게 수용될 수 있을지를 고민하며 이야기를 구성합니다. 공적 영역에 들어서는 행위자가 해당 사태에 대해 적절한 말을 내놓을 때 그 탁월성을 발휘할 수 있는 것처럼, 이야기꾼에 의해 출현한 유령들도 공적 영역에서 살아 있는 행위자들과 똑같은 짐을 지고 있는 것입니다.

그럼에도 이야기꾼은 모두가 알고 있는 진부한 이야기를,

30) 김기복, 「아렌트와 리쾨르에게서의 역사 개념」, 『철학과 현상학 연구』, 75, 2017, p.114.

심지어 이데올로기화된 이야기를 단순히 반복하지 않습니다. '적절하다'는 것은 '대중적으로 인기를 많이 끄는 것'과 같은 것이 아니니까요. 때로는 불편함을 불러일으키는 것이 더 적절한 것일 수도 있는 법입니다. 예컨대 대다수 대중들이 지지하는 신자유주의적인 공정과 기회의 평등을 지지하는 입장에 대해서, 그것이 비판적으로 다시 사유되어야 함을 지적하는 의견은 그 공적 영역에서 매우 적절한 것일 수 있지요. 그리고 실제로 이야기꾼은 청자들의 관점을 고려하여 이야기를 진행할 뿐, 현재에 출현하는 것이 그다지 때맞지 않는 불편한 유령들을 지금 이 자리에 불러내는 자, 즉 청자들의 마음에 동요를 일으키는 자이기도 합니다. 그렇게 역사 속에서 패배한 유령들, 어둠에 갇힐 뻔한 파리아의 유령들이 바로 지금 이 자리에 호출됩니다. 이 시대가 어디다가 처박아 두었는지도 까먹어 버린 자신의 유서를 손에 꼭 쥔 채로 혹은 유서조차 지니지 못한 채로 후손들에게 무작정 말을 걸어오며 말이지요.

저는 지금 시대도 여전히 어두운 시대라고 생각합니다. 민주화와 경제 성장을 동시에 이룩한 나라, 더군다나 촛불집회로 새로운 밝음의 가능성이 도래하고 있다고 믿어지곤 하는 이 시대 속에서도 여전히 어두운 시대를 살아가야 하는 파리아들은 곳곳에 산재해 있습니다. 24시간 불이 꺼지지 않는 이 화려한 도시 한가운데 놓인 광장에서 자랑스러운 승리자인 시민들이 서로의 승리를 뽐내고 있을 때, 그 곁 어두운 골목골목으로 비-시민 파리아들이 무력하게 텅 빈 천장만을 응시하고 있습니다. 과거의 영광을 숨긴 채로, 자신이 실현할 자유의 가능성을 탈취당한 채로. 어디 이뿐입니까? 심지어 그들이 구성해 냈던/구성하고 있는 자유의 공간들조차도 이 자랑스러운 역사 속에서는 그저 사소하고 비루한 것으로 취급되어 버립니다. 패자들의 관점에서 역사를 기록하고자 했던 아렌트조차도 자신의 상상력을 확장해 보지 못한 그러한 파리아의 공간들…….
그것들을 어떻게 우리 시대의 공적 공간에 드러낼 것인가요? 그들의 경험을, 그 경험으로부터 형성된 시좌/관점들을 어떻게 이 세계 내 의견의 목록에 포함시킬 수 있을까요?

아렌트가 아이작 디네센의 입을 빌려 말했듯, 세계는 이야기가 되기를 기다리는 것들로 가득 차 있습니다. 그것을 이야기로 만들어 내지 못하는 것은 우리의 상상력이 부족해서입니다.
즉 우리의 눈이 어둠에 길들여져서 지나치듯 나타나는 촛불이나 횃불을 보아도 거기에서 빛을 발견하지 못하기 때문입니다. 이제 "파리아들의 유산" 속에서 그들이 어둠 속에서도 기어코 남겨 놓은 유서를 발굴하여 혹은 그 유서 없이 주어진 파편화된 유산들을 현재의 상황에 맞게 '인용'하여 우리들 사이-안에서 낭독할 시간입니다. 진주와 산호가 해저에 머물러 있는 한, 그것들이 아무리 진귀한 것일지라도 결코 우리에게 한줄기 빛을 비추어 줄 수 없을 테니까요.

2 Q + A

아렌트의 이야기론에서 말한 것처럼, 이야기는 억압받는 자나 기존 지배적 억압 구조에 저항하는 자들의 저항 도구로 활용될 수도 있지만, 반대로 억압자들이나 지배계급이 사실을 왜곡하여 현 체제를 정당화하는 도구로 활용할 가능성도 없지 않습니다. 이에 대해 우리는 어떻게 생각해 봐야 하는 것일까요?

저 역시 그렇게 생각하며, 그러한 이야기를 경계해야 한다고 생각합니다. 아렌트 역시 이야기가 억압의 도구로 활용되거나, 현 체제를 정당화하는 도구로 사용될 가능성을 모르지 않았습니다. 아렌트 본인도 이야기가 지배계급이나 제국주의자들, 전체주의자들의 선전 도구로 사용되는 방식에 대해 이미 많은 언급을 남겨 두었고요. 한편 라헬 파른하겐의 삶에 유난히 관심이 많았던 아렌트는 라헬 파른하겐의 남편이자 그의 삶을 이야기로 남긴 폰 엔제가 '유대인'이었던 라헬 파른하겐을 유대인스럽지 않게 미화하고 위조했다는 사실에 대해서도 불편함을 표시합니다. 그러나 그럼에도 우리는 이야기의 형식을 통해서만이 스스로의 정체성을 이해하고, 더 나아가 특정 정치체의 전통을 구성할 수 있습니다. 지배계급의 도구로 이야기가 활용된다는 것 역시도 이야기가 인간 실존에서 갖는 중요성을 반증해 주는 것이기도 하지요. 딱히 유쾌한 경우는 아닐지라도 말입니다.

또한 이 지점에서 분명히 해 두고 싶은 게 있는데, 아렌트는 이야기가 사실을 왜곡할 수밖에 없다거나, '모든 삶에 대한 해석, 역사에 대한 해석은 의견일 뿐이다'라는 입장을 핑계로 '사실적 진리'를 의도적으로 변주하는 것에 대해서 단호히 반대 입장을 취한다는 점입니다. 아렌트는 정치 영역이 존재가 사유와 일치되는 진리의 영역이 아니라, 존재가 그것을 마주한 사람들에게 각기 다르게 나타나는 의견의 영역이라 생각했음에도 불구하고 그러했어요. 인간들은 타인들 사이에서, 타인들과 함께 의견을 나눌 수 있기 위해서라도, 공동의 사실이 받아들여지는 세계를 살아가고 있어야 하지요. 그리고 이 공동의 세계는 '사실적 진리'를 통해서만이 그 구성원들에게서 비로소 안정성이 유지될 수 있습니다. "1914년 8월 4일 밤에 독일군은 벨기에 국경을 건넜다"는 사실에 대한 진술을 단순한 의견의 영역으로 넘겨 버리고(즉 '역사는 전적으로 시좌/관점에 따라 구성되며 따라서 상대적이다'라는 입장을 가지고서), '벨기에군이 독일군을 침공했다'라는 입장도 참이 될 수 있다고 주장해 버린다면, 우리는 제1차 세계대전에서 중요한 역할을 한 이 사건에 대해서 제대로 의견을 나눌 수조차 없을 것입니다(아렌트가 의견과 다원성을 중시했다고 해서 그를 단순한 상대주의자로 여기는 것은 이런 점에서 문제가 있을 수 있습니다). 일례로 한국에서 태극기 집회에 참여한 이들과 촛불집회에 참여한 이들은 왜 의견을 나눌 수가 없었습니까? 그것은 양자가 사실적 진리로 믿고 있는 것이 다르기 때문이거나 혹은 이들 중 한쪽이 '사실적 진리'를 왜곡하고 은폐하기 때문이었겠지요.

"고대의 소피스트들은 진리의 희생을 대가로 해서 논쟁에서 일시적으로 승리하는 데에서 만족했지만, 근대의 소피스트들[즉 근대 역사가들]은 현실의 희생을 대가로 해서 더 영속적인 승리를 거두길 원했다"는 아렌트의 말은 이러한 차원에서 찬찬히 음미해 볼 만합니다.

역사에서 과학성을 포기한다는 것은 굉장히 위험한 생각일 수도 있겠다는 생각이 듭니다. 근대 역사 서술들이 역사를 움직여 나가는 법칙에 지나치게 의존해 있었다고 해서, 역사의 과학성 자체에 의문을 제기하는 것 역시도 조금은 문제가 있어 보이고요. 아렌트 입장에서는 그렇다면 역사학이라는 '학문'조차도 과학적으로 수행되어서는 안 되는 것입니까?

다음과 같은 질문을 먼저 한번 던져 보시기 바랍니다. 과학이란 무엇입니까? 역사는 왜 과학이 되어야 할까요? 역사에서 '과학적 분석'이란 것은 도대체 어떻게 가능한가요? 그리고 역사학이 일종의 과학이며 과학에서부터 그 방법론을 빌려오면서 형성된 것이라면, 현대 역사학은 현대 과학 방법론의 진보를 따라갈 수 있어야만 할 것 같은데 왜 그러하지 못하고 있을까요? 서로 다른 과학이라서? 그렇다면 역사학을 과학이라고 굳이 칭할 이유가 어디에 있나요? 사실 우리는 이 근본적이면서도 매우 난해한 물음들부터 먼저 해결해야, 질문 내용에 제대로 된 답을 내놓을 수 있을 것입니다. 이 물음들에 대답을 내놓기란 생각보다 쉬운 일이 아니지요.

물론 한 시대의 생산양식과 그것의 발전 과정, 그리고 각 시대 인간들 간의 교류 형태에 대한 과학적 분석은 인간의 현실적 삶을 설명하는 데 매우 중요한 요소인 것이 사실입니다. 진귀한 모습으로 결정화된 과거 사건의 파편들, 누군가의 '누구임'을 예외적으로 드러내 주는 행위들도 그가 살아간 시대의 생산양식에 대한 설명, 교류 형태 등에 대한 유물론적으로 분석된 조건에 대한 설명과 함께 이루어질 때, 비로소 그 의미가 더 명확히 드러나는 경우도 많고요. 그런데 아렌트는 이러한 것들을 자신의 역사 서술에 적극적으로 반영하지는 않아요. 따라서 저는 이와 관련해서 아렌트 식의 서술이 중대한 약점을 가지고 있다고 생각합니다. 아렌트를 제대로 된

'이론가'라고 볼 수 없으며, '속류 저널리스트' 쯤으로 여기는 이들 역시 이러한 생각에 기초를 두고서 그러한 평가를 하는 것이겠지요.

그러나 사실 정확히 따져보자면 아렌트는 자신의 역사 서술에서 사회 경제적 조건들을 결코 완전히 무시하지 않습니다. 실제로 그의 역사 서술들을 면밀히 읽어 보면 당시의 경제적 조건이나 구조적 조건에 대한 분석이 분명 곳곳에 있으며, 그는 그것들이 당대의 삶과 사건들의 출현에 미친 영향력들도 분명 인정하고 있습니다. 다만 그는 이 조건들이 전적으로 '예외적 사건'들을 '결정짓지 않았다'는 것을 더 강하게 부각시킬 뿐입니다. 그의 입장에서는 사건들의 예외적 성격 그 자체를 강하게 부각시키는 것이 그 사건이 가진 독립적 의미를 더 잘 드러내 준다고 여겨졌기 때문이지요.

아렌트가 대놓고 유물론적 역사 접근을 무시하는 것은 저도 조금 마음에 안 들긴 합니다만, 그렇더라도 우리는 그의 시대적 조건이 갖는 한계에 대해서 좀 생각을 해 볼 필요가 있습니다. 아렌트 당대에는 교조적 마르크스주의자들 상당수가 결정론적 역사 법칙을 내세우면서, 정작 과거 사건과 현재 벌어지고 있는 사건들을 제대로 읽어 내지도 못하고 있었어요. 한편 행태주의의 방식으로 역사를 연구한다는 작자들은 인간사를 철저히 데이터화 하고, 정치, 사회 현상들을 마치 계산식처럼 변형해 읽어 낼 수 있다고 자부하며 '현실'을 은폐하고 있었지요. 그럼에도 이들은 자신들만이 과학적으로 역사를 읽어 낼 수 있다고 자부하고 있었습니다.

사실 이들 중 다수는 그저 19세기 수준의 '자연과학적 필연성'에만 지나치게 천착하고 있었을 뿐이지요. 즉 그들은 20세기의 과학적 성과를 자신들의 학문에 반영조차 제대로 못했으면서도, 스스로가 과학적이라 자부했던 것입니다. 이러한 구닥다리 과학적 필연성에 얽매여 현실을 제대로 반영하지도 못하는 '역사 과학'이 과연 인간사의 영역에서 얼마나 의미를 가질 수 있을까요? 이러한 역사 서술들은 아렌트 입장에서 보자면 언제든지 유사 과학으로서의 이데올로기로 변질 및 활용될 수 있기도 합니다. 따라서 그것은 아렌트 입장에서 매우 위험하게 여겨지는 현상일 수밖에 없었지요.

SNS 시대에 아렌트의 이야기론은 매우 생각해 볼 거리가 많은 것 같습니다. 저는 SNS가 이야기가 공유되는 새로운 의미의 관계망으로서의 세계를 열어 주는 것 같다고 생각하기까지 합니다. 즉 SNS 공간은 이야기꾼의 새로운 활동 공간이 될 수 있다는 거예요. 이에 대해서 아렌트는 어떻게 생각했을까요?

분명 SNS라는 공간을 통하여 이야기는 긍정적인 의미에서 (벤야민의 표현을 빌려 보자면) "참 발칙한 방식"으로 제 힘을 발휘하고 있는 듯 보입니다. 그리고 그러한 이야기들은 잊힌 과거 사건 및 인물들을 기억하고, 새로운 정치 공간을 구성해 나가는 데에도 분명 중요한 역할을 하고 있고요.

그러나 한편으로 아렌트, 그리고 그의 친구인 벤야민이 트위터나 페이스북에서 벌어지는 '정보'의 범람을 보았다면 아마 경악했을 수도 있습니다. 벤야민은 이야기의 위기가 소설의 등장과 함께 닥쳐왔고, 소설의 위기가 정보와 설명으로 채워진 신문 기사들의 영향력 확대와 함께 찾아왔다고 보았는데, 제 생각에 오늘날에는 SNS로 인해 신문 기사들의 위기가 일정 부분 도래한 것처럼 보이기까지 합니다. 물론 SNS 공간을 이야기 나눔의 공간으로 전유하는 이들도 분명 있긴 하지만, SNS는 대체로 남들보다 조금 더 그럴싸하게 어떤 사건을 '설명'하려고 덤벼들고, 자기가 소유하고 있다고 여기는 '정보'를 뽐내려 드는 이들이 맹렬한 인기를 끄는 공간이기도 합니다. 그것도 대개는 주류 전통 및 주류 역사 해석들이 가진 권위를 더 강화하는 방식으로, 파리아들을 끄집어내더라도 그들이 일으킨 사건을 더 잘 보여 주기 보다는 단순히 주류적 시각에 맞게 '미화'하거나 그들에 대한 형제애적 공감만을 요구하는 방식으로 말입니다.

더 나아가 오늘날 정치 세계를 지배하는 소위 '가짜뉴스' 및 '음모론'이 퍼지는 방식을 한번 생각해 봅시다. '사실적 진리'와 무관한 '전형화된 내러티브'의 과잉은 오늘날 미디어 기술의 발달, 즉 SNS를 통하여 비로소 가능해졌습니다. 그 '가짜뉴스'가 동일한 정치적 성향을 가진 이들 내지 동일한 정체성을 가진 이들에게만 주로 확산된다는 사실도 주목할 만하지요. SNS는 지구 전체의 인간들을 만나게 해 주는 듯 보이지만, 실상은 동일한 정치적 성향 및 정체성을 가진 자들만이 만날 수 있는 유사 세계로 변질되고 있는 경우가 대다수라는 것입니다. 즉 그것은 다양한 시좌/관점이 만나는 공간의 역할을 하기 보다는 오히려 다양한 정치적 성향과 정체성들을 게토화시키는 역할도 하고 있는 거예요.

게다가 아렌트의 입장에서 볼 때 중요한 것은 SNS에 올라온 글들 중 대다수가 며칠만, 아니 한 시간만 지나도 사람들의 기억 속에서 지워져 버리게 된다는 점입니다. 타임라인의 특징 중 하나는 과거를 재빨리 무화시키고 새 정보로 대체하는 것이지요. 더 이상 전승할 필요도 없다고 여겨지는 이야기들과 곧 폐기될 '설명'들만이 범람하는 공간, 이러한 공간을 우리는 아렌트의 시각에서 마냥 낙관적으로 바라보고 있을 수만은 없을 것 같습니다.

3

인권의 역설:
아렌트의 자연권 비판과
'권리들을 가질 권리'에 대하여

민주주의 대 인권: 자연권의 위기

얼마 전까지만 해도, 한국에서 난민 문제는 비교적 큰 관심을 끌지 못했습니다. 물론 미등록 이주노동자 및 무슬림에 대한 거부감이 한국 사회 곳곳에서 강하게 표출되어 온 것은 사실입니다만, 난민 문제는 어디까지나 남의 나라 일처럼 여겨져 왔을 뿐입니다. 그러나 제주도 예멘 난민 사태를 기점으로 상황은 완전히 바뀌었습니다. 얼마 전까지만 해도 비-존재처럼 취급 당해 온 난민 파리아들의 존재감이 한국 사회에서 강렬하게 각인되기 시작한 것입니다. 물론 주로 부정적인 방식으로이긴 하지만 말이지요. 청와대 게시판 난민 반대 청원에는 70만 명이 넘는 이들이 서명을 했고, 난민 관련 기사들의 댓글창에는 난민 혐오 표현들이 가득 차 있습니다. 광장 곳곳은 종종 난민 반대를 위해 모인 군중들로 채워지며, 보수, 극우 성향의 정치인들은 공개적으로 난민법 폐지를 준비하고 있기까지 합니다.

미국의 중동 사태 개입을 동맹국이라는 명목으로 한국이 내내 지원해 왔고, 이로써 나름의 이익을 챙겨 왔다는 사실은 이들에게 별로 중요한 것이 아닙니다. 심지어 예멘 난민 사태의 주범 중 하나인 사우디아라비아에 한국이 무기를 수출하고 있다는 사실조차 좀처럼 이들의 이목을 끌지는 못합니다. 즉 난민 발생의 원인이 무엇인지, 그 문제에 대하여 우리에게는 정말로 책임이 없다고 할 수 있는지는 이들의 관심 대상이 아닙니다. 그들을 사로잡는 것은 오직 자신들이 발붙이고 있는 이 한국 땅에서 마주하게 될 가상의 공포이자 불안일 뿐입니다.

저는 대중들의 이러한 반응이 일정 부분 이해가 갑니다. 이 팍팍한 삶 속에서 난민들의 권리 따위 신경 쓸 겨를이 있기나 하답니까? 하물며 낯선 타자의 급작스런 출현은 한국의 신자유주의적 노동 조건, 성 불평등의 조건, 불안정한 거주 조건 속에서 형성된 온갖 형태의 불안들을 가상적으로나마 더 강화해 주고 있지는 않습니까? '우리'보다 더 나은 삶을 누리고 있는 것처럼 보이는 서구인들조차 그리도 난민을 혐오하고 있는데, 하루하루가 생존만을 향해 있고 '안전' 이상의 권리를 상상조차 하기 힘든 이 나라에서 도대체 왜 '우리'가 생면부지 타자들이 가져다주는 불안을 감수해야만 한답니까?

물론 난민들의 안정된 법적 지위를 인정하고, 이로써 기본권을 보장해야 한다고 주장하는 사람들이 한국에 없지는 않습니다. 이들은 한국에서 난민 지위 신청자들이 제대로 생계비도 지원받지 못했고 취업 기회도 제한되어 왔다는 사실에 몇 년 전부터 반발해 왔지요. 난민 지위를 인정받은 이들 같은 경우에도 법적으로는 국민과 똑같이 사회보장을 받을 권리를 가지고 있지만, 사실상 대부분 그러지 못해 왔기 때문에 자주 이들의 분노를 사기도 했고요. 그런데 우리는 이번 강의와 관련하여 이러한 입장에 서 있는 이들의 담론이 토대로 삼고 있는 것이 대체로 '인권'이라는 점에 주목하지 않을 수 없습니다. 즉 이러한 입장에 서 있는 이들 대다수는 "난민 문제에 접근할 때에는 경제적, 정치적인 논리로 접근해서는 안 되며 인권의 문제로 접근해야 한다!"고 강력하게 주장하고 있습니다.

저 역시 이러한 입장을 지지하고 있습니다만, 이번 강의에서는 이 입장을 굳이 변호할 생각이 없습니다. 오히려 저는 인권에만 막연하게 의존하여 난민 문제, 더 나아가서는 모든 소수자 문제를 풀어 내려는 태도가 갖는 무력함을 좀 부각시켜 보고 싶어요. 많은 이들이 인권을 사회적으로 논의되기 이전에 자연적으로 주어진 것, 그러면서도 언제나 올바른 것으로 받아들입니다. 모든 인간은 어떠한 속성을 가지고 있건 간에 존엄하기에 자신의 존재를 이유로 차별받아서는 안 되며, 그 존재 자체가 찬반의 대상이 되어서도 안

된다는 거예요. 그리고 이 발언에 이의를 제기한다면, 그것은 그 자체로 인간의 존엄성과 인권의 권위에 도전하는 결과를 낳게 될 것입니다.

그러나 감히 묻건대, 인권과 관련된 문제들은, 심지어 인권 그 자체는 정말로 합의나 논쟁의 대상이 될 수 없는 것입니까? 어떠한 정체성을 가지고 있건 어떠한 지향을 추구하건 상관없이 단지 인간이라는 이유만으로 정말 권리를 보장받을 수 있습니까? 인간에게 권리는 정말로 자연적으로 주어진 것이며, 거기에는 예외가 있을 수 없습니까? 억압받는 자의 권리를 되찾기 위해서는 '그녀/그 역시 인간이니까!'라는 답변만으로 과연 충분한 것일까요?

저는 자연권적 인권에 대한 통념에 토대를 두고 이루어진 사유와 행위들이 그간 수없이 많은 긍정적 효과들을 낳아 왔다는 점을 인정합니다. 실제로 얼마나 많은 몫 없는 자들의 몫이 이러한 신념에 기반을 둔 투쟁으로부터 쟁취되었던가요. 그럼에도 불구하고 우리가 이 불편한 질문들을 던지지 않을 수 없는 것은 그 토대가 빈약한 사유 및 행위의 '올바른 전제'란 그것이 때때로 가질 수 있는 현실적 힘에도 불구하고, 언제든지 반박될 수 있으며 또 언제든지 무력화될 수 있다는 점 때문입니다. 특히 더 위대하고, 더 좋은 목적으로 가정된 논리들의 출현과 함께 말이지요.

위대한 역사적 승리를 향한 운동 속에서 인권을 전적으로 공허한 것, 기껏해야 위선적인 것으로 만들어 버린 나치 운동을 한번 생각해 봅시다. "게르만 인민에게 좋은 것이 올바른 것"이라는 선전 문구를 들고 나와 대중들의 열광적인 지지 속에서 '게르만 인민에게 좋지 않은 사람들'을 청산하려 했던 그 시도들을 말이지요. 이러한 현상은 비단 나치 지배 시기에만 등장한 것은 아닙니다. 오늘날의 현실은 어떤가요? 혹시 오늘날의 많은 대중들 역시 아렌트가 지적했듯 "민주적으로, 즉 다수의 결정으로, 전체 인류를 위하여 인류의 일부를 청산하는 것이 더 나을 수 있다"[1]고 생각하고 있지는 않습니까?

단적으로 한국교회언론회는 2017년 8월 20일 요르단 출신의 빈정부 인사가 한국에서 난민 지위를 인정받자 다음과 같이 말했습니다. "우리 법원은 순진하게 '인권적 차원'이라는 논리로 쟈스민 혁명이 일어난 곳으로부터 망명 온 무슬림에게 난민을 허용했다. […] 단순 판단으로 '인권'만을 고려해 많은 무슬림들에게 대한민국의 국민적 주권을 허용한다면, 이는 '트로이 목마'를 끌어들이는 일이 되지 않을까 심히 염려되지 않을 수 없다."[2] 그동안 일부 기독교 세력이 공표해 온 이러한 논리는 그들과 정치적으로 대립해 있다고 자부해 왔던 자칭 민주 시민들 상당수의 현재 입장과도 맞닿아 있으며, 이번 예멘 난민 사태로 더 폭발적인 대중적 힘을 발휘하고 있기도 합니다. 무슬림 난민들은 범죄 및 테러를 저지를 가능성이 높다거나, 이슬람 문화는 여혐 문화를 가지고 있으니 성폭력 범죄 위협이 높다는 확신 속에서, 혹은 그들이 '가짜 난민'으로서 우리의 일자리를 빼앗을 것이라는 확신 속에서, 우리 국민의 안전한 삶을 지켜 내기 위해서는 보편적 인권 따위는 언제든 포기할 수 있다는 이 시대의 흔해빠진 주장들을 한번 생각해 봅시다.

이러한 주장들 속에서 인권을 외치는 자들은 졸지에 '현실을 모르는 자들' 내지 공허한 이야기만 내놓는 '감성팔이', '이상주의자'로 전락해 버리곤 합니다. 실은 위에서 지적한 주요 난민 반대 논리들이 전혀 현실을 반영하고 있지 못한 것으로 이미 곳곳에서 충분히 반박되었음에도 불구하고 말이지요. 고임금 일자리를 꿰차고 있으며, 지나치게 성 인지성이 떨어지는 데다가, 종종 강력 범죄를

1) OT, p. 299.
2) 강수경 기자, 「한국교회언론회 '무슬림 난민 지위 인정'에 제동」, 천지일보, 2017. 08. 23.

저지르기도 하는 강대국 출신 백인 남성 개인이 한국에 있더라도, '백인 남성 일반'만큼은 한국에서 이러한 혐의를 벗어나도 한참 벗어나 있다는 사실 역시 잠시 지적하지 않고 넘어갈 수만은 없습니다. 그러나 우리가 이 지점에서 더 주목해서 봐야 할 것은 난민 반대 운동에 동참하고자 하는 이들이 '민주주의'를 자신들이 내놓는 주장의 토대로 삼고 있기까지 하다는 점입니다. 인간의 권리가 그것과 불가분한 관계에 놓여 있다고 여겨지곤 하는 '민주주의'에 의해서 공격을 받는 모순적인 상황이 벌어지고 있는 거예요. 민주화 시위 현장과 촛불 시위 현장에서 발화된 "우리의 힘으로 직접 우리의 공동체의 사안을 결정하자!", "국민이 주인이다!"라는 구호들은 예멘 난민 반대 집회에서 자구 하나 바뀌지 않고서 '정상국가'의 회복 논리로 등장하고 있기까지 하니까요.

18년 간 난민, 무국적자[3)]로 살아간 아렌트 역시 이러한 대중들의 태도 속에서 힘겨운 삶을 이어 가야 했습니다. 그는 민주주의, 인민주권의 이름으로 행해지는 파리아들에 대한 배제 논리의 직접적 피해자였던 것입니다. 그리고 이러한 실존적 조건에서부터 아렌트는 보편적 자연권을 본격적으로 의심하기 시작합니다. 즉 인간이 정말로 태어나면서부터 권리를 가지는지, 단지 인간이라는

3) 유엔난민기구는 난민과 무국적자의 차이를 다음과 같이 설명하고 있습니다. "난민이란 인종, 종교, 국적, 특정 사회 집단의 구성원 신분 또는 정치적 의견을 이유로 박해를 받을 우려가 있다는 합리적인 근거가 있는 공포로 인하여, 자신의 국적국 밖에 있는 자로서, 국적국의 보호를 받을 수 없거나, 또는 그러한 공포로 인하여 국적국의 보호를 받는 것을 원하지 아니하는 자"입니다. 한편으로 "무국적은 어떠한 국가로부터도 자국민으로 인정되지 않는 개인이 처한 상황을 의미합니다. [···] 무국적은 다양한 이유에서 발생하는데, 국적 등록 시 소수민족에 대해 차별하거나, 국가가 독립되는 과정에서(국가 승계) 전체 주민들을 국민으로 포함하지 못했거나, 국가 간 법률의 충돌이 있는 경우 등이 이에 해당됩니다." 쉽게 말해 아렌트는 1933년 독일을 떠나면서 난민이 되었지만, 1937년 나치가 유대인의 국적을 박탈함으로써 무국적자가 되었지요. 더 자세한 내용에 대해서는 유엔난민기구 홈페이지(https://www.unhcr.or.kr)의 설명을 참조하시기 바랍니다.

이유만으로 권리를 보장받을 수 있는지에 대해 묻기 시작한 거예요. 어떻게 자연적인 것으로서 국가나 법의 토대가 되는 것, 언제나 올바르고 보편적인 것으로 여겨지는 것이 이리도 쉽게 그런 취급을 받을 수 있는 것일까요? 혹시 자연권에 대한 믿음에는 어딘가 문제가 있는 것은 아닐까요? 참고로 아렌트의 이 고민은 그에게 명성을 가져다준 『전체주의의 기원』에 상당 부분 구체화되어 있습니다. 그중에서도 이번 강좌에서 다룰 이 책의 제2부 「제국주의」의 마지막 부분을 차지하는 "인권의 난제들"이라는 짧은 절은 이 주제만을 중점적으로 다루고 있지요.

이 텍스트는 현대 정치철학에서 매우 중요한 위상을 갖습니다. 이 텍스트에 주목한 적이 있는 철학자들 이름만 몇 개 나열해 봐도 참 엄청나지요. 발리바르, 랑시에르, 버틀러, 아감벤, 벤하비브, 스피박……. 이 철학자들이 아렌트의 인권에 대한 논의에 주목하게 된 것은 아마도 그것이 20세기 말 이후의 지구적 조건, 특히 세계 곳곳에서 터져 나오는 난민과 이주노동자, 미등록 이주자 등의 문제는 물론이고 국내의 국외자들, 즉 각종 소수자 문제들을 읽어 내는 데에도 매우 유용했기 때문일 것입니다. 그렇다면 오늘날 우리에게 이 텍스트는 어떤 의미를 가질 수 있을까요? 난민 문제가 본격적으로 대두되기 시작하고, 인권이 민주주의의 이름으로 전면적으로 공격받고 있는 바로 이 '어두운' 시기에 말입니다. 지금 우리는 바로 그 가능성을 함께 탐색해 볼 것입니다.

인권의 역설

근대적인 의미에서 인권을 토대 짓는 것은 바로 '인간Man'입니다. 그런데 프랑스 대혁명의 정신이 인류 곳곳에 전파되기 전까지 이는 생소한 이념에 불과했어요. 권리는 신성한 전통 및 관습에 따라 주어지는 것일 뿐이었습니다. 즉 '인간'은 권리의 주체도, 권리의 토대도 아니었으며, 그 자리에는 오히려 인간이 아닌 다른 신성한 존재나 전통적 질서가 권위를 행사하고 있었습니다.

권리가 이러한 형태의 권위에 토대를 두고 있었던 만큼, 그것은 적어도 대혁명 이전에는 모든 이들에게 동등하게 주어질 수 없었습니다. 신적 명령과 그것에 그 정당성을 두고 있던 전통 및 관습은 대체로 신분 질서를 받아들이고 있었으며, 따라서 속세의 인간에게는 그의 출생 신분에 따라서 각기 다른 권리가 부여되어야 했으니까요. 그러나 대혁명을 거친 이후에는 상황이 많이 바뀌었습니다. 이제 더 이상 인간 권리의 토대에 인간 외적인 것이 설정될 필요가 없어졌던 것입니다. 이제 인간 그 자체만이 오직 권리의 토대가 될 수 있었어요. 아렌트가 다음과 같이 말하듯 말입니다. "역사가 사회의 특정 계층과 특정 민족에게 부여해 온 특권에 대한 독립, 즉 인권선언은 모든 후견으로부터 인간을 해방시킨 것이었고, 인간이 이제 성년이 되었다고 발표했다."[4)]

이제 '인간'이라면 누구나 동등한 권리를 보장받아야 했고, 이 권리는 어떠한 경우에도 '양도될 수 없는 것'으로 여겨졌습니다. 즉 권리를 보장받는 이가 인간으로 태어났다는 사실 하나만으로도 그의 인권은 양도될 수 없는 것이 되어야만 했지요. 그리고 심지어 이러한 새로운 인간 권리는 근대 국민국가의 근간이 되기도 했습니다. 국민국가의 법과 인민주권은 모두 인권이라는 토대하에서 구성되어야 한다고 믿어지게 되었던 것입니다.

문제는 권리의 토대로 설정된 '인간'이 아렌트가 지적하듯 단지 '추상적인 개인'일 뿐이라는 점입니다. 즉 이 '인간'은 인간이라면

4) OT, p. 290.

누구나 보편적으로 가지고 있다고 가정된 본성으로부터 추론되는 '단수화된 한 개인', 즉 'Man'에 대한 관념일 뿐, 현실의 구체적인 관계망 속에서 살아가며 특정한 역사 속에 놓인 다수의 인간들 'men'이 아니었습니다. 다시 말해 인권이 토대로 삼는 인간은 '자유로우며 그 자체로 존엄성을 가지고 있다고 여겨지는 것'으로 상상된 한 개인일 뿐입니다. 그는 인간 모두를 대표하지만, 실은 누구의 얼굴도 하고 있지 않습니다. 그는 인간 대다수를 상징하지만, 알고 보면 오직 추상적으로 만들어진 개인만을 대변할 뿐입니다.

그러나 구체적 현실 속에서 인간은 다양한 차이를 가지고 태어날 뿐만 아니라, 그가 '원래' 존엄한 존재인지에 대해서도 우리는 의구심을 가지지 않을 수 없습니다. 백인과 흑인이 다르고, 유대인과 비유대인이 다르며, 힘이 센 사람과 힘이 약한 사람이 다르고, 남성과 여성이 다르며, 장애인과 비장애인, 이성애자와 양성애자, 동성애자, 무성애자가 서로 다른 것처럼, 심지어 그러한 정체성에 따라 존엄함의 정도도 각기 다르게 생각되곤 하는 것처럼 말이지요. 제국주의자들에게 살육을 당했던 지구 곳곳의 원주민들, 21세기에 등장한 무국적자 및 난민들, 그리고 아우슈비츠 가스실에 들어가기 전 머리를 빡빡 민 채 옷이 발가벗겨져 있는 '익명화된' 유대인들은 어떻습니까? 그들은 원래 존엄한 존재자들입니까? 만약 그렇다면 그들은 도대체 왜 그러한 처지에 놓이게 된 것입니까? 자연권적인 입장에서 '원래 그러면 안 되는데 그렇게 되어 버렸다'고만 응답하는 것은 도리어 인권 이념의 비현실성과 허약성만을 더 명백하게 드러내 보여 주는 것 같습니다.

아렌트는 이러한 현실들을 고려하여 결코 인간이 '자연적으로' 평등하지 않다고 봅니다. 그렇다면 이러한 인간들 간의 차이나 그 차이에 기반한 차별적인 대우들에도 불구하고, '당위적으로나마' 인간들이 모두 동등한 권리를 타고 난다고 가정되는 이유, 모두가 동등하게 존엄하다고 이야기될 수 있는 이유는 무엇입니까?

혹시 그것은 인간이 원래 자연적으로 동등한 게 아니라, 인간들이 평등이라는 것을, 동등한 권리라는 것을 인위적으로 고안했기 때문은 아닐까요? 인권이란 인간에게 본래적으로 동등하게 그냥 주어진 게 아니라, 실은 특정 공동체에서 사람들끼리 약속하는 힘을 통해 합의된 것은 아닙니까? 즉 인권은 자연적인 것으로 '가정'되어 있을 뿐, 실은 인간들이 자신들이 맺는 관계 속에서 함께 구성해 낸 발명품에 불과한 것은 아닐까요? 아렌트는 이러한 차원에서 이렇게 말합니다. "우리는 평등하게 태어나지 않았다. 우리는 서로 동등한 권리들을 보장하겠다는 우리의 결정 덕분에 한 집단의 구성원으로서 평등하게 된다."[5] 이는 『전체주의의 기원』에서 인용해 온 말이지만, 아렌트는 훗날 이와 비슷한 표현을 매우 자주 사용합니다. 즉 아렌트는 정치철학의 길에 들어선 이후 자연권 이론과 끊임없이 대결을 시도하는 것입니다. 그는 '인간이라면 평등하게 인권을 타고난다'는 주장은 사실 허구에 불과하며, 인권은 철저히 인간들의 정치적 관계망 안에서만 만들어질 수 있다고 생각했던 것이지요.

그리고 여기에서 바로 인권이 처한 역설이 폭로됩니다. 즉 "양도할 수 없다고 추정되는 인권은 더 이상 주권 국가의 시민이 아닌 사람들이 나타날 때, 언제나 강요할 수는 없는 것으로 입증되었다"[6]는 사실로부터 기인하는 역설이 말입니다. 요컨대 인권은 인간으로 태어나기만 한다면 가질 수 있는 권리로서, 국가와 무관하게 자연적으로 주어진 것이며, 심지어 국가를 초월하여 그것의 법과 주권에 토대를 제공해 주는 것으로 여겨져 왔지만,

5) OT, p. 301.
6) OT, p. 293.

실제로 한 인간이 인권을 보장받고 누리려면 우선 한 국가의 국민이 되어야만 한다는 것입니다.[7] 법과 주권의 '토대'인 '인권'이 '그것이 근거 지워 주는 것', 즉 법망에 귀속된 주권자의 자격, 달리 말해 국민의 자격을 역으로 토대로 삼아야만 작동할 수 있게 되는 역설적인 상황이 발생한 것이지요.

이를 염두에 두고서 국가 및 자본 폭력의 피해자들이나 파리아들, 특히 난민, 미등록 이주자, 무국적자들이 '인권 보장!'이라는 슬로건을 내걸고 진행해 온 투쟁들을 다시 한번 생각해 봅시다. 이들은 인민주권과 법의 토대로 설정된, 그것들보다 상위의 것으로 가정된 '인권'을 외치지만, 실은 어쩔 수 없이 자신들의 존재와 요구를 현 국가가 인정해 줄 것을 요청하곤 하지 않습니까? 다시 말해 비-시민들의 투쟁은 법을 넘어선, 주권의 토대가 되는 무언가에 의존하고 있습니다만, 실은 대개가 '시민', '국민'으로 본인들이 받아들여지기를 요청하는 것은 아닙니까? 만약 그렇다면 도대체가 시민권과 인권이 내용상에서 구체적으로 구별될 수 있기는 한 것입니까? 아니, 인권이란 원래 없고, 그것은 기껏해야 국가가 보장해 주는 시민권의 내용을 허구적으로 표현한 것에 불과한 것은 아닐까요?

이러한 문제의식 속에서 아렌트는 에드먼드 버크Edmund Burke의 인권 비판이 갖는 타당성을 받아들이고자 합니다. 버크는 권리를 프랑스 계몽주의자들, 혁명가들이 생각한 것과 달리 '추상적으로 가정된 인간'의 권리가 아니라, 사실 역사적으로 현존하는 국가에 의해서 보장되는 권리, 즉 '영국인들의 권리'라고 보았어요. 물론 다른

7) 인간과 시민 사이의 딜레마는 프랑스 대혁명의 근본 정신을 담아 놓은 문서인 「인권선언」, 더 정확히는 「인간과 시민의 권리 선언」 자체에 이미 내재해 있습니다. "동일한 본질적인 권리들이 모든 인간의 양도할 수 없는 유산으로 주장되었으면서도, 특정한 국민의 유산으로도 주장되었다." OT, p. 230.

'문명화된' 국가의 국민들 같은 경우, 그 정치체에 속한 국민의 권리를 가지게 되겠지요. "버크에 따르면 우리가 누리는 권리는 국가로부터 나옵니다. 다시 말해 권리의 타당성은 자연법이나 신의 계율, 인류와 같은 인간적인 구상에서 기인하는 것이 아니라 국가에 기인합니다. 그리고 국가 혹은 정부는 사회적으로 축적된 관습의 산물입니다."[8] 심지어 버크는 인권이 추상적인 인간을 토대로 삼게 될 경우에는 특정 공동체에서 살아가는 문명인의 권리가 위협받을 수 있다고까지 생각했습니다. 왜냐하면 인권을 '추상적'으로 상정하게 될 경우, 그것이 토대로 삼고 있는 것은 단순히 자연 상태에 내던져진 인간의 벌거벗은 생명bare life, 즉 '단지 인간일 뿐 아무것도 아닌 자들'이 될 뿐인데, 만약 그렇다면 야만인과 문명인의 경계가 허물어져 버리고, 문명인이 누리던 숭고한 권리 역시 야만인의 권리 수준으로 전락할 것이기 때문입니다.

버크의 이러한 논리는 훗날 제국주의 시기에 인종주의 논리나 우생학에서도 활용되었던 만큼 아렌트는 버크를 상당히 비판적으로 바라봅니다만, 그럼에도 그는 버크의 인권 비판론이 당대에 참 적실성을 갖는다고 보았습니다. 왜냐하면 아렌트가 겪은 무국적자로서의 경험들은 그 사실을 절실히 체감하게 해 주었거든요. 아렌트는 이 시기에 '인간은 자연적으로 양도할 수 없는 인권을 가지고 태어났다'는 주장들이 공공연하게 논의되면서도, 자신을 포함한 무국적자들이 정작 제대로 권리를 보장받지 못하는 현실을 너무나도 많이 마주했습니다. 그들은 마치 정치체의 보호가 결여된 자연의 영역으로, 즉 헐벗은 삶의 영역으로 내던져져 버린 것만 같았지요. 제국주의적 팽창에 참여한 폭민들이 문명을 꾸리지

8) 박혁, 「인권의 역설과 권리를 가질 권리의 의미-한나 아렌트의 인권 개념에 대한 고찰」, 『시민사회와 NGO』 13권 2호, 2015, pp.161~162.

못했다고 여겼던, 즉 자연의 일부로만 보았던 아프리카 원주민들을 인간으로 취급하지 않았던 것처럼, 이미 유럽 문명의 세례를 받은 이력이 있는 무국적자들도 '국민'들로부터 그렇게 취급되기 시작한 것입니다. 이유는 간단합니다. 그들이 '국민이 아니면서 그저 인간일 뿐인 자들'이었기 때문이지요. 그들은 국민이 아니기에 언제든지 강제 수용되어 버릴 수 있으며, 사실 죽여도 별로 상관이 없기도 합니다. 역설적이게도 '단지 인간'이라는 이유만으로는 결코 인간의 권리를 보장받을 수 없었던 거예요. 아렌트는 이러한 차원에서 무국적자의 처지에 대해 다음과 같이 말합니다.

> "그들은 고향을 떠나자마자 홈리스가 되었고, 국가를 떠나자마자 무국적자가 되었으며, […] 권리가 없는 자들, 즉 지구의 쓰레기가 되었다."[9]

쓸모없는 자들의 존재 조건에 관하여

이 '지구의 쓰레기'들, 즉 '국민'이 아니라 '그저 인간일 뿐인 이들'은 어떠한 존재들일까요? 이들은 지구에서 어떠한 조건 속에서 살아가게 됩니까?

무국적자, 난민들은 우선 고향home을 잃게 됩니다. 인간은 모두 자신에게 마련된 어떤 환경 속에서 태어나 살아가지요. 그리고 삶이란 인간이 이 환경 속에서 자기 나름의 장소를 마련해 나가는 과정이기도 합니다. 그런데 고향을 잃는다는 것은 자신이 구축해 온 삶의 장소들을 상실하게 되는 것과 마찬가지이지요. 물론 인간은

9) OT, p. 267.

다른 장소에 가서도 안정된 삶을 새로 구축해 나갈 수 있습니다. 그러나 그것도 국가로부터 일정한 자격을 인정받는 이들이나 할 수 있는 일, 그리고 새로운 사회에서 그를 받아들여 줄 때에나 가능한 일입니다. 애초부터 그러한 자격이 주어지지 않는 이들에게는 새로운 공간에서 자신의 장소를 안정적으로 마련할 수 있는 기회 자체가 박탈됩니다. 오늘날의 난민들의 처지가 잘 보여 주듯, 일단 고향을 상실한 자는 타국에 들어가는 것 자체가 고난이고, 그 나라에서 일자리를 구하는 것 자체가 고난이며, 무엇보다도 그 사회에서 끊임없는 차별에 시달릴 수 있고, 간첩, 테러범, 범죄자의 혐의를 뒤집어쓰고 살아가야 할 수도 있기 때문입니다.

무국적자, 난민들 중 다수는 정부로부터 법적으로 보호받을 수 있는 권리를, 심지어 의무를 부과받을 자격조차 상실합니다. 난민은 원래 어떤 나라에서 정치적인 이유, 사상적인 이유나 종교적인 이유로 탄압을 받고 망명한 이들이었지요. 그러나 아렌트에 따르면 20세기의 조건은 더 이상 난민을 이렇게만 규정할 수 없도록 만들었습니다. 왜냐하면 정치적인 이유나 사상적인 이유, 종교적인 이유가 아니라, 단지 어떠한 인종으로 태어났다거나 어떠한 계급으로 태어났다는 이유만으로 살던 국가로부터 (자의적으로건 타의적으로건) 추방되거나 숙청당하는 경우가 많아졌기 때문이지요.

이는 단적으로 제국주의가 결정화된 한 형태이기도 합니다. 제국주의의 식민지 쟁탈전은 제1차 세계대전으로 이어졌고, 제1차 세계대전은 승리한 강대국들 주도로 만들어진 소수민족 조약들로 유럽 체계가 재편되는 결과를 낳았지요. 그리고 이 과정에서 만들어진 신생 국민국가들은 소수민족들을 국민 바깥에 있는 자들, 즉 권리를 상실한 자들로 만들어 버렸습니다. 아울러 이 조약들, 즉 '민족자결주의'를 내걸고 있지만 실은 승전국들의 식민 통치를 정당화하는 방식으로 이루어진 조약들은 패전국에서 전체주의적 요소들이 조성되는 데에도, 따라서 수많은 난민, 무국적자를 양산하는 데에도 중요한 역할을 했습니다.

오늘날은 어떤가요? 19세기 말에서 20세기 초의 제국주의와는 다른 형태이긴 하지만, 탈-냉전과 신자유주의를 만난 21세기의 제국주의 역시 더 이상 고국에서 살아갈 수 없는 조건이 되어 떠나는 이들을 끊임없이 양산해 내고 있습니다. 중동, 아프리카 지역 출신의, 그리고 수많은 로힝야 난민들처럼 말이지요. 즉 영웅적 저항 행위를 하거나 심각한 범죄를 짓지도 않았음에도, 법질서로부터 쫓겨나거나 국적을 박탈당하게 되는 이들의 숫자가 20세기 이후로 급증하게 되었고 지금까지 지속되고 있는 것입니다.[10] 그것도 엄청나게 대량으로 말이지요.

아렌트는 이처럼 "범죄를 저지른 누군가보다 법적으로 완전히 결백한 사람의 권리를 박탈하는 것이 쉬운 것처럼"[11] 여겨지게 된 상황의 기이함을 지적합니다. 그리고 이들의 존재가 역사상 찾아보기 힘든 새로운 상황에 처하게 되었음을 폭로하지요. '국민인 이들'이 자주 경험하듯이 국민은 국가로부터 의무를 부과받으며, 상황에 따라서는 특정한 권리들을 침해받곤 합니다. 예컨대 군인은 전쟁이 나면 자신의 생명권을 박탈당할 수 있습니다. 범죄를 저지르면 감옥에 갇혀 온갖 권리들을 박탈당하기도 하지요. 군인이나 범죄자 말고도 국민들은 그들이 준수해야 한다고 가정된 법에 따라서, 국가의 의지에 따라서 얼마나 많은 권리들을 침해받곤

10) 물론 예외도 있습니다. 즉 여전히 자국의 시스템에 대한 저항 행위 탓에 국가로부터 탄압을 받고 쫓겨나거나 국적을 잃는 경우도 꽤 있다는 것이지요. 예컨대 2018년 현재 한국에서 난민 지위 인정을 요구하며 얼마 전까지 단식 투쟁을 감행하기도 한 자이드 압델라흐만 씨는 이집트의 혁명 운동가였지요. 그러나 오늘날의 난민이나 무국적자 중 상당수는 이러한 저항 행위를 수행하지 않은 이들입니다.

11) OT, p. 295.

합니까? 그러나 아렌트는 국가로부터 쫓겨난 피해자들 같은 경우 그러한 권리 침해조차 받을 수 없다는 역설적인 사실에 주목합니다.

그들은 처리해 버리기는 쉬워도 굳이 의무를 부과하거나 억압하려고 맘먹으면 은근히 귀찮아지는 이들입니다. 아렌트가 다음과 같이 말하듯 말이지요. "그들의 곤경은 그들이 법 앞에서 평등하지 않아서가 아니라, 그들에 대한 법이 존재하지 않아서이다. 그들은 억압받지 않으며, 심지어 누구도 그들을 억압하기를 원하지 않는다."[12] 랑시에르는 이러한 아렌트의 주장에 다음의 설명을 덧붙이기도 합니다. "무국적자들은 심지어 제재되는 것조차 가능한 존재가 아니며, 심지어는 제재되어야 하는 존재의 자격도 갖추지 못했다는 점에서 유죄이다."[13] 적어도 범죄자는 하나의 인격으로 인정받으며 시민으로서 자신을 '법 앞에서' 변호할 수 있습니다. 그는 법적 절차를 통보받으며, 변호사를 선임할 수 있습니다. 하지만 무국적자들은 그들과 연계된 법이 거의 마련되어 있지 않기 때문에, 경찰의 자의적인 결정과 폭력에 그대로 노출되곤 하지요. 그래서 무국적자, 난민들은 차라리 범죄를 저지르는 편이 자신의 처지를 더 낫게 만드는 방안이 될 수도 있습니다. 아렌트는 실제로 당대 무국적자, 난민들이 재판에서 받는 법적 판결의 내용이 경찰에 의해 자의적으로 행해지는 추방이나, 노동 허가권의 취소, 수용소 감금보다는 훨씬 나았다는 점을 지적하기도 했습니다.

무국적자, 난민들의 존재는 피억압자의 상징처럼 여겨지는 노예의 그것과도 상당히 다릅니다. 아렌트에 따르면 적어도 노예는 특정 공동체의 일원으로 살아가며 특정한 장소에서 뿌리를 내리고

12) OT, pp. 295~296.
13) Jacques Rancier, "Who is subject of Rights of Man?", *South Atlantic Quaterly*, vol. 103, 2004, p. 299.

살아갈 수 있고, 또 노예에 맞는 나름의 권리를 인정받기도 하기 때문이지요. 플라톤의 『에우티프론』에서 나오듯, 그들의 죽음은 적어도 공동체에서 법적 논의 대상이 될 수 있습니다. 게다가 아렌트가 『인간의 조건』에서 지적하듯, 아리스토텔레스는 '자유로운 업무'를 하는 노예의 존엄성을 인정했으며, 고대 로마에서 일부 공적 업무를 맡는 노예들은 시민들이 입는 토가를 입을 수도 있었습니다.[14] 그런데 무국적자는 어떤가요? 더 결정적으로 노예는 없어지면 경제적 과정에 차질이 생겨서 문제가 발생하겠지만, 무국적자들은 워낙에 '쓸모없는 자들'인지라 사라져 버려도 아무런 존재감이 없어요. 실은 주류 사회에서 그들에게 요구하는(심지어 국민들이 기피하는) 노동력을 무국적자 난민들이 제공할 수 있음에도 불구하고, 국가로서는 그들이 사라져 주길 바라는 주권자들의 목소리에 더 귀를 기울일 수밖에 없습니다.

물론 오늘날에는 아렌트가 무국적자로 살아가던 당시보다 망명 및 난민과 관련된 법들이 국가들마다 많이 마련되어 있기는 합니다. "국제법 시스템의 밀접해진 관계망 안에서 외부인들이 더 이상 권리 없는 이방인처럼 취급받지 않는"[15] 것도 사실이며, 소위 '미등록 이주자'들의 노동이 선진국에서 가치 생산의 상당 부분을 차지하고 있는 것도 공공연한 사실이고요. 그러나 오늘날에도 여전히 국가가 법적으로 탄압조차 하려 하지 않는 이들이 있다는 것 역시 사실입니다.

실제로 아프리카와 중동으로부터 쏟아져 나오는 지중해 난민들은 법적으로 탄압조차 받기 힘든 상황에 놓여 있어요. 조금 맥락이 다를 수 있지만, 한국에서 형제복지원, 선감학원, 소록도,

14) HC, p.84.
15) 박혁, 위의 논문, p.160.

장애인 거주시설 등 다양한 수용시설에 갇혀 살던, 혹은 지금도 살고 있는 사람들은 어떻습니까? 그들 중 상당수가 국민으로 인정받고 있고, 또 국가 폭력의 피해자로서 자신의 세계를 박탈당한 것은 맞지만, 그들은 수용된 이후에 철저히 법망 바깥에서, 공동체로부터 전혀 존재감도 없이 국가와 사회로부터 귀찮은 이들 취급을 받으며 살아왔거나 살아가고 있지는 않습니까? 다시 말해 이 비-시민들이 받은 억압은 시민들이 받는 억압과 그 질 자체가 다르지 않습니까?

근 몇 년 간 지중해에서만 수만 명의 난민이 죽었으며, 한국의 각종 수용시설에서도 숱한 사람들이 죽어 나갔습니다. 최근 미얀마 로힝야족 사태로 이제는 인도양에서도 난민들이 떠다니며 곳곳에서 목숨을 잃고 있습니다. 그럼에도 그 죽음의 숫자조차 제대로 집계될 수 없는 이유는 무엇입니까? 난민 브로커들이 단속이 뜨면 난민들을 바닷물에다가 툭 밀어서 그냥 빠뜨려 버릴 수 있는 이유는 무엇입니까? 한국의 각종 수용시설에서 벌어져 온 죽음들은 혹시 그 죽음이 국가 구성원들에게 아무런 관심도 받지 않을 것이라는 사실, 즉 그들의 죽음이란 '전혀 쓸모가 없는 이들'의 죽음임을 암묵적으로 승인하고 있기 때문에 벌어지는 것은 아닙니까? 이러한 사태들은 '국가의 보호를 잃은 자들', 즉 비-시민이 된 자들이 국가의 권력으로부터 아예 예외적인 것으로 취급되고 있기에, 즉 그들은 '인간'이라는 공허한 호명이 가끔 따라붙는 존재자일 뿐, 실은 '아무것도 아닌 자들'로 여겨지기 때문에 벌어지는 일은 아닙니까?

나치에 복무한 이들 상당수 역시 유대인들을 수용소에 가두고 학살하는 데 큰 죄책감을 느끼지 못했는데, 이는 나치가 유대인을 학살하기 전에 먼저 그들을 '전혀 쓸모없는 물건'으로 만들어 냈기 때문이었을 수 있습니다. 즉 나치는 유대인을 철저히 비-인간화시켜 절멸 수용소에 가두기에 앞서 그들의 국적을 빼앗아 비-시민으로 만들었고, 이러한 전략은 실제로 매우 유효했다는 것입니다. 이와 함께 인간의 형태를 띠고 있지만 전적으로 '익명화된 물건들'이 탄생할 수 있는 조건이 마련됩니다. 그런데 오늘날에는 아우슈비츠가 없을지언정, 당장 아우슈비츠로 보내도 전혀 무방한 이들이 과연 없을까요? 아렌트는 실제로 대량의 인구가 쓸모없어지게 될 경우, 언제든지 전체주의적인 해결책이, 즉 시체 공장으로서의 절멸 수용소가 다시 활용될 수 있다는 점을 지적한 바 있습니다.

국민은 아니면서 단지 '인간일 뿐인 자들', 이들은 누구에게도 쓸모가 없는 자들이며, 단지 지구의 쓰레기일 뿐입니다. 문명의 상징(?)으로 여겨지곤 하는 유럽에서 테러가 벌어져 백인이 죽을 경우에 그 국가의 국민들을 비롯하여, 전 세계가 그들을 추모하느라 난리가 나곤 하지만, 이 쓰레기들의 죽음은 아주 가끔 여론의 동정의 대상이 될 뿐 별 다른 존재감이 없지요. 그들이 존재감을 가질 수 있을 때란 그저 그들이 법망 안으로 들어오려 해서 귀찮은 일이 생길 때뿐입니다. 즉 그들을 보호하거나 억압을 해야 할 때가 와서 귀찮을 때뿐이지요. 물론 그들을 구하고자 많은 구호 단체들이 그들의 인권을 외치며 활동하고 있지만, 그러한 활동은 많은 경우에 단순히 자선에 그칠 뿐인 경우가 많습니다. 아렌트가 다음과 같이 말하듯 말입니다. "그들의 생명 연장은 권리 탓이 아니라, 자선을 통해서 이루어[16]질 뿐이다." 이러한 상황에서 인권이란 얼마나 공허한 외침에 그칠 뿐입니까?

'무국적자' 내지 '국가의 보호를 상실한 자들'이 이렇게 단지 '인간'일 뿐 실은 아무것도 아닌 존재에 불과할진대, 그들이 자신의 정치적 행위를 수행할 어떠한 공적 장소를 마련받을 수 있을 리 만무합니다. 즉 그는 자신의 의견을 다른 시민들과 나눌 수도 없고,

16) OT, p.296.

공적 사안에 참여하여 시민들과 함께 세계를 만들어 나가기도 힘듭니다. 자신의 누구임을 확인받을 수 있는 '사이-안'이라는 타자들과의 공통 세계가 그에게는 이제 전적으로 사라져 버립니다. 물론 비-시민들도 노력을 한다면 일정한 정치체를 꾸릴 수는 있겠지요. 주류 사회에 대한 저항의 움직임 등을 통해서 말입니다. 그 가능성은 무한히 열려 있고, 또 아렌트 역시 그러한 가능성에 언제나 주목해 왔습니다. 그러나 국민은 저항권을 보장받지만, 비-시민들은 저항권조차 보장받을 수 없기에, 그들이 이러한 공간을 마주하기란 한층 더 힘이 들 수밖에 없습니다.

그럼 이들에게 희망은 없습니까? 비-시민들은 앞으로도 쓸모없는 이들로 남아 있어야 합니까? 그렇게 계속 절멸 수용소에서 처리되고, 지중해에서 바다로 던져지며, 수용시설에서 아무도 모르게 죽어갈 운명일 뿐입니까?

권리들을 가질 권리the right to have rights와 국민국가의 문제

아렌트는 자연권에 얽매여 있는 태도들이 한낱 공허한 외침으로 그쳐 버릴 수 있을 것임을 잘 알고 있었습니다. 좀 극단적인 상황을 가정해 봅시다. 지중해 바다를 통해 프랑스로 입국하려던 한 난민이 당국의 단속이 뜨고 이에 브로커가 자신을 바다로 던져 버리려고 할 때, "나도 인간이야! 인간 취급을 좀 해 줘!"라고 외치는 것은 도대체 얼마나 큰 힘을 가질 수 있단 말입니까?

그래서 아렌트는 조금 더 솔직한 태도로 인권의 토대를 찾아 나섭니다. 그리고 그 토대의 내용은 우리가 위에서 본 내용들을 통해 일정 부분 유추해 볼 수 있지요. 그것은 바로 '그에게 의무를 부과하고 권리를 보장해 줄 조직된 공동체에 귀속되도록 하는 것', 즉 '성원권' 내지 '시민권'을 부여하는 것입니다. 아렌트는 이를 '권리들을 가질 권리'라고 표현했으며, 이 권리만이 인권의 현실적인 토대가 될 수 있다고 보았습니다. '권리들'을 보장받기 위해서는 일단 '그 권리들을 보장해 줄 정치체에 속해야 할 권리'를 가져야 한다는 것이지요.

그런데 '권리들을 가질 권리'라는 말은 그 자체로 하나의 공허한 말장난처럼 여겨질 수도 있습니다. 권리들의 근거가 결국 권리들 중 하나에 불과한 것이라니! 이 얼마나 황당한 소리란 말입니까? 그러나 이 개념은 생각보다 많은 것들을 함축하고 있으며, 기존의 인권에 대한 통념의 토대가 가지는 비현실성을 깨뜨리는 것이기도 합니다. 앞서 살펴보았듯, 인간은 사실상 국민이 되지 않는다면 결코 인권들을 보장받을 수 없습니다. 자연권으로서의 인권은 분명 '신' 내지는 '신성한 질서'라는 토대로부터 벗어남으로써 구성되었기에 형이상학적 토대로부터 벗어나 현실적인 영역에 그 근거를 두고 있는 것처럼 보일 수도 있습니다. 즉 '인간'이 모든 권리의 토대이며, 이 인간의 권리에 의거해 인민주권도 법도 성립될 수 있다는 믿음에 따른다면 말이에요. 그러나 이 '인간' 역시 사실은 하나의 형이상학적 토대에 불과한 것일 수 있습니다. 왜냐하면 앞서 언급했듯이 이 인간은 현실에서 살아가는 구체적 인간들이 아니라, 인간 종 개개인이 자연적으로 가졌다고 여겨지는 본성을 추상한 것에 불과한 것이기 때문입니다.

아렌트는 이러한 차원에서 인권의 토대를 현실적인 영역으로 돌려 놓았다고 할 수 있을 것입니다. 인간은 결코 자연적으로 인권을 보장받지 못하며, 오직 특정한 정치체 내지는 공동체에 속해서 살아갈 때에만이 비로소 인간적인 삶을 살 수 있을 것이기 때문입니다. 즉 인간은 언제나 특정한 조건 속에서 살아가며, 그 조건을 지탱하는 정치체만이 그 성원들의 권리를 보장한다는 것은 지극히 현실적인 사실입니다.

문제는 19세기부터 오늘날에 이르기까지 시민들에게나마 인권을 보장해 줄 수 있는 테두리를 마련해 주는 안정된 형태의 정치체는 사실상 국민국가밖에 없었다는 것이지요. 물론 아렌트가 언급한 것처럼, 제국주의 및 '범-인종주의'[17]가 등장하면서, 그리고 강력한 인민주권을 명목으로 국민국가의 상징이라 할 수 있는 '법치'를 포기하거나, 국가 내로 편입된 소수민족들, 영토 내에 살고 있는 이방인들에게 '법 앞의 평등'을 보장하지 않게 되면서, 전통적인 국민국가 이념은 상당히 망가져 버리게 됩니다. 20세기 중반의 전체주의 체제들이 국민국가를 완전히 붕괴시켜 버렸음은 더 말할 것도 없고요. 이렇게 국민국가에 위기가 닥칠 때마다 인권의 보호망으로부터 벗어나는 이들이 많아진 것도 사실이지요. 아렌트가 유대인들의 인권이 현실적으로 보호받기 시작한 것이 1948년 이스라엘의 건국 탓이었음을 부정할 수 없었던 것 역시 이러한 사실과 맞닿아 있습니다.

이 탓에 혹자들은 아렌트가 결국 국민국가를 지지하는 태도를 취하고, 전통적 의미에서의 자유주의 정치 시스템에 투항해 버렸다고 생각합니다. 그러나 이는 아렌트를 편협하게 읽어 낸 것에 불과하지요. 『전체주의의 기원』 전체를 자세히 살펴보면, 아렌트가 국민국가 내부에 이미 인간의 권리들을 무너뜨려 버릴 수 있는 요소가 있다고 생각했다는 점을 금방 찾아볼 수 있습니다. 국민국가는 애초부터 국민과 비-국민의 경계를 전제하며, 따라서 언제든 비-국민들을 인권의 영역 바깥으로 몰아낼 수 있습니다. 특히 국민국가가 인민주권, 민주주의의 이름으로 주류 민족의 도구로

17) 예컨대 범게르만주의Pan-Germanism나 범슬라브주의Pan-Slavism는 국가의 영토를 넘어 유럽 곳곳에 퍼져 있는 인종적으로 동일한 정체성을 갖는 이들을 규합하려 시도했습니다.

전락할 수 있다는 사실, 이로써 언제든지 소수민족 탄압의 도구가 될 수 있다는 사실을 아렌트는 이미 잘 알고 있었던 거예요.[18] 그는 이스라엘이라는 국민국가의 건립이 유대인들의 권리를 보장해 주는 중요한 계기가 되었지만, 다른 민족에 속한 이들의 권리를 박탈시키면서 당대에만 70~80만이 넘는 난민들을 발생시켰다는 사실에 매우 분개하기도 했습니다.

그렇다고 해서 아렌트가 환대와 상호 인정으로 가득 찬 세계시민주의적 정치체를 환영한 것도 아닙니다. 그의 스승이자 친구인 야스퍼스도 제2차 세계대전 이후 세계시민주의에 희망을 걸고자 했던 것으로 알려져 있지만, 그것은 아렌트의 입장과 결코 동일한 것이 아니었어요. 왜냐하면 아렌트는 “세계 정부를 구체적으로 실현하기 위해서는 결국 […] 국제적인 법적, 정치적 제도를 실현할 수 있는 강력한 국가들의 권력에 의존”[19]하게 되어 버릴 수 있다고 생각했거든요. 즉 세계시민주의는 그것의 아름다운 이상과 달리 현실적으로는 제국주의적 목표를 충족시키는 도구로 변질될 가능성이 농후합니다.[20]

혹자들은 한편으로 아렌트가 새로운 정치체의 형태를 이 텍스트에서 명확히 설명하고 있지 않다고 이야기하며, 단지 문제

18) OT, p.230.
19) 진태원, 「무정부주의적 시민성?」, 『서강인문논총』 37권 37호, 2013, p.57.
20) 이러한 차원에서 세계시민주의를 옹호하려면 오늘날 유럽연합에서의 국가들 간의 현실적인 권력 관계와 강대국에 의한 약소국의 위협 가능성을 더 고민해 봐야 하겠습니다. UN이라는 기관에 대한 고민도 함께 말입니다. 참고로 주디스 버틀러는 아렌트의 인권론을 논하기도 하는 한 대담에서 유럽연합의 공약 중 하나가 “원하지 않는 노동자들이 들어오지 못하도록 당신 나라의 경계를 지켜 드립니다. 유럽연합은 값싼 노동자들을 확실히 확보해 드리며, 그들은 법적 지위 없이 일시적 계약으로 건너올 뿐입니다. […] 유럽연합은 당신네 나라를 위해 영구적인 노동계급을 만들어 드립니다.”임을 강조한 바 있지요. 주디스 버틀러, 가야트리 스피박, 『누가 민족국가를 노래하는가』, 주해연 옮김, 산책자, 2008, p.85.

제기의 차원에서 논의를 멈춰 버렸다고 주장하기도 합니다. 이는 분명한 사실입니다. 이후에 쓰인 아렌트의 텍스트들까지 염두에 두고 이 부분을 읽어 본다면, 아렌트가 발리바르가 오늘날 제안하고 있는 것처럼 관-민족적trans-national, 관-정체성적trans-identical 평의회의 정치체 형태를 대안으로 제시할 것으로 보이긴 하지만 말입니다.[21] 하지만 저는 사실 '인권의 난제들' 절이 궁극적으로 천착했던 핵심 목표는 애초에 인권을 가장 잘 보장할 수 있는 정치체를 발견하는 것은 아니었다고 생각합니다. 우리가 이 텍스트만 놓고 생각해 봤을 때, 오히려 정확히 말할 수 있는 것은 아렌트가 어떠한 정치체이건 간에 그 정치체에 성원으로 속해 있는 것이 인간이 특정한 권리들이라도 보장받을 수 있는 유일한 길이라 생각했다는 점뿐이지요. 즉 인권은 '권리들을 가질 권리'가 어떠한 형식으로건 보장될 때에만이 비로소 효력을 발휘할 수 있고 확장될 수 있다는 것입니다.

심지어 그것을 보장하는 정치체가 아무리 악랄한 형태의 국민국가나 전제정이라고 할지라도 말이지요.[22] 아렌트가 노예들조차도 특정 공동체에 속해 있기 때문에 나름의 권리를 보장받는다고 생각했다는 점을 다시 한번 생각해 봅시다. 망가진 국민국가나 전제정에 사는 이들 역시 참 비참한 처지에서 놓일 수 있지만, 아렌트가 지적하듯 '지구의 쓰레기들'과 달리 그 정치체의 성원으로서 나름의 의무와 권리를 부과받는다는 사실까지 함께

21) 그러나 아렌트 입장에서 이러한 형태의 정치체는 그냥 주어지지 않습니다. 그러한 정치체는 새로운 권리를 끊임없이 개시해 나가고, 기존의 정치체를 새로운 형태의 정치체로 끊임없이 재구성해 나가고자 하는 다양한 정치적 움직임의 과정 속에서만 구성될 수 있기 때문입니다. 그것이 기존의 국민국가 정치체를 변화시키는 방식이건, 아니면 더 나아가서 기존의 권위를 전면적으로 깨뜨리고 새로운 정치체를 건설하는 방식이건 할 것 없이 말이지요.

22) 오해가 있을까봐 덧붙이는데, 전체주의의 수용소에 갇히는 것은 정치체의 성원이 되는 것이 아닙니다. 그것은 전적으로 쓸모없는 물건으로서 갇혀 있는 것일 뿐이지요.

말이지요. 일례로 20세기 초반의 전제정인 제정 러시아는 분명 노동자들에게 매우 악랄한 체제였지만, 제국에 속한 노동자들에게 걸맞는다고 여겨지는 나름의 권리를 분명 인정하고 있었어요.[23)]모든 권리에 대한 보호 장치를 전적으로, 다시 말해 인권의 근거 자체를 전적으로 상실한 이들은 오직 '어느 정치체에도 속하지 못한 자들'밖에 없습니다.

인권을 위한 투쟁과 탄생성, 그리고 제국주의

자! 아렌트에 따르면 이제 자연권의 토대는 깨졌습니다. 그럼 이제 남은 것은 무엇입니까? 우리는 아렌트의 인권론을 받아들여서, 그저 지구의 쓰레기들, 국가로부터 버림받은 자들, '인간이라는 특성밖에 남지 않은 이들'이 특정한 정치 조직체에 귀속되기만을 바라고 있으면 될까요? 권리를 보장받지 못하는 소수자들도 이제 자연권의 토대가 깨졌으니 그냥 자신들의 존재가 사회에서 합의가 될 때까지 기다리기만 하면 되는 것일까요? 자신이 속해 있거나 자신이 속하려 하는 정치체의 형태가 어떤 모습이건 간에 그것은 내 권리의 토대이니 우리는 모두 그 정치체의 보존에 온 힘을 기울여야만 하는 것입니까? 혹은 현재 존속하는 실정법을 뛰어넘으려는 상상은 애초에 접어 버린 채, 당대에 현존하는 법 아래에서만 그저 인권을 이야기할 수 있을 뿐이라고 믿고 있어야 하는 것일까요?

주류 사회에 대한 동화를 거부하고, 버림받은 자로서 세계에 뛰어드는 '의식적 파리아'의 태도를 강조했던 아렌트가 이러한 질문들에 긍정적인 대답을 내놓았을 리는 만무합니다. 오히려

23) OT, p.471.

아렌트는 '인권을 위해 투쟁하는 것'은 매우 가치가 있다고 생각하고 있었습니다. 그런데 이는 참 모순적인 것처럼 보일 수도 있습니다. 왜냐하면 아렌트는 인권을 그 토대가 참 부실한 것으로써 해체해 버렸기 때문입니다. 앞서 살펴보았듯 아렌트는 "철학적으로 확립되지 않고서 정식화되었으며, 정치적으로 보장되지 않은 채로 선언되었을 뿐인 전통적인 형태의 인간 권리는 모든 정당성을 상실했다"[24]고 선언하지 않았습니까?

그럼 여기서 아렌트가 말하는 '인권을 위한 투쟁'이란 도대체 무엇을 의미하는 것일까요? 인권도 해체된 마당에 도대체 뭘 위해 싸우라는 것입니까? 아렌트는 이에 대해 명확한 답을 내주지는 않습니다. 그러나 확실히 알 수 있는 것은 아렌트가 권리들이란 그것을 요구하는 행위 및 타자들과의 약속을 통해서만이 만들어지며, 또 인간은 애초에 그러한 행위와 약속을 수행할 능력을 가지고 있다고 생각했다는 점입니다.[25]

이러한 차원에서 저는 아렌트가 정치철학에 천착한 이래로 '인간이 세계에 탄생한 자'라는 너무나도 당연한 사실에 내내 주목해 왔다는 점을 잠시 짚고 넘어가 보고자 합니다. '인간이 탄생한다'는 것은 그 자체로 새로운 세계가 열릴 수 있는 가능성이기 때문이지요. 누군가가 이 세계에 태어나서 어떠한 행위를 할 것인지를 우리는 예측할 수 없으며, 그의 예측 불가능한 행위란 곧 새로운 세계를 건설하고 새로운 권리를 개시하는 기원적 사건이 될 수도 있기

24) OT, p.447.

25) 인권이 그러한 방식으로 하나의 권위를 갖게 되고 전통으로 계승된다면, 인권은 그 자체로 힘을 발휘할 수 있게 될 수도 있겠지요. 마치 오늘날의 거의 모든 국가들이 실제로는 거의 매순간 이루어지는 인권 침해를 용인하고 있으며 때로는 그 스스로 인권 침해에 앞장선다고 할지라도, 기나긴 투쟁 행위와 약속을 통해 만들어진 세계인권선언의 내용만큼은 공개적으로 부정할 수 없는 것처럼 말입니다.

때문입니다. 즉 인간의 탄생은 이러한 차원에서 자연 속에 원래 있지 않았던 것들이, 그리고 기존의 세계에서는 상상도 하지 못했던 것들이 새로이 시작될 수 있는 가능성을 담보해 줍니다. 인간이 '기존에 없던 권리', '기존에 보장받지 못했던 권리'를 새로이 개시할 수 있는 가능성, 심지어 기존 질서를 변화시키고 새로운 정치체를 건설할 수 있는 가능성도 바로 원초적으로는 이러한 인간의 탄생 사건으로부터 마련되는 것이고요.

이러한 차원에서 '권리들을 가질 권리'가 다른 모든 권리들의 토대라는 아렌트의 말은 결국 권리를 갖지 못한 자들이 권리를 보장하는 정치체에 진입할 것을 혹은 새로운 정치체를 스스로 건설할 것을 촉구하는 것이며, 인간은 본래부터 그러한 사건을 일으킬 수 있는 가능성이 있는 존재자라는 것을 암시하고 있습니다. 그리고 실제로 인간이 그냥 태어나서 자연 그대로 살아간다면 결코 만들어지지 않았을 권리들이 각종 투쟁 과정들을 통하여 만들어져 왔다는 너무나도 분명한 사실[26]은 이러한 '인간의 새로운 것을 시작할 수 있는 가능성'을 전제하지 않는다면 도무지 제대로 설명될 길이 없기도 하지요.

혹자들은 이러한 아렌트의 생각을 그 스스로가 거부하고자 한 전통적인 인권론이나 진부한 휴머니즘 논리에 다시 빠져드는 것이라 비판할지도 모릅니다. 저는 이러한 비판이 충분히 타당하다고 생각합니다. 왜냐하면 이러한 논리에 따라 보자면, 다른 모든 권리들의 토대로 설정된 '권리들을 가질 권리'조차도 실은 인간 존재의 고정된 한 특징인 '탄생성'에 그 토대를 두고 있는 것이기 때문입니다. 그러나 이러한 비판 과정에서도 꼭 염두에 두어야 하는

26) 예컨대 2000년 대 초 장애인들이 지하철 엘리베이터 설치와 저상버스 도입을 강력하게 요구하고, 이로써 '이동권'이라는 단어 자체가 새로이 생겨나게 된 것을 한번 생각해 봅시다.

것은 아렌트에게서 무언가를 개시하는 능력과 약속하는 능력은 구체적인 현실을 살아가는 인간, 그리고 그가 '세계에 태어났다'는 부정할 수 없는 명백한 사실에 그 근거를 두고 있다는 점입니다. 아렌트가 제시하는 인권의 새로운 토대는 결코 자연적으로 자유롭고 평등하다고 가정된 추상적 존재가 아니라, 새로운 행위를 수행하고, 이로써 타인들과 함께 새로운 정치체를 구성할 수 있는 '가능성'으로서의 현실적 인간인 것이지요.

마지막으로 저는 난민 및 무국적자 인권을 쟁취하고 새로이 만들어 내기 위한 싸움이 단지 국지적인 차원에서 특정 정체성을 가진 소수자의 권리 보장만을 요구하는 데 그쳐서는 안 될 것이라는 점을 덧붙이고자 합니다. 그것은 심지어 한 국민국가를 대상으로 한 싸움에 그쳐서도 안 되지요. 우리는 인권의 역설에 대한 아렌트의 논의가 『전체주의의 기원』 2부 「제국주의」의 마지막 장에 배치되어 있다는 점에 특히나 주목할 필요가 있습니다. 왜냐하면 이러한 배치는 권리들을 갖지 못한 자들의 출현, 즉 국민국가에서 배제당하고 추방당한 이들의 출현이 제국주의를 통해 결정화된 것임을 그 자체로 드러내 보여 주고 있기 때문입니다. 아렌트가 1967년 「제국주의」 서문을 다시 썼을 때, 그는 19세기 말~20세기 초의 제국주의와 다른 형태로 전개되고 있던 냉전기의 제국주의에 대하여 기존 제국주의 이해와는 다른 새로운 이해를 촉구하고 있기도 합니다. 특히 미소 양 제국이 세계 곳곳의 가난하고, 정치적으로 아직 덜 견실한 국가들의 정치적 불안정 상태, 경제적 무능 상태, 심지어 무정부 상태를 조장하여 안정된 터전을 마련 받고 살아갈 수 없는 이들을 대량으로 양산하고 있음을 지적하면서 말이지요(물론 아렌트는 이 새로운 유형의 제국주의에 대한 상세한 언급을 최대한 삼가고 있으며, 그나마 그가 남겨 놓은 이 새로운 유형의 제국주의에 대한 해석도 거친 면이 많긴 합니다). 결국 아렌트는 난민 및 무국적자 인권과 관련된 문제들이 제국주의에 대한 비판적 이해와 그것에 대한 투쟁 없이는 결코 근본적으로 해결될 수 없다고 생각했을 수 있다는 것입니다.

아렌트가 무국적자와 난민에 대한 인권 보호만을 외치는 구호들이 자주 공허한 외침에서 그쳐 버리고 만다고 본 것 역시 이러한 그의 입장과 맞닿아 있는 것이라고 볼 수 있어요. 즉 난민, 무국적자 인권 운동이 난민 및 무국적자를 출현시키는 근본적인 문제에 대한 해결을 촉구하는 운동으로 이어지지 못한다면, 그것은 단순히 일부 파리아들에 대한 잠시의 생명 구호 이상의 역할을 하지 못하게 될 수도 있다는 것입니다. 요즘 유행하는 '환대의 윤리' 역시 제국주의에 대한 근본적 비판과 결합되지 않는다면, 현실적 조건에 대한 변혁을 고려하지 않은 채 '국민' 개개인에게 윤리적 결단만을 요구하는 빈약한 당위 요구로 언제든 변질될 수 있고요.

탈냉전 이후의 제국주의는 제1차 세계대전 이전의 제국주의, 그리고 20세기 중후반의 제국주의와는 또 다른 형태로 전개되고 있습니다. 신자유주의를 기치로 내건 탈냉전 시기의 세계화는 이 제국주의적 흐름과 맞물려 엄청난 인구 이동을 낳고 있기도 하고요. 그리고 그것이 다른 여러 요소들과 만나 결정화된 현상 중 하나가 바로 오늘날의 수많은 난민들입니다. 안타까운 것은 기존 제국주의의 질서 속에 편입된 채로 난민들을 불쌍한 존재로만 부각시켜 동정심과 자선을 통해 그들을 구제하려는 시도들이 지금도 꽤나 유행하고 있다는 점입니다. 물론 예외도 있습니다만, 그들의 예외적 투쟁은 난민 관련 운동들에서 좀처럼 주류를 차지하지 못하고 있는 것 같아 아쉽습니다.

제주도에 도착한 예멘 난민 500여 명은 조만간 한국에서 난민 문제가 본격화될 것을 알리는 신호탄일 수 있습니다. 그리고 아렌트의 유령은 지금 우리에게 현재의 제국주의를 새롭게 이해할 것을, 자연권적 인권의 환상에만 의존하지 말고 현실적인 차원에서 비-시민 파리아들의 권리들이 보장될 수 있는 실질적 토대를 발견할 것을, 더 나아가서는 그것을 끊임없이 새로 구성해 낼 것을 재촉하고 있습니다. 인간의 권리들은 자연적으로 주어진 것이 아니라, 우리의 싸움과 약속을 통해서만이 비로소 만들어져 왔고 앞으로도 그럴 것이며, 인간은 애초에 그러한 능력을 가지고서 이 세계에 탄생했기 때문입니다.

③ Q + A

아렌트는 인권의 역설을 주장하며 인권을 비판하지만, 본인도 다시 인권의 역설에 빠지는 것은 아닌지 의문이 듭니다. 그가 결국 인간의 어떤 보편적 특성에 의존하고 있는 한 말이지요. 쉽게 말해 '특정 정치체에 귀속될 권리'라는 것을 논의할 수 있는 것도 결국에는 그 권리의 주체가 어떤 보편성을 담지한 인간이기 때문에 그러한 것은 아닙니까?

실제로 아렌트의 인권론을 두고 많이 쏟아지는 비판입니다. 아렌트가 모든 권리들의 토대를 '권리들을 가질 권리', 즉 '특정 정치체에 귀속될 권리'라고 언급했으며, 실제로 특정 정치체의 성원이 아닐 경우에 다른 권리들을 보장받기 힘든 것이 사실이기는 하지만, 이러한 논의가 성립하기 위해서라도 최소한 '인간은 권리를 보장받을 만하다'는 사실을 받아들여야 한다는 것이지요. 왜냐하면 권리들을 가질 권리란 것도 따지고 보면 인간 외의 다른 존재자가 가질 수 있는 게 애초에 아니기 때문입니다. 그렇다면 결국 권리들을 가질 권리의 토대는 다시 '인권을 보장받을 만한 존재자로서의 인간 존엄성'이 되기 때문에, 또다시 인권의 토대가 뒤집힐 것입니다.

저도 이 문제에 대한 확답을 가지고 있지는 않기에 여기서 자세히 말씀 드릴 수는 없겠습니다만, 사실 이 문제는 아렌트의 다른 텍스트들과 연관해서 생각해 본다면 더 복잡해집니다. 특히 제가 강의 말미에 언급했던 아렌트의 탄생성natality 개념을 염두에 두게 된다면 말이지요. 아렌트는 인간이 탄생하는 것은 그 자체로 새로운 존재자가 세계로 진입하는 것, 즉 새로운 세계가 열리는 것이라고 봅니다. 이는 인간이 애초에 '새로운 것을 시작할 수 있는 존재자'라는 사실과도 긴밀히 맞닿아 있지요. 그렇다면 아렌트는 결국 자신의 인권론의 토대를 인간 특유의 '자연적/본성적' 존재 방식에 두고 있는 것이고, 따라서 그의 '권리들을 가질 권리'의 토대는 다시 인간의 어떤 자연적인 보편적 특성이 되어 버리는 것처럼 보일 수도 있어요.

아렌트는 분명 인간의 추상적 보편성을 받아들이지 않으려고 합니다. 특히 인권과 관련된 논의에서는 더욱 강력하게 말이지요. 그러나 그 역시 인간의 어떤 보편적 특성이라는 것을 완전히 폐기하지는 못하기 때문에, 반-휴머니즘적 입장에서 보자면 그 역시 또 다른 형태의 휴머니스트에 불과한 것처럼 보일 수도 있어요. 아렌트 본인도 이 문제 탓에 고민이 있었던 것으로 보입니다. 그리고 이 탓에 아렌트의 『전체주의의 기원』 1판과 재판은 '탄생성'이라는 인간 본성과 관련하여 부분적으로 상이한 모습을 보이기도 합니다.

기존 인권론의 근거가 아렌트가 말한 것처럼 취약한 것처럼 보인다고 할지라도, 사실 그러한 인권론은 '선언된 것', 그리고 모든 이들이 보편적으로 받아들이게끔 권위 있는 문서에 '기입된 것'만으로도 충분히 의미가 있지 않을까 생각합니다. 그렇다면 우리가 근대 인권론을 굳이 그 토대가 허약하다고만 볼 수 있을까요?

저 역시 동의하며, 아렌트라고 해서 이러한 입장에 반드시 반대하지는 않았을 것이라고 생각합니다. 중요한 것은 인권이 선언되거나 권위 있는 문서에 기입되었기 때문에 힘을 가질 수 있게 된다는 것은 인권이 그 자체로, 자연적으로 주어지지 않았다는 것을 방증해 준다는 점이지요. 아렌트 역시 이러한 차원에서 인권은 인간들의 약속을 통해 만들어진 것임을 강조했으며, 그러한 약속이 성문화되어 권위를 가질 때에만이 그 권리가 안정적으로 보장된다고 생각했던 것이었고요. 다만 제가 강의에서 언급한 것처럼 아렌트가 인권이란 싸울 만한 가치가 있는 것이라고 생각했을지라도, 그는 분명히 어떻게 무엇을 위해 싸워야 한다고 구체적으로 언급하지는 않았습니다. 이러한 것들은 인권과 관련된 문제들이 첨예한 이슈가 되고 있는 21세기 조건 속에서 우리가 계속 고민해 나가야 하는 숙제로 남아 있습니다.

'권리들을 가질 권리'라는 개념에서 권리들을 '가진다have'는 표현이 뭔가 조금은 부족해 보인다는 생각이 듭니다. 권리를 가진다, 즉 '소유한다'는 것은 너무 자유주의적인 권리에 한정되는 것처럼 보이기도 하고요. 게다가 아렌트의 철학에 의거해 생각해 본다면, 아렌트가 말하는 인권은 권리들을 '만드는' 데까지 나아갈 때에만이 온전히 형성될 수 있을 것 같습니다. 만약 그렇다면 '권리들을 만들 권리'가 아렌트가 추구하는 권리였다고 말하는 것은 아렌트의 설명과 많이 어긋나게 되는 것일까요? 물론 '만든다'는 것은 '작업'이나 '제작'의 영역에 한정되는 것처럼 보이기에, 아렌트의 철학과 조금 안 어울리는 것 같기도 하지만 말이지요.

정말 재미있고 유익한 지적이네요. 지적하신 바대로 아렌트에게서 권리란 단순히 인간이 본성적으로 '소유'하는 개념이 아니지요.

그것은 세계 및 정치체, 그리고 그것을 구성하는 타자들과의 관계 사이에서만이 출현하는 것이니까요. 게다가 '권리를 만든다'는 표현은 아렌트 전체 철학에 비추어 봤을 때(이에 대해서는 6장과 7장에서 더 자세히 다루려고 합니다.) 조금 문제가 있어 보일 수도 있지만, 이를 변형하여 '권리들을 시작할 권리', '권리들을 개시할 권리' 정도로 표현하면 아렌트의 본 의도가 더 잘 드러나지 않을까 하는 생각이 문득 듭니다. '권리들을 가질 권리'를 넘어선 개념의 창발을 가능하게 해 주셔서 정말로 감사합니다.

4 역사/자연 법칙과 인간의 자유: 아렌트의 이데올로기론과 전체주의 이해

전체주의의 부활?

이 세계에서 매 순간마다 나타나는 모든 현상들은 어떤 차원에서 보자면 모두 전적으로 새로운 것일 수 있습니다. 현재의 순간은 그것이 방금 지나쳐 온 과거에도 없었고, 그것이 곧바로 맞이할 미래에도 없을 것이기 때문입니다. 과거의 모든 순간들이 그러했으며, 미래의·모든 순간들이 그러할 것처럼 말이지요. 그러나 우리가 매 순간 마주하는 새로운 현상들은 결코 '전적으로 새로운 것'으로 이해될 수 없습니다. 대개의 현상들은 '사건'이라는 말을 붙이기가 무색할 정도로 진부하고 반복적인 것처럼 보이기 때문이지요. 그 진부하고 반복적인 것을 끊어 내는 사건, 즉 그 자체로 새롭고 참신한 사건들조차도 그것의 발현 과정에서는, 그리고 우리의 이해 과정에서는 과거의 무언가와 끈끈하게 얽혀 들 수밖에 없습니다. 왜냐하면 인간은 어떠한 기준들도 없이 사건을 그 자체로 마주할 수 없으며, 그 기준들이란 대체로 오늘날 우리에게서 권위를 갖는 '전통'에 의해서 주어지기 때문입니다.

대표적인 '시작 사건'이라 할 수 있는 혁명은 어떻습니까? 물론 혁명들은 구체제의 권위를 깨뜨리고서, 잠시 동안이나마 과거에 찾아볼 수 없었던 새로운 형태의 정치체를 건설하는 데 성공해 왔습니다. 그러나 아렌트에 따르면 혁명 참가자들조차 이 새로운 정치 공간을 구성하는 와중에 고대 그리스나 로마의 정치 경험이라는 모종의 전통을 참조하지 않을 수 없었어요. 아렌트가 혁명, 즉 'revolution'의 원래 의미가 '과거로의 복귀'였다는 점에 주목한 것도 이러한 이유에서였고요.[1)]

1) 물론 이는 오늘날의 시각에서 보면 매우 이상할 수 있습니다. 혁명은 역사적 진보의 상징이지 과거로 돌아가는 것이 아니라고 생각하는 사람들이 많기 때문입니다. 아렌트에 따르면 분

그런데 만약 과거로부터 축적된 그 어떠한 전통도 모조리 파괴해 버리고자 한 사건을 마주한다면 우리는 그것을 어떻게 이해해야 하는 것일까요? 심지어 과거로부터 구성된 어떤 정치체의 범주에도 포함되지 않고, 과거의 어떤 도덕적, 정치적, 법적 기준으로도 판단해 볼 수 없는 사건, 더 나아가 전통적인 인간 본성 자체의 변화를 추구하는 사건을 마주한다면 말이지요. 아렌트는 20세기에 발생한 전체주의라는 현상, 즉 히틀러의 나치와 스탈린의 소련을 마주하면서 바로 이 문제에 직면하게 됩니다.

많은 이들이 나치나 스탈린의 소련을 과거 등장해 온 독재 체제나 권위주의 체제 내지는 전제정이 더 잔혹한 형태로 나타난 것으로 보았습니다. 좌파들 다수는 나치를 역사 과정에서 등장한 자본주의의 최고 단계, 즉 제국주의적 파시즘이 극단화된 형태로 보았고요. 그러나 아렌트가 보기에 이러한 해석들은 과거의 틀로는 도무지 읽어 낼 수 없는 특이한 현상을 전통적인 정치체론이나 역사관 속에 집어넣어 해석해 버리려는 무모한 시도에 불과했습니다. 쉽게 말해 전통을 전적으로 파괴한 탓에 독특한 성격을 갖는 운동을 도대체 어떻게 전통적인 기준으로 바라볼 수 있단 말입니까? 따라서 그는 전통적인 정치체론이나 기존의 역사 방법론들에 의존하지 않은 채로, 심지어 그 방법들을 파괴한 채로 이 현상 자체에 대한 이해를 시도하기 시작합니다.

참고로 저는 아렌트의 전체주의 해석이 전통적인 정치체론이나 기존의 역사관에 의거한 다른 해석들보다 우월하다는 주장을 내놓을 생각은 없습니다. 아렌트의 전체주의에 대한 해석은 지금보다 훨씬

명 혁명은 새로운 것을 시작하고, 새로운 형태의 정치체를 구성하지만, 필연적 역사 법칙에 따른 역사 진보의 과정은 아닙니다. 역사 진보란 대개가 필연적인 역사 법칙을 가정하는 것이고, 그 법칙에 의거한 '불가항력'의 의미로 혁명의 의미가 변화한 것은 기껏해야 프랑스 대혁명 이후일 뿐이었습니다.

사료가 부족할 때 쓰였기 때문에 분명 시대적인 한계를 가지고 있기도 하고요. 다만 저는 아렌트가 전통적 틀에서 벗어나, 그리고 과거 지구상에서 실현된 정치체 및 운동들과 전체주의가 얼마나 다른지를 항상 염두에 두고서 그것을 이해하려 시도했던 만큼, 그의 전체주의 이해에는 다른 저술들에서는 발견할 수 없는 전체주의만의 독특한 특징들 몇 가지가 유난히 잘 드러나 있다고 생각합니다.

이에 대한 본격적인 논의를 시작하기 전에 오늘날 전체주의라는 표현이 활용되는 방식에 대해서 잠시 논의를 해 보아야 할 것 같습니다. 여러분도 알다시피, 적지 않은 이들이 지난 이명박, 박근혜 정권을 전체주의적인 정권이라고 비판했습니다. 이들은 나치나 스탈린 체제의 몇몇 특징들을 이명박, 박근혜 정권의 몇몇 특징들과 도식적으로 연결시켜 가면서까지 이 주장을 그럴싸하게 정당화하곤 했지요. 이는 비단 한국에서만 그러한 것이 아닙니다. 20세기 중반 이후, 지구 곳곳에서 출현한 억압 정권들은 이와 유사한 평가들에 대내외적으로 직면해야만 했거든요. 예컨대 트럼프가 대통령으로 당선되자, 어떤 미국인들은 곧바로 '미국에 드디어 전체주의 정권이 등장했다!'는 발언을 내놓았습니다. 또 혹자들은 최근 유럽 극우 세력의 정치적 선전과 극단적인 신국수주의의 출현, '약자 및 소수자 혐오'를 서슴지 않는 21세기 대중들의 모습 속에서 과거 전체주의의 부활이 눈앞에 있다고 생각하기까지 합니다.

만약 아렌트의 말마따나 전체주의가 역사상 전무한 것, 그래서 전통적 틀로는 도무지 이해할 수 없는 것이라면, 이러한 해석들을 과연 타당한 것이라고 볼 수 있을까요? 아렌트라면 이러한 방식으로 전체주의라는 용어를 사용하는 것을 그다지 엄밀한 태도가 아니라고 생각했을 것 같습니다. 그리고 이러한 해석들은 '당신이 비판하고자 하는 정권과 그 정권이 출현한 조건의 사태 자체를 있는 그대로 볼 수 없게 만들 수도 있다!'고 일갈할 수도 있을 것 같습니다. 물론 아렌트가 전체주의 체제가 사라져도 전체주의적 해결책은 언제든 다시 부활할 수 있을 것이라고 생각했던 것은 사실입니다. 이미 한 번 출현한 해결책은 조건만 형성된다면 후대 사람들에게서 언제든 다시 활용될 수 있을 테니까요. 이러한 차원에서 그는 자신의 전체주의 이해가 후대 사람들에게 그러한 위험한 징후들에 대한 경각심을 심어 줄 수 있기를 바랐습니다.

그럼에도 그는 모든 억압 정권들이 '전체주의 체제'라고 불릴 수 있다고는 결코 생각하지 않았습니다. 특히 자신과 정치적으로 적인 이들, 예컨대 냉전 시기로 보자면 자유주의자가 중국 공산당과 스탈린 사후의 러시아를 전체주의적이라고 치부하거나, 혹은 공산주의자가 미국 자본주의를 단순히 전체주의적인 것으로 치부해 버리는 식의 해석은 그에게서 매우 위험천만한 태도에 불과했습니다. 아렌트는 실제로 자신의 전체주의론을 반공주의자들이 이러한 방식으로 활용하는 것에 대해서 매우 분개하기도 했습니다.

더 중요한 것은 아무리 20세기 전체주의 운동과 비슷한 조건이 지금 형성되어 있고, 또 당대의 것과 유사한 것들이 현재에 상당히 많다고 할지라도, 지금 여기에서 탄생하는 억압적 정권들은 20세기 초중반의 그것들과 완전히 동일할 수 없다는 점입니다. 아렌트는 과거와 유사한 몇 가지 조건들이 현재에 형성되어 있다고 해서, 그것이 반드시 과거와 동일한 결과로 이어질 것이라고는 결코 생각하지 않았습니다. 2강에서 강조했던 것처럼 그가 '결정'이라는 말을 피하고 '결정화'라는 단어를 사용했던 것도 바로 이러한 이유에서였지요. 쉽게 말해 아렌트는 'A, B, C라는 조건이 형성되어 있다면 그것은 언제 어디에서도 반드시 D로 귀결된다'는 식의 역사관을 항상 경계했던 거예요. 그러한 역사관은 '19세기'식 자연과학적 필연성을 어설프게 모방한 구닥다리 역사 인식의 태도가 반영된 것일 뿐이니까요.

일례로 지금 역시 억압적 체제들이 곳곳에 들어서 있습니다만, 우리는 이 체제들에서 전체주의 체제의 가장 극명한 특징인 절멸 수용소 내지 강제수용소를 찾아볼 수 없습니다. 물론 지금도 분명히 각종 수용소들이 존재하고 있기에, 혹자들은 이 말에 동의하지 않을 수도 있을 것입니다. 그러나 전체주의 체제의 수용소와 지금의 다양한 양식의 수용소들은 그 규모와 목적, 성격 자체가 판이하게 다릅니다. 지금의 수용소들은 전체주의 수용소보다 양적으로도 훨씬 적은 인간들을 수용하고 있고, 대체로는 어떠한 경제적, 사회적 유용성 때문에 운영이 되고 있기 때문입니다. 예컨대 오늘날 대부분의 수용시설들 같은 경우, 값싸게 이 사회의 쓸모없는 자들을 관리하기 위하여 혹은 미국의 민간 감옥 같은 경우처럼 그것이 이윤을 창출하기 때문에 운영됩니다. 그러나 나치와 스탈린 소련의 절멸 수용소 내지 강제 노동 수용소는 단순히 '단기적인 어떤 이익'을 얻기 위해 설립된 것이 아닙니다. 그것은 당장 경제적으로 쓸모 있는 이들을 쓸모없는 이들로 굳이 만들어서 가두어 버리는 역할을 하기까지 합니다. 예컨대 스탈린의 소련은 경제발전이 시급할 때조차 숙련 기술자들을 강제 노동 수용소에 집어넣었고, 핀란드와 전쟁을 하고 있을 때조차 베테랑 군인들을 숙청했습니다. 그들에게 수용소는 지금 당장 피해를 보더라도 '먼 미래'에 실현될 특정 인종 및 계급의 승리를 위하여 반드시 운영되어야만 하는 장소였으며, 자신들이 추구하는 인간에 대한 총체적 지배를 실험하는 공간이기도 했던 것입니다.

나치 절멸 수용소에 대한 소문을 접한 아렌트와 그의 남편 블뤼허는 그것이 유용성의 차원에서 생각해 볼 때 나치에게 별로 이익도 가져다줄 것 같지도 않았기 때문에 처음에는 그 사실을 믿지 않았다고 합니다. 특히 밀리터리 덕후였던 블뤼허는 세계대전기라

총력전을 해야 하는 와중에 나치가 건설 비용에 유지 비용, 수송 비용까지 들어가는 강제수용소를 운영하는 게 유난히 이상하다고 생각했던 것 같아요. 더군다나 수용소에 갇힌 자들을 착취의 대상으로 쓴다면 훨씬 더 전쟁에 유리할 텐데, 왜 굳이 그들을 말살의 대상으로 쓰나요? 이는 상식적으로 생각해 본다면 도무지 말이 안 되는 것이었지요. 그러나 절멸 수용소, 강제수용소는 실존하는 것이었음이 밝혀졌습니다. 이로써 전체주의는 결코 상식적으로 이해해서는 안 되는 것이었음이 드러나게 되었지요.

물론 혹자들이 이러한 물음에 대하여 전체주의 운동이 수용소 내 강제 노동을 통해 더 큰 생산력을 획득할 수 있지 않았겠냐고 반문할 수도 있습니다. 그러나 나치나 소련에서 수용소 내 노동은 나치 수용소들 정문에 걸린 "노동이 너희를 자유케 하리라"라는 말이 무색할 정도로 결코 생산성이 높지 않았습니다. 만약 수용소의 목적이 단순히 생산성 향상이었다면, 체제는 피수용자들의 질 좋은 노동력을 끊임없이 재생산해 주었어야만 할 텐데, 왜 나치와 소련은 피수용자들을 쓸데없이 고문하고 학대했을까요? 그것도 후반기에 갈수록 더 체계적으로 말입니다.

아렌트가 보기에 과거의 억압적 정치체들, 심지어 일본 군국주의 체제나 무솔리니, 프랑코 등의 파시스트 체제들도 지금 당장 경제적으로 분명 타격이 있을 것임을 알고 있음에도 이런 짓을 하지는 않았어요. 그런데 오늘날의 억압 정권들은, 그리고 오늘날의 수용시설들은 어떻습니까? 이러한 과거 전체주의 수용소의 면모를 오늘날의 수용소들은 정말로 갖추고 있습니까? '누군가가 갇혀 있다'는 공통점을 막연히 추상적인 인권적 기준 속에서 이끌어 내는 것보다 더 중요한 것은 과거 전체주의 수용소와 오늘날 수용소 간의 차이를 발견하고 기술하는 것이 아닐까요?

새로운 정부 형태, 그리고 세계 지배를 향하여

우선 전체주의 체제가 다른 억압적인 체제들과 조직의 차원에서 어떻게 다른지를 살펴보겠습니다. 아렌트에 따르면 전체주의 체제와 자주 동일시되곤 하지만, 실은 그 조직 형태가 매우 다른 권위주의 체제는 몇 개의 층을 가진 피라미드형 구조를 가지고 있습니다. 그 정치체의 권위는 그 피라미드의 외부, 즉 초월적인 영역에서부터 주어지지요. 즉 권위주의 체제는 피라미드 외부에서 권위가 주어지고, 그것에 의거한 각 신분에 걸맞는 전체 질서가 하향식으로 쭉 전달되는 정치체입니다. 이 체제는 각 신분의 사람들이 신분 질서의 권위에 자발적으로 복종하는 체제이기 때문에 예외적인 경우를 제외한다면 직접적인 폭력에 의해서 유지되지 않습니다. 이는 중세 유럽의 일반적인 정치체의 조건이나 군대 조직을 생각해 보면 비교적 상상하기 쉽습니다. 다시 말해 정치체 구성원들이 자신의 직무에서 벗어나지 않고, 그것을 받아들이며 살아가는 형태인 것입니다. 다음 그림처럼 말이지요.

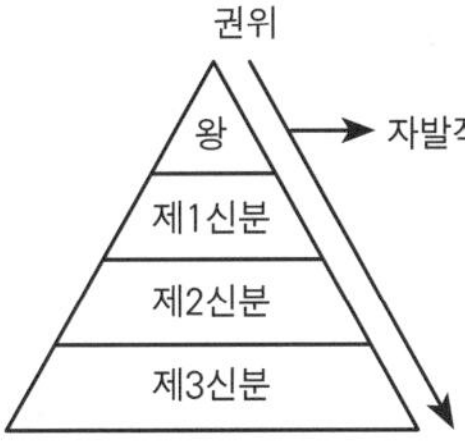

권위주의정

전제정 같은 경우에는 권위주의정과 유사하게 지배자가 피라미드 상층부에 위치해 있고, 지배받는 이들은 피라미드 밑바닥에 위치해 있지만, 권위주의 정치체와 달리 이 둘 사이가 텅 비어 있습니다. 즉 전제정에서는 권좌에 오른 이가 '평등하게 지배받는 자들'인 피통치자들을 폭력적으로 억압함으로써 다스립니다. 통치자는 자신에게 충성스러운 신하조차도 자신에 대항하여 반란을 일으킬까봐 두려워하며, 이에 그 신하들을 포함한 모든 피통치자들을 공포 정치를 통하여 원자화시킵니다. 그들이 함께 모여 권력을 형성하는 것은 자신한테 그 자체로 위협이기 때문입니다. 이 전제정의 구조를 그림으로 그려 보면 다음과 같을 것입니다.

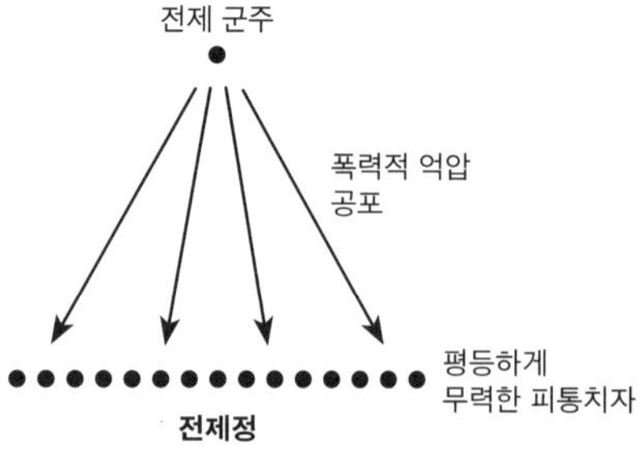

우리가 염두에 두어야 할 것은 위에서 기술한 정치체들은 어디까지나 이념형ideal type일 뿐이라는 점입니다. 현실의 억압적 정치체들에서는 보통 이 성격들이 뒤엉켜 나타나곤 하지요. 분명한 것은 이 정치체들이 어떠한 고정된 체계를 갖추고 있다는 점입니다. 보통 억압적 정치체에서는 정치체 내 위계질서가 이미 결정되어 있고, 사람들은 현 체제에서 자신이 맡은 역할이 무엇인지를 잘 알고 있습니다. 명령은 대개가 비슷한 절차를 거쳐 피통치자들에게 하달되며, 억압의 방식 역시 크게 변하지 않습니다. 무엇보다도 이 체제들에서 통치자로부터 처벌을 받는 경우는 누군가가 범죄 및 반란 등을 통해 현존 질서에 위협을 끼치는 경우일 뿐입니다. 아무리 악랄한 전제정에서라고 해 봐야, 누군가가 처벌을 받는 것은 통치자로부터 체제에 위협을 끼칠 만한 자라는 의심을 받는 상황일 때뿐이지요.

아렌트는 사람들이 일반적으로 생각하는 것과 달리 전체주의 체제나 조직이 피라미드 형태나 일방적인 하향식 구조가 아니라고 봅니다. 그것은 정확히 말해서 고정된 어떤 형태로 그려 낼 수 없습니다. 전체주의 조직은 결코 안정된 형태를 가지고 있지 않으며, 끊임없이 그 체계가 변하기 때문이지요. 그 조직은 다른 억압적 체제들과는 다르게 누가 실권을 장악하고 있는지, 누가 고정되게 어떠한 업무를 맡고 있는지, 어떠한 경로로 구성원들에게 명령이 내려오는지가 불분명합니다. 물론 전체주의 이데올로기상에서 이 운동에 없어서는 안 될 기능을 맡고 있는 지도자와 그의 최측근들이 고정된 채로 있기는 합니다만, 그로부터 내려오는 명령의 경로 역시 고정되어 있지는 않습니다. 전체주의 체제의 하부 조직들이 담당하는 임무는 끊임없이 변화하며, 조직들은 끊임없이 생겨났다가 분화되었다가 없어졌다가 하기 때문입니다. 예컨대 나치 돌격대가 갖던 영향력을 나치 친위대가 대체하고, 나치 친위대에서 돌격 전문 부대, 해골 부대가 나오고, 해골 부대가 해체된 후에는 무장 친위대가 되고, 비밀 정치 경찰대인 게슈타포가 보안 경찰에 흡수되었다가, 국가 보안 본부로 일원화되고 하는 것처럼 말입니다.

심지어 이 체제에서는 동일 업무가 두 개 이상의 복수 조직들에게 할당되곤 합니다. 예컨대 국가 기구 내 조직 중 하나, 비밀경찰 조직 중 하나, 나치당 조직 중 하나가 동일한 임무를 떠안을 수 있습니다. 이러한 동일한 기능을 하는 복수의 기관들은 서로 공조해서 일을 하지도 않고, 서로 연합을 할 수도 없습니다. 양 조직은 같은 임무를 맡고 있으면서도 서로가 어떤 임무를 하고 있는지 모르는 경우가 많으며, 서로가 어떤 임무를 하는지 알더라도 대개는 서로 경쟁하거나 서로가 반동적 태도를 취하지는 않는지를 감시하기 때문입니다. 요컨대 복수의 동일한 기능을 하는 기관들 속에서 그 기능의 총책임이 정말로 어느 조직에 주어졌는지, 즉 한 임무의 진짜 실권자가 누구인지는 좀처럼 잘 드러나지 않습니다.

게다가 이 체계에서는 끊임없이 인사 이동이 이루어지며, 따라서 한 사람이 한 조직에 고정된 직책으로 오랫동안 머무는 경우가 거의 없습니다. 심지어 한 사람이 복수의 직책을 맡는 경우도 허다하고요. 국가 기구 직책 하나, 당 조직 직책 하나와 같은 형식으로 말이지요. 끊임없는 승진과 좌천, 부서 이동, 심지어 갑작스러운 수용소행 및 숙청 등은 이 체제의 고유한 특징인 것입니다. 이 탓에 전체주의 조직은 매우 비효율적입니다. 이는 일관된 임무와 역할이 주어지고 그로써 조직 구성원들이 하나의 임무를 전문적으로 수행하곤 하는 다른 억압 정치체들에서는 좀처럼 찾아볼 수가 없는 현상입니다.

그러나 이는 전체주의 운동을 이끌어 나가는 데에는 큰 장점으로 작동하기도 합니다. 전체주의 체제에서는 구성원 모두가 운동의 원대한 궁극적 목적에 맞추어 제 기능만을 수행할 뿐, 자신이 무엇을 하고 있는지를 제대로 알고 있으면 안 되기 때문입니다. 자신이 무엇을 하고 있는지, 즉 자신이 어떤 범죄에 공조하고 있는지를 알고 있다면, 혹은 자신이 지금 이 체제에서 어느 정도 권력을 가지고 있는지를 알고 있다면 그는 언제든지 체제에 불만을 갖는 위험 분자가 될 수 있으니까요. 아울러 이 조직 형태 속에서 그에게 명령이 하달되는 방식은 언제나 다르기 때문에, 그는 자신에게 주어진 임무에 대한 명령이 출발한 곳이 언제나 지도자의 직접적인 의지라고 생각하게 되기 쉽습니다. 명령이 항상 고정된 절차를 거치게 된다면, 그것은 상급 기관이나 직속 상사의 의지가 반영된 것이라고 생각하기 쉽지만, 그렇지 않을 경우에는 결국 명령의 가장 근원적인 출발점을 상정할 수밖에 없기 때문입니다. 이렇게 자신의 임무가 지도자의 의지가 직접 반영된 것으로 여겨지는 경우에는 구성원들이 그 임무를 자부심을 가지고 성실히 수행할 수밖에 없겠지요. 위대한 지도자가 내게 이 임무를 직접 부여했는데, 어떻게 그 임무를 성실하게 수행하지 않을 수 있겠습니까?

이는 모든 범죄적 행위의 책임을 위대한 지도자가 떠안고 있는 것이 되기에 좋은 구조이기도 합니다. 권위주의정이나 전제정에서는 지도자가 큰 실수를 저지를 경우, 부하나 특정 신하 및 신민에게 그 책임을 전적으로 떠넘겨 버리는 경우가 많습니다. 그러나 전체주의 체제에서는 모든 임무 수행이 그 자체로 지도자의 직접적인 의지를 실현하는 것이기 때문에, 모든 행동의 결과가 오직 지도자의 책임으로 돌려집니다. 임무 수행 중 실수가 발생하더라도 그것을 책임질 사람은 오직 지도자뿐입니다. 아니, 더 정확히 말하자면 지도자는 실수를 저지를 리가 없습니다. 왜냐하면 지도자나 지도자의 화신이 실수한 것은 그 실수를 '우리 운동의 승리를 향한 한 과정'으로 끼워맞추기만 하면 되기 때문입니다(이러한 차원에서 아마 지도자는 그 실수조차도 계산에 넣고서 우리에게 명령을 내렸을 것이라고 믿어지게 되겠지요). 혹은 그 실수와 관련된 모든 이들을, 그 실수가 발생한 부서 전체와 그와 관련된 기록들을 모조리 없애 버리면 그것은 더 이상 실수로 남아 있지 않을 것이기 때문입니다.

이 조직 형태는 구성원들이 서로 연대하는 것을 불가능하게 만드는 데에도 참 좋습니다. 이러한 조직 형태에서는 이동이 잦기 때문에 조직 구성원들이 서로 친해질 시간도 거의 없으며, 심지어는 서로가 끊임없이 낯선 동료들을 경쟁 대상으로 생각하거나, 반동분자는 아닌지 감시할 수밖에 없는 상황에 놓일 것이기 때문입니다. 그런데 한 체제에 대한 반발은 타인들과 함께 권력을 형성하여 대항하지 않는 한, 사실 매우 힘들 수밖에 없지요. 따라서 전체주의 체제에서는 그것이 아무리 폭압적인 체제였을지라도 내부 조직에서의 반발들이 극도로 조금밖에 일어나지 않았습니다.

아렌트는 대체로 이 체제를 무정형으로 설명하긴 합니다만, 이 체제가 어떤 측면에서 보자면 양파의 구조를 닮았다고 보기도 하는데요. 아시다시피 양파는 여러 겹의 층으로 이루어져 있습니다. 아렌트의 비유에 따르면 명령이 출발하는 곳, 즉 운동의 지도자는 양파의 중심부에 위치해 있습니다. 그 바로 바깥층에는 그의 최측근인 나치당이나 소련 공산당의 지도부가 있을 것이며, 그 바깥층에는 초엘리트 당원 및 비밀경찰 등이 있을 것입니다. 또 그 바깥층에는 엘리트 당원들이, 그 바깥층에는 평당원들이, 그리고 그보다 바깥층에는 그 운동의 지지자들이, 그리고 제일 바깥층에는 일반 대중이, 양파의 표면 바깥에는 비전체주의적 대중들이나 비전체주의적 국가들이 있을 것입니다. 물론 우리는 이 다양한 층이 언제나 고정되어 있는 것이 아니라는 점을 기억해야 합니다. 왜냐하면 어느 한 층에 속한 사람들은 언제든지 제일 바깥층으로 밀려날 수도 있고, 때로는 안쪽에 있는 층으로 급격하게 들어갈 수도 있으며, 그 와중에도 언제든 새로운 층이 사라지고 등장할 수 있기 때문입니다.

아렌트는 이 비유를 통해 양파의 중심부에 가까운 층에 놓인 집단일수록 더 급진적이고 호전적이며, 더 비현실적이라는 점을 드러내고 싶어 했습니다. 왜냐하면 중심부에 가까운 층에 포진된 집단은 자신과 접하고 있는 바로 바깥층을 통해서만이 현실적인 것과 마주할 수 있을 것이기 때문입니다. 예컨대 지도자는 자신들의 최측근을 통해서만 현실을 마주합니다. 최측근 집단은 초엘리트 집단이나 비밀경찰들을 통해서 현실을 마주하고, 그것보다 바깥층에 있는 그룹들도 모두 그러합니다. 이로써 양파 안쪽에 있는 자들은 자신들이 가진 이데올로기와 운동의 본 목표 및 이상에 언제나 집중할 수 있습니다. 현실은 그의 목표와 이상이 헛된 것임을 끊임없이 지적해 줄 터인데, 그에게 현실은 언제나 여러 층을 거쳐 왜곡된 형태로 부여되기 때문이지요.

그러나 양파 안쪽에 있는 층에 있는 집단일수록 바로 바깥층의 집단에 대해서는 최대한 현실적으로 다가가려 합니다. 왜냐하면 자신보다 바깥층에 있는 집단은 자신들보다 현실 영역과 가까운지라, 현실과 동떨어진 숭고한 이데올로기적 목적과 이상을 도무지 이해할 수 없을 것이기 때문입니다. 여기서 바로 '선전'이 필요해집니다. 그렇지 않고서야 자신보다 바깥층에 있는 이들을 포섭하는 것은 불가능할 테니까요. 따라서 양파 구조에서는 바깥쪽 껍질에 속한 사람일수록 양파 껍질 안쪽의 층들이 어떻게 굴러가는지를 잘 모르며, 이에 그들의 운동은 더 먼 외부의 시선에서 볼수록 비교적 정상적으로 보일 수 있습니다. 양파 안쪽에 있는 이들, 즉 나치 엘리트들의 본 목적이 사실은 현실적이지 않다고 하더라도, 그것은 결국 양파의 바깥쪽 층의 수준에 맞추어진 선전을 통해 전해지기 때문에 양파 바깥쪽에 포진한 이가 감각으로 마주하는 현실보다 더 현실적이고 정상적으로 보일 가능성도 크고요. 따라서 양파 바깥에 있는 비전체주의 국가들이나 대중들의 시각에서 볼 때에도, 이 체제는 매우 잔악하긴 하지만 꽤 그럴싸한 합리적 논리를 갖추고 있고, 또 비교적 정상적인 형태를 보이는 것처럼 여겨질 수도 있습니다. 아렌트에 따르면 그것이 바로 전체주의를 비판하는 이들조차 그것의 조직이 새로운 정부 형태가 아니라, 전제정이나 권위주의정이 극단화된 형태로만 생각하게끔 만들어 주는 조건이 되었지요. 이 양파형 조직을 그림으로 그려 보면 아마 다음과 같을 것입니다.

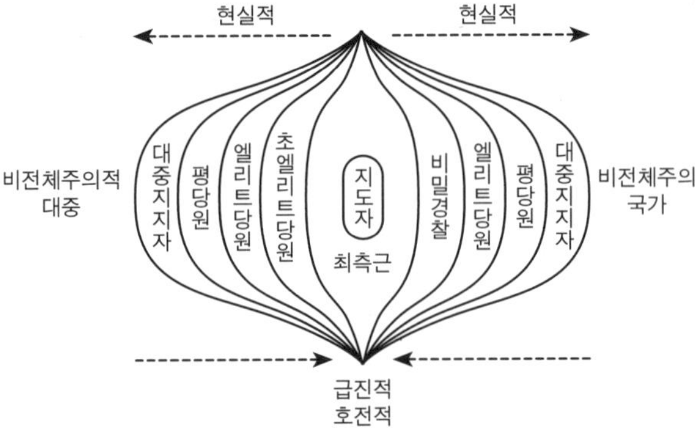

전제주의 체제

이 양파의 범위는 끊임없이 확장되어야만 합니다. 다시 말해 끊임없이 양파의 새로운 층이 창출되어야만 하는 것이지요. 아렌트가 보기에 전체주의 운동이란 세계 전체를 장악할 때까지 팽창해 나가야 하기 때문입니다. 이들에게는 독일을 완전히 지배하고, 러시아를 완전히 지배하는 것도 실은 그저 세계 지배 내지는 총체적 지배를 향해 나아가는 하나의 과정일 뿐 궁극적인 목표가 아닙니다. 아렌트는 이러한 맥락에서 파시스트 정권도 전체주의와는 다른 형태라고 보았습니다. 왜냐하면 파시스트 정권 같은 경우에는 당을 통하여 특정한 범위의 정치체를 완벽하게 장악하는 것을 넘어선 목적으로 좀처럼 나아가지 못했기 때문입니다.

아렌트에 따르면 히틀러와 나치 엘리트들이 한때나마 존경을 표한 이탈리아의 무솔리니조차 일당 독재 이상의 정치적 상상력을 발휘하지는 못했어요. 무솔리니는 자신의 운동이 전체주의 운동이라고 공언했지만, 훗날 나치가 보기에 이는 우스운 말이었을 뿐입니다. 그 운동은 과잉된 민족주의, 폭력적 국수주의를 추구하긴 했지만 단지 그뿐이었지요. 파시스트들은 단지 '특정한 영역 내에서'

절대적 지배를 잘 유지하기 위해 체계화되고 고정된 억압 질서를 마련하는 것만을 중요하게 생각했습니다. 파시스트 정권들이 국가 요직 전부에다가 자기 당의 유력한 지도 인사들을 모조리 심어 둔 것도 바로 이러한 맥락에서였지요. 파시스트 정당 입장에서 볼 때 이는 너무나도 당연한 것이었습니다. 왜냐하면 파시스트 정당은 보통 자신의 당이 좌파 정당이나 우파 정당을 넘어서 있다고 주장했고, 더 나아가서는 자신들의 당이 현 국가를 초월해 있다고 주장했기 때문이지요.

물론 아렌트가 지적하듯, 전체주의자들의 당 역시 어떤 특정 계급의 이익을 반영할 수밖에 없는 좌우파 정당을 초월해 있으며, 분명히 국가를 넘어서 있습니다. 그러나 이들에게는 국가 기구를 장악하여 그 기구를 활용해 통치를 하는 것이 별로 중요하지 않습니다. 국가 기구에 지나치게 집중하는 것은 결국 현재의 통치 시스템을 안정화시키고, 이로써 기껏해야 '악랄한 근대형 국가'에 머무는 데 그칠 뿐이기 때문입니다. 이러한 안정된 질서가 마련된 국가는 앞서 살펴본 바대로 유동적이라는 장점을 가지고 있는 전체주의 조직이 자신들의 궁극적 승리를 향해 끊임없이 운동해 나가는 것을 방해할 수 있습니다. 안정된 억압적 국가 체제란 단지 한 지역을 장악하여 지배하는 것을 추구할 때에만 유용할 뿐입니다. 그러나 단순한 민족주의를 넘어서 있는, 그리고 근대적 국가 형태를 넘어서서 더 위대한 목적을 추구하는 운동에서 국가 기구는 그저 그 운동의 보조적인 역할, 심지어는 그다지 쓸모없는 역할을 할 뿐입니다.

물론 나치도 대중 선전 과정에서 파시스트들이 사용한 민족주의적, 애국적 구호를 활용했으며, 국가 기구 전체에 자신들의 당원을 심어 놓기도 했습니다. 그러나 그들에게 "게르만 인민에게 좋은 것이 올바른 것이다"라는 민족주의적 구호란 어디까지나 자신들의 숭고한 목적을 이해하지 못하고서 아직 근대적 상식의 세계를 살아가고 있는 양파 바깥층의 대중들에 대한 선전 도구였을 뿐이며, 나머지 국가 요직들은 대체로 당에서 이미 영향력을 잃은 이들로 채워지곤 했습니다(물론 예외도 있었지요. 예컨대 선전 장관 괴벨스와 같은 경우처럼 말입니다). 스탈린 역시 나치와 마찬가지로 국가 기구를 하찮게 만들어 버렸어요. 예컨대 그는 레닌이 조직화에 열성을 기울인 소비에트를 파괴하고, 그것을 당과 비밀경찰의 하수인으로 전락시켜 버렸습니다.

오히려 전체주의는 협소한 극우 민족주의의 구호를 넘어서 세계 전체의 지배를 추구해야 합니다. 전체주의 운동이 자신들의 운동이 추구하는 바가 오류가 아니라는 점을 증명하기 위해서는 '사실'들을 통제할 수 있어야 하기 때문입니다. 사실들을 통제한다는 것은 정말로 어마어마하게 큰 권력을 필요로 하지요.

좀 쉬운 예를 들어서 생각해 봅시다. 제가 누군가에게 지하철은 모스크바밖에 없으며, 공산주의 혁명을 해야지만 지하철을 만들 수 있다는 거짓말을 했다고 쳐 봅시다. 이를 완벽한 거짓말로 만들기 위해서는 어떻게 해야 할까요? 우선 저는 베를린, 런던, 파리, 도쿄, 서울 등 지하철이 있는 도시에 다녀온 적 있는 이들을 모조리 없애야 합니다. 그런데 이것으로 충분할까요? 저는 그들과 친분이 있는 자들을 모조리 조사해 보아야 합니다. 그들이 누구에게 다른 도시에서 지하철을 봤다고 말했을지 모르잖아요. 그러고서 의심이 가는 사람은 웬만하면 제거해 버리는 편이 좋겠습니다. 여기서 그칠 수 없지요. 이 거짓말의 완벽성을 기하기 위해 가장 중요한 것은 그 도시들에 있는 지하철을 직접 파괴시켜 버리는 것이니까요. 즉 이 거짓말을 완벽하게 만드려면 그 도시들을 직접 장악해야만 합니다.

참 황당무계하다고요? 그렇습니다. 그러나 이를 황당무계하다고 생각하는 것은 우리가 아직 하찮은 상식에 의존하고 있기 때문일 뿐입니다. 전체주의자들한테는 이게 하나도 황당무계하지 않습니다.

이는 실제로 전체주의자들이 거의 유사하게 활용했던 거짓말이기도 합니다. 아렌트는 이러한 차원에서 전체주의 운동의 완벽한 거짓말에 대해서 다음과 같이 정리합니다. "히틀러나 스탈린의 경우에서 보는 것처럼 […] 그것을 이루려는 권력이 거의 전능하다고 할 정도의 수준에 도달해야만 그런 일이 가능하다. [스탈린이 진정한 공산주의 혁명의 후계자라는 것을 증명하기 위해] 러시아 혁명 기간에 있었던 트로츠키의 역할을 역사에서 지우려면 그를 죽이고 또 그의 이름을 러시아의 모든 기록에서 제거해 버리는 것만으로는 충분치 않다. 그의 모든 동시대인을 죽이고 또 지상의 모든 국가에 존재하는 도서관과 기록물 보관소에 대한 권력을 행사하지 않는 한 말이다."[2] 그렇게 전체주의자들에게서는 '모든 것이 가능해집니다.' 사실조차 전적으로 통제할 수 있는데, 도대체 이 지구상에서 불가능한 것이 뭐가 있겠습니까?

아렌트의 이데올로기론

사실을 통제하는 힘이 전체주의자들에게 특히나 중요한 이유는 무엇보다도 전체주의자들에게는 자신들이 신봉하는 이데올로기, 즉 역사/자연 법칙이 참이라는 것을 증명해야 하는 임무가 주어져 있었기 때문입니다. 참고로 저는 인간 세상에서 작동하는 모든 권력 작동 및 그와 관련된 사회 관계들을 이데올로기 개념을 통해 전부 설명할 수 있다고는 생각하지 않습니다. 그러나 저는 탈-이데올로기 시대로 함부로 명명되기까지 하는, 더 정확히 말해서 탈-이데올로기 담론들조차 구닥다리가 되어 버린 오늘날에도 이데올로기 개념을

2) 한나 아렌트, 『공화국의 위기』, 김선욱, 이양수 옮김, 한길사, 2011, p.45.

통해 과거와 현실의 권력 작동 방식을 이해하는 작업은 매우 중요하다고 생각합니다.

아렌트 역시 전체주의 운동을 이해하기 위하여 이데올로기 개념에 주목한 철학자 중 한 명이지요. 물론 아렌트는 이데올로기 개념을 굉장히 좁은 의미로 사용했습니다. 보통 이데올로기가 참된 지식에 도달하는 것을 방해하는 허위의식이나 지배 권력에 의해 왜곡된 현실에 대한 이념, 혹은 자신과 대립하는 정치적·계급적 입장을 가진 개인이나 집단이 "왜곡과 은폐의 과정을 통하여 어떠한 지식이나 앎도 없이 그들의 상황을 표현하는 것"[3]의 의미로 폭넓게 활용되었다는 점을 생각해 본다면 말입니다. 혹자는 이러한 차원에서 다음과 같이 말합니다. "아렌트가 '이데올로기'의 역할에 대해 언급했을 때, 그녀는 특별히 이 단어를 일반적으로 사용되는 것보다 더 좁은 의미로 사용했다. 그녀에게서 이데올로기의 중요한 특징은 과거와 미래를 설명하기 위해 주장되는 것인 동시에 논리적인 일관성을 갖추고 있는 것이다."[4]

여기서 '과거와 미래를 설명하기 위해'라는 표현은 곧 이데올로기가 역사적인 성격을 갖는 것이라는 점을 보여 줍니다. 그리고 이데올로기가 논리적인 일관성을 가지고 있다는 것은 곧 그것이 그 자체로 과학성을 확보하려 한다는 점을 보여 주지요. 이데올로기는 애초에 이념이라 번역되는 'idée'와 과학 내지 학문으로 번역되는 '-logie'의 합성어이기 때문에, 방금 말한 이 두 특징을 합해서 생각해 보자면, 결국 그것은 역사 과정과 일치하는 특정 이념의 논리적 전개 과정에 대한 과학이라고 볼 수 있습니다.

3) Paul Ricoeur, *The Lectures on Ideology and Utopia,* New York: Columbia University Press, 1986, p.1.
4) Magaret Canovan, *Hannah Arendt: A reinterpretation of her political thought,* Cambridge University Press, 1992, p.26.

참고로 이데올로기의 '이념'은 플라톤이 이야기한 이데아idea와 어원만 같을 뿐 전혀 다른 성격을 갖습니다. 플라톤의 이데아는 감각 세계의 영역을 넘어서 있는 영원한 것, 즉 무시간적이고 비역사적인 영역의 것입니다. 반면 이데올로기의 '이념'은 변하는 영역의 것들, 현실 역사에 대한 것이며, 그것의 '필연적인 운동 과정, 운동 법칙'이기도 하지요. 다시 말해 플라톤의 철학은 무시간적이고 완벽한 이데아적 모델로 현실을 이끌어 가는 이상주의의 가능성을 담고 있지만, 이데올로기의 이념은 애초에 시간이 흘러가고 있는 역사적 현실 자체 내에서 작동하는 논리적 전개 과정일 뿐입니다. 이러한 차원에서 그것은 현실 및 역사 과정과 무관한 기호논리학, 흔히 생각하는 현대의 영미철학 식의 논리학이 아니라, 사유의 법칙과 전적으로 일치하는 역사와 현실 과정 자체의 법칙에 대한 논리학이기도 한 것이지요.

이게 뭐가 문제냐고요? 우리의 현실은 원래 운동 중이고 모든 것은 변하는데, 그러한 사실을 다루는 이념들이 뭐 이상할 게 있냐고요? 네. 저 역시 일정 부분 그렇게 생각합니다. 그러나 "나는 이 세계 전체의 필연적인 운동 법칙으로서의 이념을 알고 있다!"고 선언한 자가 현실 영역에서 벌어지는 모든 사건들을 자신이 진리라 확신하는 그 이념으로만 파악하게 된다면 어떻게 될까요? 그것이 정말로 현실적인 이념이라고 할 수 있을까요?

아렌트에 따르면 우리가 '인간 세계' 내에서 마주하는 현실과 역사의 흐름은 필연적인 것으로 상정되어 왔던 자연 세계의 법칙과 다르게 우연적인 사건들로 가득 차 있습니다. 아무리 그 과정을 예측하려 해 보았자, 그것은 언제든지 빗나가 버릴 수 있는 것이지요. 아렌트는 이런 차원에서 현실이 '존재의 기적'으로 가득 차 있다고 보기도 합니다. 즉 온갖 존재들은 어떤 정해진 법칙으로 도무지 그 정체를 온전하게 설명할 수 없는 것들이기에, 그리고 이 세계에 전적으로 새로운 것으로서 출현하는 것들이기에 그 자체로 기적적이라는 것입니다. 특히 아렌트가 주목한 인간의 탄생이란 얼마나 경이롭습니까? 한 인간의 탄생은 그 자체로 독특한 한 존재자의 출현인 동시에, 그 이후에도 끊임없이 새로운 것을 시작할 수 있는 가능성을 가진 존재자의 출현이니 말입니다.

이러한 현실이 가진 예측 불가능한 특징, 기적적인 특징은 필연적 역사 법칙을 알고 있는 자, 즉 이데올로기에 빠져 있는 사람에게는 별로 중요한 것이 아닙니다. 그는 그것들을 모두 자신이 따르는 이념으로 설명 및 증명할 수 있다고, 아니 어차피 자신의 이념대로 세계가 작동할 것이라고 자부할 것이기 때문입니다. 제가 아렌트의 이야기론을 다루면서 말씀 드렸듯, '설명 및 증명할 수 있는 것'은 더 이상 기적적인 것이 될 수 없기 때문에, 이 세계가 그에게 경이를 안겨다 주는 일은 결코 없을 것입니다. 이러한 맥락에서 역사/자연 법칙과 전혀 부합하지 않는 듯 보이는 다양한 우연적인 현실 사건들도, 심지어는 생생하게 다가오는 감각의 내용들조차도 그에게는 어떠한 교훈도 줄 수 없습니다. 애초에 이데올로기에 함몰된 이는 그것들을 전혀 볼 수 없거나, 아니라면 기껏해야 그것들을 자신이 확신하는 이념의 논리적 전개 과정 안에다 끼워 맞출 뿐이기 때문입니다.

그는 그렇게 역사 영역에, 자신의 일상적인 경험 영역에 자연법칙과 유사한 성격의 필연성을 부여합니다. 이러한 차원에서 "이데올로기는 항상 하나의 이념이 그 전제로부터 모든 것을 설명하기에 충분하다는 것을 가정하며, 경험은 그것에 대해 어떠한 것도 가르쳐 줄 수 없습니다. 왜냐하면 모든 것은 이 논리적 연역의 일관된 과정 속에서 이해되기 때문입니다."[5] 그렇게 그 이념은

5) OT, p.470.

세상 모든 것의 '전제'가 됩니다. 그 전제가 '참인지'조차도 더 이상 중요하지 않습니다. 일단 그것을 받아들이기만 한다면 모든 것을 논리적으로 추론할 수 있게 되며, 실제로 그에게는 현실을 읽어 낼 수 있는 또 다른 틀이 마련될 여지가 없을 테니까요. 즉 그는 이 세상 모든 것들을, 그리고 과거, 현재, 미래 전체를 한 이념으로부터 만들어진 전제에 따라서 일관되게 연역해 낼 수 있게 될 것입니다.

이는 아렌트에 따르면 자유로운 사유thought, thinking의 가능성을 가로막아 버리는 태도입니다. 물론 사유를 '지성의 작용'이라고만 생각한다면, 이러한 아렌트의 주장이 좀 이상한 말처럼 들릴 것입니다. 왜냐하면 이데올로기적인 논리적 추론 과정은 어쨌거나 지성을 사용하는 것이기 때문입니다. 그러나 아렌트가 사유하는 자의 모델로 자주 언급하곤 하는 소크라테스 식의 사유를 이데올로기적 추론과 대비해 본다면, 이 주장의 의미는 명확해 집니다. 예컨대 우리가 갑자기 마주친 어떤 주제나 사건에 대해서 '어떠한 절대적 전제를 깔아 놓지 않고서 생각'하는 경우를 떠올려 봅시다. 저 같은 경우에는 사유를 할 때 내면에서 온갖 놈들이 대화를 나눕니다. 'A는 도대체 뭐지?' 'A는 당연히 B지.' '그러고 보면 A는 C이기도 한데?' '어? 그런데 B는 C가 아니잖아. 그럼 A는 B가 아닌 걸까?' 이러한 방식의 내면적 대화는 그동안 당연하다고 여기고 있던 것들을 해체해 버리기도 합니다. 즉 자유로운 사유 활동의 과정에서 나의 내면에서는 둘 이상의 자아가 서로 대화를 나누면서 끊임없이 기존 것들을 해체하고 새로운 내용을 생산해 내고 있는 것입니다. 그리고 이로부터 진리에 도달하지 못할지라도, 나름 일관된 의미를 갖는 의견doxa들이 형성되기도 하지요.

그런데 이데올로기적 추론이란 어떻습니까? 그 추론에서는 자유로운 내면의 대화가 가로막혀 버립니다. 왜냐하면 일관된 논리적 이념은 '이미 주어져 있는 것'이고, 나는 그것을 전제로 세상 모든 것을 그 이념에 끼워 맞춰 내기만 하면 되기 때문입니다. 이데올로기의 이념은 애초에 자연/역사 법칙의 운동이기 때문에 세상에서 벌어지는 모든 것들과 '이미 일치'해 있는 것입니다. 자신이 당연하게 받아들이고 있지만 따지고 보면 정말로 그러한 것인지 애매한 것들은, 그리고 현실에서 벌어지고 있는 '존재의 기적'들은 나 자신과의 대화인 사유를 유발하곤 하지만, 이데올로기를 따르는 자에게 그것들은 그저 고정된 이념에 따라 이루어지는 추론에 맞게 끼워 맞출 과정들, 계기들일 뿐입니다. 그렇게 과거와 현재에 벌어진 모든 사건들이, 그리고 미래에 벌어질 사건들조차도 한 이념의 논리 과정 안에 포섭되어 버립니다. 이제 과거-현재-미래를 한 이념이 가진 일관된 법칙으로 모두 설명할 수 있게 되는 것입니다.

참고로 아렌트가 전체주의 체제로 평가하는 두 체제, 즉 나치 체제와 스탈린 치하의 소련 체제에서 지도자들은 스스로가 역사/자연 법칙에 의거한 추론에 엄청나게 특화되어 있다고 자부했어요. 히틀러는 자신의 "얼음처럼 차가운 추론 능력"을 자랑했고, '올바른 지도력'이 변증법적 유물론에 대한 신봉으로부터 나온다고 생각했던 스탈린은 "자신의 변증법이 가진 무자비함"[6]을 자랑했지요. 그들이 외교적 정세에 따라 동맹 세력과 적을, 수용소로 보내야 할 사람들의 범주를 마음대로 바꾸어 냈으면서도 그것들을 언제나 자신들이 신봉하는 역사/자연 법칙과 일치시킬 수 있었던 것은 아마도 그들이 가진 이러한 탁월한 논리학적 능력 덕분이었을 것입니다. 더 정확히 말해서 자신들이 추진하는 모든 정책을 자신이 가진 이념에서 추론해 낼 수 있었기 때문에 가능했던 것이었지요.

예컨대 자본주의의 최고 단계로서의 파시즘 체제로 나치를 평가했던 공산주의자들의 수장인 스탈린이, 공산주의는 역사

6) OT, p.471.

과정상 패퇴할 수밖에 없다고 믿었던 나치의 수장인 히틀러와 어떻게 한때나마 불가침조약을 맺을 수 있었겠습니까? 아리아 인종의 승리를 향해 가던 나치가 어떻게 열등한 인종으로 구성된 일본 제국주의와 동맹을 맺을 수 있었겠습니까? 히틀러와 스탈린이 수용소에 가둔 이들 내지 숙청한 이들은 어쩜 그리도 일관성이 없어 보인답니까? 이러한 물음들은 히틀러와 스탈린 앞에서 어리석은 질문일 뿐입니다. 왜냐하면 이러한 질문들을 던진다는 것 자체가 이미 정해진 역사/자연 법칙에 맞추어서, 즉 이데올로기에 맞추어서 현실을 추론할 수 있는 능력이 없음을 방증해 주는 것이기 때문이지요.

이데올로기가 테러를 만났을 때: '쇠퇴할 인종'과 '객관적 적'

나치가 이데올로기를 대중들에게 선전하는 방식을 조금 더 자세히 살펴봅시다. 그들의 이데올로기는 아리아 인종의 승리와 나치의 세계 지배가 필연적인 것이라는 내용을 담고 있습니다. 그런데 이 인종 법칙은 일단 적 내지는 쇠퇴할 인종으로부터의 승리를 전제로 합니다. 다시 말해 아리아 인종의 승리를 향한 역사의 운동이 진행되고 있다는 것을 증명하기 위해서는 아리아 인종이 이겨 내야 할 적이 있어야 하며, 쇠퇴해야 할 인종이 있어야만 했던 것입니다. 그리고 마침 당대에는 '유대인이 모든 권력 배후에서 세계를 통치하고 있다'는 음모가 대중들 사이에서 널리 퍼져 있었지요. 물론 아렌트에 따르면 실제 역사적 사실들에 의거해 생각해 볼 때 이는 사실이 아니었습니다. 그러나 나치 당원들에게 이것이 사실인지 아닌지는 중요하지 않습니다. 그들에게 중요한 것은 자신들의 이데올로기를 증명하기 위해서라도, 적이자 쇠퇴할 인종인 유대인이 지금 배후에서 세계를 지배하고 있다는 사실의 증거를 어떻게든 위조해 내는 것이니까 말입니다.

"유대인을 제대로 파악하고서, 그들과 싸우는 최초의 민족은 세계 지배를 하고 있는 유대인의 자리를 탈취해 낼 수 있을 것이다"[7]라는 대중들이 기존에 가지고 있던 반유대주의적 의구심을 폭발시키는 괴벨스의 선전 문구 역시 바로 이러한 이데올로기에 의거할 때 출현할 수 있습니다. 그리고 이 선전 문구에 감화된 당원들, 대중들은 현실 속에서 자신들이 마주해 온 주변 유대인들의 모습은 무시한 채 곧바로 유대인들과 전투를 벌일 수 있게 될 것입니다. 심지어 전체주의 세력이 한 사회나 국가 권력을 전적으로 장악하는 데 성공하게 된다면, 그때에는 비로소 유대인들에 대한 총체적 테러가 국가적인 차원에서 실시될 것입니다. 참고로 전체주의자들에게 테러는 그냥 국지적인 차원에서 적의 수장 한 명 내지 일부를 죽이는 차원의 것이 아니라, 어차피 실현될 특정 인종 쇠퇴의 자연법칙을 집행하고 가속화하는 것입니다. 즉 이데올로기상 가만히 놔둬도 법칙상 패배하여 쇠퇴할 수밖에 없는 특정 인종 자체에 대한 절멸을 인위적으로 시도하는 것이지요. 당연히 절멸 수용소는 이 절멸 과정의 핵심 장소로 활용되겠고요.

유대인 절멸이 어느 정도 완성되면, '객관적 적'과 '쇠퇴할 인종'의 범주는 또 다른 이들에게로 옮겨 갈 것입니다. 아리아 인종 중에서도 유대인 조상을 가지고 있었던 이들로, 집시로, 동성애자들로, 폴란드인들로, 심장병과 폐병을 가진 독일인들로, 장애인들로……. 아렌트가 테러를 이데올로기와 함께 전체주의 운동의 핵심 운영 원리로 보았던 것은 이러한 전체주의자들의 태도와 긴밀히 맞닿아 있는 것이라고도 볼 수 있습니다.

7) OT, p.360.

테러의 피해자로 선정되는 이들의 기준은 우리의 눈으로 볼 때는 자의적인 것 같지만, 전체주의자들에게는 언제나 자연적/역사적 필연성에 따른 것일 뿐입니다. 즉 쇠퇴할 인종에 대한 자연법칙 내지는 미래에 도래할 인종, 계급의 승리에 의거해서 말입니다. 물론 아렌트에 따르면 테러란 과거 전제정들에서도 이루어지던 것이었어요. 심지어 프랑스 대혁명기 로베스피에르의 자유의 전제정에서조차 말입니다.

그러나 과거의 전제정에서 테러의 피해자가 되는 자는 정치적인 차원에서 집권 세력에게 어떻게든 위협이 될 만한 자들이었습니다. 그런데 전체주의 체제에서는요? 유대인들이 위협이 되는 자들이라고 음모론적으로 가정 및 선전되곤 했지만, 사실 그들은 정치적으로 권력이 거의 없었습니다. 제국주의 이전에는 그래도 부유한 유대인들이 몇몇 국민국가들에 재정 지원도 하고, 유럽 국가들 간의 세력 균형 상태를 유지하는 데 중요한 역할을 하면서 특권을 누린 것도 사실입니다. 그러나 아렌트가 지적하듯 제국주의가 본격화되기 시작하면서 상황은 바뀌었지요. 그간 공적인 영역에 적극적으로 참여하길 꺼렸던 부르주아들이 상품 시장의 확대 및 원자재의 저렴한 공수라는 자신들의 필요에 의해, 즉 식민화시키려는 곳에 나아가서 국가 권력으로부터 보호를 받기 위해 공적으로 영향력을 행사하기 시작하면서, 유대인들은 자신들이 설 자리를 잃어버립니다. 또 다른 나치 테러의 피해자들도 마찬가지입니다. 그들이 실제로 정치적으로 적이라고 볼만한 이들이라고는 전혀 생각할 수 없습니다.

게다가 그들이 기존의 법체계에서 딱히 범죄를 많이 저지르고 다니는 집단인 것도 아니었지요. 즉 전체주의 체제의 테러 피해자들은 절대다수가 무고했습니다. 그럼에도 전체주의 운동의 입장에서 보자면 그들은 명백한 유죄입니다. 왜일까요? 그것은 그들이 실정법을 어기지 않았더라도, 자연법칙상에서 사라져야 할 이들이었기 때문입니다. 그들은 실정법을 어기는 것보다 더 큰 죄를 지은 거나 마찬가지예요. 그들의 행동 탓이 아니라, 그 존재 자체로 말입니다.

아렌트에 따르면 이는 더 열등한 것으로 가정되는 이들에 대한 편견(오늘날 유행하는 용어로 생각해 보자면 혐오와도 맞닿아 있는 것들)과 다르며, 편견보다 정치적으로 훨씬 더 위험한 것이기도 합니다. 편견은 현대의 많은 철학자들이 지적하듯, 선-이해의 형식으로 우리가 무언가를 바라볼 때 언제나 작동하고 있는 것일 수 있습니다. 그것은 반드시 정치적으로 해로운 것으로만 작동하지는 않지요. 게다가 아렌트에 따르면 편견은 특정한 개별적 대상에만 작동하는 것이지, 보편적인 역사 법칙 속에서 그 대상을 판단하는 것이 아닙니다. 예를 들어 볼까요? "저 사람 유대인이야? 뭔가 꺼림칙하네. 난 그를 배척할거야"라고 생각하는 것과, "유대인은 지금 비록 세계를 배후에서 주물럭거리고 있지만, 아리아 인종의 승리를 향한 자연법칙에 따라 필연적으로 쇠퇴할 인종이고, 나는 그 법칙이 예견한 미래를 가속화하기 위해 그들과 싸울 거야"라고 생각하는 것은 매우 결이 다르지 않습니까?

전체주의 이데올로기가 가진 가장 큰 장점 중 하나는 바로 그것이 아직 도래하지 않은 먼 미래에 의존하고 있다는 점입니다. 즉 이 이데올로기는 과거와 현재에 벌어진 사건들을 결국 그 결과가 정해져 있는 먼 미래를 향한 과정, 예컨대 어떤 인종의 최종적 승리를 향한 과정으로 보기 때문에, 그 목적이 실현될 미래에만이 온전히 증명될 수 있습니다. 전체주의 이데올로기는 현재에 법칙을 당장 증명해야 할 필요성으로부터 해방되어 있었던 것이지요.

그런데 이 지점에서 혹자는 이렇게 물을 수도 있습니다. "나치야 그렇다 치고, 아렌트는 왜 도대체 스탈린 식의 변증법도 나치와 같은 수준으로 넣은 거야?"라고요. 이 질문이 특히나 중요한 이유는 아렌트가 나치 체제와 스탈린 치하의 소련 공산당 체제만을 '전체주의'라는 범주 안에 집어넣어 놓았고, 이 탓에 숱한 공산주의자들로부터 지금까지도 비판을 받고 있다는 점 때문입니다. 어찌 감히 위대한 스탈린 동지를! 어찌 감히 위대한 공산주의 운동을! 게다가 이러한 아렌트의 주장은 실제로 그것의 본 의도와 별로 상관없이 아렌트가 경멸하던 반공주의의 논리로 마구 사용되기도 했어요.

그러나 오해가 있을까봐 미리 분명히 말하건대, 아렌트는 마르크스의 철학을 그 자체로 이데올로기라고 생각하지 않았습니다. 아렌트가 보기에 마르크스는 단지 "이데올로기적인 사유로 가는 길을 열었"[8)]을 뿐입니다. 굳이 아렌트의 시각을 빌리지 않더라도 마르크스의 변증법적 역사유물론이 경험적인 것을 결코 무시하지 않으며, 어디까지나 현실을 읽어 내는 역사 과학 방법론일 뿐이라는 사실은 잘 알려져 있습니다. 마르크스는 전체주의자들과 달리 '개념 내지 이념의 역사'와 '현실의 역사'가 서로 구분된다고 생각하기도 했습니다. 예컨대 마르크스는 스탈린이 '이념적으로' 정식화한 역사 발전 5단계를 언급한 적이 있습니다만, 결코 '현실의' 모든 사회들이 그 법칙에 따라 발전한다고 보지 않았습니다. 즉 그는 현실에 구성된 사회들 모두가 '아시아적 생산양식→고대적 생산양식→봉건적 생산양식→근대 부르주아적 생산양식→이행기로서의 사회주의적 생산양식과 공산주의 생산양식'이라는 역사적 발전 단계에 맞추어 발전하지는 않는다고 본 거에요. 재미있게도 마르크스는 차르가 지배하는 봉건적 전통 농업 공동체 체제였던 러시아에서의 사회주의 혁명을 고민하며, 이 법칙과 현실이 일치하는 것이 아님을 밝히곤

8) 한나 아렌트, 『정치의 약속』, 김선욱 옮김, 푸른숲, 2007, p.109.

했는데, 정작 러시아의 혁명가 스탈린은 그 불일치를 무시했던 겁니다. 요컨대 마르크스는 결코 '고정된 하나의 이념'을 설정해 놓고서, 그 이념을 통하여 그것과 애초부터 일치되어 있는 현실적 사건들을 모조리 추론해 내라고 말하지 않았습니다. 게다가 20세기에 이데올로기화된 마르크스주의와 달리, 미래에 대한 섣부른 예측, 프롤레타리아트가 승리한 사회에 대한 상세한 기술은 마르크스 본인의 주된 과업이 아니기도 했고요. 그는 역사 과정에 대한 인식이 '미래에 대한 예언'에 의해서 증명된다고 여기는 태도를 결코 과학적인 방법이라고 보지 않았던 거예요.

그러나 마르크스가 논리적으로 기술한 역사 법칙이 후대에 '현실'과 무관하게, 그러나 '현실과 일치하는 것'으로 가정되어, 하나의 '도식화된 이념'으로 받아들여진다면 이야기는 달라집니다. 마르크스가 이론 및 현실과의 끊임없는 변증법적 관계를 고려하며 구성해 낸 텍스트들에서 도출된 '일부 명제'들이 일종의 '이념적 공식'이 되어 언제나 따라야 할 '대전제'처럼 받아들여지게 된다면 말이지요. 좀 위험한 발언일 수도 있겠습니다만, 이럴 경우 이념을 중심으로 현실을 파악하고자 한 관념론과의 대결 속에서 탄생한 '역사유물론적 방법'은 하나의 관념론적 이념의 형태로 다시 전락해 버리고 말 수 있습니다. 마르크스가 천착했던 당대 프롤레타리아트의 현실적 조건과 현행 자본주의 구조에 대한 탐구를 경시한 채, 단지 피지배 계급의 역사적 승리를 전제로 한 고정된 이념에 따르는 현실에 대한 논리적 추론만이 남게 된다면 말이지요.[9)]

9) "사회주의는 그것이 단순히 노동계급의 조건에 대한, 그리고 그 조건의 원인과 극복 방안에 대한 관점의 복합물인 한에서는 이데올로기가 아니다. 사회주의가 이데올로기가 되는 것은 그것이 과거를 설명하기 위해, 그리고 미래를 예측하기 위해 주장된 계급들 사이의 필연적인 투쟁에 대한 이론으로 제시될 때에만 그러하다." Magaret Canovan, *Hannah Arendt: A reinterpretation of her political thought,* Cambridge University Press, 1992, p.26.

아렌트는 이러한 차원에서 다음과 같이 말합니다. "변증법적 과정의 최초 명제가 모든 경험과 전적으로 무관한 결과로 모든 것을 연역해 낼 수 있는 논리적 전제가 될 때, 방법으로서의 변증법에서 이데올로기로서의 변증법으로 나아가는 단계는 완성된다."[10]

마르크스의 변증법적 유물론은 실제로 '테제-안티테제-종합테제'의 과정으로 '도식화'된 채, 그 도식과 일치하는 현실 세계의 역사 전체를 추론할 수 있는 무조건적 전제로 스탈린 치하 러시아에서 받아들여지게 됩니다. 그리고 마침 이 도식화된 변증법은 전체주의적 이데올로기로 활용되는 데 매우 유용한 특징을 가지고 있기도 합니다. 왜냐하면 변증법은 기본적으로 모순을 전제로 하기 때문에, 현실 세계에서 실제로 나타나는 우연적 현상들마저도 모두 일관된 법칙으로 설명해 낼 수 있다고 믿게끔 만들 수 있기 때문입니다. 아렌트에 따르면 "현실은 결코 논리적 결론을 위한 전제처럼 매우 정돈된 어떤 것으로 우리에게 나타나지"[11] 않습니다. 반면 모순을 그 이념 안에 이미 가지고 있는 이데올로기화된 변증법은 이 정돈되지 않은 현실의 우연성을 도무지 참을 수가 없습니다. 따라서 그들은 고정된 한 이념에 의거해 현실 세계에서 벌어지는 모든 우연적 요소들을, 그리고 새로운 시작 사건들을 애초에 모순을 포함하고 있는 정제된 논리학으로 설명해 내려 하지요.

아렌트에 따르면 스탈린은 이러한 도식화된 논리적 이념을 그것과 일치한다고 가정된 현실의 모든 것들에 대한 전제로 적극 활용해 냈고, 또 이를 테러를 위해서도 적극 활용합니다. 애초에 진보를 위한 모순을 상정하는 역사 법칙은 '부정의 부정',

10) PP, p.74.
11) CR, p.12.

'지양을 통한 발전'을 위해 폐기해야 할 적들을, 즉 결국 패배하여 소멸할 집단인 반동분자들을 끊임없이 만들어 낼 것을 요청하기 때문입니다. 그리고 그들이 적이라는 것은 실제 현실이 아니라, 현실과 애초부터 일치되어 있다고 가정된 냉철한 변증법적 이념이 증명해 줄 것입니다. 이 과정을 통해 만들어진, 필연적으로 쇠퇴할 적들은 그냥 '적'도 아니고, 필연적인 역사 법칙에 대한 적이기 때문에 '객관적 적'이라 불립니다. 그리고 그 유명한 대숙청 과정에서도 이러한 논리는 실제로 결정적인 역할을 했습니다. 나치가 아리아 인종의 승리라는 이념을 가속화하기 위하여 쇠퇴해 가는 인간들을 끊임없이 만들어 낸 것처럼, 스탈린 치하 소련도 프롤레타리아트의 승리를 향한 이념을 현실 속에서 증명해 내기 위하여 쇠퇴할 계급 내지는 반동분자들로 가정되는 '객관적 적'들을 끊임없이 만들어 낸 것입니다.

그렇게 본인은 부르주아나 부농 계급이 아니면서도 조상 중에 부르주아나 부농이 있었던 이들이, 폴란드계 러시아인들이, 러시아에 거주하는 독일인들이, 그리고 실은 아무런 증거도 없이 반동으로 몰린 이들이 역사의 발전적 지양을 위하여 희생되었습니다. 세계를 차지하려 하는 트로츠키파의 음모가 인위적으로 만들어지고 거기에 동참한 자로 가정되어(아니 확신되어) 죽임을 당하거나 강제 노동 수용소로 끌려간 이들도 상당히 많았고요.[12] 아렌트에 따르면 누구든 언제든지 이 희생자에 포함될 수 있을 정도로 이 객관적 적은 자의적으로 선정되었어요. 아무것도 모르고 농촌에서 살아가던 러시아 인민들, 충직하고 유능한 공산주의 당원들에서부터, 외국 각지에서 몰려온 탁월한 공산주의 혁명가들에 이르기까지 말이지요.

12) 그렇게 러시아 내무인민위원회 비밀경찰한테 체포된 사람은 대숙청 기간 동안만 무려 150만가량 되었고, 그중 대다수가 유죄 판결을 받고 또 반 정도가 처형을 당하게 됩니다.

스탈린의 러시아와 관련하여 아렌트가 특히 주목하는 것 중 하나는 이 체제에서는 객관적 적 만들기 프로젝트의 희생자들 중 상당수가 '스스로 죄를 자백했다'는 거예요. 그들 중 상당수가 그 죄를 실제로는 짓지 않았음에도 불구하고 말이지요. 나치 치하 피해자들도 별다른 저항 없이 가스실로 걸어 들어갔다고는 하지만, 스스로 죄를 자백하는 것보다는 조금 덜 기이해 보일 지경입니다. 물론 자백이라는 결론에 도달하기 위해서는 엄청난 고문이 이루어지긴 했겠지만요. 더 놀라운 것은 스스로 죽을 것을 알면서도 죄를 고백했던 이들 중 상당수는 적어도 자신이 공산주의 사회 건설이라는 숭고한 운동의 일원이었다는 것을, 그리고 암묵적으로는 자신의 희생도 공산주의 실현을 위한 것이었다는 사실을 받아들여 주길 원했다는 점입니다.

아렌트는 이 자백의 메커니즘을 러시아 전체주의의 고유한 특징이라 묘사하며, 객관적 적으로 몰려 버린 자의 꽤 흥미로운 회상을 인용하기도 합니다. "정부 당국자들은 내가 결코 한 적도 없는 사보타주를 저질렀다고 자백하라고 했다. 나는 거부했다. 그러고서 나는 다음과 같은 말을 들었다. '만약 당신이 스스로 주장한 것처럼 소비에트 정부를 지지한다면, 당신의 행동으로 그것을 증명하시오. 정부는 당신의 고백이 필요하오.'"[13] 즉 '사보타주를 저지르지 않았다는 것'은 '소비에트 정부를 지지한다는 것'이고, 그렇다면 '소비에트 정부를 지지한다는 의미에서 죄를 자백하라'는 것입니다. 자백을 이끌어 내는 논리가 참 탁월하지요? 그리고 이러한 자백과 함께 음모의 현존은 '사실'이 됩니다. 그 음모가 대중들에게 선전의 형식으로 퍼지는 순간, 그것은 감각으로 생생히 마주하는 것들보다도 대중들에게서 훨씬 더 현실적인 것으로 여겨지게 될

13) OT. p.307.

것이라는 점은 더 말할 것도 없고요.

전체주의의 태동 조건에 관하여: 대중들의 외로움

반공주의자들이 흔히 곡해하는 것과 달리, 아렌트가 딱히 나치의 인종주의와 공산주의를 동급으로 두고서, 이것들만 이데올로기의 성격을 갖는다고 생각했던 것은 아닙니다. 그리고 그는 그 이데올로기들이 그 자체로 처음부터 다른 이데올로기들보다 더 전체주의적인 성격을 가지고 있다고 여기지도 않았어요. 사실 아렌트가 19세기 인종주의와 공산주의가 '필연적으로' 전체주의로 연결될 이데올로기였다고 생각했다는 주장들만큼이나 억지스러운 것도 없습니다.

오히려 아렌트는 모든 이데올로기가 전체주의적으로 활용될 수 있는 '가능성'이 있다고 생각했어요. 나치의 인종주의 이데올로기와 스탈린 식의 변증법적 유물론, 즉 '디아마트Diamat'라는 이데올로기는 당대의 여러 정치 사회적 조건들과 맞물리는 바람에 전체주의 이데올로기가 되었을 뿐입니다. 아렌트가 다음과 같이 말하듯 말이지요. "[나치즘과 공산주의가 전체주의 이데올로기로 나타날 수 있었던 이유는] 그 이데올로기들이 본래 기반으로 삼고 있던 경험의 요소들, 즉 세계 지배를 향한 인종들 간의 갈등과 각 나라들 안에서 권력 투쟁을 향한 계급들 간의 갈등이 다른 이데올로기가 기반으로 삼고 있던 경험의 요소들보다 정치적으로 더 중요한 것으로 판가름 났기 때문이다."[14] 따라서 만약 동일한 이데올로기가 영향력을 행사하고 있을지라도, 조건이 조금이라도 다르다면 그것은 다른

14) OT, p.470.

현상으로 결정화될 것입니다.

그럼 20세기 초중반의 전체주의 운동은 어떻게 성공을 거둘 수 있었던 것일까요? 우선 전체주의 운동의 성공이란 대중들의 지지 없이는 불가능하다는 점을 미리 말씀 드리고자 합니다. 그렇다면 우리가 이 지점에서 무엇보다 주목해야 하는 것은 대중들이 전체주의 운동에 열광할 수밖에 없게끔 만들어진 조건일 것입니다. 물론 그 조건을 모조리 설명해 낼 수 있는 사람은 아마도 없겠지만, 아렌트는 무엇보다도 마침 당대 대중들이 외로움loneliness의 상태에 빠져 있었다는 데 특별히 주목합니다. 혹자의 표현대로 "세계를 보는 특정한 사회적 관점을 가지지 않은 채로, 이데올로기적 교묘함에"[15] 푹 빠져들어 갈 수 있는 이들은 바로 원자화된 상태의 외로운 이들이기 때문입니다. 즉 어떤 정체성을 가진 특정한 정치체로 전혀 조직화되지도 않았고, 심지어 딱히 지지하는 정치적 집단도 없는 원자화된 인간들 말이에요. 그럼 외로움이란 도대체 무엇이고, 어떠한 조건 속에서 출현합니까?

아렌트는 사람들이 고립isolation된 상태에 있다면 그들은 정치적인 영역에서 '함께 행위할 수 있는 능력', 즉 권력을 형성할 수 있는 가능성을 상실하게 된다고 봅니다. 왜냐하면 그들은 모두 제각기 떨어져서 살아가며, 타인들 사이의 공간을 마련 받지 못하기 때문이지요. 앞서 우리가 살펴본 전제정의 이념형을 떠올려 보면 이러한 상태를 이해하기란 그리 어렵지 않을 것입니다. 다만 이러한 조건 속에서 사람들은 적어도 공적인 영역에 모일 수 없을 뿐이지, 사적으로는 안정된 장소를 충분히 마련 받을 수 있습니다. 기이한 폭군이 들어서는 예외적인 경우가 아니라면, 대다수의 전제정들도

15) Seyla Benhabib, 'Hannah Arendt and The Redemptive Power of Narrative', *Social Research,* Vol. 57, No.1 (Spring, 1990), p.177.

체제에 반발하지 않고서 사적인 영역에서 제 일만 열심히 하며 살아가는 이들만큼은 좀처럼 건드리지 않기 때문입니다. 따라서 이들은 적어도 사적인 차원에서 세계와 관계를 맺을 수 있으며, 뿌듯한 마음으로 세계의 사물을 만들어 내는 작업 활동을 수행할 수도 있습니다. 이러한 차원에서 사실 장인들 같은 경우에는 일부러 공적인 장소로부터 물러나 혼자 예술 활동을 하고, 자신의 고유한 '작업'을 하기 위해 이러한 길을 택하기도 합니다.

그러나 고립 속에 있으면서 자신이 사적으로 수행하는 작업들이 세계에서 무의미하다는 생각을 가지게 된다면 어떻게 될까요? 그렇게 된다면 고립의 상태는 이내 작업을 하는 이를 외로움에 빠뜨릴 것입니다. 자신의 활동이 세계를 구성하는 무언가를 만들어 낸다는 생각, 즉 자신이 세계를 구성하는 데 어떤 자리를 차지하고 있다는 생각이 사라져 버리게 되면, 자신은 그저 세계에서 별 쓸모도 없는 인간이라고 생각하게 될 것이기 때문입니다.

전체주의 출현 이전에 형성된 근대 자본주의 사회는 대다수 인간들이 단순히 먹고사는 문제에만 집중해 버리게끔 만들어 버림으로써, 그들이 세계의 일부를 스스로의 작업을 통해 구성하고 있다는 생각을 할 수 없게끔 만들어 버렸습니다. 근대 노동자들은 그저 대규모의 기계적 공정 과정의 일부로 전락한 것이지요. 다시 말해 자본주의의 대다수 노동자들이 그러하듯, 그들은 세계에 보태질 최종 생산물에도 전혀 관심이 없고, 알 필요도 없기 때문에 자기가 무엇을 만들고 있는지조차 생각하기 힘들게 되어 버렸습니다. 마르크스가 말한 노동 소외 현상이 벌어지는 것이지요. 우리가 7강에서도 조금 더 자세히 다뤄 볼 것이지만, 노동 소외의 상태 속에서는 타인들과의 관계도 그다지 중요한 것이 아닙니다. 심지어 옆에서 함께 노동을 하는 이가 있을지라도 그는 그저 자신에게 경쟁 상대일 뿐이거나, 기껏해야 자신의 조그마한 한 기능을 조력하는 정도의 사람일 뿐이니 말이에요.

그런데 20세기 초에는 마침 세계적 수준의 전쟁까지 터져 버렸지요. 엄청난 고도의 기술력을 바탕으로 하는 현대의 전쟁에서는 과거의 전쟁과 다르게, 개인의 위대한 전투 행위가 그다지 중요한 역할을 하지 않습니다. 물론 이전의 전쟁에서도 일정 부분 그러했겠지만, 현대의 전쟁에서는 특히나 군인 개개인이 하나의 톱니바퀴처럼 기능하는 것이 더 중요하지요. 전쟁을 왜 하는지는 그에게 중요한 것이 아니며, 임무 중에는 다른 생각을 할 겨를도 없습니다. 그리고 자신이 죽으면 그 자리는 또 다른 한 명의 인간이 와서 자연스레 메꿀 것임을 그는 잘 알고 있기도 합니다. 이 노동 사회의 조건, 그리고 전쟁의 경험은 세계에서 자신이 없어져도 그다지 큰 영향은 없을 것이라는 생각을 대대적으로 퍼뜨릴 수 있습니다. 세계를 스스로 만들어 나가고 있다거나 자신이 세계에서 중요한 역할을 하고 있다는 생각 자체를 할 수 없게 되는 거예요.

심지어 이러한 상황 속에서 독일에서는 정당들조차 그 신뢰를 잃어 가고 있었습니다. 전통 정당들은 특정 계급의 이익을, 적어도 어떤 한 정체성을 가진 집단을 대변했지요. 그런데 누구를 자신들의 대표자로 뽑아 놓아도 자신의 처지가 변하지 않을 때, 심지어 지지하는 정당이 집권을 해도 사회가 크게 변화하지 않고 오히려 악화될 때, 사람들은 오늘날의 말로 해 보자면 소위 정치 혐오에 빠져들게 됩니다. 이제 사람들은 기존 정당들을 지지할 필요성도 느끼지 못하고, 정치 공간을 구성하여 함께 세계의 사안을 논의할 필요성도 느끼지 못하게 됩니다. 정치의 영역은 위선의 영역일 뿐이고, 기성 대의제 정치인들은 결코 우리의 의지를 대변해 주지 않을 것이기 때문입니다. 그리고 그러한 상태 속의 인간들은 자신이 누구인지를 타인들로부터 확인받고, 의견을 나눔으로써 자기 정체성을 확립해 갈 수 있는 공적 조건을 잃어버릴 수밖에 없습니다.

더군다나 대공황이 닥쳐와 먹고살 최소한의 조건조차 무너지게 된다면요? 심지어 자기는 해고를 당했는데도 세상은 어쨌거나 잘 굴러가고 있다면요? 그렇다면 그는 곧바로 자신이 이 세상과 기성 정치권으로부터 버림받았다고 생각하게 될 것입니다.

분명히 세상이란 건 있고, 곁에서 살아가는 타인들도 있는데, 어째 자기는 세상에서 그다지 쓸모가 없는 사람일 뿐인 것처럼 여겨지는 상황……. 이러한 상황 속에서 인간들은 쉽게 외로움을 느끼곤 합니다. 이런 이들이 대거 많아지게 되면 소위 거대한 '대중사회'가 형성되고요. 그리고 현실감이란 타인들-사이에 있을 때, 세계를 타인들과 공유하고 있을 때 비로소 마련되기 때문에, 그는 이제 공적인 영역에 대한 현실적인 판단 능력조차 상실해 버리게 됩니다. 그런데 다행인지 불행인지 이러한 상황 속에서도 대중들은 여전히 '추론하는 능력'만큼은 가지고 있습니다. 그 역시 인간인지라 당연하겠지요. 그리고 성공한 전체주의 운동들은 바로 이 능력을 적극 활용해 냈습니다. 그들은 이제 기존에 찾아볼 수 없었던 새로운 '믿을 만한 기준'을 선전하고 다니기 시작합니다. 그것도 기존의 정당들이 가진 약점들을 하나하나 공략해 가면서, 그리고 당신들이 빠진 외로운 상태가 실은 어떤 부류의 악질적 인간들 때문이었다고 상당히 그럴싸한 음모론들을 퍼뜨리고 다니면서 말이지요.

그들은 심지어 기존 권력 체계가 전쟁이나 혁명 등을 통하여 모조리 파괴되어 버려야지만, 모두가 현재의 외로운 상태를 넘어서 비로소 평등하게 잘 살게 될 수 있다고 말하고 다니기까지 합니다. 즉 당신들을 내다 버린 기성 권력의 위선과 그 권력을 배후에서 조종하는 특정 부류의 인간들을 파괴하고 '인민 모두의 승리를 위한 위대한 자연/역사 법칙에 따르자!'고 말하고 다니기 시작합니다. 그리고 이와 함께 유대인의 세계 지배 음모와 같은 주장들도 추론 능력만 남은 이들에게는 마치 사실인 것처럼 받아들여지기 시작합니다. 실은 이러한 구호는 전혀 사실에 의거한 것이 아니기에 전제 자체가 이상한 것이지만, 현실감을 잃어버린 이들에게는 그 전제만이 자신이 가려워했던 곳을 잘 긁어 주는 것처럼 보일 것입니다. '역사적으로 생각해 보니, 내가 세상에서 버림받은 것은 다 그놈들 탓이었군!'

심지어 이러한 말들을 퍼뜨리고 다니는 이들, 즉 소위 나치 운동에 헌신하는 폭민들은 자신을 버린 기성 정치인들과 달리 매사에 열정적으로 행동하면서 때로는 운동을 위해 스스로를 희생하기까지 합니다. 그 폭민들은 대체로 대중들이 버림받기 훨씬 전부터 사회에서 버림받은 자들이었고, 이에 대중들은 '선배들'의 그러한 행동에 매우 큰 감동을 받곤 합니다. 그렇게 전체주의자들의 이데올로기는 모두를 잠식해 갈 수 있는 조건을 차근차근 준비해 갑니다.[16)]

물론 혹자들은 이 지점에서 자본주의의 경험이 있었던 독일이야 그렇다 치고, 공산주의를 표방했던 데다가 스탈린 본인에 의해 농장 집단화가 실시되기도 했던 소련에서 어떻게 비슷한 일이 일어날 수 있을지 물을 수도 있습니다. 아렌트에 따르면 실제로 스탈린이 집권하기 전까지만 하더라도, 특정 지역의, 특정 직업의 정체성을 기반으로 한 소비에트와 노동조합들도 나름 힘을 가지고 있었어요. 즉 그들은 원자화되어 있지 않았고 레닌이 추구했던 바대로 나름 조직이 되어 있었던 것입니다(러시아 내전 등을 통해 이 조직들이 상당 부분 망가지기는 했으며, 레닌 역시 실용적인 이유에서 일정

16) 오늘날 한국은 어떠한가요? 전체주의 이데올로기를 신봉하는 이들이 없을지언정, 소위 이 시대의 음모론 대가들이 사용하는 음모론 논리들과 그들의 헌신적인 행동들은 실제로 이와 비슷한 방식으로 대중들로부터 열광을 이끌어 내고 있지는 않습니까? 이와 연관하여 우리는 오늘날 전 세계적으로 가짜 뉴스가 힘을 얻는 방식 및 조건에 대해서도 고민을 해 보아야 할 것입니다.

부분 이들에게 테러를 가하긴 했지만 말이지요).

그러나 스탈린 체제는 그 조직들을 사실상 하나하나 해체해 버립니다. 이 체제는 혁명 과업을 위하여, 즉 자신들의 체제가 자본주의 체제보다 우월하다는 것을 증명하기 위하여, 생산력을 높인다는 명목으로 내부 구성원들을 경쟁 상태에 빠뜨리기도 합니다. 예컨대 평균 생산량보다 14배를 생산하는 데 성공한 탄광 노동자 스타하노프를 영웅화해, 그의 이름을 딴 '스타하노프 운동' 등을 전개함으로써 사회 구성원들이 서로 경쟁하게끔 만들고 그들에게 남아 있던 유대 관계를 파괴하는 것입니다. 스타하노프 운동은 그래도 양반입니다. 왜냐하면 이 체제는 특정 지역의 일부 인간들을 아무런 증거도 없이 반동 내지 트로츠키파의 음모에 가담한 자로 잡아다가 자백을 받아 내고 그들을 강제수용소에 보내 버리거나 숙청시켜 버리기 때문입니다. 고려인 등의 소수민족 집단들은 적국의 스파이 혐의를 받거나 혹은 위대한 혁명 과업이라는 이름으로 불모지 개척이라는 과업을 떠안고서 강제 이주를 당하기도 하지요. 물론 불모지로의 이송 과정에서, 그리고 불모지에서 개척을 하는 과정에서 수많은 사람들이 죽을 수밖에 없다는 것은 너무나도 자명합니다.

기존에 남아 있던 국가 조직들이나 당 조직의 중심 인물들, 소비에트 혁명의 중심 인물들도 이러한 스탈린의 자의적인 피해자 선정에서 벗어날 수는 없습니다. 그렇게 1917년 러시아 혁명에 참여했던 주요 혁명가들도 소수를 제외하고는 하나하나 사라져 갔습니다. 심지어 그들 중 대다수는 역사 기록 속에서조차 그 개인의 서사가 완전히 지워져 버렸지요. 그들을 모든 기록에서 삭제하는 것은 사실을 통제하는 매우 중요한 과업일 테니까요. 그런데 그렇게 된다면 사회 전체의 조직화된 집단들은 붕괴되어 버리고, 구성원들 사이에서도 의심이 싹트게 될 수밖에 없습니다. 스탈린

치하 소비에트에서는 연좌제가 적용되었기 때문에 누군가와 친분을 깊게 맺을 수도 없고, 심지어 가족 역시 감시의 대상이 될 수밖에 없습니다.

이제 모든 이들은 서로가 서로를 감시할 것이며, 이 과정에서 사람들은 철저히 원자화되어 갈 수밖에 없습니다. 이러한 조건 속에서 그들에게는 이제 타인들과의 사이-공간에서만 형성되는 현실적 감각도 점차적으로 사라질 수밖에 없겠지요. 워낙 많은 이들이 반동으로 지목되는 대규모 음모에 휘말려 들어가 있는지라, 그들은 뭐가 진실인지 아닌지조차도 더 이상 생각할 겨를조차 없습니다. 그런데 이러한 상황 속에서 사회 구성원들이 외로움의 상태에 빠져들지 않을 재간이 있겠습니까? 믿을 만한 조직도 없고, 주변 사람들조차 도무지 믿을 수가 없는데 말이지요.

이러한 차원에서 아렌트는 독일의 경우 나치 운동이 외로움이 마침 형성된 조건을 잘 이용했지만, 러시아 같은 경우 스탈린식 공산주의 운동이 그 외로움의 조건을 인위적으로 조성하는 데 성공했다고 봅니다. 그 외로움 속에서도 대중들은 자신이 위대한 혁명 과정에 포함된 한 기능임을 자각하고 있으며, 심지어 스탈린을 위대한 영도자로 찬양할 것입니다. 왜냐하면 그렇게 살아가는 것만이 자신들이 '유일하게 믿을 만한' 이 체제를 지키는 길이라 생각하지 않을 수 없기 때문입니다. 내가 만약 이 체제에서 제 역할을 다하지 않는다면, 언제든지 악질 반동분자들이 세계를 장악하여 나의 삶을 파멸시키는 최악의 상황이 만들어질 수 있거든요. 더군다나 소련 공산당이 제시하는 선전들에 따르면 자신들의 체제는 경제적으로 엄청난 성장을 해 나가고 있는 데다가(그러나 앞서 말씀드린 바와 같이 때때로 스탈린 체제는 경제적 이익을 의도적으로 단숨에 포기해 버리기도 하지요.) 적들로부터 승리를 구가하고 있기 때문에, 즉 궁극적인 유토피아로서의 무계급 사회의 도래도 이제는 그다지 머지않았기 때문에, 이러한 최악의 상황을 막기 위해 나는 더더욱 우리의 위대한 영도자 스탈린에게 충성을 다할 수밖에 없습니다. 대중들은 그렇게 자기 자신을 상실한 채로, 그리고 현실 세계가 안겨다 주는 너무나도 분명한 진실들을 받아들이는 능력조차 상실한 채로, 그저 이데올로기에 의거한 운동의 한 기능이 되어 갑니다.

근본악, 자유의 전적인 소멸을 향하여. 그러나……

이러한 조건 속에서는 전체주의 운동이 장악한 영역에서 살아가는 모든 사람들이 자기도 모르는 사이에 이 운동의 일부로서 대규모 범죄에 조직적으로 가담하게 될 수밖에 없습니다. 자기가 무엇을 하고 있는지도 정확히 모른 채, 자기 행동이 어떤 결과를 낳을 것인지도 정확히 모른 채 말이지요. 모두가 하나의 임의적 집단에 대한 거대 범죄를 조직적으로 저지르는 바로 그 사회에서는, '정상인'이라면 어찌 되었건 그 운동 과정에 참여할 수밖에 없기 때문입니다. 정상성이란 시대를 초월하여 주어지는 것이 아니라 언제나 주어진 상황 속에서 만들어지는 것이니까요. 이 상황 속에서는 단순히 자기가 피해자가 될 것이라는 '공포' 때문에 굴종적으로 행동한다고 해서 피해자의 위치에서 벗어날 수 있는 것도 아닙니다. 일반적인 억압적 정치체에서는 많은 이들이 이 원칙에 의거해 굴종적으로 행동하지만, 전체주의 체제에서는 누구나 역사 법칙의 '객관적 적'이 될 수 있기 때문에, 딱히 노력한다고 이 테러에서 벗어날 수 있는 게 아니기 때문입니다.

그 운동 과정 속에서 사람들은 자신이 기존에 알고 있던 모든 행동 기준을 버린 채로, 단지 지도자 내지는 초엘리트 집단이 이데올로기 운동에 의거하여 내리는 명령에 일관적으로 반응하기만 하면 됩니다. 이제 뻔한 '작용'과 '반작용'만이 사회에 남아 있게 되는 것입니다. 구성원 모두가 하나의 이데올로기를 실현하는 운동을, 그리고 그 이데올로기에 의거한 테러라는 범죄를 집행하는 '한 사람'처럼 되어 버리는 것이지요. 이러한 사회에서 개개인의 삶과 행위가 '이야기될' 가능성은 전적으로 소멸됩니다. 그들은 새로운 것을 시작할 수 없기 때문에, 예외적인 사건을 일으킬 수도 없고, 따라서 그들의 행동은 전혀 기억으로 남길 만하지도 않게 되기 때문입니다. 그러한 사건이 우연찮게 벌어진다 하더라도 그것은 전체주의 운동의 역사 속에서 이내 소멸될 것입니다. 그에 대한, 그의 행위에 대한 모든 기록은 초엘리트들에 의해 이내 삭제될 것이기 때문입니다. 이제 사람들은 모두 '누구'라고 볼 수 없습니다. 그들은 그저 이 자연/역사 법칙에 복무하는 사회의 한 기능, 즉 지도자가 지정해 준 특정한 '무엇' 외에는 아무것도 아닐 뿐이기 때문입니다.

아렌트는 이를 '인간에 대한 총체적 지배의 시도'로 보았으며, 실제로 전체주의 체제는 이를 실현하려 했습니다. 그래도 수용소 바깥에서 살아가는 이들은 수용소 안에서 '완전히 쓸모없는 것'이 되어 버린 이들보다는 조금은 나은 조건에 있습니다. 거기에서는 끊임없이 '존재의 기적'을 일으키는 사건들이, 명백한 '사실적 진리'들이 이데올로기의 운동 과정을 끊어 내고서 그의 앞으로 돌출해 올 것이기 때문입니다. 물론 그것들이 전체주의 구성원들에게 대개는 진실된 것으로 받아들여지지 않겠지만 말이지요.

그러나 강제수용소에서는 이 총체적 지배가 테러의 과정을 통하여 일정 부분 완성됩니다. 실제로 아렌트가 '인간성을 전적으로 파괴하는 실험실'로 보았던 테러의 결정체, 즉 절멸 수용소, 러시아의 강제 노동 수용소들에 갇힌 이들은 어떠했나요? 세계와 전적으로 단절된 공간에서, 즉 현실의 소소한 기적들조차 출현할 가능성이 전적으로 사라진 그곳에서 우리는 어떠한 자유의 가능성을, 어떠한 일말의 희망을 발견할 수 있단 말입니까? 머리를 민 채로, 완전히 벌거벗은 채로, 즉 모두가 똑같은 외모를 지닌 채로, 가스실에서 이루어지는 당면한 '익명적 죽음' 앞에서도 최소한의 저항조차 하지 못하도록 본성 자체가 변해 버린 이들로 채워진 곳에서 말입니다. 혹은 스스로 저지르지도 않은 죄를 스스로 저질렀다고 믿으면서 강제 노동 수용소에서 묵묵히 일할 수 있는 이들, 즉 스스로 억울해 하는 능력조차 상실한 이들로 채워진 그곳에서 말입니다. "인간을 인간 그 자체로서 불필요하게 만들고 인간의 본성을 변형시키겠다는 계획적인 시도 때문에, 인간적 삶을 영위하는 데 핵심적인 것들, 복수성, 자발성, 탄생성, 그리고 개별성"[17]을 완전히 파괴당한 채, '단지 수용소라는 실험장의 한 기능을 하며 살아갈 뿐인' 이들, 즉 역사 법칙상 사라져야 한다는 것 외에는 아무런 쓸모도 없는 '사물'로서 단지 명령에 작용만 하는 이들이 모인 공간…….

이러한 형태의 전체주의 수용소는 아렌트에 따르면 기존의 도덕 잣대, 윤리학적 잣대만으로 파악할 수 있는 악의 범주를 넘어서 있습니다. 이 엄청난 악을 그냥 '나쁜 놈들!'이라는 말로 다 표현해 낼 수 있습니까? 아마 아는 욕을 다 동원해도, 그 어떠한 전통을 동원해 본다 할지라도 그 악을 표현해 낼 수는 없을 것입니다. 이에 아렌트는 이를 '근본악radical evil'이라 표현합니다. 물론 이전에도 별의별 악이 다 있어 왔지만, 강제수용소의 형태처럼 어차피 쇠퇴할 '무고한 객관적 적'들에 대한 소멸, 즉 이데올로기의 집행을 스스로 가속화한 전례는 없었습니다. 다행스럽게도 그 이후 등장한 억압적 체제들에서도 이러한 시도를 감히 감행하지는 못해 왔고요.

17) 리차드 번스타인, 『한나 아렌트와 유대인 문제』, 김선욱 옮김, 아모르문디, 2009, p. 231.

그럼 수용소에 갇힌 이들, 총체적 지배의 틀 안에 얽어매어져 있는 이들에게 희망은 없는 것일까요? 이미 전체주의 체제에 의해 인간성을 전적으로 잃어버린 자들, 자신의 의지를 작용-반작용의 차원에서밖에 발휘할 줄 모르는 이들은 다시 자신의 인간성을 되찾을 수 없는 것입니까?

아렌트에 따르면 근본악의 공간에서조차 기적은 출현합니다. 그리고 이러한 차원에서 전체주의의 총체적 지배라는 것은 수용소에서조차 균열이 나 버릴 가능성이 있습니다. 물론 어떤 이에게 아렌트의 이러한 주장은 너무 공허한 희망처럼, 심지어는 몽상적인 메시아에 의지하는 것처럼 보일 수도 있습니다. 그러나 아렌트가 이러한 이야기를 하는 것은 단순히 초월자의 구원을 기다리는 것이 아닙니다. 이는 단지 인간이 끊임없이 세계로 탄생한다는 너무나도 '명백한 사실'과 그 사실이 가져다줄 다양한 가능성에 기대를 걸어 보는 것일 뿐입니다.

> 이데올로기 법칙에 따라 진행되는 이 운동의 강제력은 항상 인간의 행위와 의지에 의해 발생하는 가장 강력한 힘보다 더 강력한 것으로 입증될 것이다. 그러나 그 힘은 인간의 자유, 즉 전체주의 지배자들조차 부인할 수 없는 자유에 의해 불가피하게 둔화될 것이다. 왜냐하면 이 자유는 인간은 태어난 존재이며, 따라서 각각의 인간들은 [그 자체로] 새로운 시작이고, 이러한 점에서 [그 자체로] 새로운 세계를 시작한다는 사실에 부합하기 때문이다.[18]

한 인간이 세계로 온다는 것, 즉 탄생한다는 것은 그 자체로

18) OT, p.466. 대괄호는 필자가 첨부한 것임.

'전적으로 새로운 사건'의 출현 가능성입니다. 공적인 영역을 유지하는 복수성의 조건, 즉 자유의 조건과 가능성은 끊임없이 세계에 출현하는 자들에 의해 어떠한 압제 속에서도 계속 유지될 것이며, 또 새로이 세계에 온 자의 행위 가능성은 언제든지 그 세계를 변화시킬 가능성을 내포하고 있습니다. 그리고 그 기적의 가능성은 '모든 것을 필연적으로 설명해 낼 수 있다'고 자부하는 이데올로기에 필시 균열을 낼 수밖에 없습니다. 그렇다면 혹시 인간이 계속 탄생한다는 소박한 사실 자체가 실은 전체주의의 완전한 성공을 불가능하게 만드는 가장 중요한 요소는 아닐까요? 즉 새로운 시작을 가능하게 하는 존재자가 계속 탄생한다는 바로 그 단순한 사실이 전체주의 운동에게는 최대의 적이 아닐까요? 결국 이는 매우 연약한 휴머니즘에 또 다시 의존하는 것처럼 보일 수도 있겠습니다만 말이지요.

저는 예전에 아우슈비츠 수용소에 방문한 적이 있습니다. 그곳은 지금 박물관이 되어 절멸 수용소로 운영되던 당시의 자료들을 깔끔하게 정리해 놓았습니다. 그런데 그곳에서 제가 가장 깊은 인상을 받았던 것은 아우슈비츠 내 봉기 사건과 레지스탕스 조직에 관한 전시물들이었습니다. 피수용자의 관점에서 볼 때 '지옥' 외에는 다른 어떤 언어로도 표현할 수 없는 그 총체적 지배의 공간에서조차 위대한 역사/자연 법칙을 끊어 내는 새로운 사건들이 출몰했다는 사실은 제게 경이 그 자체로 다가왔습니다.

이 경험을 통해 저는 수용소에 갇힌 자들을 단순히 '불쌍한 희생자'로만 보는 시각이 얼마나 위험한 것인지를 다시 절감하기도 했습니다. 그들은 우리에게 눈물로써 동정받는 존재자를 넘어서, 지금 우리의 공적 영역에 출현하여 말을 건네고 함께 논쟁할 수 있는 이들이었던 것입니다. 만약 그들의 삶이 우리에게 이야기로 남아 있다면 말이지요. 엘리자베스 영 브루엘에 따르면 아렌트 역시 훗날 절멸 수용소 및 강제수용소 생존자들의 회고적 이야기들을 통해 "수용소에서조차 정치는 완전히 사라지지 않는다는 것을 배웠"[19]다고 합니다. 최악의 상황, 전적인 비인간화를 추구하는 총체적 테러의 와중에도, 아렌트가 주목한 "[어찌 되었건 세계로 탄생한] 인간 자신에게 주어진 기적을 일으키는 가장 놀랍고도 신비로운 재능"[20]은 완전히 사라지지 않은 것입니다.

19) 엘리자베스 영 브루엘, 『아렌트 읽기』, 서유경 옮김, 산책자 2011, p.90.
20) 한나 아렌트, 『정치의 약속』, 김선욱 옮김, 푸른숲, 2007, pp.152~153.

4 Q + A

이번 강의에서 선생님은 아렌트의 전체주의론이 과거에 출현한 두 개의 전체주의 체제에 한정된 논의임을 매우 강조하셨습니다. 그 체제를 미래의 다른 억압 정권들과 함부로 연결시키면 안 된다고도 자주 강조하셨고요. 그런데 아렌트의 논의가 다시는 출현하지 않을 과거의 독특한 운동에 대한 설명에 한정되어 있다면, 그것은 오늘날 어떤 의미를 가질 수 있을까요?

일단 과거는 아무리 시간이 지나서 지금 현존하지 않는다고 하더라도, 전적으로 사라져 버리지 않습니다. 나치 지배의 역사를 아무리 지우려고 해 봤자, 그 역사는 결코 사라지지 않는다고 아렌트가 본 것처럼요. 그것들이 남긴 상처들은 지금도 아직 남아 우리 역사 곳곳에 흔적을 남기고 있습니다. 아렌트는 전체주의 체제가 사라져도 전체주의 체제가 활용한 각종 해결책들은 계속 살아남을 수 있다고 보기도 했습니다. 전체주의라는 전무후무한 체제가 들어서기 전 억압 정권과 그 체제를 경험한 후 등장한 억압 정권의 성격은 이러한 차원에서 매우 달라질 수 있다는 거예요. 우리는 이러한 차원에서 파국적인 결과를 가져온 그 시기를 끊임없이 이해하기 위해 노력해야 할 것입니다.

참고로 전체주의로 결정화되어 가는 요소들이 현재에 비슷하게 있다고 할지라도 그것이 반드시 동일한 형태로 결정화될 것이라는 생각은 아렌트의 입장에서 볼 때 매우 위험한 발상입니다. 그래서 저도 현 시대의 억압적 정권들의 등장을 과거 전체주의 운동들과 함부로 동일시하려는 시도들을 계속 비판했던 것이었고요. 전체주의로 결정화되었던 과거의 요소들이 현재에도 정치적으로 수많은 위험성들을 안고 있다면, 우리는 그 요소들이 다른 새로운 위협으로 결정화되는 것을 막아 내기 위해서라도 끊임없이 과거의 위험 요소들을 공부하고, 또 이로써 현재의 요소들이 가지고 있는 위험성을 지적해야 할 것입니다.

특히 제가 보기에 현재 사회 대중들의 '외로운', '원자화된' 상태는 꼭 전체주의를 낳지는 않더라도 매우 위험한 방향으로 결정화될 수 있습니다. 이러한 차원에서 오늘날 대중들로부터 열광적인 지지를 획득하고 있는 극우 정당들의 등장과 가짜 뉴스를 활용한 음모론적 반-난민주의, 인종주의, 그리고 새로운 양상의 신자유주의적 제국주의는 '과거 전체주의'와 다른 것으로서 그 자체로 끊임없이 사유되어야만 합니다. 근현대의 수용시설들은 물론이고, 오늘날까지 남아 있는 각종 수용시설들이 움직이는 메커니즘 역시 이러한 차원에서 계속 탐구되어야 할 테고요. 심지어 이러한 위협은 민주주의를 전면에 내건 광장에서조차 충분히 발견할 수도 있기에, 우리의 광장 역시 이 비판적 사유의 범위에서 벗어나 있을 수는 없습니다. 특히 음모론의 대가라고 자부하는 이들이 내놓은 '증명되지 않은 전제를 통한 추론'을 진실보다 더 진실에 가깝다고 여기는 분위기가 형성된 광장이라면 더더욱 그러할 것입니다.

오늘날의 각종 위험한 요소들이 자연/역사 법칙으로서의 이데올로기, 더 폭넓은 의미에서의 지배 이데올로기와 만나지 않게 하는 것, 그것들을 끊임없이 사유하고 해체하려 시도하는 것은 우리에게 주어진 시대의 과제일 것입니다. 아울러 전체주의를 통하여 이미 어쨌거나 실현된 적이 있는 특정 소수자 집단에 대한 '해결책'이 다른 모습으로나마 출현할 것에 대비하여 우리는 언제나 경계심을 늦추지 않아야 할 것입니다. 아렌트는 우리가 이 과제들을 풀어 나가는 데 조언을 던져 줄 수 있을지언정, 때로는 우리가 과제를 풀어 나가는 데 자꾸 딴지를 걸지언정, 결코 그 과제를 직접 해결해 주지는 않습니다.

이번 강의를 통해 생각해 본다면, 아렌트에게서 전체주의의 출현은 결국 근대성의 조건과 긴밀히 맞닿아 있었기 때문에 가능했던 것 같습니다. 결국 아렌트는 근대성에서부터 전체주의의 기원을 발견한 것이라고 보아도 무방한 것일까요?

제가 강의에서 설명한 것처럼, 아렌트가 전체주의의 출현을 외로운 대중의 등장이라는 근대 자본주의의 대표적인 특징과 일정 부분 연결시켜 설명한 것은 맞습니다. 그러나 근대적 조건이 형성되어 있다고 해서 그것이 반드시 전체주의로 연결되었을 것이라는 생각은 아렌트의 입장에서 전혀 맞지 않습니다. 근대를 어떻게 규정하느냐의 문제가 매우 복잡할 것 같기는 한데요. 당시에 아렌트가 전체주의 체제로 본 나치와 스탈린의 러시아만이 근대성을 갖추고 있던 체제였던 것은 아니었지요. 독일과 러시아는 오히려 근대화가 다른 나라보다 더 더딘 나라들이었고요. 그럼에도 불구하고 왜 하필 이 두 나라에서 전체주의 운동이 등장하고 나름의 성공을 거둘 수 있었던 것일까요? 근대화와 자본주의의 상징인, 심지어 제국주의의 상징인 영국 같은 나라에서는 왜 당대에 전체주의 운동이 등장하지 않았을까요? 다시 한 번 강조하지만 우리는 적어도 아렌트의 관점에서는 어떠한 현상이 결코 어떤 필연적 법칙에 따라 반드시 동일하게 '결정'되지 않는다는 점에 주목해야 합니다. 따라서 전체주의의 '기원'을 단순히 근대성 혹은 자본주의로만 설정해 두려는 시도들은 아렌트의 시각에서 매우 단편적인 사고의 결과일 뿐입니다.

아렌트가 『전체주의의 기원』을 통하여 전체주의를 '결정'한 필연적 원인이 아니라, 전체주의로 '결정화'한 다양한 파편화된 요소들을, 심지어 그렇기에 때로는 서로 잘 연결되지 않는 것처럼 보이기까지 하는 요소들을 이야기 형식으로 남기고자 했던 것도 바로 이러한 맥락이었지요. 우리가 본 강의에서는 다루지 않았지만, 아렌트가 20세기형 반유대주의가 자리 잡을 수 있었던 우연적 조건들에 주목하고, 자본주의적 팽창과 맞닿아 있는 해양제국주의 뿐만 아니라, 그다지 자본주의적이지 않은 형태의 대륙제국주의의 진행 양상 및 범인종주의 등에 주목한 것 역시, 그리고 당대 독일 및 중부, 동부 유럽에서 형성된 다양한 파편적 요소들에 주목한 것 역시 이러한 그의 의도와 잘 부합한다고 볼 수 있습니다.

전체주의 체제 내부에서 살아가는 이들 모두 혹은 전체주의 운동에 참여한 이들 모두가 이데올로기의 광신도는 아닐 것 같습니다. 전체주의 체제는 이데올로기의 운동에 열성적으로 참여한 이들에 의해서만 추동되지 않았다고 개인적으로 생각하고 있기도 하고요. 만약 그렇다면 전체주의 체제의 기본 원리로 이데올로기를 제시할 수 있는 것일까요?

맞습니다. 그래서 제가 강의에서 전체주의 운동의 양파 구조와도 같은 성격에 대해 언급한 것입니다. 양파의 어떤 층의 사람들은 이데올로기의 광신도이지만, 어떤 층의 사람들은 이데올로기의 광신도가 아닙니다. 예컨대 양파의 바깥쪽 층에 있는 이들은 이데올로기를 광신하지 않는다고 하더라도, 충분히 전체주의 운동과 그 운동이 저지르는 범죄적 테러에 성실하게 복무할 수 있지요. 우리가 다음 강의에서 다룰 아이히만과 같은 방식으로 말입니다. 다만 양파 껍질 안쪽에 있는 이들이 이데올로기에 의거한 선전을 비교적 '상식적', '현실적'으로 했을 때에만이 대중들은 전체주의 운동 자체에 지지를 표하거나, 최소한 동참할 수 있게 될 것이라는 점에 우리는 주목해야 합니다. 이러한 차원에서 우리는 스탈린의 소련과 히틀러의 나치 지배하에 있던 인간들 모두가 이데올로기의 광신도가 되지 않았을지라도, 그 체제를 움직여 나갔던 동력이 바로 이 이데올로기였음을, 최소한 이 이데올로기에 의거한 선전의 내용이었음을 간과할 수 없습니다. 그것은 전체주의 체제에서 벌어지는 모든 현상들 및 전체주의 운동에 동참한 이들의 행위 하나하나를 정당화해 주는 근거이자, 그 체제를 움직여 나가는 '과학'이기 때문입니다.

파시즘을 전체주의와 구분하는 것이 참 흥미로웠는데요, 이러한 아렌트의 구분은 일반적인 것인가요?

결코 그렇지만은 않습니다. 제가 앞서 언급한 대로 아렌트는 조직의 구성, 운동 및 당과 국가 간의 관계 및 운동의 목적, 이데올로기의 성격과 테러의 범위 등을 기준으로 전체주의와 파시즘을 나누지만, 다른 틀을 가져와서 양자를 구분하는 이들도 꽤 많은 것 같거든요. 좌파들 중 일부는 '전체주의'라는 말 자체가 반공주의적인 의미로 많이 활용되었기 때문에, 그 단어 자체를 폐기하고서 나치, 무솔리니, 프랑코, 일제 등의 체제를 평가할 때에는 파시즘이라는 표현을 사용해야 한다고 보고 있기도 하고요. 저 역시 더 연구가 필요한 부분이긴 한데 다른 역사학자들이나 철학자들, 사회과학자들이 구분하는 파시즘과 전체주의의 구분을 아렌트의 것과 비교해 보는 것은 아마도 꽤 재미있는 작업이 될 것입니다. 덧붙여 우리가 염두에 두어야 하는 것은 아렌트의 전체주의 해석은 당대의 역사 자료들이 갖고 있는 한계를 넘어설 수 없다는 것입니다.

『전체주의의 기원』에 거의 매 쪽마다 방대한 자료들의 긴 인용문들과 각주들이 달려 있을지라도, 이 저술은 그 시대적 한계를 넘어서지는 못한다는 것이지요(이 한계는 아렌트 본인이 뚜렷이 자각하고 있었던 것이기도 합니다). 더 많은 자료들이 축적된 오늘날에는 나치와 스탈린 체제를 이해하기 위해, 전체주의와 파시즘을 새로이 정의하기 위해 더 면밀한 연구들이 필요합니다.

5 공무원처럼 말하기, 소크라테스처럼 말하기: '악의 평범성'에 관하여

악의 평범성에 대한 '오독'을 환영하며

2012년 개봉한 용산 참사를 다룬 영화 「두 개의 문」에 대한 제 가벼운 감상으로부터 강의를 시작해 볼까 합니다. 저는 상영관에 들어서기 전까지 이 영화에서 괴물들을 마주하게 될 것이라 생각했습니다. 거대 자본과 국가라는 괴물, 그리고 그것에 '열정적으로 복무하는' 공무원들이라는 괴물을 말입니다. 저는 그것들이 이 영화의 사악한 주연 내지는 가장 비중 있는 악역 조연으로 그려질 것이라 굳게 믿고 있었습니다. 그러나 뚜껑을 열어 보니 그 괴물들은 이 영화에서 주연도 아니었고, 딱히 매력적인 악역도 아니었습니다. 물론 이 괴물들은 이 영화에서 벌어지는 사건들과 인물들의 발언 배후에서 언제나 서늘한 미소를 띠고 있긴 했지요. 그러나 그들은 직접 발언하지 않았습니다. 그들은 이 영화에서 결코 자신의 얼굴을 전면에 드러내지 않았습니다.

오히려 이 영화는 모자이크 처리된 '익명의 얼굴들'이 내놓는 지독할 정도로 반복되는 '진부한 말'들로 채워져 있었습니다. '저는 법을 집행했을 뿐이며, 명령을 수행했을 뿐입니다.' '제게는 뭔가를 결정할 권한이 없었어요. 경찰이란 그저 명령을 수행하는 자들일 뿐이고, 저는 명령에 따라 행동했을 뿐입니다.' '농성한 이들은 너무 폭력적이었어요. 저는 제게 주어진 업무를, 명령을 수행했을 뿐입니다.' 스크린 바깥 투쟁 현장들에서 마주한 진압 경찰들의 '무표정한 표정들'이 지루하게 스쳐 지나갔습니다. 투쟁 현장에 익숙한 분들이라면 이미 잘 아시겠지만, 그들은 언제나 한 인간으로서가 아니라 '국가의 대리자로서' 임무를 집행하고 또 그에 맞춰 자신의 행동들을 변명하곤 하지요(그러나 그들은 스스로의 행동이 지탄받거나, 자신이 불리한 입장에 처하게 되면 대개 '저희도 인간이에요. 너무 욕하지 마세요', '저희도 부모가 있는 청년들입니다.

귀한 자식이라고요', '저희도 당신들의 상황을 충분히 이해해요', '저희도 폭력적으로 진압하는 거 정말 싫어요. 그런데 저도 맞으면 화가 나잖아요'와 같은 휴머니즘에 호소하는 말들을 쏟아 내기 시작합니다).

어쩜 다들 저리 비슷한 결을 가진 말들밖에 내놓질 못하는지……. 영화를 보다 보니 경찰들을 옹호할 생각이 추호도 없던 제 마음이 다 답답해서, 그들 대신 더 그럴싸한 말로 변명이라도 해 주고 싶을 지경이었습니다. 제가 더 속이 뒤집혔던 건 그 엄청난 범죄에 동참했던 그들이 딱히 열정적으로 폭력을 행사할 만한 사람들도 아닌 것처럼 보인다는 점이었습니다. 진부한 말들로 평범한 자신의 모습만을 마구 드러내는 그들을 약한 마음의 소유자인 저는 결코 괴물 대하듯 함부로 지탄할 수 없었어요. 욕이라도 실컷 퍼부을 수 있다면 속이라도 시원할 텐데…….

우리는 앞선 강의에서 전체주의 운동은 대중들의 지지 없이는 결코 그 운동을 지속시키고 확장해 나갈 수 없었다는 점을 살펴보았습니다. 이는 곧 운동이 어떻게 진행되고 있는지를 잘 알지 못하거나, 그 운동을 스스로 주도해 나간다고 자부하지 않는 이들에 의해서도 전무후무한 범죄가 자행될 수 있다는 것을 보여 주지요. 왜냐하면 앞서 말했듯 거대한 역사/자연 법칙 운동의 기능으로 전락해 버린 인간들은 그 어떤 다른 현실적 기준을 가지고 사태를 판단할 수도 없고, 단지 '유일하게 믿을 만한 것'인 지도자의 의지만을 성실히 실천할 뿐이기 때문입니다. 그것이 엄청난 범죄든 아니든 그것은 중요한 것이 아닙니다. 어차피 책임은 지도자에게 있고, 자기는 그저 그 운동의 일원으로서 주어진 직업적 기능만을 실행하는 것일 뿐이니까요. 그리고 놀랍게도 아렌트는 전체주의의 '조직적'이고 '체계적인' 대형 범죄들이 사실 이 '직업인'들에 의해서 실질적으로 자행되었음을 『전체주의의 기원』 곳곳에서 지적하고 있습니다.

물론 나치 운동 초기만 하더라도, 단순 나치 동조자인 '성실한 직업인들', 즉 대중들보다는 그들과 구별되는 열성적인 폭민 당원들이 훨씬 더 중요한 역할을 담당했습니다. 테러도 대개는 그들의 주도하에서 이루어져 왔고요. 그러나 이들의 테러는 나치가 한 국가를 장악하고 거대한 영토를 차지하게 된 이후에는 점차 그 중요성을 상실하게 됩니다. 왜냐하면 '체계화된 학살'을 위해서는 명령을 예외 없이 성실히 수행하는, 즉 어떤 자극에 대하여 필연적인 반응만을 보이는 이들이 임무를 떠안아야 하는데, 폭민들 같은 경우에는 나치 집권 이후에도 자신들의 분노와 즉흥적인 '폭력적 창의성'을 잘 제어하지 못했기 때문입니다. 쉽게 말해 이들이 어디로 튈 것인지 비교적 예측이 잘 안 되었던 것입니다. 폭민들은 자신들의 '객관적 적'을 고문하고 두들겨 팰 때조차도 자신의 개성을 온전히 감출 수 없었습니다.

'오래전부터 사회에서 버림받은 자들'로서 그들은 말 그대로 '야만적인' 폭력을 적들에게 가했습니다. 그들은 자신이 사회에서 버림받도록 만든 장본인으로 여겨지는 유대인과 공산주의자 등을 진심으로 혐오했으며, 그들에 대한 분노를 열정적인 행동으로 마음껏 표출했습니다. 그러나 이들의 테러 방식은 이 탓에 체계화되지도 못했고, 너무나도 많은 예외적 변수들을 낳곤 했지요. 나치 지도부는 모든 구성원들을 예측 가능한 범위 안에 묶어 두고자 한 '총체적 지배'의 실험장인 수용소가 이렇게 폭민들에 의거한 우연성과 개성에 기대어 운영되는 것을 용납할 수 없었습니다. 이들의 자의적인 폭력들은 테러를 통한 절멸이 위대한 역사/자연 법칙이 아닌 폭민들 개인들의 역량에 의존하고 있는 것처럼 보이게 만들 수 있을 뿐만 아니라, 인간이 어떠한 방식으로건 내비치는 개성이나 자발성은 언제든지 운동 전체에 균열을 낼 수 있기 때문입니다.

이제 나치는 폭민 집단인 나치 돌격대를 숙청하고, 지도부 중에서 유난히 '예절 바른 이'였던 나치 친위대장 하인리히 힘러, 즉 폭민 일반과 다른 이미지를 가지고 있던 '정상인'을 중심으로 수용소를 재편하기 시작합니다. 그리고 힘러는 자신의 수하 중 상당수를 지극히 평범한 성격을 갖는 이들, 즉 대중적 성격을 가진 나치 동조자들로 채워넣기 시작했지요. 나치가 드디어 열성적인 폭민들이 아니라 그저 하나의 톱니바퀴로 작동할 뿐인 평범한 일반 대중들을, 다시 말해 폭력을 다른 일을 수행하듯 반복적으로 수행할 수 있는 이들을 테러에 적극적으로 활용하기 시작한 겁니다. 그리고 그 효과는 놀라웠습니다. 아무런 개성도 드러내지 않은 상태로 그저 하나의 직업처럼 자기 일만 성실히 수행하는 이들을 활용해 보니, 테러 과정에서 발생하던 우연성과 자의성이 상당 부분 소멸되어 버린 거예요. 그리고 실제로 이렇게 성실하게 노동하는 '공무원들'에 의하여, 폭민들에게 맡겨진 것보다 훨씬 더 큰 규모의 홀로코스트가 본격적으로 자행되기 시작합니다. 지도자의 의지는 이제 열성당원들에게 테러를 맡겼을 때보다 훨씬 더 효과적으로 실천되었어요.

이 대중들은 나치 특유의 잦은 인사 이동 과정에서도 자기가 어디에 배치될 것인지를 심각하게 걱정하지 않았으며, 딱히 어느 일을 하고 싶다는 희망을 적극적으로 내비치지도 않았습니다. 그들은 그저 자기가 뭘 하는지도 잘 모르는 상태에서 지시받은 내용에 따라 묵묵히 일할 뿐이었습니다. 아렌트가 보기에 힘러 밑에서 일을 해 왔던 아이히만은 이러한 공무원의 전형이었지요. '근본악'은 그렇게 역설적이게도 '평범한 이들에 의해 자행된 악'을 통해서, 즉 아렌트의 논쟁적인 개념인 '악의 평범성'을 통해서

완성되어 가고 있었던 것입니다.[1)]

다시 「두개의 문」으로 잠시 되돌아와 봅시다. 진압에 참여한 경찰들은 어떤 유형의 사람들인가요? 잔혹하고 개성 넘치는 폭력을 휘두르는 폭민들이었던가요? 아니면 체제의 톱니바퀴가 된 평범한 대중이었던가요? 물론 가끔 경찰들 중에서도 굳이 자신의 잔혹한 개성을 드러내면서까지 시위대를 진압하고 농성장을 공격하는 이들도 있습니다. 자신만의 정의감에 넘치는 이들이거나, 아니면 그냥 폭력을 휘두르는 것을 즐기는 이들 같은 경우에 말이지요. 그러나 대다수의 경찰들, 즉 자신의 생각과 상관없이 엄청난 국가적 차원의 범죄를 조직적으로 저지르는 이들 대다수는 사실 그냥 '시키는 대로' 밖에 행동할 수 없는 자들입니다. 그렇다면 그들을 그렇게 행동할 수밖에 없도록 만드는 조건이란 대체 무엇인가요? 그들은 어쩌다 그렇게 자본과 국가 폭력의 톱니바퀴로 전락해 버리게 되었나요?

이에 대한 답을 제시하는 것은 이번 강의의 목적이 아닙니다. 그러나 이 지점에서 짚고 넘어가야 하는 것은 「두개의 문」에

1) 물론 아렌트는 초기에는 전체주의를 '근본악'으로 보았으나, 아이히만 재판 이후에는 '악의 평범성'에 주목하게 되었고, 이에 양자는 서로 일관된 맥락에서 연결될 수 없다는 해석도 있습니다. 그러나 적어도 『전체주의의 기원』 개정판에서는 이 양자가 모순되지 않으며, 근본악을 설명하기 위해서는 '악의 평범성' 개념이 반드시 필요하다는 것이 제 생각입니다. 왜냐하면 『전체주의의 기원』에서는 평범한 대중들이 어떻게 전체주의에 복무했는지, 그리고 그들이 폭민들보다 어떠한 차원에서 전체주의 운동에 더 적합한지가 잘 드러나 있기 때문입니다. 아렌트 본인이 자신의 저서를 비판한 거숌 숄렘에게 보내는 편지에서 '자기가 이전에 생각했던 것과 달리, 이제는 악이 근본적이지 않다고 생각한다'고 썼음에도 불구하고 말이지요. '평범한 악'이라는 표현은 야스퍼스가 근본악이 무엇인지를 고민하던 1940년대에 아렌트에게 보낸 편지에 이미 등장할 뿐만 아니라(Hannah Arendt and Karl Jaspers, *Correspondence 1926-1969,* p.62.), 『전체주의의 기원』 이전에 쓴 아렌트의 에세이들에서도 악의 평범성 개념과 맥락이 닿아 있는 기본적인 생각들은 간혹 등장하곤 하기 때문입니다. 특히 아렌트가 1945년에 발표한 「조직화된 범죄와 보편적 책임」(『이해의 에세이』 수록.)을 보십시오.

그려진 범죄들은 '전체주의적 범죄'가 아니었다는 점입니다. 우리가 그것에 분노한다고 해서, 그것을 전체주의적 현상이라고 곧바로 규정해서는 안 됩니다. 왜냐하면 그러한 태도는 다루고 있는 해당 사태가 가지고 있는 독특성을 읽는 눈을 흐려 놓을 수 있거든요. 저는 인간이 다른 조건 속에서 살아간다면 인간의 유형도 달라질 수밖에 없다고 생각하며, 이는 전체주의적 범죄에 참여한 대중들과 오늘날의 '대중 출신' 경찰 공무원들에게도 마찬가지로 적용되어야 한다고 생각합니다. 단적으로 용산 철거민 진압에 투입된 경찰들은 현 체제의 특성상 필연적인 역사/자연 법칙을 가속화하는 이들이 아닙니다. 그들이 전체주의 체제의 구성원들보다 대개는 훨씬 더 현실적이고, 자신의 경험에 의거해 사태 판단을 할 수도 있는 사람들이라고 개인적으로는 믿고 싶고요. 덧붙여 용산 철거민들과 그들의 연대자들은 자본과 자본의 도구인 국가에 명백히 저항했던 이들, 다시 말해 현 지배 체제에 분명히 위해를 가할 수 있는 사람들이었습니다. 우리가 지난 강의에서 살펴보았듯, 어떤 역사/자연 법칙을 근거로 상황에 따라 자의적으로 선정되는 전체주의의 희생자들과, 경제적 이윤 및 그것에 복무하는 국가 덕에 희생된 용산 철거민들은 그 성격이 매우 다른 것이지요.

그러나 저는 악의 평범성 개념이 단순히 과거 전체주의 체제를 이해하는 도구적 개념에 머물러 있기만을 바라지는 않습니다. 전체주의 운동에 대한 이해가 비전체주의 사회에서도 언제든 출현할 수 있는 '전체주의적 해결책'과 '전체주의적 이데올로기'를 대비할 수 있게끔 해 주는 것처럼, '악의 평범성' 개념과 그것이 출현한 조건에 대한 성찰도 오늘날의 우리들에게 충분히 모종의 메시지들을 던져 줄 수 있거든요. 특히 대중 사회라는 조건과 순응주의가 만연한 사회에서는 더더욱 그렇고요. 저는 만약 '악의 평범성' 개념을 통해 여러분들이 우리 주변에서 벌어지는 악들을 이해하고, 자기 자신의 삶을 반성하길 원한다면, 이 개념을 마음껏 가져다 쓰기를 개인적으로 바라고 있기까지 합니다. 즉 저는 이 개념에 대한 '오독'을 적극 환영합니다. 특히 공무원들의 멀끔한 얼굴이 낳는 온갖 악들에 이골이 나 있을 여러분들께서 이 개념을 어떠한 방식으로 확장시켜 낼 수 있을 것인지가 개인적으로 너무나 기대가 되기도 하고요.

새로운 종류의 악에 대하여

그러나 무언가를 이해한 후 이루어지는 의도적 오독 및 재해석과 그것을 피상적으로만 이해한 채 이루어지는 오독 및 재해석은 그 깊이가 매우 다를 것입니다. 그런 만큼 저는 일단은 아렌트가 악의 평범성을 통해 하고 싶어 했던 말의 의미가 무엇인지를 아렌트의 시각에 입각하여 여러분들께 소개해 드리고자 합니다.

이 개념의 의미를 차근차근 이해해 보기 위해, 저는 우선 아렌트가 이 개념을 통해 드러내 보여 주고자 했던 새로운 형태의 '악'이 어떠한 모습을 가지고 있는지에 대한 설명에 집중해 보고자 합니다. 보통 악이란 무엇으로 여겨집니까? 우선은 '세상 나쁜 놈'의 이미지가 떠오르네요. 자신밖에 모르는 이기적인 놈, 탐욕스러운 놈, 욕심 탓에 자제력을 상실한 놈, 상식적인 도덕 기준 상에서 올바르지 않은 짓을 매일같이 반복해 대는 놈 등등.[2] 이들의 행동은 애초에 악한 의도를 가지고 있거나, '선'한 길을 알고 있음에도 그 길을 택하지 않는 태도 속에서 행해지는 경우가 대부분이지요. 이들이

2) 전통적으로 '좋음'과 '나쁨'은 윤리적 영역이라 설명되고, '올바름'과 '올바르지 않음'은 도덕적 영역이라 설명되지만, 일상적 언어 생활에서 양자는 잘 구분되지 않지요. 특히 한국어에서는 더욱 그렇고요. 우리는 쉬운 이해를 위해서 일단 이 구분을 이번 강의에서만큼은 필요한 경우를 제외하고는 엄밀히 사용하지 않을 것입니다.

내보이는 악은 그래도 제 이해 범위를 넘어서는 수준은 아닙니다.

한편 '악'이라는 단어는 종교적인 의미에서의 악마, 서구 공포 영화 따위에 등장하는 악마 내지는 우리가 현실에서 종종 마주하는 악마적 현상들을 연상시키기도 합니다. 그것들은 우리의 도덕 기준을 초월해 있지요. 즉 일반적인 도덕 기준의 틀로는 그것들을 좀처럼 이해할 수가 없습니다. '잘 만든' 악마 영화에 등장하는 악마들을 한번 생각해 보세요. 물론 악마는 인간의 상상물이기 때문에 이미 그 자체로 어느 정도는 인격화되어 있는 것이긴 하지만, 탁월한 작품에서 그려진 악마 같은 경우 대부분은 인간의 판단 범위를 넘어서 있는 초월적인 존재인 경우가 많습니다. '에이 나쁜 놈의 새끼'란 말만으로는 형용할 수 없는, 더 정확히 말해서는 인간의 언어로는 도무지 해명할 수 없는 어떤 캐릭터들, 그리고 그러한 사건들. 루시퍼의 악마로서의 긍지에서 엿보이는 "최상의best 것만이 수행할 수 있는 오만함superbia."[3)]

이러한 악에 대한 이미지는 한편으로는 공포스럽지만, 또 한편으로는 매력적이기도 합니다. 실제로 지겹고도 진부한 도덕적 훈계들을 그들이 깨뜨리는 장면에서 우리는 얼마나 큰 쾌감을 느끼곤 합니까?(취향에 따라 다르겠지만요) 인간이 정해 놓은 기준을 초월한 악이라니! 그것도 절대자를 상대로 한, 즉 '선 그 자체'인 신에 대항하는 악이라니!

그러나 아렌트는 이러한 악에 대한 이미지들 및 설명들과 다른 범주의 악이 있다는 사실을 밝혀 내고 싶어 했던 것 같습니다. 서구 철학 전통 전체를 뒤져봐도 찾아볼 수 없는 그런 형태의 악이 20세기에 출현했다는 것을 보여 주고 싶었던 거지요. 단적으로 전체주의는 기존의 전통적인 도덕 기준의 틀로 읽어 낼 수 있는

3) LM, p. 3.

성격의 악이 아니었습니다. 전체주의적 악은 서구의 전통적인 도덕 기준을 초월해 있었기 때문이지요. 그 덕에 당대 지식인들 및 폭민들도 그것에게서 큰 매력을 느낄 수 있었고요.

그리고 그러한 성격을 가졌기에 그것은 기존의 규범이나 법으로는 다른 죄들처럼 처벌할 수도, 심지어 용서할 수도 없습니다. 아렌트가 그것을 '근본악'이라고 부른 이유 중 하나도 바로 여기에 있어요. 아렌트에게 기본적으로 용서와 처벌이란, 새로운 시작을 위한 토대를 마련하기 위한 것입니다. 즉 한 인간의 행위로부터 발생되어 지속되고 있는 무언가는 돌이키는 것이 불가능한데, 용서와 처벌은 그것이 낳은 결과들이 계속 만들어 내고 있는 예측 불가능한 효과들의 연쇄를 끝내 줍니다. 쉽게 말해 이는 다시 돌이킬 수 없는 행위를 한 이에게 반성을 하게 하거나, 다시 행위를 할 수 있는 기회를 주는 것입니다.

그러나 근본악과 같은 경우, 행위할 수 있는 인간의 기본 조건 자체를 전적으로 파괴시키기 때문에, 즉 인간 자체를 행위할 수 없는 완전히 쓸모없는 잉여적인 존재자로 만들어 버리기 때문에 전통적 틀로 용서하거나 단죄하는 것이 불가능하지요. 그것을 기존 법체계로 판단할 수 없었던 탓에 뉘른베르크 나치 전범 재판에서는 '인류에 대한 범죄'라는 새로운 개념이 등장하기도 했고 말입니다.

그러나 그렇다고 해서 전체주의가 현세를 초월해 있는 악마 자체인 것도 아닙니다. 그것은 어디까지나 '현세'의 지구상에서, 인간사에서 나타난 현상이었을 뿐입니다. 그것은 기존의 도덕적, 법적 기준들로는 분명히 파악되지 않기는 합니다만, 그렇다고 딱히 신화나 종교 서적들에서나 등장하는 초월적인 악도 아니었지요. 전체주의는 어디까지나 인간들에 의해서 직접 만들어지고 행해진 악이었을 뿐입니다.

더 주목해서 봐야 하는 것은 이 엄청난 악의 실천이 '평범한 대중들'에 의해서 이루어졌다는 것입니다. 즉 그다지 괴물 같지도 않고, 위대하지도 않으며, 그렇다고 살해 욕구로 충만해 있지도 않은 어떤 평범한/진부한 이들에 의해서 말이지요. 그들이 차라리 '위대하고 매력적인 악마'였다면, '이데올로기의 광신도'였다면, 전체주의라는 현상은 비교적 이해하기 쉬울 수도 있었을 겁니다. 그러나 이 인간형은 기존 도덕이나 법적 기준으로 평가해 볼 수 있는 어떠한 악한 동기를 가지고 있지도 않았고, 딱히 위대하다거나 포악한 행태를 보이지도 않았으면서도 절멸 수용소라는 지옥을 만드는 데 기여했던 거예요.

아렌트가 보기에 아이히만 역시 그러한 사람들 중 하나였습니다. 이러한 차원에서 아이히만에 대한 아렌트의 보고서는 그가 『전체주의의 기원』에서 언급한 나치에 동조한 대중 일반에 대한 개인적 버전의 이야기라고도 할 수 있습니다. 그것도 아이히만이 살아온 진부한 과정을 그대로 담아 놓은 참 진부한, 그러나 그렇기에 '놀라운' 이야기지요(이 책이 '진부한 인간'의 삶을 담아 놓은 만큼 저는 개인적으로 이 책을 참 재미없게 읽었습니다. 제가 이번 강의에서 아이히만의 삶의 여정을 요약할 필요를 느끼지 못한 이유도 바로 여기에 있고요. 그러나 그러면서도 이 이야기는 '이런 진부한 삶이 근본악을 낳았다고?'라는 물음을 계속 유발하기에 도무지 읽기를 중단할 수가 없지요).

그 이야기를 통해 보건대 행정 데스크에서 유대인들의 강제 이송 및 정착 업무를 담당했던 나치 친위대 중령 아이히만은 그저 '나치 지배 시기 당시'로서는 '정상인normal person'이었습니다. 아렌트가 언급했다시피 이 '정상' 상태가 의미하는 바는 '당시에는 독일인들이 보통 그랬다'라는 것을 의미하지요.[4] 그가 다른 사람들과

4) 요즘 아렌트가 '아이히만에게 속았다'는 담론들이 전 세계적으로 유행하고 있는데, 이 담론

아주 조금 다른 특징을 가지고 있었다면, 그것은 단지 그가 한 사회에서 성공하고자 하는 속물적 야심을 다른 이들보다 조금 더 가지고 있었다는 것뿐입니다. 물론 이 속물근성 정도는 대중들 상당수가 당시에도 지금도 가지고 있는 것이기에 딱히 독특한 것이라고는 볼 수 없지요. 아울러 그는 다른 이들보다 유대인에 대한 전문적인 지식을 더 많이 갖춘 관료, 이송과 유대인 거주 정책과 관련된 영역에서 나름 탁월한 식견을 가진 전문가 중 한 명이기도 했습니다. 심지어 그는 '공인된 유대인 전문가들'을 하찮게 생각할 정도로 이 지식으로 허세를 떨고 다니기도 했습니다.

그는 단 한 명의 유대인도 자기 손으로 직접 죽이지 않았습니다. '유대인 해결'과 관련된 공문 작성과 보고, 즉 유대인 이송, 추방, 격리, 절멸 등에 관한 행정적 업무 및 아이디어 제시 등이 그의 주 업무였을 뿐이었으니까요. 객관적인 행정적 장애등급 판정 및 수급자 판정을 전면에 내걸고서 숱한 장애인, 빈민들의 생존권을 박탈해 버리는 일에, 그리고 현대 한국에서 등장한 각종 수용시설의 피수용자들을 죽이는 데 데스크에 앉아 동참하고 있는 깔끔한 외모의 공무원들이 갑자기 떠오르네요. 그리고 이 공무원들과 데스크에서 업무를 보는 사무직들이 그러하듯, 아이히만도 양심이 아예 없지는 않았습니다.

들이 과연 얼마나 의미가 있는 건지 저는 솔직히 잘 모르겠습니다. 이 담론들은 아이히만이 대중적 모습을 내비친 자가 아니라, 열성적인 반유대주의자, 인종주의자였다는 점을 부각시키며, 따라서 그를 평범한 이로 치환시킬 수 없다고 보고 있는데요. 이러한 담론들은 역사학적으로 고증해 볼 만한 사실들을 다루고 있기는 합니다만, 아렌트 역시 아이히만 같은 평범한 이가 반유대주의적이고 인종주의적인 신념을 가지게 된 과정을 자신의 텍스트 곳곳에서 언급하지 않는 것은 아니거든요. 이는 앞선 강의에서 우리가 살펴본 나치의 선전과 그 선전에 빠져들게 되는 대중 출신 나치 동조자의 모습 속에서도 이미 잘 드러나 있고요. 이러한 차원에서 한국에서 꽤 많은 이들이 주목하기도 한 「아렌트는 아이히만에게 속았다」(이동기, 한겨레 21, 제1046호, 2015. 01. 27.)라는 칼럼은 사실 일정 부분 아렌트의 전체주의 이해와 아이히만 이해의 본 의도를 그다지 성실히 반영하지 않은 글에 불과한 것처럼 보입니다.

적어도 아이히만 재판에서 피고 본인이 증언한 바에 따르면 말입니다. 총살 및 가스 주입이라는 최종 해결책이 시행될 때, 그는 구덩이 안에 담긴 유대인 시체들을 보고서, 그리고 가스실에 들어가는 벌거벗은 피수용자들을 보고서 끔찍함을 느꼈다고 증언했습니다. "이 근처에서 일어나고 있는 일은 끔찍했습니다. 저는 젊은이들이 사디스트로 만들어지고 있다고 말했지요. 어떻게 사람이 그럴 수 있는가? 여자들과 아이들에게 마구 총을 갈겨 댔습니다. 있을 수 없는 일이지요. 우리들은 미치거나 돌아 버릴 지경입니다. 우리 민족이 말이지요."[5)]

그러나 그가 목격한 나치가 만들어 내고 있던 그 끔찍한 장면들은 결코 그의 업무를 중단시키지 않았습니다. 오히려 그는 자신의 업무에 점점 익숙해져 갔을 뿐이지요. 심지어 그는 자신이 이와 관련된 행정 업무를 문제없이 수행할 정도로 강한 사람임을 자부하기도 했습니다.[6)] 나치 구성원에 어울리지 않는 약한 마음가짐을 가진 이들이라면 수행할 수 없는 업무를 자신이 하고 있다고 말이지요. 그리고 그러한 자부심을 가지고 자신의 임무를 수행한 이가 당대에는 범죄로 여겨지지 않던 자신의 범죄를 후회할 리도 만무하겠지요.

이러한 증언들로 미루어 보건대, 그것이 사실이건 거짓이건 분명한 것은 그가 어쨌거나 보잘것없는 평범한 인간일 뿐이었다는 점입니다. 아이히만이 법정에 들어서기 전, 당시 많은 이들이 이 재판에서 '괴물'을 만나기를 기대했다고 합니다. 아니라면 적어도 '광인'이나 잔인한 '사디스트'를 만날 것이라 생각했다고 합니다. 그러나 왜소한 체격과 멍청해 보이는 외모, 그리고 결정적으로 그가

5) 한나 아렌트, 『예루살렘의 아이히만』, 김선욱 옮김, 한길사, 2006, p.154.
6) 같은 책, p.163.

지극히 '정상'이라는 정신감정 소견서들은 사람들을 당혹스럽게 만들었지요. 어떤 이들은 심지어 저 앞에 선 피고가 실제 아이히만이 아닐 수도 있다고 음모론을 제기하기도 했답니다.

그러나 아렌트는 도리어 눈앞에 보이는 바로 그 명백한 사실 자체에 주목합니다. 그리고 이를 통하여 아무리 악마적인 결과를 낳는 행동을 수행하는 이일지라도, 그는 악마가 아닐 수 있다는 점을 폭로합니다. 그들은 기껏해야 아주 가끔씩 스스로가 매력적인 악을 수행하고 있다고 자부하는 발언을 내놓았을 뿐, 실은 지극히 하찮은 인간일 뿐이었다는 것이지요. 아렌트는 이와 연관하여 다음과 같이 이야기한 바 있습니다. "우리가 누군가를 악마로 묘사한다면 우린 스스로를 흥미로운 존재로 보이게끔 만들 뿐 아니라, 남들은 갖지 못한 깊이를 우리 자신에게 몰래 부여할 수 있어요. 그러지 못하는 이들은 지나치게 얄팍한 사람들이라서 가스실에서 누군가의 목숨을 빼앗지 못해요."[7] 그러나 그럼에도 불구하고 아이히만은 결코 '위대한 사람'이 아니었습니다! 그는 결코 매력적이지도 않았습니다! 그는 나폴레옹도 아니었고, 리처드 3세도 아니었으며, 루시퍼는 더더욱 아니었습니다. 안타깝게도 그는 그저 평범한 사람일 뿐이었던 것입니다. 그는 단지 자신이 속한 사회에서 출세하고자 했던, 심지어 자신이 속한 '국가의 법률'을 어기지도 않았으며 자기 업무에서 비교적 탁월한 모습을 보였던 이, 즉 딱히 '전통적인 의미에서의 범죄 동기나, 그것을 넘어선 초월적인 범죄 동기'를 가지고 있지는 않은 이였습니다. 숱한 이들의 열광과 공분을 산[8] '악의 평범성banality of evil' 개념은 그렇게 우리 앞에 처음으로 그

7) 한나 아렌트, 『한나 아렌트의 말』, 윤철희 옮김, 2016, p.79.
8) 아렌트를 시오니즘 운동 진영에 끌어들인 '정치 멘토' 블루멘펠트, 친구였던 한스 요나스, 거숌 숄렘 등도 아렌트의 악의 평범성 개념과 유대인 비판 덕에 그와 불편한 관계를 맺거나 절연할 정도로 이 개념은 수많은 유대인들의 분노를 샀습니다.

모습을 드러냅니다.

공무원처럼 말하기, 그리고 무사유

앞서는 주로 '악' 개념을 다루었으니 이제는 '평범성'이 무엇을 의미하는지를 조금 더 자세히 살펴보지요. 'banality'라는 단어는 어원적으로 '일반적인 많은 사람들이 사용하는 것', '많은 사람들에게 해당되는 흔한 어떤 것' 등의 의미를 가지고 있습니다. 일본에서 'banality of evil'이 '악의 진부성'으로 번역되는 것도 이러한 맥락에서이지요. 진부하다는 말은 그 자체로 흔함, 낡음, 새롭지 않음, 뻔함 등의 의미를 가지고 있으니까요. 그리고 이 탓에 '악의 평범성'이라는 말은 많은 이들에게서 '모든 평범한 이들이 이미 악을 가지고 있다', '우리 모두는 이미 아이히만이다'라는 의미로 쉽게 이해되곤 했습니다.

저는 이러한 이해가 상당히 의미 있는 담론들을 생산해 낼 수도 있다고 생각하지만, 사실 이는 '악의 평범성' 개념을 잘못 이해하고 있는 것이기도 합니다. 아렌트 본인이 악의 평범성 개념을 이러한 방식으로 이해해서는 안 된다고 이야기하기도 했고요. 그렇다면 이 개념이 의미하는 바는 무엇일까요? 그 의미를 조금 더 자세히 이해하기 위해서 21세기 한국을 살아가고 있는 이들에게 충분히 익숙하게 여겨질 만한 한 사례를 들어 보겠습니다.

> 영등포역에서 노숙을 하며 생명을 이어 가고 있는 A라는 사람이 있습니다. A는 평소 식사를 제때 챙겨먹기가 힘들어서 먹는 것에 굉장히 민감합니다. 그런데 어느 날 한 시민이 A의 곁을 지나가다가 그가 겨우 구한 음식들을 사람들이

> 지나다니는 바닥에 마구 깔아 놓고서 게걸스럽게 먹고 있는 광경을 보았어요. 그리고 시민은 말합니다. "저 더럽게 밥 먹고 있는 꼬라지 좀 봐. 우리 동료 시민들이 얼마나 혐오스러워 하겠어. 이 훌륭하고 자랑스러운 나라에서 저리도 국격을 떨어뜨리다니. 인간도 아닌 것들. 조치를 취해서 노숙자들을 당장 영등포역에서 쫓아내 버려야겠군."

아렌트가 이러한 상황을 마주한다면 그는 당장 이렇게 이야기할 것입니다. "그 시민의 이 이야기에는 뭔가 터무니없이 멍청한 게 있어요. […] 그 시민은 굶주린 사람은 누구나 그런 짓을 하리라는 걸 알지 못해요."[9] 그리고 이 '멍청함'은 아렌트가 사용한 banality와 긴밀히 맞닿아 있습니다. 즉 그것은 타인의 입장에서 전혀 생각할 줄 모르는 그러한 사람의 진부한 태도이기 때문이지요.

우리는 조금만 생각해 보면 A가 왜 그렇게 밥을 먹는지를 금방 이해해 볼 수 있습니다. 그리고 이는 노숙인들이 열악한 처지로부터 벗어날 수 있도록 제도 자체를 변화시킬 필요가 있다는 생각으로까지 이어질 수도 있지요. 그런데 A의 처지에 대한 내면의 대화도, A의 입장에서 이루어지는 판단도 없이 A를 그냥 '밥 먹는 꼬라지를 보니 인간도 아닌 놈'이라고 곧장 규정해 버린다면, 이는 즉 생각하는 것 자체를 포기하는 것입니다.

아렌트는 이 멍청함이 결코 필연적인 것도 아니며, 평범한 모든 인간들이 언제나 그러한 방식의 태도를 취할 것이라고도 결코 생각하지 않았어요. 어떤 사람들은 A가 밥을 그렇게 먹는 행동을 보고도 전혀 다른 방식으로 생각하고, 전혀 다른 방식으로 발언할 수도 있는 것입니다. 특히 타인들 사이에서 살아가는 것이 익숙하여

9) 『한나 아렌트의 말』, pp.84~85을 각색한 것.

타인의 처지로부터 생각할 수 있는 능력을 상실하지 않은 사람, 다시 말해 세계적 '현실성'을 충분히 마주하고 살아가고 있는 사람이라면 말입니다.

노숙인을 쫓아내길 바라는 이 시민의 말은, 실제로 적지 않은 대중들이 A에 대해서 동일한 반응을 내비칠 것이라는 점에서 생각해 본다면 한편으로는 매우 독특한 것은 아니기도 합니다. 그것은 오히려 매우 진부한 반응 중 하나일 뿐이며, 그러한 차원에서 너무 평범해서 문제가 될 수 있는 반응일 뿐이지요. 이는 충분히 지적으로 성숙하다고 여겨지는 사람들, 그러나 현실감을 상실한 사람들 역시 충분히 취할 수 있는 태도이기도 합니다. 아렌트 식으로 말해 본다면, 타인들과 함께 공유하는 세계로부터 소외된 자들은 언제든지 이러한 진부한 반응들을 내비칠 수 있습니다. 강제수용소에서 자기의 기능만을 충실히 수행했던 공무원들은 어떠했을까요?

그러한 행동이 지탄받게 될 때조차 그러한 태도를 취했던 자들은 계속 진부한 반응을 내놓곤 합니다. 숱한 전범들, 국가 폭력의 가해자들이 인터뷰 및 법정에서 그러했듯이, 심지어 공무원들이 공무집행 과정에서, 행정 처리 과정에서 업무적인 말투로 똑같은 말들을 반복하듯이 말이지요. 예컨대 무언가를 잘못해 놓고 틀에 박힌 변명으로 채워진 사과문 아닌 사과문을 올리는 이에게 "그딴 식으로밖에 말을 못 해? 와 진짜 진부하다"라고 말할 때의 느낌을 한번 떠올려 보세요. 아니라면 "당신의 공무 탓에 사람이 죽게 생겼다"라는 말을 할 때에도 "어쩔 수 없다"는 말만 내놓으면서 냉정한 표정으로 계속 자신의 업무를 '처리'하는 공무원들의 진부한 태도를 떠올려 봅시다.

아이히만은 단지 그러한 태도를 취한 사람 중 한 명이었을 뿐입니다. 그가 독특한 것이 있다면 인류가 전혀 경험해 보지 못한 근본악을 실현하는 데 참여한 한 사람이었을 뿐이라는 것이지요.

참고로 아이히만과 비슷한 멍청함을 내비치는 자들이 모두 전체주의적 악을 잉태한다는 생각은 잘못된 것입니다. 그것은 조건에 따라 다양한 악의 형식으로 나타날 수 있고, 심지어 때로는 그다지 악해 보이지 않은 현상에 그칠 수도 있지요. 아이히만과 비슷한 태도로 직무에 임하는 오늘날 한국의 공무원들 상당수가 전범 재판에 회부될 만한 범죄를 매 순간 저지르고 있지는 않는 것처럼 말입니다. 그러나 그들 역시 언제든지 조건에 따라 상당히 위험한 악을 생산할 가능성을 가지고 있다는 점만큼은, 심지어 데스크에 앉아서 사람들을 합법적으로 별다른 악의 없이 죽일 수 있다는 점만큼은 분명하지만요.

어느 정도 인간적인 양심을 가진 이들이라고 해서 예외는 아닙니다. 앞서 살펴본 대로 아이히만 역시 일정 부분 양심이 있었습니다. 그러나 하나의 기능만을 수행하는 임무 수행 과정은 그로 하여금 더 이상 자신의 양심에 신경 쓸 필요가 없게끔 만들었어요. 아니, 업무의 익숙함 속에서 양심의 내용은 점점 바뀌어져 갑니다. 공무원들에게 양심이란 자신에게 주어진 업무를 잘 수행하는 것, 즉 나치 공무원이라면 그저 총통의 의지를 잘 집행하는 것일 뿐이니까요. 그는 실제로 서류 처리 과정에서 자신이 관여한 공문과 서명으로 죽게 될 타인들, 즉 유대인들의 입장을 전혀 생각할 수 없었습니다. 내면에서 작동하고 있던 양심과 피해자가 될 타인들에 대한 생각은 그의 행정 업무 과정에서 모두 사라져 버린 것입니다. 이제 그에게서 인간들은 행정적 처리의 대상일 뿐, '타인'으로 나타나지 않게 된 것입니다.

오히려 그는 그 과정에 참여하면서 나치의 일원으로서 자신의 의무를 다해야 한다고 생각하게 되었지요. 즉 그는 단지 나치 운동의 한 기능을 담당하는 톱니바퀴일 뿐이었던 것입니다. 그에게 딱히 '어떠한 범죄에 대한 동기가 없었다'는 것도 이러한 차원에서 생각해 볼 때 분명한 사실입니다. 그래서 나치 지배 시기 당시에는 '정상'적이었던 그 공무들이 지탄받게 되는 순간이 왔을 때조차, 그는 그저 진부하다 못해 이제는 듣기조차 귀찮은 어떤 말들을 꺼내 들 수밖에 없었던 것입니다. "저는 공무원으로서 제 할 일을 성실히 한 것일 뿐입니다." "당시에는 어쩔 수가 없었어요." "저는 오직 합법적인 일들만을 했어요. 지금의 법적 기준으로 저를 처벌할 수 없으니, 제 그 행동들을 지금의 기준으로 함부로 평가하지 마세요." "저는 그저 제게 주어진 업무를 충실히 수행했을 뿐입니다."

아이히만은 심지어 재판 때, 자신의 이러한 태도를 칸트의 정언명령과 연결시켜 설명하기까지 합니다. 이는 10대 때부터 죽을 때까지 칸트 책들을 손에서 놓지 않았던 아렌트의 심기를 심히 불편하게 만들었지요. 아이히만은 정언명령을 단순히 '자신의 행동이 어떠한 결과를 가져오는지에 대한 고려 없이, 주어진 어떤 상황에 대한 가정도 없이 지도자와 체제에 의해 주어진 보편 법칙을 무조건 수행하는 것', 즉 일종의 '무조건적인 순종'으로 여기고 있었으니까요. 아렌트에 따르면 이는 말도 안 되는 이야기였습니다. 더군다나 아렌트는 독일에서 부모나 선생이 자식이나 학생을 훈육할 때, 이 논리를 자주 활용하는 것에 상당히 우려하고 있기도 했습니다.

아렌트에 따르면 정언명령이란 아이히만이 말한 것과 같은 것이 아닙니다. 그것은 단순히 주어진 보편 법칙에 순종하는 의무가 아니라, "행위를 할 때마다 자기 행위의 규범이 보편 법칙이 될 수 있는지 심사숙고[10)]"한 후, 그 보편 법칙을 자신의 의지와 일치시켜 행위하는 것입니다. 즉 '스스로가 자기 행위의 입법자가 되는 것', 그것이 바로 칸트 윤리학(내지는 도덕철학)의 핵심이었지요.

그러나 아이히만은 이러한 스스로의 입법자로서의 능력을

10) 같은 책, p.86.

포기했습니다. 그는 칸트의 윤리학에서 제시하는 것처럼 자신에게도, 타인들 모두에게도 보편적으로 받아들여질 만한 원칙에 입각하여 행동하지 않았습니다. 단지 '총통의 의지'에 무작정 복종하여 행동했을 뿐, 더 정확히는 그 의지를 직접 실현하는 자로서 자부심 있게 행동했을 뿐이지요. 그리고 그렇게 삶을 영위해 왔기에, 아이히만은 나치가 패망하자 더 이상 자신의 행동 기준을 찾을 수 없게 됩니다. 이는 어찌 보면 당연한 귀결입니다. 많은 대중들이 자신의 현실에 대한 판단 기준을 잃어버렸기 때문에 나치 운동의 음모론에 빠져들고, 거기에 지지를 보냈었거든요. 그런데 자신의 판단 기준이 다시 무너지고 '현실적인 것'들이 파도처럼 다시 밀어닥친다면 어떻게 될까요? 아이히만의 증언에 따르면 나치의 패배는 '세상이 끝장나는 듯한 느낌'을 그에게 안겨다 주었다고 합니다. '이제 나에게 누가 명령을, 즉 무엇이 이제 나에게 행동의 기준을 제시해 준단 말인가?'[11)]

아이히만은 자신이 저지른 '괴물 같지 않은 괴물 같은 행동'들은 결코 자신의 책임이 아니라고 말했습니다. 자신은 데스크에 앉아 업무를 보았을 뿐이라는 것이지요. 책임이 있다면 그것은 차라리 자신에게 명령을 내린 자에게 있다는 거예요. 상황을 더 낫게 만들 아무런 힘도 없고, 애초에 당대의 조건 탓에 그러한 생각을 가질 수도 없는 자기 같은 공무원이 할 수 있는 일이란 기껏해야 주어진 일을 실수 없이 잘 수행하는 것일 뿐이니까요. 그래서 그는 자신이 한 일을 후회하지 않는다고도 답했습니다. 실제로 "내가 뭘 그리 잘못했는데?"라는 아이히만의 그다지 호소력 없는 호소는 『예루살렘의 아이히만』 전반에 은연중에 깔려 있지요.

11) 아이히만은 이스라엘 정보기관인 모사드에게 체포된 이후에 도리어 편안함을 느꼈다고 합니다. 자신이 따를 권위가 주어졌기 때문이지요.

그가 공무원으로서밖에 말을 할 줄 몰랐던지라 다소 잘 표현되지는 않는 억울함은 당시 독일인들 중 상당수(조심스럽지만 유대인회의 간부들도 포함하여)가 이미 아이히만 같은 태도로 살아갔다는 데에서 나오는 것이기도 합니다. 유대인 해결책에 참여한 수많은 사람들, 그 해결책의 과정을 '당연한 것'으로 받아들이고 있던 이들이 그의 곁에는 엄청나게 많았어요. 그러한 조건 속에서 그 수많은 사람들처럼 행동하는 것은 당시로서는 너무나도 당연한 것이었지요. 자신이 속한 사회 전체가 비정상일 경우에는, 비정상이 되는 것이 정상으로 여겨지는 것처럼 말입니다. '주변에서 다 그렇게 해서 자기도 그걸 따랐을 뿐인데 그게 왜 잘못된 거야?', '나는 유대인 해결책의 한 과정, 그것도 그다지 잔인하지 않은 데스크 업무만을 수행했을 뿐인데? 내가 잘못이 있다면 다른 대중들보다 능력이 뛰어나서 중책을 맡게 된 것뿐이야.'

저는 평범한 인간 모두가 '아이히만이다'라고는 결코 생각하지 않습니다. 앞서 말했듯 아렌트 역시 그러한 점을 강조한 바 있고요. 그러나 아렌트적인 의미에서의 '세계', 즉 사람들과의 사이-안에서의 경험을 상실한 채, 단지 자신의 어떠한 업무에 투여된 숱한 인간들에게서 종종 아이히만의 얼굴을 발견하곤 하는 것도 사실입니다. 그들에게는 사이-안의 공간에서 '공통 감각'[12)]으로 얻을 수 있는 현실성 대신 '다른 현실성'이 부과됩니다. 이제는 공적 세계에서 다른 사람들과의 공통적인 감각을 통해 얻는 현실은 더 이상 그들에게 현실성을 가질 수 없는 것이기 때문입니다. 그들에게는 오히려 '자신이 명령에 복종할 수밖에 없다는 사실'만이

12) 공통 감각이란 한 개인이 느끼는 사적인 감각을 타인들과 공동으로 살아가고 있는 세계에 적합하게 만들어 주는 감각입니다. 이는 자신의 사적인 감각을 '현실 세계에 적합한 것'으로 확인받을 수 있게끔 해 주며, 같은 세계를 살아가는 타인들의 입장을 고려할 수 있게끔 해 주는 감각이기도 하지요. 이에 대해서는 7강에서 더 자세히 다룰 것입니다.

현실적인 것이 될 것이며, 만약 누군가가 그렇게 행동하지 않는다면 그것은 '현실을 모르는 이상주의자'의 것으로 전락해 버리게 될 것입니다. '현실적으로 그게 말이 돼?'라는 논리 속에서 여러 인간들의 생존권을 위협하는 이들, 그것도 정장을 입고 키보드와 계산기를 두들겨 대며 고상하게 '사회적 살인'을 수행하는 이 사회의 엘리트들, 공무원들의 진부한 말들에서 잘 드러나는 것처럼 말입니다.

저는 그들 모두가 악한 사람이라고 생각하지 않습니다. 그리고 결코 그들이 범죄를 저지르겠다는 의도를 가지고서 공무를 수행한다고도 생각하지 않습니다. 단지 그들은 사유하지 않을 뿐입니다. 그가 처한 조건은 그로 하여금 자기 자신 내부에서 들려오는 사유를 촉구하는 목소리를 들을 수 없게 만들어 버리기 때문입니다. 사회에서 원자화된 그들은 사유하는 상태, 즉 '하나 속의 둘'이라는 자신 내부의 복수성의 조건도 망각하곤 합니다. 내면의 목소리로부터 촉발되는 양심은 그렇게 버려집니다. 그리고 내면의 목소리에도 귀 기울일 줄 모르는데, 그들이 타인들 입장에서 생각할 수 있을 리가 만무하다는 것은 너무나도 자명하지요. 자신이 참여하는 업무에 타인들이 어떠한 영향을 받을까 하는 문제는 이제 더 이상 중요한 게 아니기 때문입니다. 그 타인들은 단지 자신의 업무로 '처리'되어야 하는 일거리에 불과한 것이지, 그 외에는 아무것도 아닌 것이지요.

그리고 이러한 업무는 그 업무 수행자의 '말하는 능력'까지 상실시키곤 합니다. 그들이 하는 말은 그저 주어진 명령이나 지침에 의거한 말들일 뿐이기 때문입니다. 심각할 경우 그들의 언어는 단지 행정 용어나 업무 과정에서나 사용하던 상투어들로 채워지게 될 것입니다. 단순한 직업인이 되어 버린 그는 일상에서도, 법정에서도, 정치적 영역에서도 그와 유사한 언어 외에는 아무것도 말할 수 없게 되어 버릴 것입니다. 우리가 숱한 공무원들에게서 보듯이, 변명이나 사과, 유감 표명조차도 그 자에게는 행정적 처리의 일환이 되어 버립니다. 행정 과정의 일부가 되어 버린 공무원들은 말하는 과정에서 이제 결코 스스로의 '누구임'을 드러내지 않습니다. 그는 말을 하더라도 자신을 드러내지 않기에 계속 '익명'으로 남아 있을 것입니다. 전통적인 법체계로 판단하기 힘든, 상당히 도덕적인 문제가 많이 결부되어 있던 기묘한 형태의 재판에서 나치에 복무한 이래 처음으로 피고로서 자기의 목소리를 내야만 했던 아이히만이 여전히 '공무원'처럼 말할 수밖에 없었던 것처럼 말이지요.

그는 죽는 그 순간에도 나치가 장례식에서 관습적으로 해 오던 상투어를 반복했을 뿐입니다. 그리고 이 상투어 속에서 아이히만 자신의 삶과 누구임은 전혀 드러나지 않습니다. 이 유언에는 그저 나치에 복무한 한 공무원의 얼굴만이 남을 뿐입니다.

> "잠시 후면 여러분, 우리는 모두 다시 만날 것입니다. 이것이 모든 사람의 운명입니다. 독일 만세, 아르헨티나 만세, 오스트리아 만세. 나는 이들을 잊지 않을 것입니다."[13]

소크라테스처럼 말하기

'사유할 줄 모르는 무능력', '다른 사람의 입장에서 생각할 줄 모르는 무능력.' 이 무능력은 저로 하여금 그것과 전적으로 상반된 이미지, 즉 '사유의 달인'이자 '대화의 달인'인 소크라테스의 이미지를 떠올리게 만듭니다. 아렌트 덕에 '악의 평범성'의 대명사가 아이히만이

13) 『예루살렘의 아이히만』, p. 349.

되었다면, 소크라테스는 그것과 극단적인 위치에 있는 것처럼 보이는 것들의 상징으로 여겨지곤 하거든요.

실제로 아렌트는 자신이 강조한 사유의 모델을 소크라테스로부터 이끌어 오곤 합니다. 잘 알려져 있다시피 소크라테스는 지나가는 아테네 시민들을 붙잡고 그들의 의견을 묻고 다녔습니다. 정의란 무엇인가? 용기란 무엇인가? 경건함이란 무엇인가? 이처럼 시민들을 귀찮게 한 덕에 소크라테스는 '등에'로 여겨지기도 했지요. 그는 이 끈질기고도 귀찮은 질문들 속에서 대화 상대자와 함께 진리를 잉태하고자 노력했습니다. 즉 그는 자신의 말하기 양식을 통해 시민들이 진리를 스스로 잉태해 내길 바라고 있었지요. 요컨대 진리의 산파, 그것이 소크라테스식 말하기의 가장 중요한 특징입니다.

이는 오늘날 여러 사상가, 철학자들이 탁월한 교육 방법이라 평가하고 있는 것이지만, 소크라테스 본인은 정작 자신이 누군가를 가르칠 자격이 없다고 생각했습니다. 왜냐하면 '지식'을 가진 자만이 남들을 가르칠 수 있는데, 그는 자신이 아는 것이라곤 아무 것도 없다고 생각했거든요. 그래서 델포이의 신탁, 즉 '당신이 아테네에서 최고로 지혜롭다'라는 계시조차도 그에게는 참 재미있는 방식으로 해석됩니다. '내가 아무것도 모른다는 것을 스스로 안다는 것 때문에 내가 가장 지혜롭다는 거구나!' 그래서 플라톤이 쓴 초기 대화편들을 보면, 소크라테스는 '자신은 무지하기 때문에 대화 상대자에게 가르침을 받고자 한다'는 말들을 종종 내놓곤 합니다.

그래서 소크라테스는 철학의 근본적인 파토스인 경이로움 속에 종종 지나칠 정도로 깊이 빠져들었으면서도, 즉 스스로 사유하는 고독에 빠져 있는 것을 심하게 즐겼으면서도[14] 시민들

14) 『향연』이라는 대화편에 보면 소크라테스가 모임에 참여하러 왔으면서도 혼자 처마 밑에서

사이로 매일같이 뛰어듭니다. 그렇게 그는 아렌트의 표현에 의하면 "지자에 대해 폴리스가 그은 선을 넘어선 최초의 철학자"15)가 됩니다. 폴리스는 인간 세계에서 계속 기억되는 것, 즉 '불멸성immortality'에 관심을 두고 있었을지언정, 진리의 '영원성eternality'에는 관심을 두고 있지 않았는데, 영원성을 추구하는 이가 자신의 영역을 침범해 온 것입니다. 그 이전에 철학자는 영원한 원리를 본 현자로서 한 도시의 법을 만들어 주는 역할을 했을지언정, 즉 아렌트가 선-정치적pre-political이라 부르는 조건을 마련해 주는 작업 활동을 수행했을지언정, 광장에는 '철학자로서' 좀처럼 나아가지 않았습니다.

폴리스에 철학자로서 뛰어든 소크라테스는 폴리스를 구성하는 시민들의 의견 하나하나를 마주하면 곧바로 다른 상황을 가정해 보고, 그 의견이 보편적으로 적절하지 않다는 것을 드러냄으로써 대화 상대자의 모순을 지적해 내곤 하지요. 이는 의견을 그 어느 정치체에서보다 중요하게 여겼던 폴리스의 삶을 향유하는 시민들 대다수의 입장에서 볼 때 당연히 달가울 리 없었을 것입니다. 의견은 '나에게 보이는 것dokei moi'의 관점에 따라 형성될 뿐이며, 그 자체로 정치 세계에서 충분히 중요성을 갖는 것인데, 소크라테스는 그것을 그 토대에서부터 무너뜨려 버린 후, '너도 결국 아무것도 모르는 놈이군'이라는 자각만을 심어 주거든요. 말싸움에서 승리하고 자신의 위대함을 뽐내는 것을 참 좋아했던 분투적agonistic '수다쟁이'들, 즉 고대 아테네인들은 그의 이러한 말하기를 마주하면서 점차 마음이 상해만 갔어요.

아렌트 역시 이러한 소크라테스의 태도가 갖는 비정치성을 지적한 바 있습니다. 소크라테스는 플라톤의 표현에 의하면

멍히 서서 자신의 사유를 진행하는 장면이 나옵니다.

15) 한나 아렌트, 『정치의 약속』, 김선욱 옮김, 푸른숲, 2007, p.39.

변증술dialetike을 수행했는데, 이는 어원 그대로 내면에서의 '둘 사이의 대화' 혹은 실제 타자와의 '둘 사이의 철학적 대화'를 의미할 뿐, 동료 시민들 앞에서 이루어지는 공적인 연설과는 큰 차이를 가지고 있거든요. 따라서 그것은 인민들을 설득시킬 수 있는 수단이 아닙니다. 소크라테스는 법정에서까지 '철학자로서의 말하기' 양식을 선택하지요. 그가 근소한 표차로 유죄를 선고받고서, 죽음과 추방 중 결국 죽음을 택하게 된 것도 이러한 그의 '비정치적' 태도와 무관하지 않습니다.

그렇더라도 아렌트는 소크라테스가 '인간으로서 추구한' 진리만큼은 플라톤이 추구한 진리와 다르게 '초월적'인 성격을 갖지는 않는다고 봅니다. 왜냐하면 소크라테스는 애초에 '가멸적 인간들'이 인간 세계를 초월한 완벽한 진리에 대한 인식을 얻을 수 없다고 생각했기 때문입니다. 게다가 초월적 진리를 인식하게 되더라도, 그것은 인간의 언어로 표현될 수 있는 영역의 것이 아닙니다. 초월적 진리조차도 광장에서 인간의 언어로 이야기되는 순간, 그냥 다른 의견들과 경합하는 하나의 의견으로 전락해 버리기 때문입니다.

아렌트에 따르면, 소크라테스는 오히려 시민들 각자의 의견 전개 과정에서 진리를 발견하려는 시도를 지속했어요. 플라톤은 '최초로 폴리스로 뛰어든 철학자' 소크라테스의 죽음을 겪고서 폴리스 영역에 속하는 의견과 철학자들이 추구하는 진리를 대립되는 것으로 보고 진리를 가진 자, 즉 철학자 본인도 달가워하지 않을 철학자 자신에 의한 정치체의 통치를 주장했지만 소크라테스는 결코 그러지 않았다는 거예요. 소크라테스는 오히려 "인간의 실존과는 무관하게 그것과 별개인 절대적 진리는 가멸적 인간들에게 존재할 수 없다"[16]고 보았으며, '너 자신을 알라'라는 신탁이 자신에게 던져 준 의미 역시 그러한 것이라 이해했습니다. 이에 그는 의견, 즉 "내게 그렇게 보이는 것에 대한 인식을 통해서만 진리를 이해할 수 있다"[17]고 보았던 것이었고요. 따라서 시민들이 어떠한 관점에서 사태를 보고 있는가는 소크라테스에게서 매우 중요한 요소가 될 수밖에 없었습니다.

이 탓에 아렌트는 소크라테스가 시민들이 '더 진실된 의견'을 갖도록 만드는 것을 매우 중요하게 생각했다고 봅니다. 즉 인간은 절대적이고 초월적인 진리에 도달할 수 없으며, 도달하더라도 그것은 애초에 언어로 표현될 수 있는 영역, 즉 인간을 위한 영역이 아니기 때문에, 인간 세계 영역에서는 의견을 더 진리에 가깝게 만드는 것 내지는 의견에서 나름의 진리를 발견하는 것이 중요하다는 것이지요. 그래서 그는 의견을 묻고서, 그것이 가진 모순을 우선 드러내려 했던 것입니다. 아렌트가 단순히 회의주의적 태도를 견지하던 소피스트들보다 소크라테스를 훨씬 더 높게 평가하는 이유도 바로 여기에 있었지요. 왜냐하면 소피스트들은 논리를 가지고 장난을 치면서 세계에서 벌어진 현실들을 교란시키며 '더 진실된 것'을 찾아 나서지도 않지만, 소크라테스는 현실 세계에서 벌어진 사건들에 대한 의견을 더 진실되게 만들려고 노력했으며, 이는 대화 상대자가 정치적인 영역에 들어가기에 앞서 정치적으로 훈련할 수 있는 기회를 마련해 주기 때문입니다. 즉 아렌트의 해석에 따르면 소크라테스의 논리 싸움은 단순한 말장난이 아니라, 정치적 시민을 키워 내는 일종의 윤리학이기도 했던 것입니다.

이러한 소크라테스의 태도는 아렌트가 매우 즐겨 인용했던

16) 같은 책, p.47.
17) 같은 책, 같은 쪽.

소크라테스의 유명한 말, 즉 "나 자신과 불일치하는 것보다 세계 전체와 불일치하는 것이 더 낫다"[18]라는 말과도 긴밀히 연결되어 있습니다. 즉 모든 이들은 자기 나름대로 어떠한 의견을 가지고 있는데, 소크라테스는 그것을 전개하는 이에게서 모순을 발견하는 것이 그가 자신과 불일치하고 있는 상황을 지적해 주는 것이라고 봅니다. 소크라테스가 이러한 태도를 취했던 것은 기본적으로 그가 '인간이 다원성의 조건에서 살아가고 있다'는 것을 전제하고 있다는 점을 보여 줍니다. 왜냐하면 인간이 내부에서 불일치할 수 있다는 것은 결국 한 인간은 개인의 상태에 놓여 있더라도 별 수 없이 다원성을 겪어 내야만 한다는 것이니까요. 아리스토텔레스는 이러한 상태를 '내 안에서 친구를 경험하는 것'이라고 말하기도 합니다.

그런데 이렇게 자신과 불일치하는 상태로 남아 있는 것은 그 개인에게 좋은 것이 아닙니다. 왜냐하면 소크라테스는 "어느 누구도 살인자와 함께 사는 것이나 잠재적 살인자들로 이루어진 세상에서 살아가는 것을 원하지 않으리라"[19]고 믿었기 때문이지요. 이를 확장시켜 생각해 보면 자신이 싫어하는 사람과 함께 산다는 것, 그것도 매 순간 그와 함께 있는다는 것은 참 고역이지요. 그런데 내부에서 함께 살고 있는 자신이 스스로 타인들에게 드러나고 싶은 방식이 아니라서 용납할 수 없거나, 심지어 자신을 위협한다면, 그 상태는 매우 좋지 않은 상태일 것입니다. 그래서 자신과 불일치하는 것은 세계 전체와 불일치하는 것보다 좋지 않은 상태인 것이죠.

소크라테스가 요구하는 이러한 태도는 대화 상대자들이 스스로 고독solitude한 시간을 갖기를 요구합니다. 불일치를 해결하기 위해서는 먼저 스스로와 대화를 나누어야 하기 때문이지요.

18) 『고르기아스』, 482c.
19) 한나 아렌트, 위의 책, p. 52.

물론 여기서 말하는 고독은 전체주의가 만든 외로움의 조건과는 다릅니다. 왜냐하면 철학자가 누리는 고독한 상태란, 그 어느 때보다도 활발한 대화의 장이거든요. 철학자들은 워낙 이상한 사람들인지라 오히려 이 내면의 대화 상태에서 가장 덜 외롭습니다.

철학자적 고독이 이러한 상태다 보니, 그것은 끝이 없이 이루어질 수 있습니다. 내면에서의 대화 상대자와 무언가 합의를 하고 일치를 봤다 하더라도, 내면의 대화 상대자가 완전히 사라져 버리는 것은 아니기 때문입니다. 같은 뜻을 가지고 활동하는 동지조차도 끊임없는 논쟁 상대가 되는 것처럼, 나는 나의 내면에 있는 또 다른 나와 끊임없는 소통의 과정을 거칠 뿐이지요.

이러한 차원에서 '고독한 사유'의 활동은 그 자체로 정치적인 활동은 아니지만, 정치 세계에 들어서려고 하는 사람에게는 필수 코스가 되지요. 그리고 이러한 차원에서 소크라테스는 자기 안의 타자와 잘 지낼 수 있는 자만이, 그와 더불어서 잘 살 수 있는 자만이 타인들과도 잘 살 수 있다고 생각했어요. 즉 내면에서 훈련된 자만이 스스로에 대해 진실될 수 있고, 또 진실된 모습으로 외부 타인들과 적절한 우정의 관계를 맺을 수 있다는 것이지요. 자기 자신과 대화하지 않는 자는 타인들의 입장에서 사유하는 방법도 결코 알 수 없을 것이며, 타인을 마주할 때에도 진실되게 만날 수 없을 것입니다. 아이히만이 그랬던 것처럼 말이지요. 따라서 아렌트는 양심이란 아이히만처럼 주어진 의무에 복종할 때가 아니라, 이러한 내면에서의 일치를 향한 노력과 훈련 속에서 비로소 출현한다고 생각했습니다.

정리하자면 소크라테스는 시민들 하나하나를 붙잡고 시민들이 스스로의 의견에서 모순을 겪지 않을 수 있도록 하고자 노력했던 것입니다. 그것은 소크라테스가 친구를 사귀는 한 방식이기도 했지만, 단순히 노친네의 꼰대스러운 우정 놀이가 아니었습니다.

이는 정치적 영역에서 철학자가 할 수 있는 '행위'의 한 양식이었던 것입니다. 즉 그는 스스로가 시민들이 정치적인 세계에 나아가기 전에 그가 진실된 사람으로서 타인들과 정치적 미덕인 우정을 진실되게 잘 쌓아 나갈 수 있게끔 훈련시키는 역할을 맡아야 한다고 생각했던 것입니다. 밝음의 공적 영역은 '고독한 다원성의 조건'에서의 훈련 없이는 진실될 수 없음을 알았기에 말이지요. 아렌트의 말마따나 "모든 형태의 사유에 필요한 고독을 결여한 사람은 자신의 양심을 지킬 수 없"[20]기 때문입니다.

아이히만을 넘어서, 소크라테스를 넘어서

"비인간적 독방 감금 외에는 고독의 모든 가능성을 제거하는 데 주된 관심을 갖는 전체주의적 대중 조직을 경험한 우리는, 만일 자신과 함께 있는 최소한의 시간을 더는 보장하지 않는다면 세속적 형태의 양심뿐 아니라 모든 종교적 형태의 양심조차도 소멸할 것임을 쉽게 입증할 수 있다. 양심은 전체주의 정치 조직하에서는 기능하지 않는다."[21] 아이히만 재판 훨씬 이전인 1954년에 아렌트가 쓴 이 말에서 단적으로 드러나듯이, 아렌트는 전체주의적 조건에서는 이 소크라테스적인 고독한 사유 훈련이라는 것이 불가능해지고, 이로써 양심조차 더 이상 제대로 작동하지 않게 될 것이라 보았습니다.

이렇게 본다면 아이히만의 양심 부재 상태, 그리고 무사유란 결국 앞의 강의에서 우리가 살펴본 외로움을 양산하는 당시의 시대적 조건과 긴밀히 결부된 것이지요. 물론 아렌트는 이 때문에

20) 같은 책, p.54.
21) 같은 책, 같은 쪽.

아이히만이, 그리고 독일인 전범들이 무죄라고는 결코 생각하지 않았습니다. 그런데 이들에게 소크라테스로부터 배우라고, 혹은 이렇게 될 가능성이 있는 사람들에게 소크라테스처럼 사유하라고 제안하는 것으로 충분할까요? 사유할 수 없는 상황에 처해진 이에게 혹은 사유의 무능함을 체득할 수밖에 없는 사회적 위치에 놓인 이에게 '너는 사유를 해야 한다!'고 도덕적으로 훈계하는 것은 악의 출현을 막아 내는 데 과연 얼마나 큰 힘을 발휘할 수 있을까요?

아렌트의 입장에서 분명 사유는 중요합니다. 그렇기에 소크라테스가 수행한 말하기의 양식, 즉 산파술은 아렌트에게서 상당히 긍정적으로 평가됩니다. 그러나 한편으로 소크라테스가 아무리 시민들의 의견을 진실되게 만들려고 했다고 하더라도, 그리고 이로써 그들을 정치적으로 훈련시키려고 했더라도, 그것이 언제나 긍정적인 결과만을 가져온 것은 아니었습니다. 하긴 아렌트에게서 행위란 언제나 좋은 결과를 가져오는 것이 아니라, 그 결과를 예측할 수 없는 것이니까 소크라테스식 행위도 그럴 수 있다는 것은 당연한 것일 수도 있겠습니다. 그러나 소크라테스의 행위가 조금 독특하게 읽혀야 하는 것은 그것이 어디까지나 '철학자의 행위'였다는 점, 그렇기에 철저히 '사유만을 촉발하는 행위'였다는 점이지요.

진리를 찾아 나선 오이디푸스가 파멸의 길을 걷게 되었듯, 예기치 않게 길을 가다가 소크라테스를 만나서 반강제로 진리를 찾아나서야 했던 의견의 소유자들은 대화 과정에서 자신의 의견 자체가 파괴되어 가는 모습을 그냥 마주하고 있을 수밖에 없게 되곤 했습니다. 아렌트가 지적하듯 실제로 소크라테스와 마주한 시민들은 결국 자기 의견에 대한 아무런 확신도 없이 대화를 마치게 되는 경우가 많았어요. 소크라테스는 그렇다고 해서 자신이 던진 질문에 대해 자신이 이미 가지고 있던 어떠한 의견을 상대에게 설득하려고 하지도 않습니다. 더 정확히 말해서 그는 스스로 무지자라고 확신했으니까, 그러한 짓을 하면 안 됩니다. 그러나 이 탓에 대화 상대자에게 반강제로 마련된 해체된 의견의 빈자리는 계속 공허하게 비워져 버린 채로 남아 있게 됩니다.

철학을 정치적 영역에서 유용하게 활용하려는 시도, 그것은 어떠한 차원에서는 긍정적인 힘을 발휘할 수도 있지만, 한편으로는 의견의 교류와 설득 과정으로 가득 차 있는 정치 영역에 전면적으로 도전하는 것일 수도 있습니다. 그리고 소크라테스로부터 의도치 않게 촉발된 폴리스와 철학의 대결은 결국 철학의 패배로 막을 내렸습니다. 소크라테스는 동료 시민들에 의해 죽임을 당한 것입니다. 덕분에 그의 제자 플라톤은 소크라테스적 방법을 폐기하고, 도리어 진리와 관조적 삶을 활동적 삶의 영역보다, 실제 정치 세계보다 우월한 것으로 설정해 두는 정치철학 전통을 수립하게 되었고요.

이 탓에 아렌트는 『어두운 시대의 사람들』에서 다른 사유 모델, 즉 계몽주의기 비평가였던 레싱의 사유 모델에 주목합니다. 소크라테스가 인간이 진리에 도달할 수 없을지언정 사유는 진리에 대한 탐구를 포기하지 않아야 한다고 생각했던 데 반해, 레싱은 우정을 위하여 진리 탐구를 포기할 수 있음을 선언합니다. 그러고서 그는 '실제 현실 속에서 타인들과 나누는 대화'를 '내면에서 연습해 보는 차원'으로 사유를 끌어내리지요. 그런데 '실제 현실 속에서 타인들과 나누는 대화'란 진리를 탐구하기 위해 수행되는 것이 아니며, 대개는 이 세계에 대한 의견의 나눔일 뿐입니다. 이러한 대화의 연습은 타인들의 입장이나 그 입장에 따른 관점/시좌를 염두에 두고서 이루어지지 않는, 심지어 그것이 갖는 비일관성을 차근차근 해체해 나가길 요구하는 '진리 탐구'를 위한 사유가 아니라, 타인들의 입장 및 관점/시좌를 언제나 고려하는 사유입니다. 이러한 차원에서 아렌트에게서 정치적인 사유란 소크라테스의 모델보다 레싱의 것과 맞닿아 있다고 할 것입니다. 이는 훗날 아렌트의 정치적 판단 개념과도 연결이 되며, 우리가 2강에서 살펴보았듯 이야기꾼 역시 이러한 사유 과정을 거치지 않고서는 좋은 이야기를 내놓을 수 없습니다.

아이히만적 태도를 내비치는 이들에게 사유하는 태도를 요구하는 것은 분명 중요할 수 있습니다. 그는 사유를 하지 않았다는 것만으로도, 그리고 자신이 하는 일을 그만두지 않았다는 점에서 분명히 유죄입니다. 그것은 스스로의 입법자로서의 가능성을 포기하는 것이며, 심지어 그러한 태도가 전무후무한 범죄로까지 연결되었고, 그에게 무죄를 선고하는 것은 피해자 집단의 명예와 품위를 손상시킨다는 점에서 분명 처벌을 받아야 합니다. 그러나 그것을 지적하는 것만으로는 부족합니다. 아렌트의 시각에서 볼 때, '정치 영역에서 어떻게 말할 것인가?', '더 중요하게는 정치 영역을 어떻게 구성하고 유지 및 확장시킬 것인가?', '평범한 악이 등장할 수 있는 조건을 어떻게 막아 낼 것인가?'의 문제가 해결되지 않는다면, 단순히 개개인에게 사유하는 것만을 요구하는 것은 부질없는 짓이 될 뿐이기 때문입니다. 우리가 지난 시간에 살펴본 것처럼 아렌트가 대중 사회의 조건에 대한 비판적 분석에 심혈을 기울이고, 관료 조직이 양산하는 무책임성에 내내 주목했던 것도 이러한 맥락이었지요. 게다가 아무리 비판적인 사유라 할지라도 그것이 내면에만 남아 있다면 결코 세상은 바뀌지 않습니다. 비판은 행위로 이행되어야 하며, 결국 사람들을 대중으로 만들어 사유하지 못하게끔 가로막는, 그럼으로써 그들을 일종의 작용-반작용만을 수행하는 기계로 만들어 버리는 현 조건에 대한 실제 세계에서의 저항으로 연결되어야만 합니다. 사유를 수행하는 자가 세계로 나아가지 않는다면 그는 현실성을 상실할 것이기 때문에, 이러한 과정은 더더욱 중요하다 할 것입니다.

물론 아렌트는 세상에 저항하는 행위에 언제나 앞장설 것을 촉구하지 않았습니다. 정신 활동 없이 이루어지는 행위란 언제든 위험해질 수 있다는 사실을 잘 지적해 주기도 했고요. 일례로 아렌트는 수업을 빠지고 시위들에만 참가하던 학생들에게 그 사건을 한 발자국 떨어져서 사유 및 판단하는 것 역시 소중하다며 자리에 앉히려 하기도 했습니다. 한편으로 그는 이러한 사유와 판단이 실제 세계에서 이루어지는 행위자 없이는 큰 의미가 없는 것임을 잘 알고 있기도 했습니다. 아울러 세상은 결코 정신 활동만으로는 바뀌지 않으며, 정신 활동을 통해 만난 의견 및 판단을 함께 세계를 살아가는 타인들에게 확인받지 않는다면, 그것은 결코 현실성을 가질 수 없다고 보기도 했고요. 이러한 차원에서 정신 활동만으로 세상을 바꿀 수 있다는 생각은 심지어 그의 시각에서 볼 때에도, 매우 오만한 태도에 불과한 것입니다. 결국 그가 추구한 것은 정신 활동의 삶과 활동적 삶이 충분히 조화를 이루는 삶이었다고 볼 수 있어요. 이러한 균형 있는 삶에 대한 추구 없이는 언제든 위험한 사태에 자기도 모르는 사이에 복무하게 될 수도 있으니까요.

경찰관, 공무원, 그리고 명령을 이행하는 데 익숙한 우리 직업인들. 우리는 아이히만이 아니지만, 우리로부터는 언제든 다양한 악의 현상들이 출현할 가능성이 도사리고 있습니다. 여러분은 무엇을 할 것인가요? 여러분은 어떻게 삶을 살아나갈 것인가요?

5 Q+A

아렌트의 악의 평범성에 대한 논의나 공통 감각에 대한 논의는 인간의 정상성을 전제로 하지 않는다면 성립되기 힘들어 보입니다. 아렌트 본인은 반-이데올로기의 정치철학을 추구한다고 이야기하지만, 실은 이러한 차원에서 생각해 볼 때, 결국 아렌트의 정치철학은 이데올로기에 의존할 수밖에 없는 것처럼 보여요. 아울러 이러한 차원에서 아렌트는 결국 정상성에 의존하기에 정신 장애인들의 입장은 전혀 고려하고 있는 것 같지 않다는 생각이 들기도 하는데 선생님은 어떻게 생각하시는지요?

이번 강의에서 공통 감각에 대해 많은 논의를 하지 않았지만, 지적하신 것은 분명한 사실입니다. 이는 저희가 7강에서 더 자세히 다뤄 볼 사안이기도 하고요. 분명 아렌트가 공통 감각에 대해서 논의를 할 때에는 어느 정도 정상성을 전제로 하고 있어요. 어떻게 해도 비장애인들과 동일한 세계성을 공유할 수 없는 정신 장애인들은 여기에 끼어들 틈이 없어 보이기까지 하지요. 그리고 아렌트가 제대로 해명해 놓지 않은 것은 공통 감각이라는 게 결국 이데올로기에 의해 왜곡된 현실을 받아들이는 능력일 수도 있다는 것입니다. 물론 여기서 이데올로기란 아렌트가 규정하는 이데올로기라기보다는 훨씬 폭넓게 일반적으로 사용되는 이데올로기지요. 아렌트에게 이데올로기란 과거와 현재, 미래를 모두 하나의 발전 법칙으로 일관되게 추론해 낼 수 있는 것일 뿐이니까요.

그런데 이게 어디 아렌트만의 한계이겠습니까? 대부분의 철학자들은 정상성의 전제 속에서 자신의 사유 체계를 구축해 나가곤 하지요. 다만 아렌트에게는 변명의 여지가 조금 남아 있습니다. 왜냐하면 공통 감각이란 것은 세계에서 살아가면서 길러지는 것이기 때문입니다. 그리고 공통 감각의 내용은 세계가 어떻게 구성되느냐에 따라 언제든 변화할 수 있기도 하기 때문입니다. 만약 다른 현실성을 갖춘 자들에게 계속 세계를 열어 주고 그 파리아들과 새로운 관계망을 구성해 나가는 것이 아렌트 철학 내에서 허용된다면, 사실 정상성의 정치는 언제든지 깨질 수 있습니다. 공통 감각의 내용도 끊임없이 변화해 갈 테고요. 아렌트 본인이 정신 장애인들이 정치 영역에 새로이 오는 사태를 부정적으로 평가했다고 할지라도 말입니다.

<u>결국 아렌트의 입장에서 전체주의적 악은 악의 평범성 때문에 출현했다고 보는 게 맞는 건가요?</u>

전체주의적인 근본악이 악의 평범성 없이는 실현되기 힘들었다는 점만큼은 분명합니다. 그러나 악의 평범성이 전체주의의 '유일한' 원인인 것은 분명 아니지요. 물론 평범한 악이 팽배한 사회에서 전체주의가 출현하기 더 쉬울 것입니다. 그러나 어떤 시대가 전체주의로 결정화되기 위해서는 더 많은 다양한 요소들이 필요할 것입니다. 더 나아가 오해가 있을까봐 덧붙이는데 아렌트는 결코 악의 평범성 탓에만 모든 유형의 악이 출현한다고는 생각하지 않았습니다. 악의 평범성은 20세기에 출현한 악의 한 유형일 뿐입니다.

아렌트의 철학은 구체적인 행동의 지침을 제시해 주지도 않으면서, 인간 개개인에게 지나치게 책임을 많이 요구하는 것 같습니다. 선생님께서 나름 변명을 해 주기는 했지만, 아렌트가 결국에는 개개인이 사유만 하고 살아간다면, 전체주의와 같은 악을 막을 수 있다고 생각한 것 같아서, 윤리학적으로 매우 취약해 보이기까지 해요.

실제로 이는 좌파들이 아렌트를 비판할 때 내놓는 대표적인 문제 제기입니다. 그러나 분명히 말하건대, 아렌트에게도 사유는 만능의 해결책이 아닙니다. 사유는 어두운 시대에서도 인간이 여전히 누릴 수 있는 자유의 가능성이긴 하지만, 많은 이가 사유하는 삶을 산다고 해서 그 자체로 시대적 조건이 더 나아지는 것은 아니라는 거지요. 게다가 아렌트가 만약 사유만이 전체주의적 악을 막아 낼 유일한 수단이라고 생각했다면, 그는 결코 『전체주의의 기원』 개정판을 아이히만 재판 이후 다시 발표할 필요조차 느끼지 못했을 것입니다. 그 책에는 사유 외부에서 작동하는 전체주의로 결정화된 다양한 요소들이, 특히 현실성을 상실시키는 대중 사회의 모습이 상세히 묘사되어 있는데, 만약 아렌트가 전체주의를 무사유로부터만 결정화되었다고 생각했다면, 이러한 묘사는 다 쓸모가 없는 것이겠지요. 그냥 사유만 촉구하면 될 텐데 뭐하러 그런 작업을 하겠습니까? 그런데 『전체주의의 기원』은 아이히만 재판 이후 아렌트 본인의 새 서문을 단 채 개정판이 출판됩니다. 그렇다면 정말로 아렌트가 전체주의적 악의 책임을 모두 무사유에, 즉 개인의 윤리학적으로 불성실한 태도에 돌렸다고 볼 수 있을까요?

일각의 오해와 달리 아렌트는 사회적으로 버림받은 파리아들의 해방, 그것을 넘어선 자유의 실현이 단순히 '사유'로부터 만들어질 수 있다고 생각하지 않았습니다. 아렌트는 자유 중 가장 근본적인 것을 '이동의 자유'라고 생각했는데, 이는 단순히 물리적인 차원에서 장소를 이동할 수 있는 자유의 의미에만, 즉 오늘날 한국에서 진보적 장애인 운동 진영에 의해 받아들여진 '이동권'의 의미에만 국한되어 있지 않습니다. 사유 역시 어디로든 이동을 할 수 있을 때에만이 자유로울 수 있기 때문이지요. 그런데 어두운 시대는 물리적인 차원에서 이동의 자유 자체를 제한합니다. 단적으로 그는 공적 세계로 '이동'하여 자신의 의견을 드러낼 수 없습니다. 하지만 사유를 통하여 인간은 어두운 시대에조차 물리적 제약을 넘어서서 어디로든 이동을 해 볼 수가 있지요. 물론 시대에 따라 제약되는 정도가 다르겠지만요. 그렇기 때문에 아렌트는 사유의 힘에 주목하지 않을 수 없었습니다.

그렇다고 해서 어두운 시대에 사유가 저항의 전부일 수는 없습니다. 심지어 그 사유가 시대 도피적이고, 내면에 침잠하는 형태로 이루어진다면 그것은 아렌트에게서 매우 무책임한 형태로 평가될 것입니다. 활동적 삶의 영역은 인간 내면에서 이루어지며, 세계에 드러나지 않는다면 아무런 현실적 힘도 가질 수 없는 정신 활동만으로는 결코 변화하지 않습니다.

6 마르크스의 노동 개념을 넘어서? 한나 아렌트의 정치적 인간 존재론: 노동, 작업, 행위에 관하여

게이로 알려져 있지만, 블뤼허 사망 후 아렌트에게 청혼을 했다고도 알려져 있는 영국 출신 시인 위스턴 오든Wystan H. Auden은 『인간의 조건』을 읽고서 다음과 같이 말했습니다.[1] "이 책을 나만이 소유하고 싶다."[2] 저 역시 이 책을 읽고서 오든과 비슷한 생각을 한 적이 있습니다. 이 책에 담긴 아이디어들을 나만이 소유하고서 활용하고 싶었을 뿐만 아니라, 심지어 이 책에 대한 비판적 입장마저도 저 혼자 소유하고 싶었지요. 그만큼 이 책은 제게 참 매력적이면서도 논쟁적으로 다가왔습니다. 그러나 이러한 욕망에도 불구하고 부끄럽게도 스스로 '이 책을 읽었다'고 자신 있게 말하기가 힘듭니다. 이 책을 여러 번 들춰봤음에도 그러해요. 이 책은 전혀 안 읽히다가도, 때에 따라 다시 읽으면 잘 읽히기도 하고, 그래서 안심하고 있다가 훗날 다시 들춰보면 '내가 이 책을 읽은 것 맞나?', '이 책 전체를 처음부터 다시 이해해야 하겠구나'라는 마음이 들게 만들거든요.

특히 아렌트가 이 책에서 시도한 활동적 삶의 세 영역에 대한 구분, 즉 노동, 작업, 행위라는 세 활동 간의 구분은 제게 자주 혼란을 안겨다 주곤 합니다. 이 구분은 분명 마르크스의 철학을 염두에 두고서 시도한 구분인데, 언제 보면 '아렌트가 마르크스의 인간학과 노동 개념을 근본적으로 잘못 이해하고 있네', '뭐 이리 노동 혐오 발언이 많아?'라는 생각이 들기도 하고, 또 언제 보면 '이거 생각보다

1) 아렌트는 오든의 청혼을 거절했고, 오든은 얼마 후 사망하게 되지요. 이 탓에 말년의 아렌트는 마음고생이 참 심했다고 합니다.
2) W. H. Auden, 'Thinking What We are doing', *Hannah Arendt, critical assessments of leading political philosophers,* edited by Garrath Williams, Vol.3, Routledge(London and New York), 2006, p. 7.

그럴싸한데?', '꽤 매력적인 구분인데?'라는 생각이 들기도 하거든요.

제가 아렌트를 공부하면서 이 문제들에 민감하지 않을 수 없었던 가장 큰 이유는 한국에서 '노동'이라는 말에 대한 부정적 인식이 광범위하게 퍼져 있기 때문입니다. 대학에서 강의를 하면서 놀라곤 하는 것들 중 하나는 학생들이 자신들의 조건이 한국 사회 전반의 노동 문제와 밀접히 연관되어 있다는 사실을 어렴풋하게나마 알고 있음에도 불구하고, 자신을 '노동', '노동자', '노동조합', '파업' 등과 전혀 무관한 사람처럼 표현하곤 한다는 것이었습니다. '노동'은 학업과 아르바이트를 겸하고 있는 학생들에게조차 자신과 무관하게 표현될 수 있는 단어로 여겨지곤 했으며, 그 단어가 수업 시간에서 발화되는 것 자체가 학생들에게는 뭔가 낯선 경험으로 여겨지고 있는 듯했어요. 심지어 당신들 앞에서 강의를 하는 이도 노동자라고 이야기하면 적잖이 놀라는 학생들도 있었고요.

어떤 학생은 제가 강의 때 유난히 자주 사용하는 노동이라는 단어를 꽤나 불편해 하며, 제가 평소에는 조심스럽게 정치적 입장을 내놓다가도 노동 이야기만 나오면 '중립적 입장'을 포기한다고 지적하기도 했습니다. 즉 제가 자본가들의 입장을 너무 고려하지 않는다는 것이지요. 민주주의를 이야기해도, 촛불을 이야기해도, 인권, 소수자 문제를 이야기해도, 심지어는 '비정규직 문제'나 '최저임금'을 이야기해도 별 문제없이 진행되던 수업은 이렇게 '노동', '노동자', '노동조합', '파업'이라는 단어가 발화되는 순간 뭔가 불편해지곤 합니다.

우리가 이번 강의에서 살펴볼 것이지만, 아렌트는 노동을 인간의 활동 중 '가장 동물적인 활동'으로 평가하곤 합니다. 그의 자본주의 비판 역시도 노동이라는 활동에 대한 그의 인색한 평가와 긴밀히 결부되어 있고요. 그래서 아렌트의 활동적 삶에 대한 논의를 저는 수업 때 웬만해서는 언급하지 않습니다. 노동이라는 단어를 그렇잖아도 불편해 하는 학생들이 아렌트라는 나름 이름 높은 철학자의 노동에 대한 설명을 개론적으로만 듣는다면, 노동 활동 자체를 더 이상 좋게 바라볼 것 같지 않았거든요.

한편으로 저는 좌파 성향을 가지고 있는 이들 앞에서도 제가 아렌트의 텍스트를 상당히 좋아한다는 이야기를 함부로 꺼내지 않습니다. 아니, 실은 아렌트의 이름 자체를 좀처럼 언급하려 하지 않습니다. 아렌트의 주장과 상당히 맞닿아 있는 의견을 이야기해도 여전히 소통이 잘 되는 분들과의 대화에서도 그래요. 아렌트의 이름을 발화하는 순간 뭔가 그 자체로 제가 '반동'이 되거나 '노동 혐오자'가 되는 것 같은 느낌을 받곤 하거든요.

아렌트의 텍스트를 상당히 좋아함에도 아렌트의 이름을 학생들에게도, 좌파들에게도 맘 편히 언급할 수 없는 상황. 이것이 제가 아렌트의 텍스트를 읽기 시작한 이래로 언제나 빠져 있는 가장 큰 딜레마 중 하나입니다. 그런데 아렌트의 활동적 삶에 대한 설명은 정말로 노동 혐오 철학, 반동의 철학으로밖에 해석될 수밖에 없을까요? 더 나아가 그것은 노동운동 진영, 좌파 진영에서 언제나 묵살해 버려야만 하는 것에 불과한 것일까요? 아렌트의 활동적 삶에 대한 가장 기본적인 설명만 '도식화'해서 생각해 본다면 충분히 그렇게 보일 수도 있습니다. 게다가 많은 아렌트 연구들이 이미 그러한 도식화에 지나칠 정도로 의존하고 있기도 하고요.

그러나 저는 용기를 내어 좌파들에게, 노동운동을 하는 사람들에게 아렌트의 입장에 대한 변명을 좀 내놓아 보려 합니다. 그리고 이 변명은 미리 말해 두건대, 아렌트의 활동적 삶에 대한 설명이 마르크스 노동관의 기본 설명에 그 토대를 두고 있다는 섣부른(!) 주장으로까지 이어질 것입니다. 물론 아렌트가 마르크스를 부분적으로 오독하고 있음에도 불구하고 말이지요. 한편으로 아렌트는 마르크스 철학에서 찾아보기 힘든 인간 활동의 한 부분에 대한 설명도 내놓았는데, 이 설명은 정치철학사에서 상당히 중요한 의미를 갖습니다. 아렌트는 예술 활동을 포함하는 '작업' 활동의 정치적 의미와 정치적 활동인 '행위action'의 독립적 조건과 그것이 인간 실존에서 갖는 의미에 깊이 천착했는데, 그러한 시도를 한 철학자는 철학사 전체를 뒤져 봐도 드물거든요.

노동과 작업

아렌트 철학 중 가장 많이 비판을 받는 것 중 하나는 바로 노동labour과 작업work 간의 엄격한 구분입니다. 아렌트의 설명에 따르면 노동은 인간이 생명 자체를 유지하기 위하여 '필연적으로' 지속해 나가야만 하는 활동이지요. 즉 그것은 인간이 생물로 태어난 이상, 자연 속에서 계속 수행할 수밖에 없는 활동인 것입니다. 인간은 자신의 생명을 유지하기 위해서 무언가를 계속 먹어야 하며, 그러한 '먹을 것에 대한 소비 활동'을 위해서 또 끊임없이 먹을거리를 생산해 내야만 하지요. 쉽게 말해 인간이 먹고살기 위해서는 수렵물에서부터 빵, 밥 등과 같이 먹자마자 곧바로 소진되어 버리는 대상들을 어떻게든 구해야만 한다는 것입니다. 그런데 인간 말고 다른 동물들 역시 그러한 활동을 합니다. 즉 자연 속에서 생명을 가지고 태어난 존재자들은 모두 죽음을 맞이하기 전까지 자신의 생명을 유지하기 위한 활동을 지속해 나가야만 하는 것입니다. 이러한 조건 속에 처해 있는 삶을 아렌트는 그리스인들의 표현을 빌려 '조에zoe'라고 하지요.

이러한 이유로 이 활동은 어떤 이들에게서 자연의 신성한 질서에 참여하는 숭고한 활동으로 여겨지기도 했지만, 또 다른 이들에게서는 가장 동물적인 활동, 인간다움을 전혀 보장해 주지 못하는 활동으로 여겨지기도 했어요. 특히 고대 그리스, 로마 시민들은 정치적 활동에 대한 열광 속에서 그러한 생각을 매우 강하게 고수하고 있었습니다. 정치적 활동이란 '자유'의 영역인데, 노동은 그것과 대립되는 '필연'의 영역에 귀속된 활동으로 전혀 자유로운 것으로 여겨지지 않았던 것이지요. 그들은 이 활동을 사적 영역인 오이코스oikos에 한정된 것으로 생각했으며, 또 자연의 필연성에 굴복한 존재자, 다시 말해 생명 자체의 유지에만 천착할 뿐인 존재자로 가정된 노예에게 전담시켜 버렸습니다.

오늘날 자본주의 사회에서는 어떨까요? 아렌트에 따르면 노동과 관련된 문제는 이제 더 이상 단순히 사적인 영역의 문제가 아닙니다. 거대 분업을 통하여 엄청난 생산성 증대를 가져올 수 있다는 사실이 널리 받아들여지게 되었고, 노동은 근대적 '사회'의 출현과 함께 공적으로 가장 중요하게 관리되고 통제되어야 하는 활동이 되어 버렸기 때문이지요. 원래 노동은 인간의 활동 중 가장 낮은 수준의 것으로 천대받던 것이었지만, 이제는 경제 성장을 위해서 가장 중요한 인간 활동으로 여겨지게 된 것입니다. 우리가 뒤에서 더 자세히 살펴보겠지만, 물론 여기서 '노동의 생산성'이라고 표현한 것은 '안정적이고 고정적으로 세계에 남아 있는 사물'을 생산하는 것과는 다릅니다. 노동을 통해 생산되는 사물들은 노동하는 이의 노동력을 재생산하고, 자본주의 체계를 재생산하기 위해 생산된 '상품'인 경우가 대부분이기 때문입니다. 즉 그것은 자연의 순환 굴레처럼, 자본주의적 성장의 순환 굴레 안에서 생산되는 것이지요. 그리고 이 새로운 거대한 순환 굴레의 등장과 함께, '노동'이라는 활동도 비로소 '해방된 지위'를 획득할 수 있었던 것이고요.

그러나 이전에는 천박한 동물적 활동으로 폄하되던 '노동 활동'이 근대의 도래와 함께 해방되었다고 해서 '노동자'들이 해방된 것은 아닙니다(물론 그들에게는 형식상의 법적 자유가 주어져 있습니다). 우리의 현실을 한번 생각해 봅시다. 실제로 지금 시대 노동자들의 처지는 어떻습니까? 그들은 정말로 해방되어 있나요? 게다가 노동이라는 활동은 그 활동에 대한 국가 및 사회의 평가가 확 바뀌었다고는 해도 여전히 많은 이들에게서 참 지루하고 고통스러운 것으로 여겨지고 있지요. 어떤 이들은 노동 과정에서 많은 부분들이 과거보다 훨씬 더 기계화, 자동화되어서 마치 현대 노동자들이 더 편리한 삶을 살아가고 있는 것처럼 말하기도 하지만, 그러한 상황에서조차 노동자는 노동이 가져다주는 이 고통과 지루함에서만큼은 좀처럼 벗어나기가 힘듭니다.

아니, 오히려 아렌트가 지적하듯 컨베이어 벨트가 돌아가는 기계화, 자동화의 과정에서, 그리고 거대 산업의 분업 체계 속에서 인간은 자신의 신체 활동을 거대한 생산 체계에 전적으로 적응시켜야만 하며, 심지어 그 과정의 일부가 되어야만 합니다. 인류를 더 편하게 만들어 준다고 여겨지곤 하는 분업 및 자동화의 과정이 도리어 기계적인 사이클 안에 인간 활동을 함몰시켜 버린 거예요. 인간이 수단으로 삼았던 생산의 도구가 이제 오히려 인간 삶을 장악해 버리게 된 것입니다. 그리고 그렇게 된다면 인간은 자신이 누구인지, 무엇을 하고 있는지조차 잃어버린 채로, 그저 기계의 작동에 따라 몸을 움직이게 되지요.

게다가 현대 사회 대부분의 노동자들은 그저 먹고살기 위해 혹은 적어도 조금 더 화려한 소비를 하기 위해 노동을 하지, 그 노동을 통해 생산되는 사물이 무엇인지, 그 사물이 어떠한 유용성을 가지고 있는지에 대해서는 생각도 잘 하지 않게 됩니다. 거대 분업의 노동 조건 속에서 대다수 노동자들이 노동을 하는 주된 이유는 그저 월급을 받아서 한 달 한 달 먹고 입고 자기 위해서이며, 기껏해야 남는 돈으로 여행을 가고 쇼핑을 하거나 영화를 보고 맛있는 것을 사먹기 위해서일 뿐이지요. 즉 그는 단지 소비 활동에 매진하기 위해서 노동을 할 뿐, 자신의 노동이 무엇을 생산하는지에 대한 관심은 그에게서 비교적 뒷전일 수밖에 없다는 것입니다(물론 예외도 있겠지만요).

그리고 이 소비 활동은 당장 다음날 노동할 힘을, 즉 노동력을 재생산하는 데 필수적인 활동이지요. 다시 말해 소비로 채워진 우리의 여가 생활이나 휴식 시간조차도 실은 자본주의 생산 시스템 순환의 일부일 뿐이라는 것입니다. 아렌트는 이러한 삶을 살아가는 이들에게 '노동이란 자기 실현을 완성하기 위해 하는 활동'이라고 주장하는 것만큼이나 허망한 말도 없을 것이라고 보았어요. 고대 노예들이 주인의 소비와 자신의 생존을 위하여 노동을 전담했듯이, 현대의 노동자들 역시 자신이 소비할 것들만을 위해 그 활동을 수행하기 때문이지요.

이러한 차원에서 아렌트는 마르크스같이 노동이 인간의 가장 본질적인 활동이라고 말하는 이조차도 '노동으로부터의 해방'을 추구한다는 점에 주목합니다. 물론 마르크스는 이러한 지적에 대해 곧바로 "당신은 나를 잘못 이해했군. 나는 자본주의적 노동에 대한 지양, 그리고 새로운 노동으로의 이행을 이야기한 것뿐이야"라고 답할 것입니다. 그러나 어찌 되었건 아렌트 입장에서 중요한 것은 노동의 철학자 마르크스조차 노동'으로부터의' 해방을 주장하면서 공산주의 도래 이전 시기, 즉 소위 전사前史 시대의 노동이 고통스러운 것이라는 점만큼은 인정했다는 사실입니다. 마르크스가 자본주의적 노동 형태를 지양한 공산주의적 노동을 논했다고 해서, 그러한 새 형태의 노동이 지루하지 않다거나, 고통스럽지 않을 것이라는 희망은 아렌트 입장에서 볼 때 전혀 보증될 수 없는 것이기도 하고요.

왜냐하면 그의 시각에서 인간이 지구적 조건에서 한 생물종으로서 살아가는 한, '필연적으로' 행할 수밖에 없는 노동 활동이 가져다주는 지겨움, 고통스러움이란 결코 끝나지 않을 것이기 때문입니다. '끊임없이 반복되는', 그러면서도 '별 수 없이 반드시 해야만 하는 것'이란 대체로 우리들에게 얼마나 큰 속박처럼 다가옵니까? 그리스 시민들처럼 곁에다가 자신의 생존 문제와 귀찮은 일들을 대신 처리해 주는 노예를 두고 있지 않는 한에서는 혹은 '모든' 노동을 인공지능 기계들이 수행해 주지 않는 한에서는 말입니다(그러나 그것이 가능할까요? 그리고 이 지점에서 우리는 인공지능을 누가 소유하며 소유하게 될 것인지의 문제에 천착하지 않을 수 없습니다). 안타깝게도 내일도 저와 여러분은 출근을 해야 하고, 손님께 웃으며 인사를 해야 하며, 기계를 돌려야 하고, 집에서 밥을 짓고 빨래를 해야 하지요. 아무리 지루해도, 아무리 그것들이 하기 싫어 죽겠어도 그 활동들은 어제도 했고 내일도 해야 합니다. 죽지 않으려면, 적어도 이 자본주의 사회에서 생존해 나갈 수 있으려면 말입니다.

그리고 이 활동은 그것의 맞짝인 소비와 함께 단지 개인의 생명, 가족의 생명만 유지하는 것이 아니라, 자본주의 사회도 유지 및 '발전'시켜 내는 기반이 되고 있습니다. 노동자들이 의식하건 의식하지 못하건, 그들이 처해 있는 노동-소비의 굴레는 개인적 차원의 생존을 넘어서서 사회 전체의 경제 성장이라는 운동의 필연성에 계속 얽매여 있기 때문입니다. 그렇게 노동-소비의 끊임없는 순환을 통해 이 사회는 거대한 하나의 유기체로 조직화됩니다. 그리고 만약 이 순환이 온전히 이루어지지 않는다면, 반드시 성장해야만 하는 이 자본주의 체계도 더 이상 온전히 작동할 수 없겠지요.

반면 아렌트에게 '작업'은 노동과 달리 곧바로 소비되어 버리지 않는, 내구성이 있는 인공 세계의 사물을 만들어 내는 활동으로 여겨졌어요. 이 활동은 단순히 생명체에게 자연적으로 부과된 필연성, 즉 생명 자체를 유지하기 위하여 이루어지는 활동이 아닙니다. 쉽게 말해 작업은 먹고살기 위해 수행하는 활동을 넘어서 우리 주변에 계속 안정되게 남아 있는 세계를 구성해 주는 활동인 것이지요. 즉 우리는 작업을 통해 자연적 사물들을 수단으로 삼아 자연에 폭력을 가하여 그것을 인간적 쓸모에 맞게, 인간적인 가치 기준에 맞게 변형시킵니다. 즉 작업은 자연적 재료나 자연을 가공한 인공적 재료를 가지고서 그것을 우리 인간 세계에 맞게 새로이 물화reification해 내는 활동인 것입니다. 이 활동은 데미우르고스가 이데아 세계의 것을 염두에 두고서 가시적인 세계를 구성해 낸 것과 비슷하게, 어떠한 이념이나 목적 등을 머릿속에 떠올려 보고서, 그것을 실제 물질적 재료를 기반으로 제작해 내는 활동이지요.

아렌트는 우리의 일상이 이루어지는 세계를 채워 놓고 있는 내구성이 있는 사물들을 만드는 활동에서부터, 노동을 지속적으로 가능하게 해 주는 유용한 도구인 노동 도구를 생산하는 활동, 아름다운 예술 작품을 만드는 활동, 후세대에까지 지속적인 의미를 안정적으로 전수해 주는 이야기하기 활동 등도 여기에 포함시켜 놓았습니다. 특히 경제적 목적과 무관하게 이루어지는, 소위 장인정신에 의거해 이루어지는 활동은 그에게 작업의 전형으로 여겨지지요. 그리고 아렌트에 따르면 이러한 종류의 활동은 결코 자연의 순환, 자연적 필연성에 귀속된 활동이 아닙니다. 오히려 이는 그 순환 고리를 끊어 내고서 인간만이 향유하는 안정된 세계 내지는 의미의 세계를 만들어 내는 것이니까요. 동물들도 살기 위해 '노동'을 하지만, 그들은 인간처럼 자연의 순환 굴레를 벗어나서 새로운 세계를 건설하지는 않는다는 점을 한번 떠올려 보세요. 그러한 일을 할 수 있는 것은 지구상에서 오직 인간밖에 없습니다.

그렇게 자연에서 찾아볼 수 없었던 인공 세계의 사물이나 의미가 생겨나게 되고, 이것들이 안겨다 주는 안정감과 아름다움

덕분에 인간은 인위적이면서도 반-영구적으로 지속되는 세계에서 살아갈 수 있게 됩니다. 그리고 그 세계는 곧 우리에게 현실감을 가져다주는 공동적 객관성을 마련해 줍니다. 인간들이 서로 다르게 바라보지만, 어찌 되었건 함께 살아가기에 공동으로, 객관적으로 마주하는 현실적 공간을 말입니다.

쉽게 예를 들어 보자면 여러분이 매일같이 지나다니는 도로나 여러분의 노동이 이루어지는 직장 건물은 천재지변이 없는 한 내일도 그대로 있을 것이며, 여러분의 휴식을 보장해 주는 안정된 방도, 광화문 광장도 그러할 것입니다. 한 공적 공간의 물질적 기반이 되어 주는 농성장들도 마찬가지지요. 여러분이 약속을 하고서 동일한 시간에 한 공간에 모일 수 있는 것도, 즉 이 공간이 남아 있을 것인가에 대한 별다른 의심을 가지지 않고서 모일 수 있는 것도 실은 여러분이 이 인공적 공간이 지속적으로 남아 있을 것이라는 사실을 알고 있기 때문에 가능한 것이고요. 그리고 그렇게 안정된 세계가 마련되었을 때에만이, 우리는 타인들과 함께 살아가는 세계에 대한 공통의 현실감을 가질 수 있게 될 것입니다. 나 혼자 믿고 있는 것은 그것이 현실적인 것이라는 사실을 확신하기 힘들지만, 그것을 타인들 역시 나와 마찬가지로 믿고 있다면, 비로소 나에게서 현실적인 것으로 받아들여질 수 있을 것이기 때문입니다.

한편으로 2500여 년 전에 쓰인 이야기를 여러분이 여전히 향유할 수 있는 이유는 무엇입니까? 500여 년 전에 그려진 그림을 보고 여러분이 아름다움을 느끼는 것은 어떠한 활동 덕분에 가능한 것일까요? 우리의 감각과 기분이 시시각각 변하듯 인간의 주관적 상태는 끊임없이 변화할 테지만, 인간에게 객관적인 인공적 조건들로 남아 있는 것들은 이렇게 비교적 지속성을 가지고서 끊임없이 고정된 의미를 생산해 냅니다. 이러한 차원에서 그것들은 단순히 '바로 먹어치울 소비의 대상' 혹은 '부를 획득할 목적으로 팔아치울 대상'이 아닌 것입니다.

아렌트의 구분에 따르면 노동과 같은 경우 생존을 위하여 소비되는 사물에 우선적으로 천착하기 때문에, 그 활동 과정에서는 생산물의 안정성이나, 아름다움, 완전성 및 완성품의 유용성에 딱히 집중할 필요가 없습니다. 그러나 작업을 통해 제작되는 생산물의 경우는 사정이 다르지요. 작업은 계속 사용될 것이며, 지속적으로 우리를 둘러싼 채로 남아 있는 것들 혹은 우리에게 지속적으로 의미를 건네 주는 사물들을 만들어 내는 활동이기 때문입니다. 즉 그 활동이 이루어지려면 생산물이 얼마나 그것의 목적에 맞게 유용하게 계속 사용될 수 있는지, 얼마나 아름다우며, 얼마나 지속적으로 인간들 사이에서 의미를 담보해 줄 수 있는지 등등을 끊임없이 고민해야 합니다. 이 활동은 계속 지속되는 노동-소비의 순환 굴레와 달리 명확한 끝이 있기도 하지요. 즉 만들고자 하는 사물이 정해진 '모델'에 따라 만들어졌다면, 그 활동은 일단의 목적을 달성한 것이기에 거기에서 끝이 나기 때문입니다.[3)]

이 설명만 가지고서 노동과 작업이라는 두 활동을 구분해 내는 것이 힘들다면, 좀 거친 예지만 패스트푸드점에서 햄버거를 먹는 것과 40년간 일식집에서만 일한 장인이 정성스레 재료를 손수 고르고 손질하여 만들어 낸 초밥을 먹는 것의 차이를 생각해 보세요.[4)] 아니면 어느 공장에서 임금을 받기 위해 일을 하는

3) 물론 공작인은 자신이 만들어 낸 사물을 또 다시 수단으로 삼아 다른 목적을 향해 끊임없이 제작 활동을 수행할 수 있겠지요. 이러한 공작인의 활동이 연쇄적으로 일어나게 되면 결국 그는 모든 것을 수단화할 수밖에 없습니다.

4) 물론 아렌트는 도식적인 설명에서 먹는 것을 만드는 활동 일반을 포함한 가사일도 작업이 아니라 노동으로 치부해 버리기도 합니다만, 아렌트의 노동, 작업 개념 전체의 설명을 들춰 보면 사실 음식을 만드는 일이나 가사일 중 일부도 역시 작업의 영역에 충분히 포함될 수 있다는 것이 제 생각입니다. 왜냐하면 그것들은 노동력 재생산의 순환 굴레에 포함되어 있을지언정, 인간 세계의 영역에서 끊임없이 안정되고 고정된 '의미의 세계'를 마련해 주기 때문입니다. 예

노동자'들'의 분업에 의해 대량생산된 가구를 장만하는 것과 100년 전에 장인이 고독 속에서 예술혼을 담아 만들어 낸 고풍스러운 가구를 장만하는 것 사이의 차이를 생각해 보세요. 양자는 뭔가 느낌이 많이 다르지 않습니까?

'개념적 구분'과 '현실': 자본주의적 조건에서의 생산에 관하여

아렌트는 노동과 작업이라는 두 단어가 서로 다른 단어로 서구의 언어들 속에서 계속 이어져 내려왔다는 사실에 주목했습니다. 철학자들 중 상당수가 '관조적 삶'에 대한 열광 속에서, 인간의 '활동적 삶'을 모두 동일하게 위계가 낮은 것들로 폄하시켜 버리면서 노동, 작업을 제대로 구분하지 못했음에도 불구하고 말이에요. 물론 아렌트가 지적하듯 플라톤이 '돈 버는 기술'과 '다른 기술들'을 구분하고, 로크가 '손이 하는 활동'과 '몸 쓰는 일'을 잠시 동안 구분한 것도 사실이지만, 이들 역시 양자의 의미 차이를 자신의 저작에서 명확히 기술해 놓지는 않았습니다. 아렌트가 '가장 위대한 노동 이론가'로 평가하는 마르크스도 동물적 노동과 인간적 노동 사이의 차이를 분명히 지적해 놓았으며, 작업에 해당하는 '생산적

를 들어 저는 (대량생산된 파리바게뜨나 뚜레주르 빵 말고) 장인이 만든 빵을 굉장히 좋아하고 빵을 만드는 활동을 개인적으로 최고의 예술 작업 중 하나로 생각하고 있기까지 합니다. 반면 아렌트는 빵이 곧바로 소비되어 버리는 것이라고 해서 단순히 그것을 노동의 산물이라 여겨 버리곤 합니다. 그런데 아렌트는 작업이 단순히 물질화된 사물을 만들어 낼 뿐만 아니라, 물질적으로 구체화되지는 않지만, 사람들에게 반영구적으로 이어지는 의미의 세계 역시 만들어 낼 수 있는 활동으로 보았어요. 가사일과 빵 만드는 일은 어떻습니까? 그것은 맛, 아름다움, 안정감이라는 의미의 영역과 맞닿아서 우리에게 얼마나 중요한 '의미의 세계'를 만들어 주고 있습니까? 이는 오늘날 페미니스트들이 아렌트를 비판하는 중요한 논거 중 하나이기도 하며, 실제로 저는 이 지점에서 우리가 아렌트의 노동, 작업 구분을 넘어설 필요가 있다고 생각합니다.

노동'과 노동에 해당하는 '비생산적 노동'을 구분하기도 했지만, 결국 양자를 '용어상에서' 그리 엄밀히 구분하지는 않았고요. 심지어 고대 아테네인들조차도 정치 활동에 대한 매진, 즉 공적 영역에 참여하는 삶bios에 대한 과도한 찬양 속에서, 사적인 영역에 한정된 활동으로 여겨진 노동과 작업 활동을 제대로 구분해 내지는 못했습니다. 그들은 공적으로 도움이 되는 시민적 제작 활동과 단지 사적인 의미만을 가질 뿐인 노예적 노동 활동 사이의 차이를 잘 알고 있으면서도 그러했던 거예요.

그래서 아렌트가 노동, 작업 개념을 엄격히 구분한 것은 철학사적으로 볼 때 매우 독특한 시도라고 볼 수 있습니다. 그리고 그것은 그 독특함만큼이나 숱한 비판에 시달려야 했지요. 특히 노동 개념을 매우 중시하는 마르크스주의자들에게는 더더욱 그러할 수밖에 없었습니다. 그런데 저는 그러한 비판들 중 상당수가 실은 아렌트가 시도한 이 구분이 단지 '개념상'의 구분일 뿐이라는 점을 간과하고 있다는 것을 지적하지 않을 수 없습니다. 이 사실을 간과하게 된다면 아렌트를 곧바로 오독하게 되는 탓입니다. 분명히 말하건대 아렌트는 결코 현실 영역에서 나타나는 한 현상이 반드시 하나의 개념으로만 설명되어야 한다고 생각하지 않았어요. 그는 무언가가 하나의 현상으로 나타날지라도 그것을 두 가지 이상의 개념으로 설명해 볼 수 있다고 생각했던 거예요. 리쾨르가 표현한 대로 개념들을 의미론적인 차원에서 "'구별하고, 구별하라'가 아렌트의 모토motto"[5]였던 것은 사실입니다. 그러나 아렌트가 자신의 엄격한 개념 구분의 시도들을 가지고 한 말, 즉 "이러한 구별들은

5) Paul Ricoeur, 'Power and violence', *Hannah Arendt, critical assessments of leading political philosophers,* edited by Garrath Williams, Vol.3, Routledge(London and New York), 2006, p.389.

결코 임의적이지는 않지만, 그럼에도 불구하고 그것들이 도출되는 현실 세계에 있는 구획선들과 거의 일치하기 어렵다는 사실을 덧붙이는 일이 필요할 것"[6]이라는 주장 역시 우리는 간과해서는 안 됩니다.[7]

따라서 노동과 작업 두 개념은 현실에서는 명확히 구별되지 않는 하나로 보이는 활동에서도 그 각기의 특징들을 충분히 발견할 수 있습니다. 다음과 같은 아렌트의 말을 한번 찬찬히 살펴보지요. "[작업 활동의] 반복을 향한 충동은 생계 수단을 마련하기 위한 장인의 필요로부터 발생하며, 그러한 경우에 그의 작업은 그의 노동과 동일해진다."[8] "노동 분업의 도입으로 인한 작업 과정의 근대적 전환 [···] 에서는 작업의 본성이 변화되고, 제작 과정은 비록 그것이 결코 소비를 위한 대상을 생산하지 않는다고 하더라도, 노동의 성격을 갖는 것으로 가정된다."[9]

조금 더 쉽게 예를 들어 생각해 봅시다. 여러분은 지금 책상 앞에 앉아 있습니다. 이 책상은 노동의 산물입니까? 작업의 산물입니까? 노동운동을 하는 사람들, 그리고 '노동자가 세상을 만들었다'고 믿는 많은 사람들이 이 질문에 "노동!"이라고 답할 것입니다. 그리고 실제로 우리 앞에 놓인 이 책상은 공장에서 노동자들이 돈을 벌기 위해 출근을 해서 기계의 작동 과정에 자신을 함몰시켜 대량생산한 상품입니다. 즉 이 책상은 어떠한 차원에서 보자면 노동의 산물인 것입니다. 그러나 이 책상은 그것을 사용하는 자의 입장에서 본다면 단순히 '곧바로 소비되기 위해' 만들어진 것은 아니기도 하지요.

6) 한나 아렌트, 『폭력의 세기』, 김정한 옮김, 이후, 1999, p.77.
7) 이는 권력power과 폭력violence 개념을 구분하며 아렌트가 내놓은 말이지만, 우리는 이를 아렌트의 다른 개념 구분들에도 충분히 적용해 볼 수 있습니다.
8) HC, p.143.
9) HC, p.125.

이 책상은 내구성을 가지고 있고, 우리에게 사용가치를 가지고 있으니까 말입니다. 즉 그것은 누군가가 계속 사용할 수 있도록 만들어진 것이며, 그 고정된 유용성을 창출하기 위하여 특정한 목적을 가진 모델에 따라 만들어진 것입니다. 다시 말해 이 책상은 제작이 완료된 완성품이며, 우리의 안정된 인공 세계를 구성하는 것이기도 한 것입니다. 결국 이 책상은 어떠한 차원에서 본다면 작업의 산물이기도 한 것이지요.

따라서 이 책상이라는 생산물을 놓고 본다면, 이는 동일한 한 활동의 산물이지만, 이 동일한 하나의 활동은 두 가지의 특성을 가집니다. 그리고 우리는 이 두 특성을 서로 다른 용어로 충분히 표현해 볼 수 있습니다. 요컨대 그것은 노동자들이 돈을 벌고 소비를 하기 위해 자신의 노동력을 투여한 활동의 산물, 즉 아렌트의 표현대로라면 '노동'의 산물이면서도, 그와 동시에 유용성을 가진 내구적 사물을 생산하는 제작 활동, 즉 아렌트의 표현대로라면 '작업'의 산물이기도 한 것이지요.

이는 오늘날 이루어지는 거의 모든 생산 활동에 적용될 수 있는 생각입니다. 건물은 짓는 활동은 어떻습니까? 물질적으로 구체화된 생산품을 만들어 내지는 못하지만, 반-영구적인 의미를 생산하는 시와 음악을 짓는 활동은요? 이야기를 쓰고 영상을 찍으며 논문을 쓰는 활동은요? 숙련된 기술을 가지고서 무언가 아름답고 튼튼한 것을 생산하는 제작 활동은요? 오늘날에는 이 작업의 활동들도 실은 자본에 고용된 노동자에 의해 이루어지는 경우가 대부분이지요? 아닌 경우라고 하더라도, 먹고사는 문제와 직접적으로 연결이 안 되는 활동인 경우는 극히 드물고요. 즉 이 활동들은 분명히 '돈을 버는 기술일 뿐 아무것도 아니다'라고 말하기는 힘들겠지만, 적어도 오늘날에는 이 활동들이 실제로 돈을 버는 목적과 무관하게 이루어지지 않기가 굉장히 힘들게 되어 버린 것이지요. 그리고 그

돈은 당연히 소비를 통하여 그 활동 주체의 노동력을 재생산하는 데 직접적으로 활용될 것이고요. 이러한 차원에서 본다면 오늘날의 사회는 모든 작업 활동을 소비를 위한 노동으로 환원시켜 버리는 사회, 적어도 노동의 목적이 작업 활동의 목적을 압도하고 있는 시대라고 할 수 있습니다.

이렇게 모든 작업의 활동이 노동의 목적으로 환원되어 버리게 되면, 세계를 구성하는 사물들의 성격도 전반적으로 바뀌어 버리게 됩니다. 모든 생산품은 세계를 구성하는 안정된 사물의 성격보다도, 그것을 생산하는 자들과 그것을 구매하는 자들의 소비를 위한 상품의 성격을 짙게 띠게 되기 때문이지요. 물론 자본주의 시장이 본격적으로 형성되기 이전에도 장인들 사이에서는 교환이 일어났고, 따라서 장인들의 생산품은 대개 상품이 되었습니다. 그리고 아렌트에 따르면 이러한 종류의 생산품이 모인 시장에서는 나름의 '생산물들이 교류되는 공적 공간'이 구성되기도 했습니다. 즉 작업을 통해 생산된 사물들이 갖는 다른 사물들과의 관계 속에서 상대적 가치value가 인정되는, 그럼으로써 그 사물들이 서로 양, 질적으로 비교될 수 있는 공적 공간이 구성되었던 것입니다. 하지만 아렌트가 지적하듯, 시장에서 단지 교환 과정에서 발견되는 가치value만이 주요한 것이 되어 버린다면, 작업의 생산물이 그 자체로 갖는 고유한 가치worth나 '지속적으로 사용할 만한 가치'는 그 존재 자체가 위협을 받게 됩니다.

그런데 자본주의 사회는 가능한 한 모든 것을 교환되어야 하는 것으로, 즉 시장의 상품으로 만들어 냅니다. 그것도 이윤을 지속적으로 창출해 내기 위한 단순한 '소비물'들로 말이지요. 'worth'나 '지속적으로 사용할 만한 가치'를 가지고 있기 때문에 의미가 있는 장인의 생산품은 그것이 그 자체로 가진 의미나 유용성, 미적 완결성 등보다도 그것의 '상품성'에 의해 더 중요하게 평가될 것입니다. 쉽게 말해 그것이 얼마나 돈을 불릴 수 있느냐가 가장 중요해지게 되는 것이지요. 그리고 이러한 상황이 극단화된다면 대부분의 생산물들은 단지 먹고살기 위해 자본에 고용된 노동자들 내지는 '노동자화된 장인들'이 자신의 생존을 위해, 그리고 자본에게 이윤을 가져다주기 위해 별 수 없이 만들어 낸 사물이 되어 버릴 것입니다.

오늘날 한국 사회에서 집은 어떤가요? 그것은 안정된 사적 세계를 보호해 주는 기능을 하는, 즉 우리가 거주하기에 유용하고 자기 존재의 지속적인 의미를 담고 있는 사물일 뿐인가요? 유력 정치인들의 말 한마디에 특정 지역의 부동산 가격이 급등하는 나라에서, 부동산 거래를 통한 성공만이 유일한 살 길이라고 믿는 서민들이 넘쳐 나는 나라에서 이러한 생각을 가지고 있기란 결코 쉬운 일이 아닙니다. 전세, 월세 계약이 끝나면 또 집을 옮겨야 하는 세입자들의 현실을, '집'이 아니라 고시원 '방'을 '빌려' 사는 이들의 주거 현실을 한번 생각해 봅시다. 여러분 손에 쥐어져 있는 핸드폰은 어떻습니까? 핸드폰은 하나의 안정된 세계 사물로서 그것의 고유한 가치를 가짐에도 불구하고, 왜 새로운 버전의 핸드폰이 출시되자마자 여러분들에게서 고장이 나지도 않은 채 버려지곤 합니까? 자본주의 사회에서는 이렇게 모든 사물들이 소비되어야 하는 대상, 즉 이윤 추구를 위하여 '노동 과정을 통해' 출시된 상품으로 변형되어 버릴 수 있습니다. 이에 대해 아렌트는 다음과 같이 이야기하지요.

> "사용되는 대상이 풍부해지면 그 대상은 소비재로 변형된다. 소비·노동·생산의 무한성은 그 활동의 생산물이 유용한 성격을 상실하고, 소비의 대상이 될 때에만, 또 다른 방식으로 보자면, 사용과 소비 사이의, 사용하는 대상의 상대적인 지속성과

소비재의 급속한 출현과 소멸 사이의 객관적 차이가 무의미할 정도로 줄어들게 되어서, 사용의 속도가 엄청나게 가속화될 때에만 보장될 것이다. 우리를 둘러싼 세계 사물들을 더욱 빠르게 대체하고자 하는 우리의 욕구 속에서, 우리는 더 이상 그것들을 사용할 여유를 가질 수 없고, 그것들의 내적인 지속성을 인정하거나 보존할 여유를 가질 수도 없다. 말하자면 우리는 우리의 집과 가구, 차를 소비해야만 하며, 소모해 버려야만 한다."[10]

이를 통해 유추해 볼 수 있는 것은 아렌트가 개념적으로는 분명히 구별되는 활동이 '동일한 것'으로 나타나는 경우에, 즉 자본주의적 조건에서 작업이 노동에 환원되어 버릴 경우에 나타날 수 있는 위험성을 지적하고자 했다는 점입니다. 왜냐하면 아렌트에게서 작업이 노동에 완전히 함몰된 사회는 모든 것이 상품화되어서 모든 것을 경제적 운동 과정 속에 투여해 버리는, 즉 지속적이고 안정된 의미를 갖는 세계를 마련하기 힘든 사회이기 때문입니다. 게다가 이런 조건에서 이루어지는 대부분의 생산 활동의 경우, 실은 노동자들이 다음날 생산을 위하여 자신의 노동력을 재생산하는 데에, 그럼으로써 자본의 더 큰 이윤을 만들어 내는 데에 복무하고 있는 것이지요. 더 이상 생산의 목적은 생산물 자체가 아니게 되어 버리는 것입니다. 실제로 오늘날의 자본주의 사회에서 상품들은 노동자의 소비(노동력의 재생산)와 자본가의 잉여가치 창출을 위해 생산됩니까, 아니면 그 자체로 사용되거나 그 자체로 의미를 갖는 사물을 세계에 더하기 위해서 생산됩니까? 물론 다수의 생산품들은 양 특징을 모두 가지고 있기도 하지만, 실은 전자의 의미가 더

10) HC. pp.125~126.

강력하지는 않습니까?

이러한 조건에서 모든 이들은 자본의 순환 운동 속에 함몰된 경제적 동물로 전락해 버릴 수 있습니다. 아렌트가 굉장히 높게 평가한 활동, 즉 정치적 행위자들이 의존해야만 하는 이야기꾼의 작업 활동과 폴리스의 공간을 짓는 활동조차도 이러한 조건 속에서는 한낱 경제적 활동이 되어 버릴 수 있지요.[11)]

11) 그런데 이렇게 따져 보면 아렌트의 인간 활동에 대한 설명에서 노동은 어찌 되었건 부정적인 의미를 담지하고 있는 것처럼 보일 수 있습니다. 아렌트는 실제로 인간이 현재의 지구적 조건에서 살아가는 한, 노동을 해야 한다는 필연성에서 결코 벗어날 수 없다는 점, 그리고 노동이 없는 삶은 온전한 인간적 행복을 보장해 줄 수 없다는 점에 대해 종종 이야기하면서도, 계속 노동 활동을 '동물적 활동'으로 깎아내리곤 합니다. 특히 아렌트는 비숙련 노동이나 가사일, 심지어 빵 만드는 일을 사례로 들어가며 노동을 낮은 활동으로 깎아내려 버리곤 하는데 이 부분만 읽어 보면 그가 정말로 한낱 노동 혐오 철학자에 불과한 것처럼 여겨지기도 해요. 마르크스가 『자본론』에서 지적해 놓은 바와 같이 기계화된 자본주의적 생산 체계에서 숙련 노동자들 상당수가 비숙련 노동자가 되어 버릴 수밖에 없다는 사실 탓에 이러한 아렌트의 평가는 더 불편해집니다. 아렌트는 필연성과 어떠한 법칙적 순환에 얽매인 삶을 한낱 동물적 삶으로 평가하곤 하는데, 그렇다면 현대 자본주의 사회의 노동자들은 모두 동물적인 삶을 살고 있단 말입니까? 이러한 평가는 그것이 아무리 엄밀한 내용을 가지고 있다 할지라도, 한낱 관념론적 엘리트나 내놓을 수 있는 오만한 주장일 수 있지요. 이러한 한계에도 불구하고 노동자 집회에서 자주 마주하는 구호, '노동자가 세계를 만들었다'는 주장은 아렌트의 노동, 작업관과 큰 모순을 겪지 않을 수도 있습니다. 왜냐하면 용어상 노동과 작업이 구분된다 할지라도, 아렌트의 시각에서 볼 때에도 현대 사회에서는 노동자가 세계를 제작하는 작업의 활동 중 상당수를 떠안고 있다는 점만큼은 분명하기 때문입니다. 그리고 어쩔 수 없이 먹고살기 위해 예술 활동을 노동 활동과 결합시키는 이들 같은 경우에도 어쨌거나 현실적으로는 노동과 작업이 일치된 활동을 통해 세계를 창조하는 데 기여하고 있다는 점을 아렌트 역시 모르지 않았기 때문입니다.

반-마르크스주의적 인간학? : 아렌트의 노동, 작업 개념을 위한 변명[12)]

마르크스주의자들은 이러한 아렌트의 노동, 작업 개념을 여전히 불만족스럽게 여기고 있을 것입니다. 마르크스는 사실 '노동'이라는 개념 안에 아렌트가 노동, 작업이라고 굳이 구분한 요소들을 모두 넣어 놓았고, 아렌트가 의도적으로 이러한 사실을 무시하고 있는 것처럼 보일 수 있기 때문입니다. 그러나 많은 이들이 오해하는 것과 달리, 아렌트가 마르크스의 노동 개념을 단순히 동물과 똑같은 수준의 활동, 즉 자연의 순환 고리 속에서의 생존 활동에만 국한된다고 생각한 것은 분명히 아닙니다. 마르크스가 "인간은 개미, 벌, 수달 등과 같이 집을 짓지만, 그들과 다른 방식으로 집을 짓는다"[13)]는 사실, 즉 '인간은 다른 동물들과 달리 자연적으로 주어진 방식을 넘어서서 자유롭게 노동의 양식을 변화시킬 수 있고, 세계의 안정된 사물이자 작업 활동의 생산물인 노동 도구를 새로 만들어 낼 수 있다'는 사실, '노동이 머리 안에서 생각해 낸 모델을 객관 세계에 실체화하는 방식, 즉 합목적적인 방식으로 이루어진다'는 사실을 알고 있었다는 점을 아렌트는 자신의 저서 곳곳에 지적해 놓았거든요. 마르크스가 아렌트적 의미에서의 '작업'에 대응하는 '생산적 노동'과 아렌트적 의미에서의 '노동'에 대응하는 '비생산적 노동'을 애덤 스미스를 따라 구별했다는 점 역시 『인간의 조건』에는 충분히 언급되어 있고요.

다만 아렌트는 마르크스가 이렇게 노동을 합목적적이고,

12) 이 장은 『자본론』에 대한 지식이 없다면 유난히 어려울 수 있습니다. 너무 어렵다 싶으면 곧바로 '행위' 개념을 다루는 다음 부분으로 뛰어넘어도 무방합니다.
13) MECW, Vol. 6.

인간적인 활동으로 보았다는 점을 알고 있었음에도 불구하고, 동시에 그것을 자연의 순환 고리 안에 귀속된 활동으로도 보고 있다는 점에서 애매한 관점을 취하고 있다고 봅니다. 예컨대 다음의 문장을 살펴보지요. "마르크스가 '노동 과정은 생산물에서 그것의 목적에 도달한다'고 주장했을 때, 그는 자신이 이 과정을 인간과 자연 사이의 물질대사라고 정의했다는 것을, 즉 이 과정에서 생산물은 즉각적으로 신체의 생명 과정에 의해 무화되고, 소비되며, 완전히 사라져 버린다고 정의했다는 것을 잊고 있다."[14] "그의 사유의 핵심에 위치해 있던 노동은 한시도 애매하지 않은 적이 없었다."[15] 아렌트가 보기에 자연과의 물질대사 활동과, 안정된 객관 세계를 만들어 내는 합목적적 활동은 마르크스가 언급한 것과 달리 서로 다른 용어로 표현되어야 합니다. 그의 입장에서 이를 한 가지 용어 안에 통합시켜 놓은 것은 심각한 모순을 범하는 것처럼 충분히 보일 수도 있지요.

제가 보기에 이러한 '용어상의 차이'에 천착한 아렌트의 마르크스 비판은 분명히 문제가 있습니다. 무엇보다도 아렌트는 마르크스가 한 개념에 대하여 사고할 때 변증법적으로 사고했다는 사실을 간과하고 있습니다. 마르크스는 결코 하나의 개념이 고정된 하나의 추상적 정의로 설명될 수 있다고 생각하지 않았어요. 마르크스 역시 아렌트와 마찬가지로 하나의 활동이 꼭 고정된 하나의 개념으로만 설명된다고 생각하지도 않았고요. 다양한 노동 활동에서 공통적인 어떤 것을 추출해 내서 그 고정된 보편적 특성을 '노동 개념'과 등치시키는 것, 하나의 노동 활동은 반드시 하나의 특성만 가지고 있다고 전제하는 것은 마르크스의 방법과 거리가 멀다는 것입니다. 마르크스에게서 모든 개념은 실제 현실의

14) HC, p.103.
15) HC. p.104.

변화와 맞닿아 있기 때문입니다. 즉 노동은 반드시 고정된 하나의 특징만을 가지지 않으며, 시간의 변화에 따라 그 성격 역시 변화할 수 있습니다. 굳이 도식적으로 말해 보자면 A는 언제나 반드시 A일 필요가 없습니다. 특정 시간대에 A였던 것은 다른 시간대에 'A가 아닌 무언가'가 될 수도 있으며, 하나의 활동이 역사적 진행 과정 속에서 복수의 속성을 가질 수도, 또 복수의 현상으로 나타날 수도 있는 것이지요.

노동 역시 마찬가지입니다. 그것은 노동이라는 이름을 걸고 있더라도 언제나 '자연과의 물질대사', 단지 '곧바로 소비될 사물을 만들어 내는 생존을 위한 활동'에만 머물러 있을 필요가 없습니다. 노동 양식이 발전하고 생산물이 다양해지면서, 인간의 욕구 또한 훨씬 풍부해지고, 따라서 인간이 수행하는 노동 역시 다양한 형식으로 나타나게 될 것이기 때문입니다. 따라서 마르크스가 인간을 노동하는 동물, 노동 도구를 생산하는 동물이라고 말했을 때, 이는 단지 모든 인간이 동물적인 자기의 생계유지를 위한 일만 하고 산다는 것을 말하고자 한 것이 분명 아닙니다. 이렇게 정의된 인간은 물론 생명체이기 때문에 결국 일차적으로는 자연과의 물질대사 속에서 생존해 나가기 위한 노동을 어느 시대건 하지 않을 수 없지만, 이와 함께 역사적 발전 정도에 따라 더 다양한 것을 욕구하고 세계의 제작 활동으로, 예술 활동으로, 작곡으로, 정치적 실천 등으로 다양하게 나아갈 수 있습니다. 기존의 노동 양식은 인간의 능동적 활동을 통해 끊임없이 지양되고, 이로써 그것과 다른 형식을 갖는 새로운 노동 형태가 계속 출현하게 되는 것입니다.

그렇다면 아렌트는 왜 이런 오독을 감행해 가면서까지 굳이 노동과 작업을 구분하며 마르크스를 비판한 것일까요? 이 질문에 대답하기 위해서는 우선 엥겔스의 다음과 같은 말에 주의를 기울일 필요가 있습니다. "영어에는 노동의 이 두 측면[즉 구체적인 유용노동과 추상노동]을 표현하는 두 개의 다른 단어가 있다는 장점이 있다. 사용가치를 창조하는, 질적으로 규정된 노동은 'work'라고 부르며, 가치를 창조하는, 오직 양적으로만 측정되는 노동은 'labour'라고 부른다."[16] 아렌트는 아마도 엥겔스에게 희랍어에도, 라틴어에도, 불어에도, 독일어에도 비슷한 구분이 있다고 말할 것입니다. 그러나 일단 그 사실은 제쳐 두고서 엥겔스가 이런 구분을 언급할 수밖에 없었던 『자본론』의 맥락을 간단히 살펴봅시다.

우선 여기서 엥겔스가 '사용가치를 창조하는 노동, 질적으로 규정된 노동'이라고 설명한 것은 마르크스가 '유용노동useful labour'이라고 부른 활동입니다. 이 활동은 마르크스에 따르면 사물이 교환되는 것과 무관하게 각자 사람들이 그것의 쓸모에 맞게 사용할 생산품을 만들어 내는 활동이지요. 즉 "특정의 자연 소재를 특정의 인간 욕구를 충족시키게끔 변형시키는 특수한 합목적적 생산 활동"[17]인 것입니다. 현실 속에서 구체적인 노동들은 실제로 이러한 방식으로 이루어지곤 하지요.

제가 자연의 나무를 잘라다가 의자를 하나 만들었다고 생각해 봅시다. 이 의자는 집에서 사용하기 위해서 만들었어요. 저는 이것을 다른 곳에 판매할 생각이 없습니다. 만약 이 의자에 집에 놀러 온 손님들이 앉을 수 있다면, 즉 그것이 앉는 용도로 '사용될 수 있다면' 이 의자는 '사용가치'를 갖는 것이지요. 한편 A씨가 자신이 입을 어떤 옷을 만들었다고 생각해 봅시다. A씨의 노동 역시 '입을 용도로 사용되는' 물건을 만들어 냈기 때문에 하나의 구체적인 유용노동입니다. 이 각자의 구체적인 노동 활동은 질적인 차원에서

16) 칼 마르크스, 『자본론 1』, 김수행 옮김, 비봉출판사, 2015, p.58.
17) 같은 책, p.53. MECW 35. p.52.

각기 다른 생산물들을 만들어 내는 것이지요. 엥겔스가 주석에서 '사용가치를 만들어 내는 활동'이라고 본 것은 바로 이 'work'인 것이에요.

이 의자나 옷이 서로 교환되는 상황을 염두에 두고 보면 사정은 달라집니다. 교환 과정에서는 단순히 사용가치만으로는 평가될 수 없는 어떤 가치가 필요해지기 때문이지요. 의자를 만드는 일을 하는 제가 옷이 필요한 상황이 되었다고 가정해 봅시다. 저는 우선 의자를 팔아서 돈으로 바꾸겠지요. 그렇게 의자는 상품이 됩니다. 그리고 저는 의자라는 상품 하나를 팔아서 100원을 벌었어요. 이 100원으로 A씨가 만든 상품인 옷 두 벌을 샀지요. 이럴 경우에 의자 하나의 가치는 100원으로 책정된 것이고, 옷 한 벌의 가치는 50원으로 책정된 것입니다.

여기서 이 100원이라는 의자 하나의 가치는 단순히 의자의 유용성의 정도에 따라 책정된 것이 아닙니다. 의자 자체에 100원이라는 가치의 속성이 들어 있는 것도 아니지요. 옷 역시 마찬가지입니다. 옷의 유용성이 50원인 것은 아니며, 옷 안에 50원이라는 속성이 들어가 있는 것도 아닙니다. 유용함의 정도를 어떠한 숫자로 책정하기도 힘들뿐더러, 유용한 것이 언제나 비싼 것은 아니잖아요. 일례로 우리에게 참 유용한 물이, 딱히 유용성이 없는 보석들보다 싸듯이 말이지요. 마르크스는 이러한 차원에서 한 사물이 교환될 때, 그것의 가치는 그것과 다른 사물들 간의 사회적 관계로부터 나온다고 이야기합니다.

그럼 이 의자의 교환가치로 책정된 100원의 정체와 옷의 가치로 책정된 50원의 정체는 무엇일까요? 마르크스는 이것을 설명하기 위해 앞서 이야기한 '유용노동'과는 다른 형태의 노동이 있음을 언급합니다. 물론 그것은 실제로는 구체적 유용노동이 이루어지는 활동과 다른 별개의 활동인 것은 아니지요. 조금 더 풀어 설명해 보자면 '하나의 노동 활동'은 '구체적 유용노동'인 동시에, 또 다른 노동의 특성을 갖기도 한다는 것입니다. 마르크스는 이러한 노동의 특성을 구체적 노동들에서 '추상'해 볼 수 있는 형태의 노동으로 생각했어요. 즉 의자를 만드는 것, 옷을 만드는 것, 음식을 만드는 것 등의 구체적 노동들은 서로 다른 구체적 노동 활동들이지만, 이 노동들은 모두 인간의 노동력을 지출해서 교환할 수 있는 가치를 만들어 내는 것이라는 공통점을 가지고 있다는 데 천착한 것이지요.

의자를 생산하는 저의 활동과 옷을 생산하는 A씨의 활동도 그렇게 생각해 볼 수 있습니다. 그 각자의 활동은 각기의 사용가치를 생산하는 서로 다른 구체적 활동이지만, 그것들은 '교환 과정에서 각기의 생산물을 비교해 볼 수 있는 가치'를 생산한다는 점에서는 동일한 특성을 갖습니다. 그리고 이 두 활동은 인간의 노동력을 지출한 것이라는 점에서도 동일하지요. 마르크스의 표현에 따르면 의자를 만드는 활동도, 옷을 만드는 활동도 "비록 질적으로는 다른 생산 활동이지만, 모두 인간의 두뇌, 근육, 신경, 손 등의 생산적 소비이고, 이 의미에서 모두 인간 노동"[18]인 것입니다. 이 "인간 노동은 특수한 방향으로 발달하지 않은 평범한 인간이 자기의 육체 안에 평균적으로 가지고 있는 단순한 노동력을 지출하는 것"[19] 입니다. 그 활동은 "어떤 상품이 복잡한 노동의 생산물이라 하더라도, 자기의 가치를 통해 단순노동의 생산물과 동등하게 되고 일정한 양의 단순노동을 대표할 뿐"[20]인 것이지요. 이를 마르크스는 '단순한 평균적 노동'이라고 부르기도 합니다.

그런데 어떠한 상품이 다른 상품과 교환되려면 어떠한 양적

18) 같은 책, 같은 쪽. MECW 35, p.54.
19) 같은 책, 같은 쪽. MECW 35, p.54.
20) 같은 책, 같은 쪽. MECW 35, p.54.

기준에 따라서 교환될 수밖에 없지요. 마르크스는 이 양적인 문제를 교환될 상품들에 얼마나 '평균적인 노동력'이 지출되었는지의 문제로 봅니다. 앞서 든 예를 다시 가져와 보겠습니다. 만약 의자가 100원이고, 옷이 50원이라면 이는 의자를 만드는 데 투여되는 노동 시간이 옷을 만드는 데 투여되는 노동 시간보다 양적으로 두 배이기 때문입니다. 물론 여기서 투여되는 노동 시간은 '평균적인 것'일 뿐입니다. 쉽게 말해 A씨가 옷 두 벌을 만드는 데 6시간이 걸린다고 치더라도, 평균적으로 사회에서 옷 두 벌이 8시간 만에 만들어진다면, 옷 두 벌은 교환 과정에서 이 8시간의 노동이 투여된 것으로 측정되는 것이지요. 의자 역시 마찬가지입니다. 제가 의자 하나를 4시간 만에 만들어 낼 수 있다고 하더라도, 만약 사회에서 평균적으로 의자 하나가 만들어지는 데 8시간이 걸린다면, 의자는 8시간의 노동이 투여된 것으로 시장에서는 간주됩니다.[21)]

즉 의자를 만드는 데 투여되는 노동 시간의 평균과 옷을 만드는 데 드는 노동 시간의 평균에 따라서 의자의 가치와 옷의 가치가 정해지는 것이지요. 물론 이는 각 사회마다 그 성격과 수준이 달라지긴 할 것입니다. 톱과 드라이버를 사용해 의자를 만드는 사회와 전기톱과 전기드릴을 사용해 의자를 만드는 사회가 다르며, 바늘과 실로만 옷을 만드는 사회와 재봉기로 옷을 만드는 사회가 다르듯 말입니다.

중요한 것은 이러한 노동의 특성이 자본주의 사회의 교환 과정에서 끊임없이 가치value가 증식할 수 있는 가능성을 마련해 준다는 점입니다. 그것은 노동력을 양적으로 측정 가능한 것으로 만듦으로써, 자본이 노동력을 구매하고 '사회적 평균 노동 시간'에 맞추어 임금을 줄 수 있게 만들어 줍니다. 그리고 노동자는 자신의

21) 여기서 자세히 다루지는 않았습니다만, 마르크스에 따르면 가치와 가격은 다릅니다.

노동력을 팔아 받은 임금을 통하여 자신의 노동력을 재생산하는 가치를, 즉 노동자가 소비 과정을 거쳐서 다시 일할 수 있는 힘을 만들어 내는 가치를 창출할 수 있게 되지요. 심지어 노동자는 그것을 넘어서서 잉여가치를 창출하기도 합니다. 자본가가 노동자의 노동력을 구매한 후, 노동자가 스스로의 노동력을 재생산할 수 있는 만큼의 임금을 주고서 챙겨 가는 나머지의 가치들을 말입니다. 이것은 바로 자본가가 가져가는 노동자에 대한 착취분이지요. 자본가는 그 착취분의 가치를 생산에 또 다시 투여함으로써 더 큰 가치를 만들어 낼 테고요. 만약 노동이 '구체적인 유용노동'에만 한정되어 있다면(그 성격이 자본주의적 임금 노동에서도 완전히 사라지지는 않겠지만), 그것은 교환 및 이윤 증식을 목적으로 하지 않기 때문에 결코 이러한 형태의 가치 증식을 만들어 낼 수 없습니다. 이러한 차원에서 근대 자본주의 사회는 '평균적으로 산정되는 노동'을 수행할 수 있게끔 해 주는 개개의 인간들이 보유한 '노동력'을 그것의 성장 동력으로 삼을 수밖에 없는 것이지요.

그렇다면 우리는 아렌트가 왜 굳이 노동과 작업을 구분하려 했는지에 대한 단서를 마르크스의 『자본론』에서 충분히 발견해 볼 수 있습니다. 저는 앞서 아렌트에게 '작업work'이 유용성과 아름다움의 세계를 창조하는 것으로 여겨졌다는 점을 말씀 드렸습니다. 한편 '노동labour'은 생존을 위한 소비물을 만들어 내기 위해 투여되는 것이라고 설명 드렸고요. 그런데 엥겔스가 'work'라고 볼 수 있다고 여긴 『자본론』의 '구체적 유용노동'은 앞서 우리가 살펴본 아렌트의 'work' 개념, 즉 작업 개념과 굉장히 유사한 특징을 가지고 있습니다.

마르크스의 다음과 같은 말을 살펴봅시다. "사용가치인 저고리, 아마포 따위, 즉 상품체는 자연 재료와 노동이라는 두 요소의 결합이다. 저고리, 아마포 등에 들어 있는 여러 가지 유용노동 모두를 제거한다면, 남는 것은 언제나 인간의 어떤 개입 없이 자연이 제공하는 일정한 물질적 바탕뿐이다. 그렇게 된다면 생산 과정에서는 오직 자연 자체가 하는 것처럼 일할 수 있을 뿐이다."[22] 즉 이 말에 따르면 유용노동은 자연의 변화 과정에 함몰되어 있는 게 아니라, 자연의 과정에 인간이 개입하여 자연적이지 않은 방식으로, 합목적적으로 자연 대상을 가공하는 것이어야 하지요. 이는 우리가 앞서 이야기한 바와 같이 아렌트가 작업의 특징이라고 이야기했던 것의 주요 특징 중 하나입니다.

한편으로 양적으로만 측정되는 노동, 즉 엥겔스가 'labour'라 본 추상적 노동 활동은 일정 부분 아렌트가 말한 'labour'와 유사한 특징을 갖습니다. 물론 마르크스가 이러한 형태의 노동에 주목한 것, 무엇보다도 『자본론』 1권에서 사용가치보다도 교환과 긴밀히 결부된 가치들에 일단 주목한 것은 인간 노동이 언제나 이런 식으로만 파악되어야 한다고, 심지어 인간 노동이 보편적으로 언제나 이러한 특성을 가지고 있다고 여겼기 때문은 아니겠지요. 오히려 마르크스는 자본주의라는 '특정한 역사 단계에서' 비로소 부의 주요 형태가 될 수 있었던 '상품'에 따라붙는 가치를 이해하기 위해서는 이러한 노동의 특징에 주목하지 않을 수 없다고 생각했던 것일 뿐입니다.

어쨌거나 이와 연관하여 중요한 것은 마르크스가 자본이 이윤 창출을 위해 주목하고 활용하는 노동의 특성이 이러한 특성을 갖는 만큼, 자본주의적 역사 단계에서는 실제로 노동자들이 비숙련 노동자로 평준화된다고 보기도 했다는 점입니다. 아렌트가 마르크스의 '추상적 노동'을 "살아 있는 유기체의 노동력"[23]과 연결시켜 생각한 것도 이러한 차원에서 전적으로 무리인 것은

22) 같은 책, p.53. MECW 35, p.53.
23) HC, p.106.

아니지요. 비숙련 노동자는 '자신의 자연적인 노동력'을, '다른 이들의 노동력과 평준화된 노동력'을 자본에 판매할 뿐 자신의 숙련된 기술력, 자연과 대비되는 의미에서의 '인간적인' 제작 능력을 판매하는 것이 아니기 때문입니다. 마르크스 역시 이 탓에 실제로 이 추상적 노동을 "생리학적 의미에서의 인간 노동력의 지출"[24]이라고 정의해 놓았습니다. 그리고 이 생리학적 인간 노동력의 지출은 내일도 일할 수 있는 자신의 노동력을 재생산해 내기 위해 이루어질 뿐입니다. 요컨대 노동이 생존을 위해 투여된다는 점, 즉 생리학적 의미에서 인간 노동력이 지출된 것이라는 점, 그리고 그 활동은 완성품을 만들어 내는 데 그 목적이 있다기보다는 단순히 생산과 소비의 순환 과정과 끊임없는 이윤 창출 과정에 함몰되는 활동이라는 점 등은 모두 아렌트의 노동 개념에서도 발견해 볼 수 있는 것입니다.

아렌트는 정치경제학자들이 이러한 자본주의적 노동의 특성에 주목한 탓에(물론 아렌트에 따르면 이 노동을 가장 완성해서 설명한 것은 마르크스입니다.) 근대에 와서야 비로소 노동의 '다산성fertility'이 발견되었다고 보고 있습니다. 이러한 점에서 아렌트가 '노동' 활동이 가치를 생산한다는 사실을 몰랐다고 생각하는 것은 심각한 오해지요. 아렌트의 다음과 같은 말을 살펴보겠습니다. "노동 생산성은 노동이 생산하는 사물의 질이나 특징에 있는 것이 아니라, 인간 노동력에 내재하는 잠재적 잉여에 있다."[25] 여기서 아렌트가 말하는 잠재적 잉여란 노동자가 노동-소비를 통해 노동력을 끊임없이 재생산할 수 있다는 것, 그리고 이를 통해 자본은 끊임없이 더 많은 가치를 창출해 낼 수 있다는 것에 천착한 것입니다. 이

24) 『자본론 1』, p.58. MECW 35, p.56.
25) HC, p.93.

과정은 자본주의 사회가 유지되는 한 결코 끝나지 않을 테고요.

이 끊임없는 노동력 재생산과 자본 증식의 과정에서 발생하는 생산물은 모두 소비 내지 잉여가치 창출의 '증식 과정'을 위해 교환되는 상품인지라 가치value를 갖더라도, 직접적인 사물의 내재적 가치나 의미worth를 목적으로 만들어진 것처럼 여겨지기가 힘듭니다(물론 그렇더라도 사용가치는 완전히 사라지지 않는데, 왜냐하면 어찌 되었건 사용가치가 있어야 상품이 팔릴 것이기 때문입니다). 즉 그것은 아무리 많은 가치를 생산해 봤자, 결국 노동의 가장 중요한 특징인 '어떠한 필연성의 과정'에 함몰되어 있는 것이지요. 다시 말해 '필연적인' 자본주의적 성장 과정에 말입니다.

이렇게만 본다면 일각에서 아렌트를 비판하듯이, 아렌트가 마르크스의 노동 개념을 너무 무시하거나 오독해서 문제가 되기보다는 오히려 아렌트가 마르크스의 것에서 조금도 나아가지 못한 것처럼 보여서 문제가 될 수도 있습니다. 아렌트가 단지 마르크스에게 용어상의 구분에 대한 문제 제기만 한 것처럼 여겨질 수도 있고요. 그러면 아렌트는 왜 굳이 노동과 작업을 구분하려 했던 것일까요? 저는 여기서 마르크스의 것과 아렌트의 것 중 뭐가 더 우월한 노동론을 제시해 주는지를 판단할 생각이 없습니다. 그러나 적어도 그 차이를 명확히 하기 위해서 이 문제는 이 지점에서 간단하게나마 꼭 짚고 넘어가야 할 것입니다.

우리는 우선 마르크스가 '평준화된 노동'으로부터 나오는 가치를 자본주의의 원죄로 생각하면서도[26], 아렌트가 '작업'이라 부른 활동을 통해 생산되는 사물의 특징에 다시금 주목했는지에 주목해야만 합니다. 즉 그가 '소비되는 사물'과 사물 자체가 가진 가치worth를 제대로 구분했는지, 구분했다 하더라도 아렌트적

26) HC, p.165.

의미에서의 작업을 통해 만들어지는 생산물이 인간 실존에서 갖는 다양한 의미들에 다시 천착했는지에 대해서 말이지요. 마르크스가 '사용가치'를 이야기하고, 그것을 생산하는 '구체적 유용노동'에 대해 이야기했을지라도, 그는 이러한 노동을 결국 '인간이 어느 시대에나 필연적으로 수행할 수밖에 없는 필연적 물질대사'의 한 과정으로 보았습니다. 이는 아렌트가 'worth'를 생산하는 것으로 본 '작업'과 매우 다른 성격의 활동입니다. 왜냐하면 아렌트에게 작업이란 '필연적 물질대사'를 넘어서는 것이고, 그렇기에 노동labour과 구별되는 것이기 때문입니다.

한 가지 더 주목해야 하는 것이 있습니다. 그것은 아렌트가 작업의 활동 중에서도 특히나 주목한 예술 작품 및 활동에 대한 언급을 마르크스가 자신의 경제학적 체계에서 제외해 놓았다는 점입니다. 미하엘 하인리히가 『자본론』을 해설하면서 다음과 같이 지적해 놓았듯이 말이지요. "예술 작품은 노동 생산물이지만 보통의 상품들과는 달리 원본의 성격, 즉 오직 한 번만 생산될 수 있다는 점이 중요하다. 구매자가 작품을 사기 위해 지불해야 할 가격은 이 작품에 지출된 예술가의 노동과는 전혀 상관없는 소장가이다. 물론 경제학의 생산물들은 대부분 이런 원본적 성격을 갖지 않는 대량 생산물들이고, 그 가치를 설명할 수 있는 것들이란 사실을 덧붙여 두자."[27] 어떤 분들께는 매우 사소하게 여겨질 수도 있겠지만, 아렌트는 예술 작품들이 사멸할 수밖에 없는 인간의 행위와 사건들을 불멸하게 만들어 주는 역할을 수행하기 때문에, 즉 예술 작품이란 정치적으로 매우 중요한 역할을 할 수 있기 때문에 이 활동에 대한 독립적 설명을 매우 중시했습니다. 즉 그것은 과거의 사건들이 서사로 남아 계속 이야기될 수 있게끔 해 주며, 이로써 우리

27) 미하엘 하인리히, 『새로운 자본 읽기』, 김강기명 옮김, 꾸리에, pp. 63~64

세계에 다양한 의미와 지속적인 안정성을 부여해 주는 탓이지요.

다원성의 조건과 정치적 존재로서의 인간 : 행위의 기본 성격

지금까지는 주로 노동, 작업이라는 활동에 대한 설명에 집중했습니다. 저는 아렌트의 활동적 삶에 대한 설명에서 핵심적인 위치를 차지하는 행위action라는 활동에 대해서는 아직 많은 언급을 내놓지 않았어요. 그러나 이 행위에 대한 설명이야말로 아렌트를 마르크스의 철학과 확실히 대비해 줍니다. 노동과 작업 간의 구분은 어떤 차원에서 보자면 꽤나 독창적인 시도이긴 하지만, 사실 어떠한 차원에서 생각해 보자면 결국 그것은 마르크스의 개념들과 그의 인간 활동에 대한 설명 위에서 구성된 것일 뿐이니까요.

아렌트에게서 행위란 '사람들 사이의 관계 내', 즉 '사이-안in-between'에서 공적 사안에 참여하며 의견을 나누고 이로써 자기 자신의 독특성을 드러내는 정치적 활동입니다. 물론 마르크스의 실천 개념 안에도 정치적 활동의 의미가 아예 없는 것은 아닐 테지만, 그의 실천 개념은 결국 노동 활동에 그 토대를 두고 있지요. 마르크스의 인간학에서 정치적 활동이란 어떤 차원에서 보자면 그저 부차적인 요소일 뿐인 것입니다. 프롤레타리아 독재를 이야기하고 파리 코뮌의 경험을 다룰 때조차도 그는 인간 개개인의 실존에서 정치적 활동이 갖는 의미에 대해서는 거의 묘사해 놓지 않았습니다.

한편 아렌트의 인간학은 정치적 활동이 인간 실존에서 갖는 의미에 특히나 주목했다는 점에서 의의가 있습니다. 아렌트는 이 정치적 활동을 설명하기 위하여, 인간은 '서로 다른 인간들 사이의 관계' 속에서, 즉 다원성plurality 속에서 살아간다는 아주 단순하지만 전통 철학에서는 좀처럼 주목받지 못한 조건에 누구보다도 깊이 천착했습니다. 물론 마르크스도 인간을 관계의 산물로 보았을 뿐만 아니라, 사회 역시도 단순한 원자화된 개인의 총합이 아니라 '사람들 사이의 관계의 앙상블'로 보았지요. 그러나 그 관계도 여전히 특정한 경제적 교류 형태, 즉 노동 양식, 계급 관계나 교환 관계를 기초로 하고 있습니다. 정치적 관계는 그러한 관계로부터 규정된, 최소한 그것으로부터 큰 영향을 받는 부차적 관계에 불과한 것이기에, 그 자체로 독립적인 영역으로 기술될 수 없는 것이고요.

반면 아렌트는 이 영역이 독립적으로 다루어질 수 있다고 생각했습니다. 그의 이러한 무모한 자신감은 인간이 다른 인간들과 관계를 맺을 때 복수적 존재, 즉 단수적 'Man'으로 환원되지 않는 구체적인 'men'으로 나타난다는 사실에서부터 기인하는 것입니다. 이러한 설명은 아렌트에게 인간 실존의 차원에서 특히나 중요합니다. 왜냐하면 노동이나 작업은 인간 개개인의 인격이나 개성과 무관하게, 대체로 고립적으로 이루어지기 때문입니다. 즉 그것들은 인간 실존의 차원에서 보자면 '단수적인 활동'인 것이지요. 물론 자본주의적 분업 형태에서도 노동은 사람'들'에 의해 수행되지만, 그 활동은 이윤 추구 및 노동력 재생산이라는 목적에 맞추어 그것의 활동 주체를 자동화, 기계화할 뿐, 그 인간들이 스스로의 개성을 서로에게 드러낼 기회를 박탈합니다.

작업 활동 역시 '공동 작업'의 형태로 이루어질 수 있으며, 그 활동을 통해 생산된 작품에는 일정 부분 제작자의 개성이 반영되기도 하지만, 공동 작업이란 궁극적으로 거기에 참여하는 이들이 서로를 드러내기 위해 이루어지는 것이 아니지요. 그 활동은 그 활동의 주체를 드러내기보다는 그것이 만들어 낼 '결과물'이라는 '목적'에 초점이 맞추어져 있는 것이니까요.[28]

28) 대표적인 사례로 우리는 소크라테스의 이야기를 담아 놓은 저자 플라톤이 실상 '누구인지'

반면 아렌트는 행위라는 활동, 즉 인간의 정치적 활동은 노동이나 작업과 달리 서로 다른 복수의 인간들 사이에서 "사물이나 물질의 매개도 없이 직접적으로"[29] 이루어진다고 봅니다. 노동처럼 필연적인 자동화의 과정 안에 포섭되지도 않고, 작업처럼 '어떤 정해진' 목적을 향해 나아가지도 않은 채로 말이지요. 물론 아렌트도 인간들이 사물이나 물질로 구성된 세계 위에서 관계를 맺는다는 사실을 잘 알고 있었습니다. 행위란 기본적으로 의견을 나누는 활동인데, 의견이란 자기에게 나타난 것, 즉 그리스어로 도케이 모이dokei moi를 언어화한 것입니다. 그것은 물질적 세계에서 그가 처한 시좌/관점perspective에 따라서만 형성되기 때문입니다. 또한 아렌트는 행위가 삶의 생물학적 필연성 문제가 해결되었을 때에나 가능하며, 행위 역시 그것이 지속적으로 의미를 갖기 위해서는 그 행위를 물화해 줄 이야기꾼의 작업 활동에 의존할 수밖에 없다는 사실, 즉 노동과 작업이 행위와 유기적인 관계를 맺지 않는다면, 그것은 세계에서 지속적으로 출현할 수 없다는 사실을 잘 알고 있기도 했지요. 그럼에도 불구하고 그가 이 활동의 독립성을 굳이 강조하고자 했던 것은 이 활동이 갖는 다른 활동과의 차이를 더 명확히 하기 위해서라고, 즉 그것이 갖는 지극히 인간적인 특성을 강조하기 위해서라고 볼 수 있습니다.

이러한 점에서 우리는 행위를 가능케 해 주는 다원성의 조건이 단순한 차이otherness의 현존만을 의미하는 것이 아니라는 점에 주목해야 합니다. 물론 인간은 태어날 때부터 차이를 가진 사람들

는 잘 모릅니다. 저서를 남기지 않은 소크라테스의 철학보다 방대한 저술들이 남아 있는 플라톤의 철학이 더 상세히 알려져 있는 데 반해서 말이지요. 그러나 우리는 소크라테스의 말과 행위를 담아 놓은 플라톤의 작품을 통해 소크라테스가 '누구인지'를 플라톤이 '누구인지'보다 비교적 잘 알고 있지요.

29) HC, p.7.

사이에서 삶을 시작하게 됩니다. 즉 탄생이란 나와 차이가 있는 타인들 사이의 관계망 안에 들어서는 것이지요. 아렌트가 모든 이의 탄생이 그 자체로 세계적 사건이라고 생각했던 이유도 바로 여기에 있었고요. 그러나 인간은 태어나면서부터 자신에게 마련된 조건, 다시 말해 '자연적 차이'가 존속하는 조건 속에서 '그냥' 살아가지 않습니다. 그렇게 살아가는 것은 동물들도 차이를 가진 개별자로 세상에 태어난 이상 충분히 가능한 것이겠지요. 중요한 것은 인간이 스스로가 타고난 차이를, 그리고 자신이 인간 세계 속에서 살아오면서 갖게 된 독특한 관점을 행위라는 활동을 통하여 외부로 '표현'한다는 점, 즉 자신이 가진 '독특성distinctness'을 타인들에게 드러낸다는 점입니다.

아렌트의 표현에 의하면 인간은 타인들과의 사이-공간인 공동의 공간에 능동적으로 뛰어들어 자기를 표현함으로써 '제2의 탄생'을 감행하는 것입니다. 그는 행위를 통하여 단순히 다른 것들과 '자연적 차이를 가진 존재자'에 머물러 있는 것이 아니라, 한 공동체의 독특한 일원으로, 다시 말해 자신이 '누구인지'를 드러내게 될 자격을 가지고 있는 '시민'으로 새롭게 탄생을 하는 것이지요. 그리고 그의 독특한 인격적 동일성/정체성은 그 과정에서만이 형성될 수 있습니다. 아렌트에게 동일성/정체성이란 타고나는 내면적 속성, 즉 한 단일체가 언제나 고정적으로 가지고 있는 특성이 아니라, 그의 누구임을 바라봐 주는 타인들과의 관계에서만, 그의 삶과 행위에 대한 타인들의 이야기로서만 나타나는 것일 뿐이니까 말입니다. 그리고 이러한 탄생과 동시에 이루어지는 혹은 탄생 이후에 그 행위자가 수행하는 '자기 드러냄'의 활동은 인간 세계의 다원성을 지속적으로 새로이 형성해 주는 데 중요한 조건이 됩니다. 다시 말해 독특한 한 개인의 행위가 드러나고, 그에 대한 반응으로 또 다른 얼굴을 가진 이의 행위가 연속적으로 등장하며, 그것과 또 다른 의견을 드러내는 행위가 지속적으로 나타날 수 있을 때에만이 정치 공간에서의 다원성은 지속적으로 유지될 수 있다는 것입니다.

아렌트의 행위론에서 정체성/동일성 문제, 한 인간의 '누구임'에 대한 문제가 갖는 중요성은 매우 크기 때문에 이에 대한 논의를 조금 더 이어 나가 보겠습니다. 아렌트에 따르면 인간은 스스로의 본질에 대해서 알 수 없습니다. '인간이란 무엇인가?'라는 물음에는 오로지 신만이 온전한 대답을 내놓을 수 있지요. 그리고 인간이 '인간이란 어떤 존재야!'라고 대답을 내놓아 봤자, 그 대답은 인간 개개인이 각자 누구인지에 대해서는 설명을 내놓지는 못합니다. 그것은 현실 인간들의 삶을 온전히 반영하지 못하는 단순한 추상에 불과한 것일 뿐이지요. 그래서 이러한 설명들은 단수적 인간, 즉 'Man'을 상정할 수밖에 없습니다. 예컨대 "인간은 합리적 동물이야!", "인간은 노동하는 동물이야!"라고 아무리 주장해 봤자, 그것이 참이건 참이 아니건 간에 그 대답은 한 개인 개인이 '누구인지'에 대해서는 설명을 제시해 줄 수 없습니다. 그것은 단지 인류를 대표한다고 여겨지는, 현실에는 존재하지 않는 익명의 '한 인간'에 대한 설명만을 제시할 뿐이지요.

한편으로 그 사람의 '유형'이나 내재적 '특성'만을 드러내는 것도 그의 누구임을 설명해 주기는 힘듭니다.[30] 예컨대 그는 '장애인'이야. 그는 '여자'야. 그는 '키'가 커. 등등의 설명만으로는 한 인간의 누구임이 온전히 드러나지 않는다는 것입니다. 이러한 대답은 인류에 대한 보편적 정의를 통한 대답보다는 구체적이지만, 역시 '무엇'에 관한 물음에 여전히 얽매여 한 인간만의 독특성을 드러내 보여 주지는 못하고 있지요.

그렇다면 한 개인의 누구임은 어떻게 드러날 수 있습니까?

30) HC, p.181.

아렌트에 따르면 노동 활동도 작업 활동도 그 활동의 주체가 누구인지를 온전히 드러내 보여 주지는 않습니다. 앞서 언급한 대로 노동은 기본적으로 먹고살기 위해 수행되는 활동인지라 생물 중 한 종의 특성만을 드러내거나, 자본주의 작동 과정 속의 일부로서만 그 사람을 드러내며, 제작은 작품의 결과에 함몰된 활동인지라 자기보다는 오히려 그 활동의 '생산물'을 세계에 드러내는 데 열중하기 때문입니다. 아렌트에 따르면 한 인간의 누구임은 오직 그가 말과 행위라는 활동을 통해 공동 사안에 대하여 자신의 의견을 내비침으로써 '타인들에게' 자신을 드러낼 때에만 나타날 수 있습니다. 그리고 이러한 '자기 드러냄'의 활동은 우선 타인들과 자신이 함께 모일 수 있는, 그러면서도 자신이 타인들에게, 타인들이 자신에게 밝게 드러날 수 있는 어떤 공간을 전제합니다. 그러한 공간이 없다면 인간은 자신이 누구인지를 드러낼 기회조차 얻을 수 없기 때문이며, 그를 관찰하여 그의 삶을 이야기로 남길 타인도 만날 수 없겠지요. 타인들이 없는데 혹은 자신이 스스로를 드러내도 타인들에게 보이지 않는데 자신을 드러내서 뭐하겠습니까? 아렌트가 자기를 자유롭게 드러낼 수 있는 조건을 마련해 주는 공적 공간의 중요성을, 억압받는 파리아가 그러한 공간을 직접 새로이 창발해 내는 것이 갖는 정치적 의미를 자신의 거의 모든 저서에서 강조하고 있는 이유도 바로 여기에 있지요.

그렇다면 이 정치적 공간은 무엇을 다루는 공간일까요? 이는 아렌트 해석가들에게서 여전히 논란이 되고 있기는 합니다만, 적어도 아렌트는 "대부분의 행위와 말은 사이-안in-between과 연관되어 있다"는 점을 분명 언급해 두었습니다.[31] 그리고 그는 "만약 그 행위와 말의 내용이 오로지 '객관적'인 것, 즉 인간이 그 안에서 움직이는

31) HC, p.182.

사물 세계, 인간들 사이에 물리적으로 주어져 있는 사물 세계의 요소들과만 연관될 때에도, […] 행위와 말은 행위자를 드러내는 능력을 함유하고 있다"[32]고도 말한 바 있지요. 쉽게 말해 단순히 자기를 드러내기 위해 행위를 하지 않더라도, 세계의 어떠한 문제에 대해서 의견을 나누고, 이 세계의 구조 자체에 대해서 논할 때에는 그것의 행위자가 '누구인지'가 자연스럽게 타인들에게 드러나게 된다는 것입니다. 그리고 이렇게 누군가가 공적 공간에서 말과 행위를 할 때에만이 비로소 그는 자신의 타자들과의 단순한 차이를 넘어서 자신의 인격적 독특함을 드러낼 수 있게 되겠지요.

이 독특성은 대개가 말의 형식을 통하여 나타납니다. 아렌트는 모든 행위가 말로 나타나는 것은 아니라고 보았지만, 정치적인 의미에서의 행위는 대체로 말로 나타난다고 보았지요. 즉 행위는 그것이 어떠한 양식으로 이루어지건 간에 그 행위자의 독특성을 표현해 주는 것이긴 하지만, '평등한 정치 공간'에서는 그것이 반드시 말로 이루어져야 한다는 것입니다. 앞서 언급한 바대로 인간은 이 세계로 새로이 왔다는 사실(제1의 탄생)에서부터 이미 독특함을 나름의 행위를 통해 표현합니다. 언어적 행위가 아니더라도, 다양한 몸짓과 여러 가지 묵묵한 행위 속에서 스스로의 독특성을 타인들에게 드러내는 인간들이 얼마나 많습니까? 하지만 그것이 공적 영역에서, 즉 평등한 타인들 사이-안inter-est, in-between에서 '있는 그대로' 나타난다면, 그것은 아무리 독특한 것이라 할지라도 타인들에게서 좀처럼 이해되기가 힘들 것입니다. 이러한 차원에서 정치적 영역에서는 "'행위'가 독특함을 추구한다고는 해도 이것이 타자가 전혀 이해할 수 없는 독특함이라면 의미를 잃기 때문에 언어적 형식을 통해 타자가 이해할 수 있는 형태, 즉 의견의 형태를

32) HC, p.182.

가지는 '말'의 교환으로 '행위'의 범위를 한정할 필요가 있습니다."[33) 아리스토텔레스가 인간을 '정치적 동물'이라 정의한 후, 곧바로 '언어적 동물'[34)이라고 정의한 것은 이러한 차원에서 주목해서 볼 필요가 있지요.

예컨대 트로이 전쟁의 영웅 중 하나, 전쟁 기술의 달인인 아킬레우스조차 실은 그가 한 위대한 말 덕분에 우리에게 여전히 그 위대함이 받아들여지고 있지 않습니까? 이게 어디 아킬레우스뿐일까요? 여러분은 오늘날 투쟁에서 위대한 행위를 한 사람을 어떻게 기억하십니까? 혹시 그의 '말'이 그 행위의 핵심에 놓여 있지 않습니까? 혹은 적어도 그의 말 없는 행위에 대한 언어화된 이해, 즉 그것을 소재로 삼은 '이야기'를 통해서만이 그의 누구임이 이해될 수 있지는 않습니까? 예컨대 전태일 열사가 아무 말도 남기지 않고 단순히 분신이라는 행위만 했다면, 그것은 우리에게 독특한 것으로 남아 있을지언정, 그의 행위는 위대한 것으로 남아 있지 않을 것입니다. 말없이 묵묵히 투쟁에 헌신한 자의 행위 역시 이야기꾼의 이야기를 통해 언어화되지 않는다면, 우리는 그의 행위에 담긴 그의 누구임과 그의 정신을 이해하고 계승할 수 없을 것입니다.[35)

한편으로 아렌트에 따르면 행위는 그 자체로 새로운 시작함biginning의 특징을 가지고 있기도 합니다. 마치 인간의

33) 나카마사 마사키, 『한나 아렌트 「인간의 조건」을 읽는 시간』, p.344.
34) 이는 합리적 동물로 해석되곤 하지만, 원래 로고스logos는 아렌트의 스승 하이데거가 지적하듯이 '말'이라는 의미를 가지지요.
35) 2000년 대 초반 이동권을 요구하며 철로로 내려간 행위를 했던 자들로 기억되는 장애인들을 한번 떠올려 봅시다. 그 예외적 장소를 구성했던 이들의 행위는 그 자체로 독특한 것이지만, 그들은 철로를 점거하는 와중에도 끊임없이 '말'로써 자신들을 드러냅니다. 그 말을 통해, 그리고 그 말로써 이루어진 행위를 기록한 이야기꾼을 통해서만이 그들의 얼굴은 비로소 타인들에게 이해되고 기억될 수 있습니다.

자연적인 탄생이 하나의 새로운 세계가 열리는 것이듯이, 행위는 이전에 세계에서 없었던 어떤 사건을 출현시키는 것입니다. 이 시작은 그것이 언제 출현할 것인지, 어떠한 결과를 낳을 것인지 예측 불가능한 것이기도 하지요. 즉 그것은 예측 가능한 "수단-목적 연관의 외부로부터 연쇄 속에 개입함으로써 그때까지 없었던 것을 산출하는 것"[36]이기 때문입니다. 실제로 우리는 어떠한 정치 공간에서 누군가가 어떻게 자신을 드러낼 것인지, 그 공간에서 그로 인해 어떠한 사건이 출현할 것인지에 대해서 어렴풋하게나마 추정을 해 볼 수는 있을지언정, 그것을 정확히 예측할 수는 없습니다. 그리고 당연하다고 여겨져 온 수많은 것들, 우리의 억압적인 순환적 일상을 끊어 낼 수 있는 것도 바로 행위가 가진 이러한 시작함의 성격에서 기인하는 것이지요.

그런데 한편으로 시작하는 자가 있으면, 그 행위를 겪어 내는 이도 있을 것입니다. 그 행위가 어쨌거나 하나의 사건으로 벌어진 이상 그것을 다시 없던 것으로 되돌릴 수도 없는 노릇이기도 하고요. 게다가 앞서 이야기한 대로 이 시작하는 자의 행위 자체가 실은 예측 불가능한 형태로 나타나는 데다가, 더 나아가서는 그 시작을 겪어 내는 사람들에게서도 그것은 다양한 방식으로 해석됩니다. 한 사람의 행위는 마치 하나의 기호처럼 주어져서, 그것을 다양한 방식으로 해석해야 하는 책무를 타인들에게 남겨 놓는 탓이지요. 그리고 이렇게 청자들로부터 다양한 방식으로 해석된 것들은 청자들이 그것을 겪어 내면서 또 다시 '새로운' 행위를 수행하게끔 만들어 냅니다. 그렇게 인간 관계망은 끊임없는 행위의 연쇄 속에서 구성되어 나가게 되는 것입니다.

아렌트는 행위가 이러한 특성들을 갖는 탓에 철학자들의 몇몇

36) 나카마사 마사키, 위의 책, p.334.

비판에 직면할 수밖에 없었음을 지적합니다. 특히 플라톤 이래의 정치철학 전통에서 정치적 행위는 무제한적인 행위들의 연쇄의 관계망을 낳을 뿐만 아니라, 또 그 연쇄를 구성하는 행위들은 각기가 모두 새로운 시작이기에 예측 불가능하고 불확실하다는 점에서 문제가 되어 왔습니다. 즉 연쇄되는 행위들은 그 행위 각각이 어떠한 결과로 이어질지를 도무지 예측할 수가 없기 때문에, 불안한 상태를 계속해서 조장해 낼 수 있다는 것입니다. 그렇게 되면 인간들은 정치 영역에서 확실성을 추구할 수도 없게 되겠지요. 그래서 정치철학자들은 기존에 인류가 경험했던 정치 영역 자체에 집중하기보다는 오히려 이 정치 영역을 넘어선 필연적이고 확실한 결과가 보장된 이상 국가를 그려 내거나, 아니라면 정치 영역에서 작동하는/통용되어야 하는 어떤 법칙을 마련하고자 했습니다. 문제는 이러한 형태의 정치철학적 기획들은 정치를 행위의 영역이 아니라 작업의 영역으로 넘겨 버리게 된다는 점입니다. 즉 정치철학 전통은 하나의 정해진 모델이나 법칙을 제시해 놓고서, 인간사의 영역을 거기에 끼워 맞춰 나가야 하는 과정으로 정치를 환원시켜 버리는 것이지요.

아렌트는 이러한 정치철학 전통의 시도가 우리가 앞서 살펴본 정치 영역에 대한 망각을 가져왔다고 생각했어요. 정치 영역은 애초에 불확실하고 예측 불가능한 영역인데, 전통적인 정치철학자들은 그것을 마치 확실하고 필연적인 제1원리가 존재하는 것처럼 만들어 내려고 시도했던 것입니다. 따라서 아렌트는 정치철학 영역에서 어떠한 굳건한 제1원리를 탐색하려고 하기보다는, 오히려 역사 속에서 행위가 자유롭게 이루어지던 공간이 인간 실존에서 갖는 의미를 이야기의 양식으로 탐색하는

데에 더 집중합니다.[37)]

아렌트의 행위 개념은 우리에게 어떠한 의미를 갖는가?

마르크스는 착취적인 분업적 생산 관계가 사라진 공산주의 사회에서의 삶을 '아침에는 낚시하고, 점심에는 빵 만들고, 저녁에는 책을 보고 토론하는 삶'이라고 묘사한 바 있지요. 공산주의 사회가 이러한 특징을 갖는다면, 거기에서는 기존의 분업적 생산 관계를 규정하던 계급 관계도 소멸될 것입니다. 계급이 소멸되었다는 것은 곧 마르크스주의에서는 국가도 소멸된 상태입니다. 그렇다면 여기에서 정치는 어디에 있을까요? 마르크스에게 정치란 애초에 지배의 관계 영역으로 설정됩니다. 그렇기에 모든 지배가 사라진 공산주의 사회에서는 정치도 소멸하게 되는 것처럼 여겨질 수도 있지요. 아렌트가 마르크스를 비판하는 초점은 여기에 맞추어지는 경우가 많습니다. 즉 아렌트는 공산주의 사회가 만약 정치가 사라진 사회라면 그것은 도리어 더 자유가 실현될 수 없는 사회가 될 것이라 여겼던 것 같습니다. 아렌트에게 자유란 공적 영역에서 평등하게 의견을 교환하고 자기 자신을 드러낼 수 있는 조건이니까요. 즉 아렌트에게 정치란 '비지배'의 영역일 뿐이며, 그 영역이 사라진다면 인간은 결코 인간다운 삶을 영위할 수 없습니다. 물론 아렌트 본인도

37) 물론 아렌트에게서도 이 예측 불가능하고 불안정한 상태는 약속을 통해 일정 정도 안정을 찾을 필요가 있습니다. 정치체 구성원들이 끊임없이 새로이 시작을 하면서도 그들 스스로가 약속을 통하여 자발적으로 따를 만한 권위를 만들어 내는 과정에 아렌트가 주목한 것은 바로 이러한 차원에서였지요. 특히 혁명 과정에서 헌법을 만들어 내는 과정, 새로운 정치체의 근본 정신을 만들어 권위로 형성해 내는 과정은 이러한 안정화의 대표적 사례라 할 수 있을 것입니다.

잘 알고 있었던 것처럼, 마르크스는 사실 완성된 공산주의 사회의 모습을 거의 그려 놓지 않았어요. 그것을 상세히 상상해 놓는 것은 그의 과학적 학문의 입장과도 맞지 않는 것이기도 했고요. 그런 일은 마르크스가 언제나 강력하게 비판해 마지않았던 공상적 사회주의자들이나 집중할 일이었으니까요.

이런 점들 때문에 이에 대한 아렌트의 비판이 너무 거칠다는 생각이 들곤 합니다. 그럼에도 마르크스가 인간의 정치적 활동 자체에 대해서는 거의 주목하지 않았으며, 계급 지배가 사라진 공산주의 사회에서의 정치의 소멸을 암시하는 언급을 내놓은 것 역시 분명한 사실이긴 합니다. 즉 마르크스는 어떠한 인간의 실존 조건과 연관되어 있는지, 그리고 그 혁명적 실천의 과정에 참여하는 인간 개개인의 활동은 그들 각자에게 어떠한 의미를 가지고 있는지, 그리고 심지어 공산주의 사회에서 '사물에 대한 관리'란 어떠한 방식으로 이루어질 것인지에 대해서는 거의 언급을 내놓지 않았다는 겁니다.

이러한 차원에서 아렌트가 행위에 주목한 것은 혁명적 실천을 하는 이들에게서도, 코뮌의 꿈을 꾸는 이들에게서도 적지 않은 의미를 가질 수 있다고 생각합니다. 왜냐하면 혁명적 실천을 수행하는 이들은 이 행위라는 활동을 실제로 매일같이 수행해 왔고, 앞으로도 수행할 것이기 때문입니다. 아울러 마르크스주의자들이 무계급 사회를 향해 가는 정치체로서 받아들이는 코뮌은 인간의 다원성의 조건과 그 조건에서 가능해지는 인간의 정치적 능력, 그리고 이로부터 기인하는 의미의 관계망의 구성 없이는 온전히 작동할 수 없기 때문입니다. 혹자들은 아렌트가 주목한 행위라는 활동과 그것이 가능한 조건을 단지 그리스 폴리스와만 연관해서 생각하곤 하지만, 사실 아렌트가 다룬 행위라는 활동은 근대 이후 혁명기에도, 그리고 우리 시대의 숱한 저항 공간들 및 활동

단체들에서도 어렵지 않게 찾아볼 수 있는 것이기도 합니다. 물론 오늘날 행위 과정에서 다루어지는 정치적 주제가 그리스 시대의 것과는 상당히 많이 변화했다고 할지라도 말입니다.

이러한 활동은 비단 투쟁하는 자들이나 활동가들만이 수행할 수 있는 것도 아닙니다. 인간들은 언제든지 공적 사안을 해결하기 위해 타인들과의 논쟁에 참여하고, 광장에서 집회를 진행하며, 도로와 광화문 지하도를, 대한문 앞과 공장 앞을 점거하여 새로운 공적 공간으로 만들어 낼 수 있는 탓입니다. 인간들이 있는 곳이라면, 그곳은 언제든지 정치적 의견이 오고가는 '사이-안'이 될 수 있는 것이지요. 물론 그것은 어디까지나 가능태, 즉 '뒤나미스dynamis'나 '포텐치아potentia'의 형태일 뿐입니다. 이는 사람들이 모이면 현실화되지만, 작업과 달리 어떠한 물질적인 고정된 결과물을 남기지 않으며, 그들이 구성한 사이-안은 다른 세계 사물들과 달리 사람들이 흩어지는 순간 곧바로 사라져 버리기 때문입니다. 참고로 아렌트는 이러한 차원에서 권력, 즉 'power'를 이 '가능태'와 연결시킵니다. '권력'이라는 단어는 애초부터 뒤나미스와 포텐치아라는 단어로부터 기인한 것이기도 하고요. 그는 이러한 차원에서 권력을 '함께 행위하는 능력'으로 정의하는데, 그의 시각에서는 이 '함께 행위하는 능력'만이 정치 세계를 바꿔 낼 수 있는 인간의 능동적인 힘으로 여겨지지요.

이러한 차원에서 아렌트는 행위라는 활동 없이는, 그리고 인민들이 자발적으로 권력을 구성함 없이는 '인간다움' 역시도 실현될 수 없다는 사실을 우리에게 전해 주고 싶었는지도 모르겠습니다. 그리고 인간이 행위할 수 있는 가능성, 권력을 형성할 가능성 덕에 아무리 억압적인 상황이 도래할지라도, 심지어 다원성의 조건 자체를 전적으로 무화시키려 시도하는 전체주의적 조건이 형성되어 있다고 할지라도, 자유와 인간다움을 향한 희망은 완전히 사라지지 않습니다.

그럼에도 이는 여전히 변종 휴머니스트의 순진한 낙관에 불과한 것은 아닐까요? 저는 일정 부분 그렇게 생각합니다. 그러나 오늘날 '예외적으로' 결성된 온갖 공적 공간들에서 말할 기회를 최초로 획득한 파리아들이 종종 내놓은 발언들을 떠올려 보면, 이 순진한 낙관은 그래도 우리에게 충분히 가치가 있을 수도 있다고 생각합니다. 몇 년 전, 홍대 비정규직 청소 노동자 투쟁 때, 한 청소 노동자가 단상에 올라와 연대자들에게 건넨 말이 문득 떠오르네요.

> "저는 사람이 아니었습니다. 아무도 제 말을·들으려 하지 않았습니다. 청소를 하고 있는 저를 지나치는 이들은 제가 그들 곁에 존재하고 있다는 사실도 알지 못했을 것입니다. 그런데 여러분들이 찾아왔습니다. 저희와 함께하고 있습니다. 그리고 저는 처음으로 사람들 앞에서 제 주장을 이야기합니다. 저는 처음으로 사람이 된 것 같습니다."

6 Q + A

저는 강의를 듣기 전까지 아렌트에게서 노동, 작업, 행위라는 활동들 간에 위계가 성립되어 있는 것 같다고 생각했습니다. 즉 아렌트가 더 우월한 활동과 더 열등한 활동을 구분하고 있다고요. 이번 강의를 들어보니, 아렌트 철학에서 그 위계가 있는 것 같기도 하고, 없는 것 같기도 하고 조금 애매합니다. 이에 대해서 어떻게 생각을 해야 하는 것일까요?

어떤 활동이 더 인간적인 활동인가를 기준으로 삼고 본다면 솔직히 위계질서가 아예 없는 것은 아닌 것처럼 보입니다. 노동은 '자연적 필연성'이라는 동물과 공유하고 있는 특성이 반영된 활동이며, '작업'은 자연 사물들을 인간적 사물들로 변형해 내는 활동이지만 자기 자신의 인간적 개성을 드러내는 활동이 아닌 반면에, 행위는 '인간들 사이에서만' 이루어지며 인간만이 수행할 수 있는 '자기 자신의 누구임을 드러내는 활동'이니까요. 그러나 이 위계는 언제나 고정적으로 작동하는 것이 아니며, 사실 활동들 간의 위계를 이야기하더라도, 그 활동들이 상호 간에 매우 의존적인 관계를 맺고 있을 수밖에 없다는 점을 염두에 두어야만 할 것입니다. 예컨대 행위는 그것이 보존되기 위해서라도 작업, 특히 이야기라는 활동에 의존해야 하며, 또 행위가 이루어지기 위해서는 행위자가 일단 먹고살 수 있어야만 합니다. 즉 행위자는 결국 노동 없이는 행위를 할 수 있기는커녕 생존조차 이어 나갈 수 없습니다. 이럴 경우에 단순히 행위가 다른 활동들보다 더 우월한 활동이라고 볼 수 있을까요? 게다가 아렌트는 '행위만 하는 삶'이 정말로 고귀한 삶이라고 생각하지 않았습니다. 그는 노동과 작업이 가져다주는 즐거움에 대해서도 잘 알고 있었고(노동이 보통 지겨운 것으로 여겨질지라도, 그것은 때때로 즐거움을 준다는 것이지요), 이러한 차원에서 노동, 작업, 행위 간의 균형을 더 소중히 생각했다고 보는 편이 더 맞을 것 같습니다.

마르크스가 추상적 노동과 구체적 노동을 나눈 것은 서로 구분되는 노동 활동을 설정해 두고 그렇게 구분을 시도하는 것이 아니라, 하나의 활동이 가진 두 측면에 대해서 이야기한 것으로 알고 있습니다. 그런데 이번 강의에 따르면 아렌트 역시 일견 노동과 작업이 합쳐질 수 있으며, 하나의 활동이 노동의 특성을 가지기도 하고, 작업의 특성을 가질 수도 있다고 생각했던 것 같습니다. 문제는 한편으로 아렌트가 양자에 각기 귀속되는 활동들을 또 서로 구분되는 각기 다른 활동들로 설정해 둔 것 같기도 하다는 점입니다. 즉 아렌트는 어느 부분에서는 한 활동의 두 측면에 대해 언급하는 것이 아니라, 어떤 활동은 전적으로 노동이고, 어떤 활동은 전적으로 작업이라고 언급하는 것 같습니다. 그렇다면 아렌트의 노동, 작업에 대한 설명을 마르크스의 추상노동, 구체적 노동과 연결시켜서 보기 힘들지 않을까요?

아렌트 입장에서 생각해 볼 때, 자본주의 체제 내에서 동일한 하나의 활동이 작업의 역할을 떠맡으면서도 노동에 귀속될 수도 있다는 사실만큼은 분명합니다. 예컨대 노동자들은 자신을 위해서, 즉 자신의 생존을 위해서 노동을 하고 이로써 '가치(교환가치)'를 생산해 냅니다만, 이는 동시에 '유용가치'나 'worth'를 생산하는 활동이기도 하지요. 즉 아렌트에게서도 마르크스에게서처럼 하나의 활동이 두 가지의 측면을 모두 갖는 것처럼 여겨질 수 있다는 것입니다.

그러나 말씀하신 것처럼 작업과 무관하게 전적으로 노동에 속하는 활동에 대한 서술이나, 노동과 무관하게 전적으로 작업에 속하는 활동에 대한 아렌트의 서술이 또 없는 것은 아닙니다. 예컨대 아렌트에게서 애덤 스미스나 마르크스를 따라 비생산적 노동으로 규정되는 가사일 같은 경우에는 노동에만 포함될 뿐, 작업의 범주와 연관되어서 설명될 수 없습니다(제가 이번 강의에서 그러한 것처럼 그것에 대한 해석을 확장하지 않는다면요). 반대로 순수한 예술 활동은 노동의 범주에 속할 수 없는 것이고요.

그런데 이는 사실 마르크스도 마찬가지이지 않나요? 예컨대 만약 교환 시장이 성립되어 있지 않은 상태이거나 혹은 교환 시장과 무관하게 이루어지는 노동, 그러면서도 구체적인 유용가치를 생산하는 노동 같은 경우에는 마르크스에게서도 그냥 구체적 유용노동으로 설정될 것입니다. 마르크스가 『자본론』의 체계에서 노동 및 가치에 대해 설명을 하면서 왜 예술을 예외적인 것으로 두고 있었는지를 다시 한번 생각해 보시기 바랍니다.

다만 오해가 있을까봐 덧붙이는데 아렌트는 분명 마르크스의 노동 개념에서 출발하고 있기는 합니다만, 아렌트의 노동, 작업 개념이 마르크스의 것과 동일한 것은 아니라는 점만큼은 분명합니다. 만약 변증법적으로 노동을 이해한다면, 노동과 작업 범주를 아렌트처럼 첨예하게 나눌 필요가 없어 보이기도 하고요. 이러한 차원에서 제가 강의에서 몇 번 인용하기도 한 나카마사 마사키도 아렌트의 'worth' 가 마르크스의 사용가치와 굉장히 맞닿아 있는 것이지만, 이것들을 서로 동일한 것으로 보아서는 안 된다고 주장합니다.

그럼에도 불구하고 제가 이번 강의에서 굳이 이 사실을 강조한 것은 마르크스주의자들 사이에서 아렌트가 마르크스의 노동 이론을 오독했다는 점만이 부각되고 있다는 점, 반대로 아렌트주의자들 사이에서는 마르크스의 노동 이론을 아렌트가 마치 전적으로 뛰어넘은 것처럼 여겨지고 있다는 점 때문이었습니다. 분명히 말하건대 아렌트의 노동-작업 구분은 마르크스의 노동 이론에 토대를 두고 있습니다. 그는 단지 마르크스가 지적하지 못했던 영역의 인간 활동을 더 설명하려고 한 것일 뿐이지요.

아렌트에게 노동운동은 어떻게 평가를 받나요?
매우 비판적으로 보았을 것 같기도 하지만,
어떤 차원에서 보자면 긍정적으로 보기도 했을 것 같은데요.

참 민감한 질문이네요. 많은 분들이 아렌트가 노동운동을 부정적으로만 보았다고 생각하는데, 단적으로 말하자면 이는 명백한 오해입니다. 아렌트는 노동운동이 노동자들이 경제 성장의 자동화 과정에서 잃어버리게 된 공적 세계를 마련해 주는 데 긍정적으로 기여했을 뿐만 아니라, 그들의 정치적 해방에도 충분히 도움이 되었다고 이야기합니다. 그는 노동자들이 근대에 공적 공간을 구성한 사건들을 매우 긍정적으로 평가하기도 했고요. 특히 혁명기에 건설된 노동자 평의회는 아렌트에게 근대에 발생한 매우 중요한 정치적 경험으로 평가됩니다. 그러나 아렌트는 노동자들이 노동조합의 형태로 경제적인 요구를 하는 데에만 머물러 있는 것을 비판적으로 바라보기도 했지요. 쉽게 말해 그는 단순히 임금을 올리고, 노동 시간을 줄이는 데에서 머무는 것을 요구하는 운동은 한계를 갖는다고 본 거예요. 이는 결국 노동력을 더욱 잘 재생산하는 것을 요구하는 데 머무르는 것이며, 따라서 딱히 자유로운 행위라고 할 수 없습니다. 그것은 오히려 경제적 동물의 필연성에 얽매여 있는 것이기 때문입니다. 이는 그럴싸하기도 하지만 어떤 차원에서 보자면 매우 엘리트주의적인 발상일 뿐이지요. 그러나 아렌트가 이러한 입장을 취하는 것은 경제적인 문제에 완전히 함몰되어 버린 근대 사회에 대한 비판과 맞물려 있는 것이기도 합니다. 이에 대해서는 다음 강의에서 더 다루어 보도록 하지요.

7 한나 아렌트의 근대 과학 및 자본주의 사회 비판: 지구 소외와 세계 소외에 관하여

해가 뜬다는 것, 지구가 돈다는 것

태양이 지구를 도는 것입니까? 아니면 지구가 태양을 돌고 있는 것입니까? 혹자들에게 이는 너무나도 쉬운 질문인 것처럼 보일 수도 있겠습니다. 왜냐하면 21세기를 살아가는 현대인들 대다수는 '지구가 태양을 돈다'는 사실을 이미 알고 있기 때문입니다. 그러나 그렇다고 하더라도 인간, 아니 더 정확히 말해 보자면 '지구인'은 태양이 동쪽에서 떠서 서쪽으로 지는 것처럼 보이는 현실을 벗어날 수 없습니다. 즉 우리가 일상을 꾸려 가는 지구를 준거점으로 두고 생각해 본다면, 태양은 정말로 지구를 도는 것처럼 보이며, 이 현실은 인식의 변화가 찾아온다고 해서 바뀔 수 있는 것이 아닙니다.

그리고 이 단순한 사실은 우리에게 지구적 조건에서 인간으로 살아간다는 것에 대해 다시 생각해 보게끔 만들어 줍니다. 우리는 정말로 지구에서 일상적으로 바라보는 것들, 그래서 당연한 것으로 믿고 사는 것들을 참이라고 믿을 수 있나요? 우리의 현실 세계를 구성하는 것들, 즉 너무나도 생생히 지각되는 이 모든 것들은 과연 신뢰할 만한 것인가요? 우리가 뒤에서 더 자세히 살펴볼 테지만, 아렌트는 근대에 이르러 이에 대한 문제의식이 본격적으로 대두되었다고 봅니다. 그리고 실제로 근대 이후의 과학적 인식들 중 대다수는 이 지구적 조건에서 인간이 '현실적으로 경험하는 것들'을 넘어설 것을 요구하지요. 지구인들이 매일같이 '태양이 지구를 도는 현상'을 마주함에도 불구하고, '지구가 태양을 돈다'는 명제가 그들에게 과학적 인식으로 받아들여질 수 있었던 것처럼 말입니다.

제가 혹자들에게는 참 멍청해 보일 수도 있는 이러한 문제 제기[1]로부터 이번 강의를 시작하는 이유는 '천동설이 맞다'는 주장을

1) 사실 아렌트에 따르면 "현대 과학자들도 지구가 해를 돈다거나 해가 지구를 돈다거나 하는

다시 한 번 입증하기 위해서가 아닙니다. 아울러 인간이 발붙이고 살아가는 지구적 조건의 위대함을 부각시키고, 과학적 인식이 갖는 의의와 힘을 깎아내리기 위해서도 아닙니다. 저는 개인적으로 현대 과학 기술의 성취와 그것의 현실적 힘을 제대로 파악해 보려 하지도 않은 채, 무작정 그것들을 무시해 버리고선 과거의 이상화된 낭만에 기대어 미래의 희망을 논하는 태도를 별로 좋아하지 않습니다. 물론 어떤 이들은 아렌트 역시 그러한 태도를 취하고 있다며 그를 비판할 수도 있겠습니다만 말이지요. 그러나 분명한 것은 아렌트가 '지구적 조건'의 의미에 쭉 천착하고자 했으면서도, 근대 이후의 과학 발전과 기술 문명에 대해 언제나 민감했으며, 그것들을 끊임없이 사유의 대상으로 삼아 왔다는 점입니다.

아렌트의 '지구 소외earth alienation'에 대한 평가 역시 그러한 사유의 결과물 중 하나입니다. 아렌트가 '세계 소외world alienation' 개념을 통해 근대 자본주의 사회를 비판하는 와중에, 굳이 근대 과학사의 흐름에서 형성된 '탈-지구적 상황'에 주목했던 것도 이와 무관하지 않고요. 특히 이에 대한 그의 관점은 『인간의 조건』 6장 「활동적 삶과 근대」 부분에 상세히 기술되어 있으며, 이 부분은 『인간의 조건』 2장에 기술되어 있는 근대 자본주의 사회의 출현에 대한 비판적 논의는 물론이고, 노동, 작업, 행위라는 각 활동에 대한 아렌트의 설명과도 긴밀히 연결되어 있습니다.

그런데 과학사와 근대 철학에 대한 최소한의 지식도 없는 상태에서 『인간의 조건』 6장 「활동적 삶과 근대」를 읽는다면, 멀뚱멀뚱 글자만 보일 뿐 그 내용이 전혀 이해가 되지 않습니다.

가정이 동등하게 타당성을 갖는다고 보며, 이 두 가지 가정은 관찰된 현상에 각기 부합하는 것으로 양자의 차이는 오직 준거점을 다르게 선택했다는 것뿐이라는 점을 지적"하고 있습니다. HC, p. 263.

아렌트는 결코 친절한 글쓰기를 하는 저자가 아니기 때문에 더더욱 그러하지요. 그 덕분에 저 역시 『인간의 조건』을 처음 읽었을 때에는 이 부분을 도무지 이해할 수가 없었고, 지금도 과학사에 대한 지식이 부족하여 이 부분을 다시 읽을 때마다 꽤나 고생을 하고 있습니다. 그래서 이 부분에 대한 연구들을 열심히 찾아본 적이 있습니다만, 이와 관련하여 정제된 설명을 내놓은 연구는 국내건, 해외건 사실상 거의 없더군요.

그러나 아렌트의 철학 전체는 『인간의 조건』 6장 「활동적 삶과 근대」의 내용에 대한 이해, 특히 '지구 소외' 개념에 대한 이해가 더해질 때에만이 훨씬 더 깊고 풍부하게 이해할 수 있습니다. 이번에 우리가 다룰 문제는 바로 이와 관련된 것이며, 저는 이 마지막 강의가 여러분이 『인간의 조건』 전체를 독해하는 데에, 그리고 지금까지의 모든 강의를 더 심층적으로 정리하는 데에 조금이나마 도움이 되기를 바랍니다.

지구로부터 벗어난다는 것 I : 새로운 현실/실재reality만들기

다시 강의의 서두에서 던졌던 물음으로 되돌아가 봅시다. 앞서 언급했듯이 우리가 지구적 조건에서 살아가는 한, 우리의 감각은 '해가 지구를 도는 것처럼 보이는 조건'을 벗어날 수가 없습니다. 우리가 아무리 '지구가 해를 돈다'는 사실을 알고 있다고 할지라도 말이지요. 그렇다면 인류가 '해가 지구를 돈다'라는 과거의 인식에서 벗어나 '지구가 해를 돈다'는 새로운 인식으로 나아갈 수 있게 된 것은 어떻게 가능했던 것일까요?

아렌트가 직접 인용하지는 않습니다만, 바슐라르 같은 과학 철학자는 새로운 과학적 인식에 도달하기 위해서는 감각적인 차원에서 받아들이는 인식, 즉 지구적 조건 속에서 체험하는 '지식의 최초 형태'가 일종의 인식론적 장애물obstacle épistémologique임을 깨닫고서, 그 조건과 지식으로부터 인식론적으로 단절rupture épistémologique해야 한다고 보았습니다. 바슐라르의 제자이자 마르크스주의자였던 알튀세르는 이러한 태도를 역사 과학 영역에서까지 활용하려고 시도하지요. 그는 "이데올로기는 세계에 대한 인간의 관계, 즉 현실적 관계와 현실적 실존 조건에 대한 상상적 관계의 통일체"[2]로 보았던 반면, 과학적 인식이란 이로부터 인식론적으로 절단coupe을 통해 나아가야지만 가능한 것이라고 보았던 것입니다.

아렌트는 근대에 탄생한 이러한 과학적 태도가 철학에도 큰 영향을 끼쳤다고 봅니다. 아렌트는 철학적 사유가 당대의 조건 및 과학적 발전 수준으로부터 독립적으로 이루어질 수 없으며, 철학적 관념이나 사유는 그 혼자만의 힘으로 세계를 변화시킬 수도 없다고 보았는데, 근대 철학 역시 그러했던 거지요. 아니, 오히려 과학혁명의 산물이자 추동자이기도 한 근대 철학은 과학과 서로 긴밀한 관계를 맺으면서 함께 발전하게 되었다고 보는 게 더 정확한 표현일 것입니다.

일례로 (딱히 타당한 평가인지는 논란의 여지가 있으나) 근대 철학의 아버지라 불리기도 하는 데카르트는 (사실상 과학사의 차원에서 볼 때, 갈릴레이를 넘어서려 했지만) 갈릴레이의 이론이 부정된다면, 자신의 철학적 토대 자체 역시 무의미한 것이 될 것임을 밝힌 바 있습니다. 즉 데카르트가 야심차게 기획한 거대한 철학 체계 역시도 실은 철저히 당대의 과학적 발견에 대한 영향 속에서 성립 가능했다는 거예요. 근대 철학의 또 다른 출발점이라 평가받곤 하는

2) Louis Althusser, *Pour Marx,* Editions la Decouverte, 2005, p.240.

베이컨의 철학 역시 마찬가지였지요. 그는 당대에 비로소 제 힘을 발휘하게 된 '실험 과학'에 천착하여 자신의 귀납적 방법론을 구성해 냈기 때문입니다.

이 지점에서 아렌트가 주목하는 것은 근대 과학자 및 철학자들이 이러한 태도 속에서 자신의 감각 능력에 대한 의심으로, 그리고 자신의 세계 사물에 대한 인식 가능성에 대한 의심으로 곧장 나아갔다는 점입니다. 왜냐하면 앞서 든 예시처럼 '지구가 해를 도는 것'이 '사실'이며 그에 대한 인식에 도달해야지만 과학적 인식을 획득했다고 말할 수 있는데, 우리의 감각은 계속 '해가 지구를 도는 것'처럼 보이게 만들거든요. 즉 지구적 조건에 적합한 인간의 감각이란 끊임없이 우리를 속이는 것입니다. 심지어 경험을 통해 획득한 지식을 중시했다고 알려져 있는 베이컨 역시 실험을 통해 주어지는 결과를 신뢰했을지언정, 감각에 있는 그대로 주어지는 것에 대해서는 큰 신뢰를 보내지 않았고요.

요컨대 근대의 철학자들은 인간이 지구에서 감각을 가지고 살아가는 한, 그들에게 나타나는 모든 현상들은 결코 자명한 것이 아니라는 사실에 깊이 천착했습니다. 그것들은 언제든지 의심의 대상이 될 수 있으며, 또 과학적 인식에 도달하기 위해서는 실제로 의심해 보아야만 하는 것들이기 때문입니다. 따라서 근대인들은 인간이 참된 인식에 도달하기 위해서는 우선 본인이 발붙이고 있는 지구적 조건으로부터, 자신이 타인들과 공유하고 있는 현상 세계에 대한 감각으로부터 벗어나야 한다고 생각하게 되었습니다. 그는 자신이 외부 세계를 바라보는 준거점 자체를 바꾸어 버려야만 했던 것이지요.

그렇다면 근대인들은 어떻게 지구적 관점을 넘어설 수 있었을까요? 그들은 실제로는 지구를 떠날 수도 없었습니다. 이는 로켓 기술이 상당히 발달한 오늘날의 기술 수준으로도 마냥 쉽지만은 않은 일입니다. 아렌트는 이 지점에서 근대 과학자들이 지구라는 준거점을 넘어설 수 있는 도구 내지 기구를 발명해 냈다는 점에 주목합니다. 예컨대 망원경이나 현미경, 그리고 현대 물리학의 과학적 발견들을 가능케 해 준 각종 실험 도구들을 한번 생각해 봅시다. 이 도구들은 지구적 조건에서 살아가면서 마주하는 생생한 현상들을 넘어서 '새로운 실재/현실', 즉 실험을 통해 마련된 '인공 현실reality'들을 관찰자들에게 마련해 주지요.

쉽게 말해 갈릴레이가 실제로 그러했듯 지구에서 그냥 눈으로 보면 보이지 않을 화성의 상세한 변화 과정과 모습이 망원경을 통해 우리에게 하나의 실재/현실로 주어지는 것입니다. 목성의 위성들이 목성 주위를 돈다는 실재/현실이 마련되기도 하고요. 그리고 이 인공적 도구로 인해 마련된 실재/현실은 지구가 우주의 중심이라는 학설을, 즉 천동설을 논박하는 데 중요한 역할을 합니다. '세포'를 관찰할 수 있게끔 해 주는 현미경은요? 도구 없이는 지구인들에게 그냥 주어지지 않을 '세포'라는 이 실재는 이제 유기체의 작동 방식을 파악하는 데 결정적인 역할을 하게 될 것입니다. 요컨대 인간은 과학적 인식에 도달하기 위하여 지구적 관점, 즉 우리의 현실적 관점을 넘어서는 것을 가능케 해 주는 도구를 만들어야 할 뿐만 아니라, 그 도구를 통해 새로운 실재/현실을 만들어 내기도 해야 하는 것입니다.

2017년 노벨물리학상을 받은 이들을 한번 생각해 봅시다. 이들은 아인슈타인이 100여 년 전에 이론적으로 제시한 중력파를 레이저 간섭계 중력파 관측소의 실험으로 입증해 냈지요. 그런데 이 실험에서 아인슈타인의 주장을 증명하기 위해 활용된 가장 중요한 방법은 우리의 현상 세계를 넘어선 새로운 현실, 즉 중력파를 관찰하기 위한 새로운 실재를 마련해 줄 도구를 만들어 내는 것이었습니다. 그 이름만 들어도 머리가 아픈 중력파 검출기를 만들어 내고, 간섭계를 만들어 내고 등등……. 오늘날에도 과학적 인식 및 증명을 위해서는 기존의 가설 및 이론을 검증할 새 실재/현실을 마련해 줄 도구를 어떻게 만들 것인지, 그리고 그 도구를 통하여 관찰될 실재/현실을 어떻게 읽어 낼 것인지의 문제가 매우 중요한 것입니다.

전통적인 의미에서 진리에 도달하는 활동으로 여겨졌던 '관조'는 이제 이러한 방식으로 과학적 인식에 도달하는 근대 이후의 조건에서는 더 이상 제 힘을 발휘할 수 없습니다. 즉 '정신의 눈'을 통하여 나에게 나타나는 존재와의 일치를 추구하던 방식의 진리 추구 활동은 이제 더 이상 타당성을 가질 수 없습니다. 왜냐하면 근대 철학자들에게서 내 외부의 존재란 애초에 지구적 조건에서 살아가는 우리들에게 '있는 그대로' 나타날 수 없기 때문입니다. 아무리 감각을 뛰어넘은 정신 능력을 발휘해 본다고 할지라도 말입니다. 단적으로 '지구에서 살았던' 근대 이전의 철학자들은 천체 현상을 관조하는 데에, 우주의 본질을 '정신의 눈'으로 깨우치는 데에 온 힘을 기울였음에도 불구하고, '지구가 해를 돈다'는 인식에는 온전히 도달할 수 없었지요.

감각 경험을 사용해 천체 관측을 시도한 이가 고대에도 있었다 할지라도 그들은 어쨌거나 지구적 조건에서 벗어날 수 없었기에, 즉 결국 지구적 조건에서 주어지는 자신의 감각 경험을 신뢰하지 않을 수 없었기에 지동설이라는 앎에 도달할 수 없었습니다. 아리스토텔레스는 물론이고, 프톨레마이오스도 그러했던 것처럼 말입니다. 이는 우리가 인공적 도구의 도움 없이는 대상에 대한 참된 인식에 도달할 수 없다는 것을 보여 주지요. 따라서 관조 활동은 제작 활동에 의해, 즉 과학적 발견을 위하여 새로운 현실성을 만들어 내는 '작업work' 활동에 의해 그 고귀한 지위를 탈취 당하게 됩니다.[3)] 아렌트가 지적해 놓았듯이 근대 이후에는 '만드는 것'이 '아는 것'의 전제 조건이 되거나, 심지어는 양자가 일치하게 된 것이지요. 철학자들에게서 가장 고귀한 활동으로 여겨졌던 정신의 활동이 그것보다 천박하다 여겨졌던 활동적 삶의 한 활동에게 그 지위를 빼앗긴 것입니다.

게다가 결정적으로 전통적인 관조는 세계의, 세계 내 사물들의 '영원히 불변하는 상eidos' 내지 '본질'의 발견을 추구하는데, 오늘날에는 그런 것을 찾는 것도 더 이상 중요하지 않습니다. 아리스토텔레스처럼 물질 및 자연의 운동 방식을 설명하기 위해, 사물들 각각의 목적을 발견하려 하거나, 물, 불, 바람, 흙 등의 원소들 및 에테르의 성질을 지구적인 관점에서 파악할 필요도 없고요. 아렌트에 따르면 그러한 것을 인식하는 일은 현대에는 애초에 불필요한, 심지어 불가능한 것으로 여겨지게 되었거든요. 우리에게 참된 인식을 가져다줄 수 있는 것은 실험 도구를 통해 '새로이 만들어진 실재/현실', '계산 가능한 형태로 단순화된 실재/현실'의 법칙적 과정일 뿐, 있는 그대로 나에게 나타나는 존재의 영원불변하는 '무엇임'이나 '성질', '목적' 따위가 아닌 탓입니다. 예컨대 힘의 작용 원리를 중점적으로 다루는 뉴턴 역학에서부터 현대 물리학이 다루는 파동 및 양자 등의 운동을 한번 떠올려 봅시다. 이 운동들은 내가 관조하고 있는 존재의 영원불변하는 본질을 찾아 나서는 'X란 무엇인가?'라는 질문에 대한 탐구로부터 인식될 수 없습니다. 오히려 이는 이 세계가 움직이는 과정을 파악하기 위하여,

3) 이는 '고정된 모델'을 인식하고 그 모델을 감각으로 파악할 수 있는 영역에서 모방해 내는 데미우르고스의 작업과 상당히 다릅니다. 이는 오히려 만들어 내는 현실에 따라 '변화하게 될 과학적 법칙'의 내용을 발견하고 인식하는 것 자체를 목적으로 하기 때문입니다.

(그냥은 우리의 감각에 주어지지 않을) 그 과정이 밝혀질 수 있는 인공적 실재/현실을 구성하고, 그것이 '어떻게 작동하는가?'라는 물음에 대한 탐구로부터만이 설명될 수 있지요.

지금까지는 쉽지만은 않을 수도 있는(그러나 어떤 분들께는 너무 쉬울 수도 있는) 이야기를 나누어 보았는데요. 요지는 근대에 이르러 지구적 조건에 얽매여 관찰되는 현상들은 도무지 신뢰할 수가 없는 것이 되어 버렸다는 점입니다. 한 개인이 느끼는 사적인 감각은 물론이고, 이 감각을 타인들과 공동으로 살아가고 있는 세계에 적합하게 만들어 주는, 그러면서도 같은 세계를 살아가는 타인들의 입장을 고려할 수 있는 감각인 공통 감각 역시 기만적인 것에 불과한 것이 되어 버렸지요. 그것들이 아무리 생생하고 강렬한 사실로 내게 다가온다고 할지라도, 그것들은 결국 '지구적 조건'에서 마련된 것일 뿐이니까 말입니다.

인간 모두가 해가 뜨고 지는 것처럼 보는 감각, 파란색인 대상을 파란색으로 보이게끔 하는 감각은 이제 인간들 모두가 그렇게 본다고 할지라도 도무지 믿을 만한 것이 아닙니다. 왜냐하면 해가 뜨고 지는 것처럼 보이는 것은 하나의 기만이며, 파란색인 대상은 나와 대다수 타인들의 눈에만 파란색으로 입력된 것일 뿐, 사실 '그 자체'로 파란 것인지 의심할 만한 것이거든요. 심지어 정신의 눈으로 태양의 고정된 본질이나 존재 목적을 찾는 것도, 진정한 '파랑다움'을 찾는 것도 이제는 인식 목표가 될 수 없을 테고요. 이제 신뢰할 만한 지식이란 오직 지구적 현실을, 우리의 공통 감각을 넘어설 때에만이 주어질 수 있습니다. 즉 우리는 과학적 인식에 도달하기 위해서 이제 지구적 조건 속 삶의 감각을 포기해야만, 감각이 마주하는 현실의 생생함을 포기해야만 하는 것입니다.

그렇다면 근대 이후의 과학적 인식이란 결국 인간에게 지구적 조건으로부터 멀리 떨어질 것을 요구하는 것일 수 있지요. 예컨대 인공위성으로 지구를 바라보아야 지구의 운동을 지상에서보다 훨씬 더 잘 관찰할 수 있는 것처럼, 지구적 조건으로부터 멀리 떨어질수록 지구에서 작동하는 법칙적 과정도 오히려 잘 보이게 될 것이기 때문입니다. 아렌트가 현대의 기술 발달과 과학의 발달이 '지구로부터의 소외'를 가져왔다고 여긴 것도 바로 이러한 맥락이었지요.

지구로부터 벗어난다는 것 II : 수학적 추론 영역으로 축소된 세계와 자동 기계로서의 인간

다만 아렌트가 지적하듯이, 근대 이후 과학자들은 지구를 벗어나 새로운 준거점을 마련하려 하는 와중에도 자기 내면에서 작동하는 계산적 이성 능력만큼은 포기할 수 없었습니다. 아니 오히려 그것은 지구의 현실적 조건을 넘어서는 인식으로 나아가는 데 꼭 필요한 능력일 수 있습니다. 현실적인 지구적 감각과 달리, 수학적 법칙만큼은 지구적 조건을 넘어서는 곳에서도 여전히 확실한 것이기 때문입니다. 저는 앞서 근대 과학이 세계나 세계 사물의 고정된 본질을 탐색하지 않고, 실험을 통하여 새로이 마련된 실재/현실의 어떤 법칙적 과정을 파악하려 한다고 설명했습니다. 그런데 이 인공적 실재/현실에서 발견되는 법칙적 과정이란 수학적 추론 과정을 통해서만이 제대로 읽힐 수 있습니다. 한편 과학자는 실험 도구를 적절하게 만들고 활용하기 위해 가설을 세워야 하는데, 이 가설 역시도 수학적 법칙의 형식으로 마련되어야 하고요. 요컨대 '이론적 가설-실험을 통한 검증-법칙의 증명'이라는 근대 과학의 방법은 수학적 추론 능력에 의존하지 않을 수 없다는 것입니다.

이는 지구적 조건에 대한 의심으로부터 자신의 학문 체계를 세워 나갔던 데카르트에서부터 분명히 드러나는 태도입니다. 그는 '정신을 잘 지도하는 올바른 방법에 따라 산출되는 것만을 알 수 있다'고 생각했는데, 이 과정에서 '합리적 추론 능력'은 올바른 인식을 향해 가는 데 필수적인 능력이거든요. 게다가 그에 따르면 타인들과 공동으로 마주하고 있는 '지구적 현실'은 불확실한 것이지만, 자기 내면에서 이루어지는 '추론' 만큼은 지구적 현실을 넘어서서도 확실한 것입니다. 쉽게 말해 '2+3=5'라는 사실은 지구 바깥에서도 참이라는 것입니다.

데카르트에 따르면 자연 및 물질 세계에 대한 인식을 획득하는 과정에서도 우리는 이 추론 능력에 의존하지 않을 수 없습니다. 데카르트는 자기 내면에서 작동하는, 결코 의심할 수 없는 수학적 추론 능력으로 자기 외부 세계에 대한 인식을 획득할 수 있다고 생각했습니다. 심지어 데카르트는 물질 세계가 가지고 있는 수학적, 기하학적으로 인식 가능한 속성을 지구뿐 아니라, 그것을 넘어선 우주 전체에 이르기까지 동일하게 적용할 수 있는 것으로 보기도 했습니다. 단적으로 그는 물질 세계의 본질적 속성을 '연장extension'이라고 보았는데요, 이는 지구를 넘어선 우주 전체 공간에 이르기까지 동일하게 적용될 수 있는 속성입니다.

이 지점에서 우리는 '연장'이 '공간의 일정 부분을 차지하는 것'을 의미할 뿐만 아니라, 기하학적 '차원'인 길이, 너비, 깊이(세로, 가로, 높이)를 가지는 것이기도 하다는 점에 주목해야 합니다. 즉 물질 세계의 속성을 '연장'으로 본다는 것은 곧 물질 세계를 기하학적인 방식으로 파악할 수 있다는 것을 의미하기 때문입니다. 데카르트가 '연장'과 함께 물질 세계를 설명하는 데 사용하는 연장의 양태인 '운동' 역시 수학적으로 계산 가능한 힘의 작용 원리로 파악될 수 있는 것이고요. 요컨대 데카르트는 우리가 감각을 통하여 매 순간 마주하고 있는 복잡다단하고 불확실한 물질 세계를 자기 정신에서 작동하는, 그러나 의심할 수 없는 기하학적·수학적 계산 및 추론 영역으로 바꾸어 내고자 했던 것입니다.

물론 데카르트의 자연학은 대개가 금방 과학적으로 잘못된 것임이 증명되었지요. 그러나 그가 지구를 넘어선 우주 공간 전체를 수학적인 추론의 방식으로 '확실히' 파악하고자 했던 시도만큼은 이후 과학자들에게서도 지속적으로 계승됩니다. 데카르트 이후 더 체계적인 과학 이론을 내놓은 뉴턴에서부터 길이, 너비, 깊이의 세계인 3차원 세계를 넘어서 4차원 이상의 세계의 작동 방식을 인식하려는 시도까지 포함해서요. 그리고 이로써 기하학, 수학 체계는 이제 인간들이 마주하는 현실 세계 전체를 그 깔끔한 체계 안으로 환원시킬 수 있게 되어 버렸습니다. 복잡하고, 우연적인 것들, 기하학적 도형처럼 깔끔하지 않은 것들로 온통 가득 찬 현실 세계조차도 이제는 수학적 추론의 방식으로 환원되어 읽혀지지 않는다면, 더 이상 확실한 지식으로 받아들여질 수 없게 된 것입니다.

결국 아렌트에 따르면 근대 과학의 발전은 지구적, 현실적 조건으로부터 소외되어 있는 '수학적 추론 능력'과 '실험'을 통하여 성취된 것이라 볼 수 있습니다. 그리고 아렌트는 이러한 성취를 '아르키메데스의 점'이 비로소 마련된 것으로 봅니다. 아르키메데스는 '유레카!'로 잘 알려져 있는 고대의 수학자입니다. 그는 "충분히 긴 지렛대와 지구 밖의 한 점만 주어진다면 지구를 들어 올릴 수도 있다"고 이야기한 적이 있습니다. 이 점은 근대인들에게서 관찰 대상을 총체적이고 객관적으로 인식할 수 있는 준거점으로 여겨졌지요. 이 점은 근대 이전에는 제대로 마련될 수가 없었습니다. 왜냐하면 지구적 자연을 총체적이고 객관적으로 인식할 수 있는 지구 외부의 준거점은 '우주 어디에서도 타당한' 수학적 합리성과 '지구적 조건을 넘어선 실재/현실을 만들어 주는' 실험의 적절한 활용 없이는 결코 주어질 수 없기 때문입니다. 이러한 방법은 이후에 벌어진 엄청난 과학의 발전에서도 매우 중요하게 활용됩니다. 다음의 아렌트의 말을 한번 살펴봅시다.

> 태양에서만 진행되는 에너지 과정을 해방시키거나 시험관에서 우주적 진화의 과정을 시작하려 시도하거나, 망원경을 통하여 우주 공간을 가로질러 20억 광년, 심지어 60억 광년의 한계에 도달하거나 지구적 자연에는 알려지지 않은 에너지를 생산 및 통제하는 기계를 만들어 내고자 하거나, 원자 가속 장치로 광속에 근접하는 속도를 얻고자 하거나, 자연에서는 발견할 수 없는 요소들을 생산하고 우주 방사선을 사용하여 우리가 창조해 낸 방사능 미립자를 지구에 퍼뜨려 놓을 때, 우리는 항상 자연을 지구 밖 우주의 한 점에서부터 다룬다.[4]

이것이 뭐가 문제일까요? 그러한 과학적 태도는 엄청난 인식의 진보를 가져다주었는데, 그것을 우리가 굳이 문제로 삼을 이유가 어디에 있나요? 그리고 결정적으로 이러한 태도는 아렌트가 궁극적으로 비판하고자 한 세계 소외와 어떻게 연결되는 것일까요? 우선 근현대의 과학은 지구적 조건을 넘어서는 '우주적 법칙 과정'으로 막대한 에너지를 발생시키는 방법을 발견했기 때문에 아렌트에게 두려움을 안겨다 주었습니다. 왜냐하면 이 방법을 통해 발견된 것들을 응용하여 비로소 자본주의 거대 산업의 동력이 마련되었고, 전 인류를 파괴할 만한 능력이 있는 무기들도 속속 탄생했기 때문입니다. 심지어 우주 밖의 법칙으로 자연적 과정을 완전히 장악하여 지구의 기후조차 위험스레 변화시키고 있는 오늘날의 시대를 아렌트가 마주했다면, 그는 이러한 지구 소외적

4) HC, p. 262.

과학 기술에 더 큰 두려움을 표했을 수도 있겠습니다.

아렌트는 이렇게 과학사적 흐름에서 발견되는 지구 소외가 '세계 소외' 현상과 어떠한 관계를 맺고 있는지에 대해 얼핏 언급을 하면서도 그에 대한 정확한 설명은 삼갑니다. 하긴 그도 그럴 것이 애초에 아렌트는 하나의 사건이나 현상이 다른 사건이나 현상과 연속적인 것처럼 일어날 수 있어도, 그것이 하나의 필연적인 과정은 아니라고 생각했으니까요. 근대 과학적 방법론의 탄생과·세계 소외 현상 양자 간의 필연적인 인과 관계를 제시하는 것은 결코 아렌트 본인의 입장이 될 수 없었을 겁니다.

아렌트가 이와 관련하여 분명히 언급해 놓은 것 중 하나는 바로 근대 이후 인간사와 역사의 영역을 바라보는 틀 역시 이러한 과학적 발전에 적지 않은 영향을 받았다는 사실입니다. 이러한 근대 과학의 흐름이 인간사의 영역을 탐구하는 데 활용될 경우, 사회과학이나 역사도 자연과학에서 그러했던 것처럼 인간들이 실제로 발붙이고 살아가고 있는 현실적 영역에 대한 탐구가 될 수 없을 것입니다. 인간사의 현실이란 그 성격 자체가 원래 우연적이고 수학적이지 않기 때문에, 관찰자들에게 어떠한 확실성도 보장해 주지 못할 테니까 말입니다. 따라서 정치나 역사 영역에 대한 탐구 역시도 그것의 연구 대상을 '확실히 인식'하기 위해서는 그 불규칙한 대상을 합법칙적으로 추론 가능한 인위적 실재로 환원해 버려야 할 것입니다.

아렌트는 근대 정치과학의 기원을 연 홉스가 '자동 기계'로서의 인간의 '확실한' 작용 방식을 설명해 줄 수 있는 것들, 특히 정념passion의 발생과 그것의 작동 방식에 주목한 것도 이러한 과학적 태도와 연결된 것이라고 봅니다. 홉스는 심지어 이 인간 유기체와 유사하게 작동하는 '인공 기계'로서의 코먼웰스commonwealth를 이론화하기도 하지요. 코먼웰스가 레스 푸블리카res publica, 즉 고대

로마의 '공적인 것', '공화국'의 번역어이긴 하지만, 이 기계는 사실 현실에서 우리가 공통 감각으로 마주하는 예측 불가능한 정치적 사건들이 출현하는 공적 공간이 아닙니다. 그것은 오히려 전체가 합법칙적으로 한 몸처럼 작동하는 이들의 유기적 결합일 뿐이지요. 그리고 이 작동 과정을 파악하는 것만이 정치 영역에 대한 확실한 지식을 보장해 줄 것이고요.

홉스만 이러한 태도를 취한 것은 아닙니다. '현미경의 비유'를 사용하여 현상 형태의 차원에서 발견할 수 없는 역사 과정 법칙과 한 사회구성체의 작동 과정 법칙을 발견하려 한 마르크스는 어떻습니까? 정치 현실에서는 도무지 발견할 수 없는 생물학적 진화론의 법칙을 활용하여 역사의 필연적 과정을 설명할 수 있다고 자부했던 우생학이나 교조화된 마르크스주의는요? 인간의 행동 과정을 예측할 수 있다고 자부하는 심리학적 법칙으로 정치적 사건 및 사회 작동의 모든 패턴을 읽어 낼 수 있다고 보았던 이들도 빼먹어서는 안 되지요.

이러한 '과정의 과학'들만이 힘을 발휘하는 세상에서, 이제 인간사에 대한 탐구는 더 이상 인간들 '사이-안', 즉 '세계'에서 벌어지는 우연적인 사건들에서 의미를 끌어내는 것이 될 수 없을 것입니다. 세계 내에서 벌어진 기억할 만한 것들을 이야기로 남기고자 하는 소박한 열망은 이제 당연히 정치학이나 역사학과 무관한 것이 되어 버릴 테고요. 근대 이후 물리학이 지구 밖에 준거점을 두고서 발견한 객관적 법칙에 따라 지구의 자연법칙을 읽어 내려 했던 것처럼, 인간사를 다루는 정치과학, 사회과학 역시도 이제는 철저히 인간사에서 벌어지는 '현실적 현상들'로부터 멀리 벗어나서 그 영역의 확실한 법칙을 읽어 내는 학문이 되어야 하는 것입니다. 즉 아렌트의 시각에서 볼 때, 근대 사회과학은 세계로부터 소외된 상태에서 대상에 대한 지식들을 도출해 냅니다.

그러나 우리가 지금까지 수없이 논의한 것처럼 아렌트가 보기에 인간사의 영역은 애초부터 과학적으로 인식될 수 없는 영역이었습니다. 그럼에도 그 영역이 근대적 정신과 함께, '현실'과 도리어 멀어진 채로 과학적으로 인식된 필연성의 법칙에 의해 장악되기 시작했으니, 아렌트의 걱정이 상당 부분 이해가 되기도 합니다. 그에 따르면 이제 "모든 현실 관계들은 인간이 만든 상징들 사이의 논리적 관계로 환원되어"[5] 버렸으니까요. 그리고 이것이 극단화되면 아렌트가 『전체주의의 기원』에서 강조한 바와 같이 유사-과학으로서의 이데올로기가 출현할 것입니다. 심지어 조건만 맞는다면 그 이데올로기는 나치 독일에서 그러했던 것처럼 실제 현실의 영역에서도 지배력을 행사하게 될 테고요. 즉 '현실에서 벌어지는 사건들에 대한 사유'가 아니라, '현실적 영역을 넘어서서 작동하는 필연적 법칙'이 인간사의 모든 영역에 대한 판단을 좌우하는 시대가 도래하게 되는 것입니다.

문제는 이러한 이데올로기나 과학 법칙이 타당성을 가진다고 여겨지는 시대 상황 속에서 인간은 더 이상 새로운 것을 시작하는 존재자로 여겨질 수 없다는 것입니다. 현실에서 마주하는 너무나도 강렬하고 생생하게 지각되는 정치적 공간의 의미, 예측 불가능한 것으로서 기적처럼 출현하는 '혁명의 새로움'조차도 이제는 '법칙적 과정'의 '당연한 한 단계'를 차지할 뿐입니다. 아렌트 입장에서 이러한 시각은 인간을 객관적 법칙에 따라서만 '행동behavior'하는 존재자로 전락시켜 버린다는 점에서 매우 위험합니다. 아울러 이러한 시각의 출현과 함께 정치 영역은 오직 그 과학적 법칙을 알고 있는 이데올로그나 전문가 혹은 그들의 추론에 따라서만 움직이는 직업 정치가들의 활동 영역으로 제한되어 버릴 수도 있고요.

5) HC, p.284.

그리고 인간들 대다수가 자신의 순수한 생명 자체의 보존에 전념하여 노동하는 동물로 전락해 버릴 때, 이 이데올로그, 전문가들의 '과학적 방법'을 통한 분석은 인간사 영역에서 실제로 타당성을 갖는 것으로 여겨지게 될 것입니다. 왜냐하면 인간들이 그러한 삶을 살아간다면 그들이 공적 공간에서 예외적인 행위를 할 가능성은 훨씬 줄어들게 되고, 따라서 그들의 행동 패턴은 실제로 과학적으로 파악될 수 있는 과정으로 충분히 여겨질 수 있게 될 것이기 때문입니다. 마치 현대 국가들이 구성원들의 노동-소비 활동을 합법칙적으로 예측하고 이로써 그들을 관리하고 있는 것처럼 말입니다.

사회의 출현, 그리고 세계 소외: 자본주의는 어떻게 우리의 현실성을 앗아 가는가?

아렌트가 근대기에 등장했다고 여긴 '사회적인 것 혹은 사회the social' 영역의 출현은 실제로 이러한 조건을 형성해 냈습니다. 물론 이 지점에서 어떤 분들께서는 '사회의 출현'이라는 표현에 의문을 가지실 수도 있겠습니다. '사회가 근대에 출현했다니 그게 무슨 소리야? 그럼 근대 이전에는 사회가 없었단 말이야?'라고 되물을 수도 있고요. 물론 서구에서 근대 이전에도 '사회'라는 표현이 없었던 것은 아닙니다. 그것은 로마와 중세에는 '공동의 이익을 얻기 위한 결사'라는 의미로 쓰였지요. 그리고 우리가 흔히 '사회적'이라는 수식어를 통해 표현하고자 하는 의미, 즉 '인간들이 함께 살아간다'는 것을 근대 이전 서구인들이 몰랐던 것도 아니고요. 아렌트 본인도 지적했듯이, 인간들은 애초부터 다른 인간들과 집단을 이루어서 살아가는 존재니까요.

그럼에도 아렌트가 근대적인 의미에서의 '사회의 출현'을 강조한 것은 '한 국가 단위의 공동체 구성원들 전체가 마치 하나의 가족처럼 움직이게 되는 현상'의 출현을 더 잘 드러내 보여 주기 위해서였던 것으로 보입니다. 이는 근대 국민국가의 출현 이후에나 찾아볼 수 있는 현상이었지요. 즉 '근대적 의미에서의 사회'란 '가족'이라는 '자연적 연합체'가 확대되어 '국민nation' 전체가 마치 거대한 자연적 연합체인 것처럼 움직이는 시스템인 것입니다. 이는 애초에 '빵을 함께 먹는 사람들'의 의미를 갖는 'compania', 즉 기업이 이윤을 창출하기 위해 직원들 전체를 일종의 가족처럼 관리하고 먹여 살리듯이, 국가 역시도 사회의 부를 창출하기 위하여 마치 기업처럼 그 구성원들 전체를 관리하고 먹여 살리는 경영 시스템을 갖추게 된 것이라고도 볼 수 있습니다.

그러나 국가의 '경영' 대상이 되는 사회란 '단지 인간들이 함께 하나의 운명 공동체처럼 살아가는 곳'을 의미할 뿐, 고대적인 의미에서의 '정치적인 공동체'는 아닙니다.[6] 아렌트의 시각에서 정치란 '인간이 태어나면서부터 자연적으로 함께 살아간다는 조건'을 넘어서 있을 때에만이 이루어질 수 있는 활동인데, 사회에서는 그러한 자연적 조건에 인간을 더 종속시키니 말입니다. 즉 아렌트는 인위적으로 만들어진 이소노미아Isonomia, 다시 말해 지배가 없는 평등한 조건에서 공적 사안에 참여하는 것만이 인간의 독보적인 정치적 활동이라고 보았는데, 근대에 출현한 '사회'는 이러한 정치체의 모습을 전혀 가지고 있지 않았다는 거예요.

6) 따라서 아렌트는 아리스토텔레스가 인간을 '정치적 동물'이라 말한 것, 즉 'zōon politikon'이라고 표현한 것이 제정 로마 시기와 중세기에 라틴어로 'animal socialis', 즉 우리말로 '사회적 동물'로 번역된 것을 비판적으로 바라봅니다. 사회는 '함께 살아감' 내지는 '공동 목표를 가지고 결사함'을 의미할 뿐인데, 아렌트에게서 정치는 그런 의미를 훨씬 뛰어넘어서 이루어지는 독특한 활동이기 때문입니다.

이러한 아렌트의 주장을 더 잘 이해하기 위해서 우리가 잠시 짚고 넘어가야 하는 것은 바로 고대인들이 시도했던 '사적 영역'과 '공적 영역' 사이의 엄격한 구분입니다. 고대 그리스인들에게, 로마 공화정 시민들에게 가족과 같은 '자연적 연합체'는 어디까지나 사적인 영역에 국한될 뿐이었습니다. 이러한 가정의 영역은 기본적으로는 가부장이 '전제적인 힘'을 발휘하는 영역이지요. 즉 귀족이나 시민인 이들이 가족과 노예를 명령을 통하여 다스리는 곳입니다(물론 오늘날에는 그것의 의미가 조금은 달라지긴 했지만 말입니다). 정치적인 영역과 달리 불평등과 폭력이 그곳의 운영 동력이었던 것이지요.

가정이란 먹고사는 문제 및 종족 보존과 긴밀하게 결부되어 있는 곳이기도 합니다. 즉 이 영역은 생명 유지라는 '필연성'과 관계된 영역이라는 것입니다. 그리고 그렇기 때문에 이 영역은 노동-소비 등의 경제적 활동과 긴밀히 연관되어 있습니다. 참고로 그리스인들은 가정을 '오이코스oikos'라고 불렀으며, 이 영역을 관리하는 것은 '오이코노미아oikonomia'라고 불렀고, 이는 오늘날 economy, 즉 경제의 어원이 되기도 하지요.

어쨌거나 고대 그리스에서 이 영역은 매우 신성한 것으로 여겨졌습니다. 특히 한 가정의 고유 영역을 의미하는 '소유'라는 울타리는 타인들이 함부로 침범할 수 없는 안정된 공간이었지요. 실제로 우리들에게 집이란 어떤 곳입니까? 여러분이 거주하는 장소란 여러분들 자신에게 어떠한 의미를 갖는 곳입니까? 그곳은 세계의 밝은 영역으로부터 우리들을 보호해 주는 곳이지 않나요? 우리는 그곳에서 휴식을 취하며 온갖 내밀한 일들을 수행하기도 합니다. 그 공간은 공적 영역으로부터 한 발자국 벗어나 편안히 내적 사유를 즐길 수 있는 공간이며, 친구들과 각종 친밀한 관계를 맺을 수 있는 공간입니다. 이러한 차원에서 집은 공적 세계의 현실성을 가져다주지는 않지만, 가족 및 친밀한 이들 간의 내밀한 현실성이 형성되는 공간이기도 한 것이지요.

이러한 차원에서 아렌트는 '소유property'가 인간 삶에서 갖는 의미가 매우 중요하다고 생각했습니다. 'property'는 '소유' 말고도 '고유한 속성'을 의미하기도 하는데요, 따라서 'property'는 한 인간의 독특한 개성을 형성하는 공간이기에, 개성을 자유롭게 나누는 공적 공간의 조건이 되어 주는 곳이기도 합니다. 고대에는 '먹고사는 문제', 다시 말해 생명의 필연성의 문제를 이 소유의 영역, 사적 영역에서 해결하는 것이 곧 자유로운 공적 영역에 참여할 수 있는 이들의 자격 조건이 되었다는 점 역시 우리는 간과할 수 없고요. 아렌트는 자본주의적인 흐름과 함께 등장한 사회가 인간 삶에서 이러한 성격을 가지고 있던 소유를 앗아 갔다고 생각했습니다. 마치 인클로저 운동 때, 많은 이들이 숲이나 늪, 초원 등의 공유지에서 마음껏 채취를 해서 살아가던 공간에서부터, 소작지, 그리고 작은 집마저도 빼앗겨 버리고서, 아무런 소유도 없이 유일하게 남은 몸뚱아리(노동력)만을 가지고서 고용될 곳을 찾아 대도시로 향하게 된 것처럼 말입니다.

아렌트는 이러한 '소유의 상실'이 인간이 '고향'을 상실하고 '뿌리'를 상실하는 경험의 출발점이 된다고 보았어요. 한편으로 이는 이상한 말처럼 보일 수도 있습니다. 자본주의란 기본적으로 소유권을 가장 중요시하는 체제가 아닙니까? 그렇기 때문에 아나키스트들 및 사회주의자들의 '사적 소유'에 대한 폐지 요구는 곧바로 반-자본주의 투쟁의 모토가 되기도 하는 것이고요.

아렌트는 이러한 질문을 받는다면 곧바로 이렇게 대답할 것입니다. 원래 소유property와 부wealth는 동일한 것이 아니었으며, 근대에 와서야 양자가 동일한 것으로 취급되기 시작했다고 말입니다. 고대인들이나 중세인들은 근대인들처럼 자신의 소유물로서의 집을 부를 축적하는 수단으로 보지 않았습니다. 사적 공간은 사고팔기 위하여 가격이 매겨질 수 있는 상품도 아니었고, 재테크의 대상도 아니었지요(만약 이렇게 된다면 그것은 '부'를 넘어서서 '자본'이 되겠지요). 소유지를 거대 공장으로 만들어 가치를 증식하는 수단으로 삼기 시작한지도 그리 오래되지 않았습니다. 사적 공간은 그저 언제나 안정되게 남아 있는 것이었을 뿐이었으며, 공동체 구성원들이 개인적으로 가지고 있는 '세계의 한 부분'일 뿐이었습니다. 그래서 가난한 시민들도 공동체의 구성원으로서의 자격 자체를 박탈당할 정도의 범죄를 짓지 않는 한, 자신의 소유지만큼은 대체로 보장받을 수 있었던 것이었고요. 그것은 시민의 자격, 최소한 한 공동체의 구성원 자격을 증빙해 주는 것이기도 했던 거지요.

한편 아렌트가 보기에 부란 소유자와 무관하게 축적될 수 있는 것이었습니다. 단적인 예로 고대 그리스나 로마의 노예들은 소유를 가질 수는 없었지만, 부를 축적할 수는 있었습니다. 가난한 시민들 같은 경우, 그가 시민인 한에서 소유를 가지고는 있었지만, 부는 가지고 있지 않았고요. 그런데 소유가 가지고 있던 신성한 의미가 사라져 버리고, 끊임없는 부의 창출만이 유일한 사회 운영의 목적이 된 시대에는 소유 역시도 이제는 부의 일환으로, 더 정확히는 가치 증식을 위한 자본이 되어 버립니다. 그리고 부를 창출할 수단을 독점한 이들로 인하여 숱한 가난한 이들은 자신의 소유마저 빼앗겨 버리게 되지요. 부를 증식해 나가는 것만이 중요해진 시대에 소유물마저도 이제는 부의 교환 과정에 투입되어야 하기 때문이며, 가난한 이는 부르주아지에 의해 강제적으로 자신이 살던 곳을 합법적으로 빼앗기거나, 최소한의 부를 유지하기 위해서라도 자신의 소유를 시장에 내놓아야 하기 때문입니다.

즉 모든 소유는 이제 부르주아 및 지주들이 독점한 전유/사유

appropriation의 형태가 되어 버렸고, 그마저도 이제는 더 큰 이윤 창출을 위한 과정에 휩쓸려 들어가야만 합니다. "대중사회는 공적 영역을 파괴시킬 뿐만 아니라, 사적인 영역도 파괴하며, 인간으로 하여금 그들의 세계 내 장소뿐만 아니라, 그들의 사적인 집마저도 박탈당하게"[7] 만든다는 아렌트의 말 역시 우리는 이러한 맥락 속에서 이해해 보아야 할 것입니다.

우리가 지금까지 논의한 사적 공간은 공적 공간에 참여할 수 있는 자격 조건일 뿐, 공적 영역 그 자체는 아니었습니다. 그리고 이 영역은 공적 영역이 보장하는 '자유'와 '온전한 의미에서의 현실성'을 가지고 있지도 못했기 때문에, '박탈'의 의미를 가지고 있기도 했지요.[8] 다시 말해 이 영역은 '온전한 의미에서의 현실성'이 박탈된 영역이라는 것입니다. 만약 누군가가 사적 영역에만 머물러 있는다면, 그는 타인, 특히 동료 시민들과의 온전한 관계가 박탈된 것이기 때문에 '인간으로서의 자격' 역시 박탈당한 것이기도 하지요.

이러한 차원에서 아렌트는 온전한 의미의 '현실성', '세계성'이란 타인들과 공유하고 있는 '사이-안'에서만 형성될 수 있다고 보았어요. 아니라면 최소한 그 세계성을 간접적으로나마 마련해 주는 이야기가 필요하겠지요. 제가 앞선 강의들에서 아무리 생생한 감정이나 느낌, 기억이라 할지라도 그것이 한 인간의 내면에만 남아 있는다면, 그것은 결코 세계적인 현실성을 가질 수 없을 것이라고 말했던 것을 다시 한번 떠올려 봅시다. 즉 '나 혼자에게만 보인다'고 여겨지는 것은 그다지 현실적인 것이 아닙니다. 그러나 '내가 본 것을 내 곁의 타인들도 보았을 거야'라고 암묵적으로 전제할 때, 우리는 자신이 본 것을 현실적인 것으로 여길 수 있게 됩니다. 따라서 사적 공간은

7) HC, p. 59.
8) 사적 영역을 표현하는 단어인 'privacy'는 그 어원에서부터 박탈의 의미를 가지고 있습니다.

그것이 주는 안정감에도 불구하고, 그 공간에서 획득한 것들을 밝음의 영역으로 행위나 이야기를 통해 이끌어 내지 않는 한, 계속 불확실한 어둠의 영역으로 남아 있을 것입니다.

단적인 예로 우리는 방구석에 혹은 가족의 이름을 걸고 있는 수용시설에 수십 년 간 갇혀 산 장애인이 이 세계로 나와서 '곧바로' 현실성을 가지고 있을 것이라 기대할 수 있습니까? 무인도에서 수십 년을 혼자 산 사람에게서는요? 혹시 이 질문들에는 부정적인 대답만이 도출될 것 같지 않습니까? 사람들 사이-안에서 사는 것만이 진정한 인간다운 삶Bios이라고 보았던 고대 그리스 로마인들이 자신들의 공동체 바깥으로 추방당하는 것을 죽은 것과 마찬가지라고 생각했던 것도 바로 이러한 맥락에서였지요.

즉 인간은 자신의 '누구임'을 타인들에게 드러내면서 비로소 이 밝음의 영역에 참여하고, 이 참여 속에서만이 현실성을 획득할 수 있습니다. 자신이 살아가고 있는 세계 자체에 대해서 책임을 지고 행위를 할 수 있는 영역이 그에게 열리게 되는 것 역시 이러한 경우일 뿐입니다. 그러나 사람들이 공적 공간에서 공동으로 마주한 것, 즉 현실적인 것이 곧바로 진리인 것은 아닙니다. 다시 말해 공적 공간은 진리를 구성원들에게 마련해 주는 공간이 아닙니다. 왜냐하면 공적 세계의 현상들은 모든 이들이 공동으로 경험하는 것이지만, 그것은 제각기의 사람들에게 다르게 나타나는 탓입니다. 모든 이들이 시좌/관점을 가지고 있는 한, 그 현상은 그 자체로는 결코 누구의 사유와도 '전적으로' 일치하지 않습니다.

말이 좀 어려울 수도 있는데요, 실은 그리 어려운 말이 아닙니다. 예컨대 '남북 정상이 2018년 9월 20일 백두산 천지를 방문했다'라는 사실로도 참인 동일한 한 사건을 겪으면서도 사람들은 그것을 각기 다른 시좌/관점에서 바라봅니다. 평화를 소중히 생각하는 어떤 이는 그것을 통일을 향한 한 과정이라 평가할 것이고, 어떤 좌파는 그것을 제국 자본들의 미개척지 장악을 위한 기만적 평화 논리로 볼 것이며, 또 어떤 파리아들은 정부가 '북은 만나면서 왜 우리는 만나 주지 않나'라며 분노를 터뜨릴 수도 있습니다. 어떤 이들은 이 사건을 마주하고 문재인 정부를 지지하는 데까지 나아갈 것이고, 어떤 이들은 마침 그날 여야가 합심하여 규제 프리존 법 등의 온갖 규제 완화 법을 통과시킨 것을 두고서 더더욱 문재인 정부와 여당을 기만적인 정치 세력으로 생각하게 될 수도 있습니다. 심지어 결론적으로 동일한 정치적 입장 및 노선을 따르게 되더라도, 그 사안을 바라보는 관점이 모두가 동일할 수는 없는 법이고요.

쉽게 말해 인간은 자신 앞에 밝게 나타나는 정치적 현상에 대해서 진리가 아니라, 오히려 그것과 대립되는 자신의 의견 내지는 억견doxa, opinion을 가질 수 있을 뿐입니다. 의견이란 "내게 나타난, 다시 말해 내게 열려지는 세계 그대로의 모습을 반영한, 관점적인 독특성perspective unique에 대한 진술"[9]이니까요. 그리고 그것이 바로 동일한 세계 및 동일한 사건의 경험 속에서도 행위자들 간의 끊임없는 말의 교환이 발생하는 이유입니다. 그것이 진리의 형식으로 주어지지 않으니, 그 사안에 참여하기 위해서는 서로가 그 사안을 어떻게 바라보았는지에 대해서 의견을 나눌 수밖에 없다는 것이지요. 요컨대 만약 공동 세계가 모든 이들에게 단 하나의 진리만을 안겨다 준다면, 아렌트 입장에서 정치란 애초에 불가능할 것입니다.

이러한 차원에서 생각해 본다면, 공적 공간은 인간들을 모이게 해 주면서도, 그들을 분리시키는 공간입니다. 마치 모두가 함께 같은 사건을 겪어 낼 수 있는 안정된 세계 사물인 책상이나 광장이 있어야지만, 그곳에 참여하는 이들의 서로 다른 독특성이 발현될 수

9) Anne Amiel, *Le vocabulaire de Hannah Arendt,* Paris: ellipses, 2007. p.42.

있는 것처럼 말입니다. 즉 "세계는 인간들을 분리해 주고 연결해 주는 사이-안이며, […] 타인들에 의해 보여지고 들려지는 존재들을 인간 존재들에게 드러나도록" 해 줍니다. 그러므로 "세계는 언제나 의견의 교환을 통해 구성되는 공적인 세계, 즉 공동의 세계입니다. 세계는 명확히 관점들, 공간들, 차이들로 구성되어 있지만 공동적인 것을 목표"[10]로 하는 공간인 것이지요.

그러나 만약 우리가 앞서 살펴본 데카르트적인 태도에 입각하여 혹은 근대의 경직된 역사 이데올로그의 입장에 입각하여 이 공적 영역을 생각해 본다면, 이는 단지 '의심의 대상이 될 만한 영역'일 뿐입니다. 현실에서 벌어지는 사건들의 우연성은, 그리고 그 사건들을 둘러싸고 출현하는 너무나도 다양한 의견들과 어떤 결과를 낳을지 도무지 알 수 없는 행위의 연쇄망은 도무지 우리에게 '확실한 것'으로 여겨질 수 없기 때문입니다. 심지어 공적 세계에서 나타나는 사건들, 의견들은 '해가 뜨고 지는 것처럼 보이는 현상'보다 더 불확실한 영역의 것일 수도 있지요. 그 영역에서 출현하는 사건들이, 공적 영역에서 발현된 타인들의 '누구임'이 너무나도 분명하게 나와 타인들의 감각에 하나의 공동 '현실'로 '밝게' 나타난다고 할지라도, 우리는 여전히 그것들을 의심할 수밖에 없다는 것입니다. 왜냐하면 그것들은 도무지 '지식화'할 수 있는 영역의 것들이 아닌 것처럼 보이기 때문입니다.

공적 영역에 대한 구성원들의 염려 자체가 더 이상 중요한 것으로 여겨지지 않는 사회, 다시 말해 의견을 나누는 세계의 사이-안으로부터 구성원들 대다수가 소외된 상태에서 이러한 과학적 태도는 어떠한 위상을 가질까요? 그 대답은 너무나도 분명하지 않습니까? 구성원들이 더 이상 공적 영역에 참여하지 않게 된다면,

10) 같은 책, p.47.

즉 세계 소외의 상태에 빠져 있다면, 그곳에서 벌어지는 행위의 경합도 불확실한 의견의 출현도 더 이상 있을 수 없을 것이고, 그렇게 된다면 이 인간 세계도 확실한 이론으로 읽어 낼 수 있다고 충분히 생각해 볼 수 있을 테니까요. 즉 세계 소외 상태는 지구 소외 형태의 과학이 인간사 영역을 읽어 내는 유일한 방법임을 증명해 주는 중요한 촉매제가 될 수 있습니다. 그리고 이는 아렌트의 시각에서 볼 때 사적 영역과 공적 영역 사이의 엄밀한 구분의 틀 자체가 뒤흔들리게 된 것, 더 나아가서는 자본의 증식 과정이나 노동력의 재생산 과정에 모두가 함몰되어 버리게 된 근대적 실상과 무관하지 않습니다.

물론 아렌트는 로마 '제국'이 들어서고 중세기를 거치면서 정치적 영역의 독립적 위상이 이미 많이 흔들리게 되었다는 점을 잘 알고 있었습니다. 중세기에는 교회가 공적 영역을 차지해 버렸지요. 그런데 근대기에 오면 사적인 영역의 문제들로 여겨졌던 경제적 문제들이 아예 공적인 영역을 완전히 장악해 버리게 되지요. 즉 한 민족 공동체 전체가 마치 하나의 가정처럼 여겨지게 되고, 또 그 '거대한' 가정을 경제적으로 통치하는 것이 공적인 문제의 전부인 것처럼 되어 버리는 것입니다. 아렌트는 이를 근대적인 의미에서의 '사회 내지 사회적인 것'의 영역으로 칭하며, 이 영역의 통치를 국민국가 형태의 정치체가 담당하게 되었다고 봅니다. 고대적인 차원으로 한정해서 생각해 본다면, 정치는 공적인 영역의 것이었고, 경제는 가정 영역의 것이었으니 그 말 자체가 성립될 수 없는 것이었던 '정치경제학'이라는 인간사의 과학이 탄생한 것도 바로 이 시기지요. 이러한 시대적 조건에서 정치란 단순히 필연적인 법칙에 의거한 '사물들의 관리, 사회의 지속적 성장을 위한 노동력(즉 생명 자체)의 관리로서의 행정'으로 변모하게 될 수 있습니다. 행위들의 연쇄망, 의미의 관계망으로 채워진 세계란 더 이상 중요한 것으로 여겨지지도 않게 될 것이고요.

이제 공공 영역은 이 사회의 운영 과정을 법칙적으로 알고 있는 '사회' 영역의 전문가들, 즉 행정의 전문가들 내지는 그 전문가들의 조언을 정치적 구호와 연설문으로 변형시켜 대중들 앞에서 발표할 뿐인 직업 정치인들의 활동 영역으로 축소될 것입니다. 공적 영역을 구성하기 위해 이루어지는 활동 혹은 이미 마련된 공적 영역에 의견을 표명함으로써 세계의 사안들에 참여하는 활동인 행위라는 활동의 중요성 자체가 이제는 사라져 버리게 된 것입니다.

아렌트는 이러한 조건 속에서만 살아가는 인간들이 세계에 적극적으로 참여하여 자신의 탁월성aretē, virtu을 드러낼 수 있다고 보지 않았습니다. 왜냐하면 하나의 가정처럼 사회가 변모해 버리게 되면, 그 구성원들은 결국 부의 증식을 위한 '노동하는 동물'이 되어 버릴 것이기 때문입니다. 다시 말해 분업화되고 기계화, 자동화된 생산과정에 전적으로 함몰된 '노동하는 동물'은 그 사회를 유지 및 재생산하는 반복 과정의 일부로 기능할 뿐, 그 패턴을 끊어 내는 무언가를 시작하는 행위를 할 수 없을 것입니다. 이는 그가 세계를 마주할 기회 자체를, 세계에서 자신을 드러낼 기회 자체를 상실해 버린 것과 마찬가지이지요. 결국 근대에 출현한 '사회'는 인간 대다수를 '경제 성장'이라는 하나의 '과정'에 순응하며 살아가는 '노동하는 동물'로, 즉 예측 가능하며 개성조차 사라져 버린 '익명적인 대중'으로 전락시켜 버리는 것입니다.

이렇게 본다면 막스 베버가 지적한 대로 근대는 종교 개혁 과정을 통해 '세속적인 영역'의 활동이 갖는 중요성을 깨달은 시기이기도 하지만, 이와 동시에 '세계'가 갖는 의미를 망각시킨 시기이기도 합니다. 분명히 공적인 특성을 가지면서도, 더 이상 공적인 세계를 염려하고 책임질 필요가 없는 대중들을 양산하는 사회적 영역의 출현, 즉 인간들이 더 이상 타인들에게 정치적 행위자로서 드러날 필요가 없는 사회의 출현과 함께, 인간들은 세계 소외 상태에 빠져들게 되는 것이지요. 그가 신경 쓸 것은 오직 자신과 가족의 생존일 뿐이게 되었으며, 기껏해야 공적인 차원의 것으로 가정된 '민족의 생존' 내지 '국부의 축적'일 뿐이게 되었으니까요.

근대 사회는 '민주주의'를 표방하지만, 사실 그 구성원들이 더 이상 공적인 현상으로 드러나는 것들에 대하여 자신의 독특한 의견을 형성하고 제시하는 것이 힘들게끔 만들어 버렸습니다. 근대 민주주의 사회는 비-세계성을 지속적으로 재생산해 나가면서 대중들을 단 하나의 기준에 순응하게 만들어 버리는 탓입니다. "근대적 평등은 사회에 내재한 순응주의에 기반"하고 있으며, 그렇게 된다면 이제 "행동이 행위를 대체"[11]하게 됩니다. "삶의 과정에 의해 활성화된 부의 축적 과정은 [···] 인간의 세계와 세계성을 희생할 때에만이 가능하다"[12]는 아렌트의 주장 역시 이러한 맥락에서 이해해 보아야 할 것입니다.

인간 소외/자기 소외인가? 세계 소외인가?

우리가 지금까지 살펴본 아렌트의 '세계 소외' 개념이 갖는 사상사적인 독특성을 잘 드러내 보여 주기 위해서는, '소외alienation' 개념이 갖는 역사적 배경을 조금 더 상세히 다룰 필요가 있어 보입니다. 원래 소외 개념은 다른 이에게 자신이 가진 권리를 양도한다는 의미로, 즉 타인이나 자신 외부의 특정한 힘에다가 자신의 것을 넘겨준다는 의미로 사용되었지요. 소위

11) HC, p.41.
12) HC, p.256.

사회계약론자들이 이 단어에 주목한 이유도 바로 여기에 있었습니다. 이후 이 단어는 헤겔 및 청년 마르크스에 이르러 그 의미가 확장되면서, 철학적으로 매우 중요한 개념으로 활용되기 시작합니다. 마르크스 이후에도 이 개념에 주목한 철학자들은 적지 않았으며, 이 개념은 현대 사회의 각종 특징들을 비판적으로 묘사하는 용어로 널리 쓰이고 있기도 하지요.

그렇다면 아렌트의 세계 소외 개념은 기존의 소외 개념을 통해 현대 사회 비판의 논조들을 단순히 반복하는 것에 불과한 것은 아닐까요? 저는 현대 사회를 비판하는 데 가장 많이 활용 및 응용되곤 하는 청년 마르크스의 인간 소외/자기 소외 개념과 아렌트의 세계 소외 개념이 갖는 주요한 차이를 간단히 지적함으로써, 이 질문에 대한 나름의 대답을 모색해 보고자 합니다.

소외는 마르크스가 『1844년 경제학 철학 수고』에서 중점적으로 다루는 개념입니다. 마르크스는 이 저작에서 기본적으로 인간을 '노동하는 존재'로 설정합니다. 물론 지난 강의에서 우리가 노동 개념을 다루면서 간단히 논의한 바와 같이, 마르크스는 인간의 노동을 개미나 벌의 노동과 다르게 '의식적인 합목적적 활동'이라고 보았지요. 그런데 문제는 자본주의적 조건에서는 이러한 인간의 '본질적인 활동'이 소외된 방식으로 이루어지게 된다는 점입니다. 물론 이 소외는 마르크스주의자들에게서 인간의 더 자유롭고 창조적인 노동 형태, 즉 공산주의적 노동 형태를 성취하기 위해 거치지 않을 수 없는 단계로 여겨지기도 합니다.

어쨌거나 자본주의 사회에서 이루어지는 노동은 첫 번째로 무언가를 생산한 자가 그 생산물을 본인 스스로 전유할 수 없다는 특징을 가지고 있습니다. 즉 노동자는 자신의 활동을 통하여 만들어 낸 것으로부터 소외되는 것이지요. 자본주의 사회에서 노동자는 대개 누군가에게 고용되어 무언가를 생산하며, 자신의 노동력을 제공한 대가로 임금을 받습니다. 그러나 그가 생산한 사물은 노동자 본인이 가져가는 것이 아니라 자본에 귀속되며, 자본은 그것을 팔아서 이윤을 내는 데 활용하게 되지요. 이를 마르크스는 노동자의 '노동 생산물로부터의 소외'라고 불렀습니다.

이러한 소외는 기본적으로 노동자가 '생산 과정으로부터 소외'되어 있다는 사실과 긴밀히 연결되어 있습니다. 마르크스가 두 번째 소외라고 부른 그러한 소외 말입니다. 왜냐하면 자본주의의 노동자는 앞서 말한 바와 같이 자본에 고용된 상태에서 노동을 하기 때문에, 자율적이고 창조적인 노동 활동을 수행할 수가 없습니다. 그는 자본가가 요구하는 바와 그의 지시 사항에 맞추어서만 노동을 할 수 있을 뿐입니다. 그렇다면 노동의 활동은 그에게서 그것이 어떤 의미를 가지고 있고, 왜 이루어지는 지도 모르게 되어 버릴 것입니다. 심지어 거대 산업에서 이루어지는 노동의 반복 과정은 그에게 큰 지루함과 고통을 안겨다 주기도 하겠지요. 즉 자본주의적 생산 과정은 노동자가 매일같이 수행하는 활동을 그에게서 낯선 것처럼 만들어 버립니다.

그렇다면 자본주의에서의 노동이란 기본적으로 그의 '인간적 본질'로부터 소외된 활동이기도 할 것입니다. 청년 마르크스에 따르면 인간은 기본적으로 '사회적 존재'이면서 동시에 '자유로운 의식적 활동으로서의 노동'을 합니다. 이러한 인간의 특징을 마르크스는 인간의 '유적 존재'로서의 본질이라고 하지요. 그런데 앞서 살펴본 소외의 두 특징이 자본주의적 노동의 기본 원리가 된다면, 당연히 인간은 스스로의 유적 존재로서의 본질로부터 소외되겠지요. 즉 그는 자신의 유적 본질이 되어야 할, 자기를 끊임없이 재창조해 나가는 노동 활동으로부터 도리어 자신의 본질을 박탈당하게 되는 것입니다. 마르크스는 이를 세 번째 유형의 소외, 즉 '유적 존재로부터의 소외'라고 부릅니다.

청년 마르크스가 지적하는 자본주의적 소외는 단순히 여기서 그치지 않습니다. 그것은 마르크스가 네 번째 소외로 설정한 '인간으로부터의 인간의 소외'를 낳기도 하지요. 왜냐하면 자신이 원치 않는 방식의 노동 과정에 함몰되어 있으며, 노동 생산물도 자신이 차지하지 못하는 현실 속에서, 노동자는 자신의 노동 과정과 노동 생산물에 지배권을 행사하는 자본가에게 적대감을 품게 될 것이기 때문입니다. 즉 노동자는 자본가와 대립하게 되고, 두 계급은 서로를 낯설게 마주하게 될 것입니다. 이게 어디 노동자와 자본가의 관계에서뿐이겠습니까? 끊임없이 강요되는 노동 과정에 투여되는 터라, 그리고 생존 게임에 매 순간 시달리게 되는 터라 노동자와 노동자 사이의 관계에서도 참된 만남이 이루어지기란 결코 쉽지 않겠지요.

따라서 청년 마르크스는 이러한 소외의 주된 원인인 사적 소유를 폐지해야 한다고 주장합니다. 애초에 사적 소유란 노동자들의 생산물과 노동자들의 강제된 노동 과정을 통해서 형성된 것이지요. 그럼에도 불구하고 그것을 전유하는 것은 오직 자본가일 뿐입니다. 또한 사적 소유는 그것을 토대로 더 많은 이윤을 창출하기 위하여, 소외된 노동을 노동자들에게 계속 강요하게 됩니다. 청년 마르크스는 이러한 차원에서 사적 소유가 자본주의의 원흉이며, 공산주의 운동은 그것을 폐지할 것을 목표로 해야 한다고 본 것이지요.

그럼 이러한 청년 마르크스의 소외론은 아렌트의 세계 소외론과 어떻게 다른 것일까요? 물론 아렌트 역시 마르크스가 세계 소외에 대한 관념을 어느 정도 잘 알고 있었다고 보았습니다. 마르크스가 제시하는 네 가지 소외는 실제로 아렌트가 이야기하는 세계 소외와 상당히 맞닿아 있는 것처럼 보이기도 하고요. 그러나 아렌트는 마르크스의 소외론은 뭔가 부족하다고 생각했던 것 같아요.

우선 청년 마르크스가 소외된 노동을 철폐하기 위해서는 소유를 철폐해야 한다고 보았다는 점에 주목해야 합니다. 마르크스는 『독일 이데올로기』에 이르기까지도 전 역사 단계들에서의 서로 다른 소유 형태와 그에 따른 계급 관계들의 변화에 대해서 논의했을 뿐, 소유가 인간 실존에서 어떠한 의미를 갖는 것인지에 대해서는 언급은 삼갔고요. 반면 아렌트는 우리가 앞서 살펴보았듯이 인간의 실존 및 세계성의 형성, 세계에의 참여에 소유가 갖는 의미에 지속적으로 주목했지요. 그는 자본주의적 생산 체계에서는 착취 계급도 피착취 계급도 안정적으로 소유를 획득하지 못한다고 보기도 했습니다. 왜냐하면 착취 계급 역시도 소유를 안정적으로 남겨 두는 것이 아니라, 이윤 창출의 수단으로 삼기 때문입니다.

물론 마르크스주의적 입장에서 볼 때에 아렌트에게 반대로 "당신이 사적 안전망이자, 공적인 세계로의 전제 조건으로서 제시하는 고대 시민들의 소유는 누구의 노동을 착취하여 만들어진 것인가?"라고 묻는다면, 아렌트는 그다지 적절한 대답을 내놓지 못할 것으로 보입니다. 아울러 마르크스가 훗날 언급하듯이, 그의 사적 소유 폐지에 대한 주장은 개인들이 공산주의 사회에서 소유물을 가질 수 있다는 것을 전적으로 부정하는 것이 아니라는 점까지 우리는 염두에 두어야 하겠지요. 마르크스가 이야기한 소유의 폐지란 궁극적으로는 '생산 수단'의 사적 소유화를 지양하는 것입니다. 그런 점에서 개인들의 소유 자체를 문제 삼는 것은 아닙니다. 그러나 그렇더라도 아렌트의 입장에서 볼 때에는 그것이 소유가 인간 세계성에서 갖는 의미에 대한 설명을 대신해 주지는 않습니다.

게다가 결정적으로 마르크스의 설명에는 공적 영역으로서의 세계에 대한 논의가 빠져 있습니다. 이러한 차원에서 청년 마르크스가 설정한 '유적 본질' 자체는 아렌트가 보기에 큰 문제를 가지고 있지요. '사회적 존재'로서 '자유롭게 의식적으로 노동을 하는 존재'로서의 인간 본질이란 아렌트에게서 결코 인간의 본질로 설정되어서는 안 되는 것이기 때문입니다. 아렌트에게서 인간이 동물과 가장 대비되는 지점은, 즉 인간이 가장 인간다울 수 있는 것은 그가 타인들 사이에서 자신의 독특성을 드러내는 활동을 할 수 있기 때문이지요. 즉 행위라는 활동을 염두에 두지 않은 채로, 정치적 관계를 염두에 두지 않은 채로 소외를 이야기한다고 해도 그것은 결국 타인들과 나에게 공통으로 현실감을 마련해 주는 세계로부터의 소외를 설명해 줄 수는 없다는 것입니다.

이러한 세계 소외는 마르크스가 아무리 『독일 이데올로기』 이후, 인간을 더 이상 하나의 유적 본질로 파악하길 그치고, '사회적 관계의 앙상블'로 파악했다고 해도 온전히 설명되지는 않는 것 같습니다. 왜냐하면 '사회적 관계의 앙상블'이란 것도 결국에는 특정한 한 시대의 경제적 교류 양식, 생산 양식과 계급 관계를 넘어서 있지는 않기 때문입니다. '인간들 사이의 정치적 관계망으로서의 세계'를 중시한 아렌트가 보기에는 이러한 설명이 매우 부족한 것처럼 보일 수밖에 없었겠지요.

어떻게 세계 소외를 극복할 것인가?: 사회 문제에 관하여, 그리고 아렌트를 넘어서

세계 소외는 이미 현대 사회에서 살아가는 이들이 매일같이 겪어 낼 수밖에 없는 조건이 되어 버렸습니다. 그래서 그것을 극복한다는 것은 매우 요원해 보이기만 합니다. 해가 뜨고 지는 것을 매일 마주하면서도 많은 이들이 단순하게 '지구가 해를 돈다'라는 대답만을 내놓고 있는 것처럼, 먹고사느라 바쁜 현대인들에게,

자신의 공적 사안에 대한 판단을 파워 엘리트들에게 양도한 대중들에게, 정치란 이미 더 이상 '현실적인 것'이 아닙니다.

더 중요한 것은 '근대적 의미에서의' 사회가 이미 형성되어 있고, 또 '근대적 의미에서의' 사회적 문제들이 이미 산적해 있는 탓에, 그들은 공적 세계로 진입해 들어가더라도 결국 경제적인 문제에만, 즉 아렌트가 비판한 '사회적인 문제'에만 천착하게 될 것이라는 점입니다. 그리고 그것은 아렌트의 입장에서 결국 '생명의 필연성'에 얽매여 있는 것이기에, 온전한 정치적 자유의 영역을 구성해 주지 않습니다. 아렌트는 이 탓에 공적 영역 전체가 '빈민'의 이름으로 장악되는 현상에 대해서 비판적 입장을 내비치기도 합니다. 왜냐하면 빈민들은 '먹고사는 문제', 즉 인간의 생물학적 필연성 문제에 우선적으로 천착할 수밖에 없으며, 그 필연성의 문제는 너무나도 강렬하고 중요한 문제라서 정치 영역에서 등장할 수 있는 다양한 시좌/관점의 출현을 소거해 버릴 수 있는 탓입니다. 결국 빈민의 이름으로 형성된 공적 공간이란 세계를 필연성의 영역으로 채워 놓음으로써, 세계를 도리어 위협할 수도 있다는 것이지요. 노동자들의 투쟁도 우선적으로는 노동력의 재생산 문제, 즉 먹고 사는 문제에 주목할 수밖에 없기에 마찬가지고요.

아렌트는 빈민에 대한 동정과 연민, 그리고 '빈민의 일반 의지'를 중시했던 프랑스 혁명이 빈곤 해결을 명분으로 자유의 공간을 도리어 붕괴시키는 과정을 바라보면서, 이 입장을 더 강력하게 표명한 바 있습니다. 아울러 '전기와 소비에트!'를 모토로 내건 러시아 혁명이 '전기'라는 빈곤 문제 해결에 대한 지나친 집중 속에서 결국 정치적 자유를 상징하는 평의회인 소비에트를 망가뜨리게 했다는 점도 그에게서는 매우 중요하게 다루어지지요.

이는 어떤 차원에서 보자면 매우 반동적인 생각처럼 보일 수도 있을뿐더러, 결국 파리아들의 해방 및 자유의 성취에 대한 그의 열망과도 모순되는 것처럼 보이기도 합니다. 왜냐하면 근대 이후의 파리아들은 대체로 경제적인 문제, 사회적인 문제와 긴밀히 결부되어 억압을 받고 있는 만큼, 이 문제들이 해결되지 않는다면 공적 세계로 나아갈 수조차 없기 때문입니다. 밥 한 끼 마련하는 게 급해 죽겠는데, 고상하기 그지없는 자유를 논할 시간이 도대체 어디에 있단 말입니까? 생존 자체가 위협을 받고 있는데, 다른 시좌/관점을 가진 자들과 정치적 입장을 나눌 여유가 도대체 어디에 있겠습니까? 더 결정적으로 사회 문제 해결을 통한 경제적 조건에 대한 전면적 변혁 없이, 파리아들이 정치적 자유를 향유할 수 있는 조건이 형성될 수 있긴 한 것입니까?

아렌트도 이러한 문제들을 스스로 끊임없이 고민했던 것 같아요. 또한 공식 석상에서 다른 학자들로부터 이에 대한 문제 제기를 직접 맞닥뜨리기도 했습니다. 그러나 이 문제에 대한 아렌트의 대답은 어정쩡하기 그지없습니다. 따라서 파리아들의 해방과 자유를 논하고 있는 우리들은 이 지점에서 아렌트를 넘어설 필요가 있어 보입니다. 물론 아렌트가 지적한 대로 경제적 문제 혹은 단일 정체성을 가진 이들이 모든 공적 입장들을 잠식하는 것을 경계하긴 해야 하겠지요. 그것이 갖는 위험성만큼은 분명 부정할 수 없을 것입니다. 그러나 아렌트 본인의 말처럼 정치 활동이라는 것이 결국 이 세계의 '사이-안'에 대한 의견 교류의 활동일 수밖에 없다면, 우리는 적어도 이 자본주의 사회에서 사회적인 문제를 공적인 영역으로 적극적으로 이끌어 올 수밖에 없습니다. 아니라면 도대체 공적 영역에서 무엇을 논의할 수 있단 말입니까? 그러한 이유가 아니라면, 우리는 도대체 어떻게 세계에 참여하고 세계를 새로이 구성해 낼 수 있단 말입니까?

또한 '경제적 필연성'에 대한 요구가 언제나 개성의 출현과 자유로운 의견 교환의 가능성을 가로막는 것은 아니라는 점에도 우리는 주목해야 합니다. 실제로 경제적 필연성을 우선적으로 요구할 수밖에 없는 숱한 빈민 파리아들의 투쟁들, 노동자들의 투쟁들은 경제적 요구를 우선적으로 내걸고 있다고 할지라도, 그 투쟁의 과정에서 이미 그 투쟁 주체들에게 정치적 자유의 가능성을 열어 주곤 하거든요. 제가 앞서 아렌트의 시각을 빌려 언급한 것처럼, '사이-안'에 대해 의견을 나누는 것은 그 의견을 내놓는 이가 굳이 자신을 드러내려 하지 않을 때조차도 그 행위자가 누구인지를 타인들에게 드러내는 탓입니다.

딱히 아렌트의 입장을 변명할 생각은 없지만, 아렌트가 내놓은 다음의 말은 그래도 우리에게 경제적, 사회적 투쟁이 정치적 자유의 실현과 별개의 것이 아닐 수도 있다는 가능성을 열어 주고 있습니다. "[혁명 참가자들은 경제적] 해방liberation을 성취하는 데 필요한 행위와 실행으로 공공 업무에 참여하게 되었다."[13] "[사회적인 목적으로 시작된 혁명의 공간들에서는] 종종 예기치 않게, 자유가 출현할 공간을 구성하기 시작했다."[14] 즉 혁명 참가자들은 자유를 목적으로 행위한 것은 아니었으나, 해방을 선취해 내는 과정에서 이미 그 자유를 마주하게 되었으며, 이 자유의 경험이 곧 새로운 정치 공간 건설의 기반이 되어 주었다는 것입니다.

저는 해고 노동자들의 투쟁 현장에서 여태까지의 자신의 삶이 인간다운 삶이 아니었다고 이야기하는 경우를 종종 목격하곤 합니다. 아울러 복직이 된 다음에도 다시 투쟁을 시작하기 전처럼 살아야 한다는 사실을 끔찍하게 생각하는 사람들을 간혹 마주하기도 하고요. "다시 그 비인간적인 삶으로, 기계의 일부로 되돌아가야

13) 한나 아렌트, 『혁명론』, 홍원표 옮김, 한길사, 2004, p.102. 괄호는 필자가 첨부한 것임. OR, p.33.
14) 같은 책, p.102. OR, p.33.

하다니?" 복직이 자신이 상실한 비교적 '안정된 사적 공간'을 보장해 줄 것임에도 불구하고, 그들은 왜 이러한 무모한 생각을 하는 것일까요? 그것은 그들이 직접적으로 그렇게 표현하지 않을 뿐, 사실 자신이 투쟁 과정에서 마주한 공적 공간에서 비로소 아렌트적인 의미에서의 '세계'를 되찾았다는 사실을 스스로 자각했기 때문은 아닙니까? 즉 사회적 문제 해결을 위해 결성된 투쟁 현장에서 비로소 '자유'와 함께 '공적 행복'을 마주했으며, 그것을 계속 누리고 싶기 때문은 아닐까요?

그래도 이러한 자유에 대한 열망이란 적어도 그들의 삶이 세계와 완전히 단절되지 않았기에, 즉 그들이 조금이나마 세계를 마주하고 살아갈 수 있었기에 가능한 것일 수도 있습니다. 그렇다면 사적 영역도, 공적 세계에서의 현실감도 철저히 차단당한 이들은 어떻게 해야 할까요? 뿌리를 상실하기도 전에 고향을 상실하기도 전에 뿌리와 고향을 갖지 못하는 이들 말입니다. '세계 소외'는 이렇게 수용시설에서만이 비로소 완성되는 것 같습니다(물론 인간에게 탄생성이 주어져 있는 한, 이는 미완된 완성이라고 할 수 있겠지만 말입니다). 그렇다면 그들과 우리는 어떻게 해야 세계에서 만나 볼 수 있는 것일까요? 그들에게 언제 주어질지 모르는 예기치 못한 기회를 무작정 기다려야만 하는 것일까요?

아렌트는 우리에게 정답을 주지 않습니다. 아렌트는 단지 자유가 실현된 공간에 대한 '이야기'를 남겨 놓았을 뿐이며, 그러한 시도를 예기치 못하게 시작한 이들의 행위에 대한 이야기를 남겨 놓았을 뿐입니다. 그리고 이를 통해 망각되어 가고 있는 인간의 세계성을 회복할 가능성을 세계 소외가 만연해 있던 당대에(그리고 후세대들에게) 보여 주고자 했을 뿐이었습니다. 즉 이야기는 망각된 자유의 전통을 회복하는 데, 사라진 세계적 조건 속에서 살아가는 이들이 다시금 현실감을 회복하는 데 중요한 역할을 하는 것이지요.

그러나 아렌트의 이야기는 직접적으로 어떤 행위를 수행하라거나, 어떤 정치체를 구성하라는 요구로 곧장 이어지지 않습니다. 이러한 차원에서 보자면 그의 텍스트는 우리들에게 그저 숙제만을 가득 남겨 주었다고도 볼 수 있지요.

그 숙제를 풀어 내는 것은, 그리고 더 나아가서 타인들과 함께 예기치 못한 사건을 일으키는 것은 여러분들 자신의 책임입니다.

7 Q + A

세계 소외를 수용시설에서 살아가는 사람들과 연결시켜 설명한 부분이 인상 깊었습니다. 그런데 아렌트가 직접 그런 말은 한 것은 아니지요? 아렌트의 철학을 특별히 갇힌 자들의 조건과 결부지어 설명한 이유가 있는지요?

조심스럽긴 합니다만, 저는 노들장애인야학에서 교사 활동을 하며 장애인 분들을 만나면서 의학적으로 동일한 것으로 분류되는 장애를 가진 분들이 살아온 조건에 따라 너무나도 다른 현실에 대한 판단 능력을 드러내는 것을 많이 보았습니다. 예컨대 똑같은 지적장애를 가지고 있더라도 수용시설에서 살아왔는지, 아니면 지역사회에서 살아왔는지에 따라 세계에 대한 '현실성', '공통 감각'의 정도가 너무나도 다르다는 거예요. 그래서 세계의 영역, 즉 사람들의 사이-안에서 살아간다는 게 인간의 현실성을 키워 주는 데 얼마나 중요한 것인지를 새삼 깨닫고 있지요.

아렌트는 분명 장애인 수용시설에 대해 언급하지 않았습니다. 그러나 잠시 프랑스의 귀르 수용소 시설에 갇힌 적이 있었던 아렌트는 나치와 스탈린의 수용소의 조건에 대해서 잘 알고 있었습니다. 그리고 그는 그 공간이 사람들의 세계성을 어떻게 앗아 갔는지에 대해서도 자신의 텍스트에서 종종 언급합니다. 이에 대해서는 4강의 강의를 다시 참조해 보시기 바랍니다.

아렌트의 세계 소외 개념을 통한 현대 사회 분석은 오늘날에도 큰 의미를 갖는 것 같습니다. 그러나 그보다 더 중요한 것은 세계 소외를 어떻게 벗어날 수 있는지를 밝혀 주는 것이 아닐까 생각해요. 그런데 아렌트에게서는 세계 소외를 벗어날 수 있는 구체적인 방법에 대한 설명이 부재한 것 같아서 참 아쉽습니다. 우리는 어떻게 하면 세계 소외로부터 벗어날 수 있을까요? 대강 언급한 것 같지만, 더 자세한 답변을 듣고 싶습니다.

저 역시 조금은 무책임한 대답을 드릴 수밖에 없을 것 같은데요. 말씀하신 것처럼 아렌트는 세계 소외로부터 벗어날 수 있는 구체적 방법에 대해 결코 대답을 내놓지 않습니다. 참고로 아렌트는 결코 어떠한 문제에 대해서 어떻게 행위하라는 구체적 답변을 내놓는 철학자가 아닙니다. 그는 오히려 그러한 역할을 철학자나 정치 이론가가 떠맡아서는 안 된다고 보기도 했지요. 그러한 태도는 정치의 영역을 곧바로 작업의 영역으로 환원시킬 수 있는 위험이 있거든요. 즉 철학자가 구상한 대안에 맞게 이 현실 세계를 만들어 나가는 식으로 말입니다. 그런데 이러한 방식의 작업적 정치란 사실 얼마나 많은 위험성을 안고 있습니까? 거기에서는 의견 교류도 필요하지 않고, 따라서 행위가 이루어지지 않는 만큼 정치의 기본 성격인 예측 불가능성도 상당 부분 소멸될 터이니 말입니다.

다만 아렌트 철학에는 세계 소외로부터 벗어날 수 있는 인간의 '가능성'에 대한 설명만큼은 분명히 내재되어 있습니다. 지난 6강에서 언급했다시피 아렌트는 권력의 형성을 가능성dynamis, potentia으로 파악하며, 따라서 인민들이 권력을 실현한 것은 그들이 함께 모여 있을 때일 뿐, 그들이 흩어지면 그 권력 역시 소멸한다고 생각했습니다. 세계를 회복하는 것도 결국 마찬가지에요. 인간이 서로 의미를 공유하고, 서로 자신의 누구임을 드러내면서, 서로의 행위를 겪어 낼 때에만이 세계는 다시 회복될 수 있을 것입니다. 그러한 회복의 구체적인 방법은 앞서 말씀드렸다시피 철학자가 제시해 줄 수 있는 성격의 것이 아닙니다. 그것은 행위자들이 본인들에게 주어진 현실적 조건에 따라 언제나 다르게 성취해 나가야 하는 것일 뿐이겠지요.

마지막 강의이니만큼 아렌트가 꿈꾸던 이상 정치체의 모습이 어떤 것일지가 궁금합니다. 아렌트는 결국 고대 그리스 폴리스의 정치체를 꿈꾸었다고 보는 게 맞는 것일까요?

제가 이 강의에서 의도적으로 많이 다루지는 않았던 부분에 관한 질문이네요. 제가 일부러 이와 관련된 논의들을 이 강의에서 많이 다루지 않았던 것은 여러분들께서 아렌트를 '이상주의자', '고대 회귀론자'로 생각하지 않기를 바라는 마음에서였습니다. 아울러 아렌트가 정치 이론가 내지 정치철학자가 후대에 나아가야 할 어떤 명확한 방향을 제시해 주는 사람이 되어야 한다고 생각하지는 않았던 만큼, 아렌트가 어떤 지침을 준다고 여러분들께서 생각하지 않기를 바라는 마음에서이기도 했습니다.

그럼에도 많은 사람들이 아렌트를 고대 그리스와 로마의 정치체를 지나치게 이상적으로 평가한다고, 우리가 나아가야 할 방향을 그것들로 제시한다고 생각할 수 있습니다. 그런데 사실 아렌트는 인류가 다시 과거의 이상향으로 되돌아갈 수 있다고도, 되돌아가기 위해 노력해야 한다고도 생각하지 않았습니다(아렌트가 그린 고대 그리스 로마는 어디까지나 그 정치체들을 '이념형'으로 그려 낸 것일 뿐 실제 모습이 아니기도 했으며, 일각의 오해와 달리 그는 노예제를 무지막지한 범죄라 보며 경멸했습니다). 그는 진보주의적 낙관을 가지고 있지 않았던 만큼, 퇴보주의적 역사관을 가지고 있지도 않았던 것입니다. 다만 그가 고대의 경험들로부터 정치의 원형을 찾으려고 했던 것은 단지 정치가 망각된 시대에 과거에 실현된 자유의 경험들로부터 정치의 본 의미를 다시금 밝혀 내 보기 위해서였을 뿐입니다. 이와 함께, 정치의 본 의미가 퇴색되어 온 이유에 대해 여러분과 함께 사유해 보기 위해서였다고도 볼 수 있습니다. 이러한 차원에서 그가 볼 때 먼 과거에 실현된 자유의 경험은 우리에게 지속적으로 의미를 던져 주는 보물로 계속 남아 있을 필요가 있습니다.

아렌트의 시각에서 사실 이 자유의 경험은 단지 고대에만 국한되어 있는 것이 아닙니다. 이 보물은 근대의 각종 혁명들에서도, 그리고 파리아들이 구성한 현대의 각종 저항 공간들에서도 분명히 발견될 수 있는 것이며, 아렌트는 오히려 근대 이후에 구성된 이러한 정치체들로부터 자신의 희망을 드러내곤 합니다. 예컨대 그는 혁명기마다 출현해 온 평의회의 경험들을, 나치나 파시즘 시기에 등장한 레지스탕스의 경험들을, 그리고 미국에서 소수자들이 시민불복종 운동을 했던 경험들을 매우 소중하게 생각했습니다. 물론 이 경험들 역시 우리가 미래에 반드시 실현해야 할 목표라기보다는, 우리가 기억으로 남기고 새로이 재해석하여 우리의 시대를 읽어 내는 데 활용해 볼 수 있는 '이미 사라지고 퇴색되어 버린 보물'의 성격으로 받아들여야 하겠지요. 이 기억의 전승은 인간들이 언제든 새로운 것을 시작할 수 있는 자들임을, 새로운 것을 시작하는 자유를 하나의 정치체 속에서 보존할 수 있는 가능성이 있는 존재자들임을 후대에 지속적으로 전승해 줄 수 있습니다.

물론 혹자들은 마르크스주의자들도 평의회의 경험들을 매우 긍정적으로 평가하고 있기에, 아렌트의 이러한 입장이 뭐 그리 독특한 건가 생각하시는 분들도 있을 것입니다. 그러나 아렌트는 마르크스주의자들과 달리 권력이 분할된 상태로 구성된 정치체의 상태를 더 긍정적으로 평가합니다. 다시 말해 그는 프롤레타리아 독재를 평의회의 형태로 실현해 내는 것이나 하나의 이념하에 묶인 평의회 체제들보다도, 다양한 시좌/관점들이 끊임없이 분투하는 평의회들의 연방을 더 긍정적으로 보았다는 것입니다. 즉 간-정체성trans-identity의 정치가 실현되는 평의회를 그는 가장 정치적으로 자유로운 체제로 보았던 거예요. 아렌트가 러시아 소비에트 혁명을 적잖이 긍정적으로 보면서도 당의 역할이 너무 강력해지는 것을 비판한 이유도 바로 여기에 있었고요.

마지막으로 아렌트가 근대 혁명들에서 가장 아쉬워하고 있는 것에 대해 조금 언급하겠습니다. 아렌트는 혁명들이 끊임없이 새로이 출현하는 권력들 간의 견제와 상호 강화라는 긍정적인 결과를 낳았지만, 그 소중한 경험들을 안정적으로 제도화하는 데에는 대개가 실패했다고 봅니다. 즉 혁명기에 나타난 새로운 시작의 경험들을 헌법 및 법률의 양식으로 권위화하는 데에는 대부분의 혁명들이 실패하고 말았다는 것이지요. 심지어 그 소중한 경험들은 후대에 이론화의 양식으로도, 이야기의 양식으로도 거의 계승되지 않았습니다. 따라서 이 지점에서 다시 이야기꾼으로서의 역사가, 정치철학자의 역할이 중요해집니다. 그들에 의해 물화된 과거의 경험들만이 혁명의 경험들을, 그 사건에 참여한 유령들을 지금 여기의 공적 공간으로 다시 호명해 낼 수 있기 때문입니다. 이러한 호명이 우리들을 새로운 정치적 가능성으로 이끌 수 있다는 점은 더 말할 필요도 없겠지요.